帝国斜阳

大清王朝的衰落曲线

广西师范大学出版社
GUANGXI NORMAL UNIVERSITY PRESS

·桂林·

郭立场 著

帝国斜阳：大清王朝的衰落曲线
DIGUO XIEYANG: DAQING WANGCHAO DE SHUAILUO QUXIAN

图书在版编目（CIP）数据

帝国斜阳：大清王朝的衰落曲线 / 郭立场著. ‑‑
桂林：广西师范大学出版社，2020.12（2021.4 重印）
ISBN 978-7-5598-3443-0

Ⅰ. ①帝… Ⅱ. ①郭… Ⅲ. ①历史人物－传记－
中国－清代 Ⅳ. ①K820.49

中国版本图书馆 CIP 数据核字（2020）第 253009 号

广西师范大学出版社出版发行

（广西桂林市五里店路 9 号　邮政编码：541004
　网址：http://www.bbtpress.com　　　　　　　　　）
出版人：黄轩庄
全国新华书店经销
广西民族印刷包装集团有限公司印刷
（南宁市高新区高新三路 1 号　邮政编码：530007）
开本：880 mm × 1 240 mm　1/32
印张：12.625　　字数：340 千
2020 年 12 月第 1 版　　2021 年 4 月第 2 次印刷
定价：68.00 元

如发现印装质量问题，影响阅读，请与出版社发行部门联系调换。

前言

一

清朝是中国历史上最后一个大一统封建王朝，传十二帝，享国296年，完整地演绎了盛衰更迭的历史循环。康雍乾盛世是清朝统治的最高峰，是封建王朝的最后一个盛世，同时是中国封建社会的回光返照。康雍乾盛世虽然呈现盛世之景，但"华丽的旗袍里面爬满了虱子"。

清朝的盛衰，于乾隆朝最为紧要。在康雍乾盛世中，乾隆帝有着不同寻常的地位。一方面，乾隆帝把这一盛世局面推至顶峰。另一方面，盛世的背后潜藏着衰落的迹象。乾隆后期，吏治败坏，士习积弊，天下进入了多事之秋。嘉庆以降，盛世色彩陡然褪去，腐败已难以遏制，帝国一步步显露出颓势。自此以后，历代皇帝接手的都是个千疮百孔的烂摊子，且没有最烂，只有更烂。

皇帝是清朝的一大政治要素，在清朝的政治中占据重要地位。清朝历史的每一个悲剧，都是由皇帝来承担的，悲剧的背后往往是皇帝痛苦而无奈的选择。这种严密的君主专制的组织就像一套复杂的机关，须得君主是一个雄才大略的君主，方能运用如意；若遇着一个庸主，必使机关失去它的重心。乾隆帝是能运用这种机关的人，所以乾隆时代的政治，可称为名实相副的君主专制政治, 自嘉庆帝以后 "一蟹不如一蟹", 加以外力渐次侵入, 于是这种严密的君主专制政治组织, 渐有 "捉襟见肘" 之势。[1] 乾隆帝之后的清朝皇帝, 或失意, 或落魄, 或身败, 或名裂, 越来越平庸。及至清末, 子嗣越来越少, 同治帝、光绪帝、宣统帝更是直接绝了子嗣。

一个朝代的皇帝一代不如一代, 基本是中国古代历史的铁律。想当初, 开国皇帝是何等雄才大略, 创业有声有色, 秦皇、汉祖、唐宗、宋祖、一代天骄成吉思汗, 哪一个不是闪耀的人物? 后世皇帝因 "生于深宫之中, 长于妇人之手", "未尝知哀也, 未尝知忧也, 未尝知劳也, 未尝知惧也, 未尝知危也", 其文治武功大为减色。及至末代皇帝, 唐昭宣帝李祚、南唐后主李煜、明崇祯帝朱由检、清宣统帝溥仪, 或仓皇逃窜终成俘虏, 或自缢以殉宗庙社稷, 身死国灭、家破人亡, 哪一个不是悲剧人物?

世人都说 "富家多败儿", 恶魔都是自己养出来的。汉宣帝刘询认为太子刘奭过于柔弱, 曾说过 "乱我家者, 太子也", 但鉴于对已故许皇后的感恩与报答, 他最终还是把帝位传给了太子。结果弱势的汉元帝刘奭, 宠幸奸邪之臣, 任由皇后王政君干政, 把天下搞得一团糟, 终被王莽篡汉乱国。毛泽东对此评价道: "前汉自元帝始即每况愈下。汉元帝好儒学, 掘斥名、法, 抛弃了他父亲的一套统治方法, 但优柔寡断, 是非不分。"[2] 江山社稷往往都是打拼出来的, 需要刚强有力的领导人来驾驭, 而其败亡往往是败在柔弱者手中。也因此, 封建王朝更迭不断, 才有了他人染指的机会, 皇帝走马灯似的换来换去。

清朝的特殊性在于, 它是中国历史上最后一个封建王朝。清朝的倾覆, 宣告了帝制的终结, 以及与皇帝的永别。自此以后, 传统王朝的循环

---

1   李剑农:《中国近百年政治史》, 武汉大学出版社2006年版, 第7—8页。

2   陈晋:《毛泽东之魂》, 中央文献出版社1997年版, 第351页。

更替戛然而止，帝王成了历史的记忆。即便有人复辟，也终是黄粱美梦，虚幻一场。

二

清朝皇帝中，鲜有纨绔之徒和失德之人。清朝实施秘密建储，众皇子在年幼时便是皇帝候选人，因此都奋发向上，接受充分的教育。柏杨曾在《中国人史纲》中评论道："清王朝寿命二百九十六年，共有十二个皇帝，十二个皇帝中，将近三分之二的皇帝都很能干，了解并努力完成他们的责任，三分之一的也都属中等才智，像明王朝那样一连串草包恶棍型的君主，清王朝一个也没有。中国还没有一个王朝，包括周王朝、西汉王朝、东汉王朝、唐王朝在内，出现过这么多具有很强能力，而又肯辛勤工作的帝王。"[1]

清朝败亡，主要源于人治积弊。治理如此庞大的帝国，不依靠公正周密的法律，而依靠僵化守旧的道德，当然无法应对严峻复杂的挑战。有时，天才与白痴之间只有一步之遥，将一国系于皇帝一人，危如累卵。皇帝也是人而并非神，即使他的命令被称为"圣旨"，也并不是他的所作所为就真正高于常人。皇帝的权力和尊严，是高于一切的神秘力量所赋予的，是超越理智范畴、带有宗教色彩的，并不天然具有真理性或科学性。封建君主高度集权，以人治代替法治，权力沦为私欲的工具，这就是问题的症结所在。

清朝战胜了敌人，却败给了自己。晚清，宫闱深处的最高统治者们，始终自视甚高，自我感觉良好，自认天下太平。事实是，清朝内部累积的种种矛盾，随时都可能酿成颠覆性的灾难。对于清朝衰败的事实，就像

---

[1]　柏杨：《中国人史纲》（下），中国友谊出版公司1998年版，第361页。

墨菲定律所表述的那样，事情如果有变坏的可能，不管这种可能性有多小，总会发生，所有可能恶化的事情全在同一时间发生了。当你对这个世界放松警惕时，就是你走向下坡路的开始，你永远不知道，明天会发生什么事情，把你从胜利的巅峰推向失败的深渊。于是，清朝的败亡终究未能避免。

三

　　高高在上的帝王，无不追求青史留名。公元前221年，秦国以武力一统天下。秦王嬴政召开由丞相王绾、御史大夫冯劫、廷尉李斯等重要公卿参加的朝廷会议，认为："今名号不更，无以称成功，传后世。其议帝号。"嬴政认为自己"功过三皇，德高五帝"，王的称号不足以显示自己的权势和地位。因此，他把三皇和五帝的名称合为"皇帝"，定作自己的尊号，自称"始皇帝"。他希望由自己开始，子孙能够二世、三世乃至千万世地传承，但他并没有像自我期望的那样长生不老，他的帝国也没有像他所期望的那样传之万世。秦始皇死后不久，尸骨未寒，秦朝便二世而亡。表面看来，秦朝是个短命王朝，其存续14年的时间似乎过于短暂，与秦始皇最初的愿望背道而驰。但皇帝这一称号，以及由他创立的君主专制制度，却延续了两千多年，为历代封建王朝所沿用。

　　通常，皇帝都有专属于自己的年号。年号用于纪年，通常也是重大历史变革的标志。据统计，自汉武帝首次使用年号之后，中国历史上出现过八百多个年号，历代帝王无不以年号彰显其"受命于天"，宣示其治国理念及美好愿望。

　　按历史惯例，每逢新君登基或统治期间遇到祥瑞灾异、政局变化等，都要更改纪年元号，即启用新的年号。因事关重大，新的年号多由皇帝本人命名，或由德高望重的大臣拟出几个年号呈请皇帝钦定。无论官方，还是民间，往往以年号指称皇帝。中国以农为本，每年朝廷都会公布当年的年历，注明某年是××（年号）××年，一年的二十四节气分别是哪一天。农民要以节气时令来安排农事，最熟悉的就是年号。清承明制，皇帝们都恪守祖宗之法，基本上都是一个人沿用一个年号，用起来颇为便利。后人称清朝皇帝多以年号记之，而不用庙号或谥号，本书亦沿用之。

一个个年号的背后，一个个帝王的身后，总有其背面、侧面，总有着难为人知的细节、伏笔。在这里，我想从背面或侧面审视清朝帝王，发掘被忽略的死角或盲点，从中找寻不寻常的某些时刻——我这样称呼那些时刻，是因为它们宛若灯塔一般照亮历史的瞬间。我尝试从乾隆帝、嘉庆帝、道光帝、咸丰帝、同治帝、光绪帝、宣统帝等七个帝王入手，以他们治国理政、起居生活等的片段为主线，借此发掘他们的不如人意的主要事迹，以及所处时代的大事件。本书叙述这些皇帝的生平不可能完整，也不可能完全令人满意，可能有些关键节点、关键人物、关键事件被漏掉了，而有些无关紧要、无关痛痒、无关大局的却被大书特书了。

帝王身为九五之尊，或高尚、勇敢，或庸俗、懦弱，又或者是二者的结合，演绎出千般面孔，令人眼花缭乱。更多时候，皇帝称孤道寡，言必称"朕"，他的精神境界如何，实非常人所能揣度。但历史是如此丰富多彩，以至于只要在史海中遨游，就可以体味到别有的逸致。中国最后的七个皇帝，在时间和空间上离人们最近，讲述他们的故事能够让人有更多代入感，更容易引人深思、发人深省。虽然阅历不深，笔力不济，还是勉力上阵了，希望能尽可能地引起大家一些共鸣。

目录

清高宗乾隆帝，即爱新觉罗·弘历（1711—1799），是清朝第六位皇帝，清定都北京后第四位皇帝。他在位时间六十年，退位之后又当了三年多掌握实权的太上皇，实际执政六十三年。他是中国历史上知名度最高的皇帝之一，寿命最长的君主之一，也是中国历史上实际执政时间最长的人，更是影响中国历史进程的重要皇帝。

乾隆帝理政定规、减赋治水、崇儒尚文、戡乱靖边，于政治、经济、文化、军事等方面都有极大作为，使清朝达到了空前绝后的繁荣。乾隆帝选择主动禅位，以此表达对祖父的尊敬和推崇。他表面上效仿康熙帝，却没有康熙帝的勤勉尽责，也没有雍正帝的洞察世事，又天性奢靡无度，"内多欲而外施仁政"，助长了虚伪与奢侈之风。特别是晚年重用和珅，默许贪渎，使得内外官吏无贪不欢，黎民百姓生活困顿，国势从此衰微。大江南北烽火四起，南方有白莲教作乱、台湾林爽文起义，北方有甘肃苏四十三起义，埋下盛世危机的种子。

一、自信的接班人

1

雍正十三年（1735）八月二十三日，雍正帝突然在圆明园驾崩，由其第四子弘历，也就是后来的乾隆帝继承大统。"乾"代表天地之始、万物之源，"隆"往往被形容成伟大、昌盛、繁荣。以"乾隆"二字作为年号，可见乾隆帝早年的宏大愿景。

帝国的航船，在清风徐来、水波不兴的环境中，平稳前行。得益于清朝的秘密立储制度，雍正帝的猝然逝世，使乾隆帝得以在最年富力强的时候继承大统。乾隆帝时年25岁，风华正茂，青春意气，活力无限。

与父亲雍正帝相比，乾隆帝颇有洪福，运气奇佳。乾隆帝承继了国富民强的好家业。在康熙帝、雍正帝两代人的励精图治下，清朝积存了大量财富，呈现出一派繁荣富强的气象，展现出一派万国来朝的盛世图景。当时，大清疆域辽阔、政治稳定、经济繁荣、社会富庶、文化昌盛，"三代以下无斯盛"，是名副其实的东方帝国。乾隆帝在位六十年，从一开始就是亲政，执政起点相当幸运，其整个执政过程可以说是清朝的鼎盛时代。

乾隆帝是雍正帝诸子中最有帝王相和才干的一位，幼时便聪颖机敏，气度不凡，甚得祖父康熙帝与父亲雍正帝的喜爱，康熙帝称赞他"是命贵重，福将过予"。雍正元年（1723），雍正帝就以"秘建皇储"的方式确立乾隆帝为继承人，细心传授其帝王之术。

乾隆帝具备当帝王的先天优势和良好素质，在当皇子时便接受了完美君王角色的系统训练。十名汉族业师和五名满族业师悉心向其传授修身养德、治国理政、强身健体之道。他十岁半时，便受康熙帝之命入上书房接受系统的儒家教育，"令读书宫中，受学于庶吉士福敏，过目成诵"[1]，"讲诵二十年，未尝少辍"[2]。清朝马上得天下，自然极为重视武学教育，乾隆帝"复学射于贝勒允禧，学火器于庄亲王允禄"[3]。乾隆帝于四书五经、诗词歌赋、书法绘画等无一不学，如其自言："人不知书……有不可救药者!"[4]另外，他的骑射之术，无论是演武还是围猎，都表现得非常出色。

与父亲雍正帝的严厉相比，乾隆帝推崇自由宽大的政策。他认为雍正帝的统治过于严苛，刻意宣称自己倾向于"执中之道"，废除了雍正时期那些标志性的威压政策。乾隆元年（1736），监察御史曹一士向乾隆帝上《请查宽比附妖言之狱兼禁挟仇诬告诗文疏》，乾隆帝喜而听从，下旨："今后凡告发旁人诗文书札等悖逆讥刺的，如审无实迹，一律照诬告反坐；如果承审的法官率行比附成狱的，以'故入人罪'论。"[5]乾隆帝此举赢得万民欢悦，吴中谣有"乾隆宝，增寿考，乾隆钱，万万年"[6]之语。可惜好景不长，乾隆十六年（1751），文字狱又死灰复燃，且无以复加，其残酷丝毫不亚于雍正朝。

乾隆帝还大赦雍正朝入狱或者失宠的人。康熙末年，九子夺嫡，雍正帝胜出后，对兄弟痛下狠手，众多兄弟或被囚禁，或被流放致死。乾隆帝

1　赵尔巽等：《清史稿》（卷十），《高宗本纪一》，第三册，中华书局1976年版，第343页。

2　《清实录·高宗纯皇帝实录（一）》（卷五），第九册，中华书局1985年版，第232页。

3　赵尔巽等：《清史稿》（卷十），《高宗本纪一》，第三册，中华书局1976年版，第343页。

4　《清实录·高宗纯皇帝实录（一）》（卷五），第九册，中华书局1985年版，第232页。

5　郭成康、林铁钧：《清朝文字狱》，群众出版社1990年版，第24—25页。

6　昭梿：《啸亭杂录》（卷一），《纯皇初政》，中华书局1980年版，第13页。

登基后，将皇八子胤禩、皇九子胤禟恢复原名和宗室，并重新录入玉牒[1]。同时，释放皇十子胤䄉、皇十二子胤祹、皇十四子胤禵，对他们进行怀柔和拉拢。雍正十年（1732），岳钟琪因"误国负恩"被雍正帝投入监狱。乾隆十三年（1748），经过协办大学士尹继善和内大臣班第的推荐，乾隆帝降旨，重新启用赋闲在家多年的岳钟琪。乾隆帝还十分赏识敢于直谏的孙嘉淦，擢升他为左都御史，兼吏部侍郎，专管监察，大力营造对其统治有利的宽容、团结和亲善氛围。

乾隆帝既善于吸取前人的政治经验，又能够巧妙运用政治手腕，登基时已完全掌握帝王之术，即位就"停诸王兼管部院事"，玩弄臣民于股掌之上。通过查处弘晳朋党，进一步削弱宗室皇亲权利。

弘晳是康熙朝太子胤礽之子，在雍正帝暴毙、乾隆帝继位后，弘晳被压抑多年的"皇帝欲望"开始蠢蠢欲动。他以"旧东宫嫡子"自居，多方串联一批宗室成员，组成以反对乾隆帝为宗旨的小山头，妄图推翻乾隆帝，取而代之，酿成了史上著名的"弘晳逆案"。

乾隆帝对此早有察觉，始终如芒在背，终于忍无可忍，在这股政治势力蠢蠢欲动时出手反击。乾隆四年（1739）九月，乾隆帝以"诸事夤缘，肆行无耻"为由，下令革去弘升（和硕亲王允祺之子）的都统之职，锁拿来京，交宗人府治罪，并谕令王公宗室以弘升为戒，力除朋党之弊。不久，他又再次颁谕，直接警告说："伊（指弘升）所谄事之人，朕若宣示于众，干连者多，而其人亦何以克当。"[2]言下之意，弘升是受人指使的替

1　玉牒，就是封建社会皇帝家的家谱。唐代已有，宋代每十年一修，持续至明清。清代玉牒分满、汉两种文本，自顺治十三年（1656）题准，每十年编续一次，在清代共编26次，民国后到1921年又修两次。分帝系、支系等。清代玉牒现存1070册，是中国唯一完整系统保存至今的皇族族谱，是世界上最庞大的家谱。

2　《清实录·高宗纯皇帝实录（二）》（卷一〇一），第一〇册，中华书局1985年版，第525页。

罪羊，与之有牵连的人还很多，这些我早已洞悉，只不过隐忍未发罢了。

起初，乾隆帝只想通过处罚弘升，敲山震虎，大事化小。然而，形势出乎他的意料。乾隆帝惊悚地发现，弘晳居然在郑家庄王府设立了小朝廷，仿照国制设立会计、掌仪等七司，俨然以己为圣尊。弘晳在府中问巫师安泰："准噶尔能否到京？天下太平否？皇上寿算如何？将来我还升腾与否？"[1] 既期盼准噶尔打回来时趁乱夺权，又希望皇帝早死时以"旧东宫嫡子"身份登基。不仅如此，弘普（庄恪亲王允禄次子）还伙同皇室成员意图行刺皇帝，然后用弘晳来"以正帝位"。据《永宪录》记载，"庄亲王之子乘皇帝秋猎外出的机会，竟有'密谋'，因为乾隆帝出巡警戒不是极端严密。这大约就是要行刺的计划了"。[2] 不过，他们的阴谋没有得逞，很快被乾隆帝破获扑灭。弘晳被拘禁在宗人府听审后，被除宗籍，改名为四十六，终身禁锢在景山东果园，三年后病死。

乾隆帝对其余从犯处置并不算重，个别圈禁，有的革爵，有的仅是停俸。不难看出，对整个以弘晳为核心的"逆案"，乾隆帝给予了最大限度的容忍。他的高明之处在于，有意放弘晳等人一条生路，既惩治了犯人，又收获了人心，规避了后代冤冤相报的后遗症。

清朝严禁士子结社，对大臣也严加管制，用不测恩威使他们畏惧。乾隆帝通过打压张廷玉和鄂尔泰的党派之争，严惩鄂尔泰等别有用心之人，以确保臣下对其绝对忠诚。张廷玉和鄂尔泰都是从康熙年间就出来为官的三朝老臣，也是雍正帝留给乾隆帝的两大辅政大臣，官职显赫，位极人臣。二人久居高位，一满一汉，权力相若，互相争权夺利，逐渐形成两股势力，大小官员分两派排队。一般来说，汉官多依附张廷玉，满官多依附

1　《清实录·高宗纯皇帝实录（二）》（卷一○六），第一○册，中华书局1985年版，第587页。

2　周汝昌：《曹雪芹小传》，百花文艺出版社1980年版，第56页。

鄂尔泰。皇帝也担心大权旁落，对"朋党"耿耿于怀，每到紧要关头，就会祭出杀招，灭其党羽，以免养痈遗患。

乾隆二十年（1755），爆发了胡中藻"坚磨生诗钞案"，已故大学士鄂尔泰"酿成恶逆"，撤出贤良祠，"以为大臣植党者戒"。乾隆帝悍然对鄂尔泰党羽开刀，也对张廷玉一派起到了敲山震虎的作用。张廷玉素来谦恭谨慎，日益感受到皇帝的为难、打击和不满，感受到命运的苍凉，感受到伴君如伴虎的危机，屡次上奏告老还乡，终于得到皇帝恩准。返乡的同一年，张廷玉死于老家安徽桐城，配享太庙，终得善终。乾隆帝不能"容大臣等植党树私"，对张、鄂两党采取"既不使一成一败，亦不使两败俱伤"的平衡术，致使张鄂两党彻底失势，其门生故吏"树倒猢狲散"，各寻去处。真正的主宰是皇帝。皇帝掌控王公大臣，王公大臣掌控庶民百姓，层层管控，如此才能实现所谓的政通人和。

2

在发展经济上，乾隆帝也有新思路、新举措。他坚持重视农业的经济发展政策，鼓励开垦荒地，支持新的农作物种植，推动农业技术革新，强化水利建设与治理，支持货物内外流通，提高了民众生活水平。以耕地面积而言，乾隆三十一年（1766），全国已开垦土地达七亿八千万亩；以全国人口而言，乾隆初年有一亿四千多万人，至乾隆六十年（1795）有近三亿人；国库存银，长期保持在七千万两左右，几乎相当于当时全国每年赋税总收入的两倍。

乾隆朝经济的发展，不仅体现于国内贸易的蓬勃发展，还体现在与域外商人的外贸上。就对外贸易而言，除了与俄国进行陆上贸易，还扩大了与欧洲诸国的海上贸易，增进了茶叶、瓷器、丝绸及棉纺织品的出口，长期保持出超地位，赢来了大量外汇收入，成为世界上无可争议的强国。欧洲诸国掀起了中国热，纷纷派遣外交使团，如马戛尔尼使团的访华，开启了中西之间的直接外交接触。

乾隆帝重视社会稳定，关心百姓疾苦，实行轻徭薄赋、发展生产的统治政策。即位当年，九月，免民欠丁赋及额赋。十月，宣布"宽严相济"的为政之道。乾隆十年（1745），将各省钱粮（旧时征收田赋，既征粮食，又征银钱，总称钱粮）全行蠲免。乾隆三十五年（1770）、四十三年（1778）和五十五年（1790），多次蠲免各省钱粮，实行"天下无税"。乾隆三十年（1765）、四十五年（1780）和六十年（1795），各免全国漕粮（因其运输方式而得名，指通过河运和海运由东南地区漕运至京师的税粮）一次。累计蠲免的赋银达2亿两白银，减负的幅度不可谓不大，一定程度上减轻了农民负担。但是，虽然人人称颂此种功德，可老百姓并没有得到多少好处，他们的负担并未实质性消减。百姓缴纳的税赋中，只有极少部分上交中央政府，大多数都进了地方官吏的腰包。朝廷免税之后，各级官吏侵吞现象仍然普遍存在。

合理的财税制度可以富国裕民，而一个坏的财税制度不仅损害百姓福利，更造成社会倒退。明清以来，经济社会从鼎盛开始走向衰败，财税制度的缺陷是一个重要因素。"民穷"并非由于国家赋税过重，而是源于行政的低能和政府的腐败。清朝屡屡实行减税，不过是为了捞取仁政爱民的名声，各级官吏总是巧立名目搜刮民脂民膏。

清朝官员在正常俸禄之外，还可以通过各种陋规[1]获得非常规性收入。陋规与贪腐不同，是公开合规的，得到了皇帝的默许，且历代延续发展。为什么会产生陋规呢？清朝入关后，采用了明朝薄俸制，最高的正、从一品官年俸是白银180两、禄米180斛，依次递减，到最低正、从九品官是白银31.5两、禄米31.5斛，官员的俸禄低得可怜。但官员开支巨大，除了

---

[1]　陋规是不好的惯例，旧时多指官吏索贿受贿。清蒲松龄《聊斋志异·一员官》："时有陋规：凡贪墨者亏空犯赃罪，上宫辄庇之，以赃分摊属僚，无敢梗者。"

养活一家老小外，还要雇用幕僚、衙役等工作人员，靠官员的俸禄远远不够，于是陋规便应运而生。

美国人马士在《中华帝国对外关系史》中指出，清代广东官员的勒索与清代财政制度，特别是官员的俸禄联系在一起。他认为清代财政制度本身并没有使地方官员陷入财政困难，但同样的制度却为清代官员创造了无数敛财的机会，而其所敛钱财则大大超出了官员们需要的数目。[1]历史学家瞿同祖的研究显示，地方政府没有资金来应付地方行政管理的开销，知县的俸禄可能比他的开销少数倍之多。为了支付庞大的开销，知县不得不收取各种各样的陋规，通过在每一个可以想象的场合收费，中国官僚体系每一层级的成员们都能补充他们的收入。[2]

陋规的种类繁多，大体有五大类。其一，火耗。火耗是指碎银熔化重铸为银锭时的折耗，以及解送往返之间所需的折损。征税时加征的火耗大于实际火耗，差额就被地方官收入囊中。而且火耗不断加重：一般州县的火耗，每两达二三钱，甚至四五钱。偏僻州县的赋税少，火耗数倍于正赋。其二，"敬"和"礼"。"敬"是指地方和下级官员给六部司官的"孝敬"，夏天有"冰敬"，冬天有"炭敬"，进京办事有"别敬"。此外，每当春节、端午、中秋，还有官员及其夫人生日时，下级还要送"三节两寿"之礼。其三，部费。部费是指官员任实缺时，向吏部人员进行贿赂的款项。此外，漕运衙门的漕粮规、河道衙门的河工规、税务的税关规等陋规也很突出。地方官员每年都要向朝廷呈报批准案件、报销经费等相关册籍，若要顺利获准就要向相关部门送上部费。其四，盐务。盐政衙门和地方督抚出于办公开支或兵弁巡缉私盐的需要，向盐商摊征一定的银两或者

1　（美）马士：《中华帝国对外关系史》（第二卷），上海书店出版社2000年版，第3—4页。

2　瞿同祖：《清代地方政府》，法律出版社2003年版，第47页。

物品，但相沿日久，递年增加，数额巨大，乃至盐务陋规高于盐课正额。其五，驿站。驿站的维护和运行，都由民户按田粮的多寡来负担。早先对官员免费使用驿站有严格规定，后来许多根本没有资格享受驿站的官员甚至家属也开始免费享受驿站服务。他们还把驿站视作发财对象，利用驿站为商家承运物资谋利。以前朝为例，明朝末年，崇祯为节省开支而裁撤驿站，从中"节金钱数十万"。这些被遣散的驿卒流离失所，大多回乡加入了造反者的队伍，其中就包括李自成和张献忠。

"三年清知府，十万雪花银"，这是在明清戏剧话本里经常出现的台词，足见陋规之深入人心。经济学家杨小凯认为："清朝政府能力低下，还表现在地方政府没有制度化的税收和政府财政，地方官员及办事人员主要靠制度化的贪污和受贿维持生计，其中包税制和各种陋规就是不健全的税制与贪污的一个混合体。"[1]清朝前期，官员们通过陋规可以获得正常俸禄的几十倍，甚至上百倍的收入。以从二品的巡抚为例，按照清朝薪酬标准，巡抚一年的俸禄为155两白银、155斛禄米。各省巡抚的陋规收入不同，比如河南巡抚一年可得20多万两，山东巡抚可获得11万两，相对贫瘠的贵州巡抚一年也能获得2万两。

历史学家黄仁宇将这种在体制外循环的惯例称为"非正式的税收"。如清代一个地方官员所说："上司各项陋规，等于正供，不能短少。"[2]正供是国家税收，而陋规有时比国家的正式财政制度还重要。许多官员宁可挪用国家正式税收，亏空国库，也不敢耽误给上级送礼。陋规中有一条，下级官员拜访上级时，下级官员必须给传递信息的门卫送门包，几两至几十两不等。雍正年间，湖南巡抚布兰泰到任半个月，门卫就获得门包收入

1　　杨小凯：《百年中国经济史笔记：从晚清到1949》，约翰威立出版社2007年版，第5页。

2　　[清]何绍基：《何绍基诗文集》，岳麓书社1992年版，第755页。

216两，比正一品官的年俸还要高。

翻阅乾隆二十六年（1761）版四川《江油县志》，县官和县吏工资收入差距甚大，县吏工资收入微薄。据《江油县志》记载，那时县级政府中被称作官的，仅有知县、巡检、典史、教谕和训导等四五人，县衙分设快、皂、壮"三班"和吏、户、礼、兵、刑、工等部门，加上巡检司、典史署和教谕、训导署"四大班子"，共有衙役77名。除8名民壮（重体力劳动者）和6名弓兵（技术兵）每人年薪8两外，其余每人每年仅有6两。当时江油县米价应在每石1.5两左右，县吏们一年6两银工资仅能买到4石大米，约1200斤，难以养家糊口。所以，县吏们除6两银子的年薪外，还有工作中的"规费"收入。"规费"没有明文规定，没有定额标准，是一种按潜规则收取的灰色收入。[1]

只要财税制度得不到改观，陋规就难以杜绝。因为清朝官员的工资太低，不能维持正常的生活，或者勉强能够维持生活却不能维持尊严。倘若没有一些灰色收入，整个官僚机构就很难正常运转。为了革除官场陋规，雍正帝推行"耗羡归公"，对各省文职官员于俸银之外增给养廉银[2]，但州县官于额征火耗之外又暗中加派，并没有从根本上改善民生。在国家的默许下，官员不断增加陋规细项，盘剥百姓，中饱私囊。此外，官员通过陋规加强礼尚往来，形成官官相卫的利益共同体，一定程度上削弱了中央对地方的管控，间接造成了晚清地方尾大不掉的局面。

1　肖定沛：《清代官吏的灰色收入》，《文史博览》2011年第10期。

2　养廉银，是官员常俸之外按职务等级另给的特别补贴，为清朝特有的官员薪给制度。本意是借由高薪来培养官员的廉洁习性，避免贪污腐败，因此取名为"养廉"，但实际成效并不显著。

3

乾隆五十七年（1792），当乾隆帝年逾八十时，他自作《御制十全记》，叙述他十全的功绩。所谓十全，就是他在位期间，打了十次仗，十次都打胜了。按照乾隆帝自己的说法："十功者，平准噶尔二，定回部一，打金川为二，靖台湾为一，降缅甸、安南各一，即今之受廓尔喀降，合为十。"这实际上是乾隆帝十次征战的明证，也是其颇为自得的军事成就。

十全，意思是完美无缺，意在验证其卓著的军事功绩，足见乾隆帝志得意满。其实，十大武功，严格来说也只有八次战役而已。即1747—1776年间两次大小金川之战，1755年平定准噶尔达瓦齐部，1755—1757年平定准噶尔阿穆尔撒纳，1758年平定大小和卓叛乱，1762—1769年清缅战争，1786—1788年平定台湾林爽文叛乱，1788—1789年安南之役，1790—1792年两次征战廓尔喀。

乾隆年间，清朝所辖西北新疆地区，以天山为界，分为南北两路：北路为准噶尔部所占，南路为回部所占。从入关到乾隆初年，久居现在的新疆、青海一带的准噶尔汗国一直是清朝的最大威胁。乾隆帝利用准噶尔部内乱之机，两路进兵，解决了困扰清朝许久的准噶尔地区厄鲁特部问题。荡平准噶尔部之后，乾隆帝乘胜追击，直捣伊里，并改伊里为伊犁，在伊犁设置"总管伊犁等处将军"，实行军事占领。伊里改为伊犁，借以表示"犁庭扫穴功成神速"之意。随后，为镇压大小和卓叛乱[1]，又延长准噶尔战役，平定回部，在喀什设置参赞大臣，将整个新疆置于统治之下。自乾隆二十年至二十五年（1755—1760），清朝军队两次平定准噶尔部，一次平定回部，大规模开疆拓土，确立了中国疆域的轮廓。

清统一新疆后，北疆成为国防最前哨，乾隆帝派重兵守卫以伊犁为

1　乾隆二十二年（1757），大小和卓借准噶尔部变乱之际，占据回部（今新疆维吾尔自治区），宣布独立，并起兵抗拒清军。

中心的北疆地区，有效阻止了野心勃勃的沙俄对中国领土的蚕食。清朝再度统一新疆，不仅进一步奠定了我国的西北边疆，促进了新疆的发展及各民族间的交往，还体现了中华民族长期融合发展的历史趋势。因为军事征服，清朝有了辽阔的疆域，并跻身于同汉、唐、元一样的帝国之列。清朝的版图大过汉唐，仅次于十三世纪的元朝。

一统江山，不是推杯换盏、敲锣打鼓就能实现的。战争历来是柄双刃剑，它固然可以给胜利者带来荣耀和利益，但如果应对不好，也是一个非比寻常的负担。攻城略地，乾隆帝并未取得完全意义上的成功，帝国扩张的胜利也为他的继任者留下了挥之不去的族群冲突问题。占据新疆，实行屯田制，理论上可以实现新疆的自给自足。实际上，清朝统治期间，受限于历史条件、治理能力和发展基础，清朝并未收到预想中的治理效果。新疆一直都是清政府财政上的负担，开发矿产、建立牧马地、移民开垦等种种努力并不足以应对不断上升的军事开销与行政花费。对新疆最成功的运用，反倒是将其作为流放之地。据统计，从1758年至1820年，清朝总督有10%曾被流放到新疆，此外还流放了大量地方官员和数以万计的一般罪犯。

还有一些战役，并非全是旗开得胜，多半都是讳败为胜。譬如，两次大小金川之战，清军面对总人口不足三万、武器装备落后的藏族军民，居然先后出兵十一万之多，耗时七年之久，耗费白银七千余万两，损失张广泗、讷亲、阿尔泰、温福等大臣，阵亡三万余将士。其武功之水分，由此可见一斑。

还有安南之役，清朝与安南（今越南）西山朝的战争。乾隆三十六年（1771），因不满广南国权臣当道，政局败坏，阮惠与兄长阮岳、阮侣在西山发动起义，先后消灭南方广南国、北方郑主及后黎朝，对宗藩体制发起了挑战。乾隆五十三年（1788），以黎愍宗为首的黎氏遗族，请求清政府出兵援助。乾隆帝认为黎氏传国日久，且臣服天朝最为恭顺，今突然被强臣篡夺，不能置之不理，命令两广总督孙士毅统兵出关。清军先胜后败，广西提督许世亨等大批将士殒命安南，大量粮械火药丢失殆尽。孙士毅率残部仓皇退回国内，安南之役以清军失败而告结束。然而，安南毕竟是小藩，阮惠为保全自身，主动向清朝乞降请和。乾隆帝借坡下驴，同意讲和，承认阮惠为安南的新君主。安南之役，并没有实现清朝"为黎氏复国，消灭阮氏集团"的预期战略目标，反倒是迫于形势需要，与新君主达成了和平协议。在错综复杂的矛盾面前，乾隆帝也不得不审时度势，牺牲弱者、维持现状。

瑕不掩瑜。无论如何，乾隆帝所谓的十全武功，在中国的历史长河中占有重要地位。这些军事征服，不仅奠定了中国版图的基本形状，更为重要的是，实现了某种程度上的民心归一。乾隆帝自豪地统治着庞大的帝国，自诩为统一多民族国家的完美帝王。

4

乾隆帝自幼长于文事，自命为文学和艺术的最高庇护者。他自信，凡是汉人学者能够做到的，他自己都能做得更好。

乾隆帝自诩"朕亦一书生"，登基之初便颁发上谕，为书生正名。乾隆十三年（1748），乾隆帝连颁数道谕旨，其一专为疵议书生的官场积习而发。在上谕中，他援引商代贤相傅说、周成王的语录，申说官员不读书的弊病，阐述读书明理的意义，提倡州县官以书生自励。针对那些讥讽书生迂腐的观念，他还以自身为例痛加驳斥："若以书生为戒，朕自幼读书宫中，讲诵二十年，未尝少辍，实一书生也。王大臣为朕所倚任，朝夕左右者亦皆书生也。若指属员之迂谬疏庸者为书生，以相诟病，则未知此正伊不知书所致，而书岂任其咎哉！"[1]那时的乾隆帝颇有书生意气，此后似

1　《清实录·高宗纯皇帝实录（一）》（卷五），第九册，中华书局1985年版，第232页。

乎再未讲过类似的话。

政治需要理性，乾隆帝却以书生自励，一生沉醉于天马行空式的诗意思维。他一生创作了四万三千余首诗词，诗作数量之多，有史以来，首屈一指。他说："几务之暇，无他可娱，往往作诗。"又说："每天余时，或作书，或作画，而作诗最为常事，每天必作数首。"[1]他的诗文内容覆盖甚广，上至天文地理，下至鸡毛蒜皮，家长里短，无所不包，但广为流传者甚少，甚至没有一首被后人传诵，任何版本的中国诗歌史都没有把他列入其中。据清人沈德潜记载，乾隆帝本人已经相当程度地汉化，诗词歌赋、琴棋书画，无所不通，但其造诣，也就一般。[2]文学家钱钟书对乾隆的诗作有过一段恶评："清高宗亦以文为诗，语助拖沓，令人作呕。"[3]而在当时，这些诗换来的必然是大臣"金声玉振""神龙行空"等点赞和叫好。

乾隆帝收藏了无数绘画、书法、瓷器等艺术品，表现出对文艺的浓厚兴趣。他对印章的狂热，不遗余力。他有一千八百多方印，"古稀天子之宝""八徵耄念之宝""太上皇之宝"等令人眼花缭乱，和康熙帝、嘉庆帝、道光帝、咸丰帝、同治帝五朝皇帝印章的总量相抵。清人沈初的《西清笔记》记载："每遇御笔书画发下用宝，诸臣择印章字句合用者，位置左右，以令工人。"[4]遇到喜欢的字画，乾隆帝会不加掩饰地盖戳留念。

史料记载，乾隆帝喜欢印章，是受周武王的影响。周武王喜欢四处留下题字、墨宝，经手使用的东西，目力所及的地方，都刻上警句作为座右铭。乾隆也乐于在书画上题诗作文、盖戳留念，想表达的就是自己曾——

1　董思谋：《中国历代帝王传记：清高宗乾隆传》，河北人民出版社2018年版，第238页。

2　刘继兴、刘秉光：《历史上那些帝王们》，北京航空航天大学出版社2010年版，第169页。

3　钱钟书：《谈艺录》（下册），生活·读书·新知三联书店2001年版，第545页。

4　沈初：《西清笔记》，中华书局1985年版，第11页。

浏览过，大刷存在感，以证明自己的博学广识。殊不知，乾隆帝乱盖章乱题字，无形中破坏了大量的珍贵古书画的原貌。

美国学者欧立德在其著作《乾隆帝》中说道："乾隆尽其所能对外传播着这一信息：清朝是世界上最强大的国家，而他本人则享有上天无与伦比的宠爱。在皇帝的命令下，游行阅兵、庆功盛宴得以举行，记录征服过程的史书正在撰写，纪念与颂扬它们的石碑、地图、雕刻、绘画乃至诗词歌赋等等得以创制。"[1]如塑造历史记忆的文化工程，与十全武功相关的功臣画像、方志、地图、石碑、铭文，以及乾隆自己著书、立碑、修建藏书阁，无不显示着其深厚的文化情怀。

乾隆帝对文学的热爱，不遗余力。对于朝臣的选用，乾隆帝更偏好文人雅士，而非雍正朝的技术官僚。即便是科举考试的题目，也侧重于诗词散文、考据知识的掌握与运用。为加强汉族士人的满洲认同，乾隆帝遵康熙之制开博学鸿词特科，广邀名儒隐逸参政议政，"天下英雄尽入吾彀中"。他发起了中国历史上规模最大的丛书《四库全书》的编纂，进一步笼络大批知识分子。

5

乾隆帝不靠颜值靠才华，还异常勤政，"高宗于勤政殿宸间御书《无逸》一篇以自警，凡别馆离宫听政处，皆颜'勤政'二字，燕居游览，无不以莅政为务"[2]。乾隆帝日理政事，事必躬亲，终年不息。

乾隆五年（1740），由于接连宴请外藩蒙古王公，不停地召见大臣，不间断地处理政务，乾隆帝积劳成疾，患上了重感冒。但他隐忍克制，"轻伤不下火线"，带病坚持工作。连御史都心痛不已，纷纷奏请减少工作

1　（美）欧立德：《乾隆帝》，社会科学文献出版社2014年版，第144页。

2　徐珂：《清稗类钞》（第一册），中华书局1984年版，第248页。

量，"寡欲以养身，握要以图政，保养精神"。不料乾隆帝并不买账，反而批评御史说，"暑去寒来，人的身体不适应也很正常，至于因为自己累与不累，就将国家政务，不亲自去做，就会越来越松懈"[1]。他继承康雍先祖的意志，长期勤政亲政，维持了清朝的盛世局面。

早期的乾隆帝异常勤政，有时整个官僚系统都跟不上他的节奏。有一次，应召在乾清门等候奏事的九卿"有因抵候稍久而以劳苦而含怒者"，甚至"竟不候而归"。此种玩忽懈怠的精神状态，与乾隆帝雷厉风行的风格形成鲜明对比。乾隆帝震怒道："我日理万机，不敢半点放松，而大臣却不思国务，悠游闲适……诸臣思之，当愧于心也。"[2]乾隆帝是一个志向远大的皇帝，把君臣名分看得很重，自己的权威不容受到任何挑战，时时刻刻都要让身边的臣子感到惶恐不安，进而催使他们恪尽职守，毫不懈怠。

官僚属于政治机器的部件和皇帝的工具，必须保持绝对忠诚。乾隆帝极端推崇专制主义，要求整个官僚系统都为其一人服务，与其步调保持高度一致。他曾对此总结说："盖权者，上之所操，不可太阿倒持。"[3]乾隆认为，"本朝家法，自皇祖、皇考以来，一切用人听言大权，从无旁落，即左右亲信大臣，亦未能有荣辱人，能生死者"[4]言下之意，国家大事由皇帝说了算，这是大清朝的家法。自祖父康熙帝、父亲雍正帝以来，关于用人和听取建议等大小事项，决定权从没有交给别人。哪怕是最亲信的大臣，也不能达到操纵人的生死荣辱的地步。也因此，皇帝不得不勤于政事，宵衣旰食，夙夜忧勤，励精图治。

乾隆帝在位六十年，始终乾纲独断，从不消极怠政，大权也从未旁

1　戴逸、李文海主编《清通鉴（8）世宗雍正十三年起高宗乾隆十五年止》，山西人民出版社2000年版，第3326页。

2　冯国超：《乾隆传》，中国戏剧出版社2005年版，第126页。

3　陈书媛：《清朝十二帝》（第二卷），中国言实出版社2014年版，第430页。

4　沈晓敏：《中国法制史》，厦门大学出版社2015年版，第180页。

落。尽管乾隆曾有过"朕八旬有六归政""不敢与皇祖六十有零的年数等同"的誓言，但他把皇权看得比生命还金贵，一丝一毫也不肯相让。乃至禅位后做太上皇期间，权力欲极重的乾隆也并未真正退居二线。

乾隆帝大权在握，独步天下，是大清最有资格骄傲的皇帝。《清史稿》对乾隆一生评价极高："高宗运际郅隆，励精图治，开疆拓宇，四征不庭，揆文奋武，于斯为盛。享祚之久，同符圣祖，而寿考则逾之。自三代以后，未尝有也。"[1]乾隆帝勤于政事，能谋善断，能文能诗，实在不乏骄傲的资本。

二、疯狂的贪腐

1

靡不有初，鲜克有终。乾隆八年（1743），内阁学士李绂致仕陛辞时，就以"慎终如始"上对，乾隆帝赐诗嘉之。此时的乾隆帝不知，"慎终如始"的确很难，他自己就没有做到善始善终。

《东周列国志》有言："总观千古兴亡局，尽在朝中用佞贤。"[2]事业成败，关键在人，关键在官员作风。乾隆元年（1736），时任左都御史孙嘉淦上《三习一弊疏》。大意是，人君"耳习于所闻，则喜谀而恶直"；"目习于所见，则喜柔而恶刚"；"心习于所是，则喜从而恶违"。"三习"产生"一弊"，即让人君"喜小人而厌君子"，后患无穷。[3]《三习一弊疏》从人性、理性、感性的角度，把小人、君子与人君之间的关系作了深入分析，

1　赵尔巽等：《清史稿》（卷十五），《高宗本纪六》，第三册，中华书局1976年版，第565页。

2　[明] 冯梦龙：《东周列国志》，华夏出版社2017年版，第840页。

3　张清林、张贵荣点校《孙嘉淦文集》（上），山西古籍出版社，第26—28页。

规劝皇帝防止积习成弊，避免"君子退、小人进"，得到了乾隆帝的认可和嘉纳。可以说，这篇文章，为乾隆帝承继父祖伟业、成就康乾盛世起到了提示和警醒作用。

然而，时日一久，君子道消，小人道长，却成了不容回避的问题。年岁愈长，乾隆帝愈怀念昔日的辉煌，迷失在自我搭建的盛世大梦中，执着于曾经的"十全"。遗憾的是，他愈是迷恋过往，就愈是荒废当下，国家治理每况愈下。特别是到了晚年，荒于朝政，用人不善，"惟耄期倦勤，蔽于权倖，上累日月之明，为之叹息焉"[1]。

俗语说，"明朝不明，清朝不清"，大意是说明朝历史上冤假错案多，而清朝吏治腐败，官场风气败坏。乾隆中后期，腐败已经呈现集团化的趋势，官僚队伍已将贪腐视为人之常情，办事花钱，疏通关系也要花钱，升官更要花钱。各地大小官员无人不在收礼送礼，各地大小衙门无处不懈怠昏庸，腐败俨然成为社会常态。乾隆帝对此承认说："各省督抚中廉洁自爱者，不过十之二三。"[2]

腐败如同细菌，一旦有了滋生的落脚点，就迅速蔓延开来。腐败盛行，反腐者也成了腐败者，无官不贪，无官不腐。为了政治安全，腐败者互相勾连，形成了你中有我、我中有你的利益集团，利益均沾、集体沦陷的"窝案""串案"不断发生。一人败露，则其关系网上的数十名乃至上百名官员都会牵连出来。

自乾隆四十六年至四十九年（1781—1784），朝廷一连查出浙江嘉湖道王燧贪纵营私案、甘肃通省冒赈案、乌鲁木齐冒销帑银案、山东巡抚国

1　赵尔巽等：《清史稿》（卷十五），《高宗本纪六》，第三册，中华书局1976年版，第565页。

2　中国第一历史档案馆编《乾隆帝起居注》，广西师范大学出版社2002年版，第237页。

泰贪纵营私案、闽浙总督陈辉祖抽换侵盗入官赀财案和江西巡抚郝硕勒派属员等六起集团性贪污贿赂大案，都是"办一案，牵一串；查一个，带一窝"。常常是一人犯案，与其有关官员就会全部败露，一省官僚体系也随之瘫痪。仅十余年间，乾隆朝就完成了从前期吏治清明到后期贪腐横行的转变。

2

经济的持续发展，人口的持续增长，导致人口过剩。延伸扩展至教育和行政系统，拥有功名者的数量爆炸式增长。据了解，到1800年时，清朝大约有2万个官位，而拥有功名者超过100万名，大约每50个人对应一个官位，官位与人才比例严重失调。此外，国家实行以金钱或其他资源来换取官位，那些皓首穷经考取功名的寒门子弟，为争夺名额有限的官位屡遭打击。

顺治六年（1649），清政府提出兴举常平仓，"以仓储多寡定有司功罪"。同时，制定了捐监政策，"令民输豆麦，予国子监生，得应试入官，谓之监粮"[1]。这就是说，允许一些人通过向当地官仓捐交谷物来取得国子监监生[2]资格。但因捐监容易滋生腐败，一度被清政府叫停。

为扩大国库储备，乾隆帝同意通过出卖监生头衔以换取谷物，扩大全国的常平仓储备。乾隆二十五年（1760），清政府特准甘肃及外省商民纳粮捐纳监生，不料数年后诸弊丛生，不得不再次中止甘肃收捐。甘肃地瘠民贫，是全国最贫困的省份之一。停捐后，户部仍旧每年划拨银两解往甘

1　赵尔巽等：《清史稿》（卷三百三十九），《王亶望传》，第三十六册，中华书局1977年版，第11074页。

2　监生，指称明清两代在国子监读书或取得进国子监读书资格的人。监生系国子监的一种有名无实的头衔，可以获取某些特权、机会和豁免权。

肃采买粮食，而甘肃大小官员仍为缺粮叫苦不迭。乾隆三十九年（1774），陕甘总督勒尔谨奏请恢复捐监旧例，经户部遵旨会议"以为可行"，乾隆帝很快就允准了。

鉴于以往积弊多端，乾隆帝特选调精明能干的王亶望为甘肃布政使，专责办理甘肃收捐监粮事宜。乾隆帝又专门下旨给勒尔谨，切务"实心查办，剔除诸弊"，勿使出现"滥收折色致缺仓储"，以及"滥索科派"等弊。[1]

上任伊始，王亶望便向乾隆帝保证，"随时随处，实心实力，务期颗粒均归实在"，而暗地里王亶望和勒尔谨狼狈为奸，聚敛大量钱财，"而私其银，自总督以下皆有分"。[2]他们明令各州县一律折成银两收捐，每名国子监生收银55两。为遮蔽捐监粮缺口，每年甘肃都向朝廷谎报灾情，无灾报有灾，小灾报大灾，骗取朝廷赈济，还通过虚开赈灾粮款坐收其利。半年后，王亶望疏报收捐19000名，得豆麦82万石。

如此大的成效，自然引发乾隆帝的怀疑。乾隆帝发"四不可解"诘问勒尔谨："甘肃民贫地瘠，安得有二万人捐监？又安得有如许余粮？今半年已得八十二万，年复一年，经久陈红，又将安用？即云每岁借给民间，何如留于闾阎，听其自为流转？"[3]勒尔谨饰词上复，百般狡辩，乾隆帝没有看出破绽，也不再继续深究。

不可思议的是，甘肃通省上下官员串通一气，内外勾结，上下其手，竟然长期未被发觉。不到三年时间，甘肃捐监600多万石，约有15万商民纳粮成为监生。纳粮之多，监生之多，空前绝后，全国第一。据事后统

---

1 《清实录·高宗纯皇帝实录（一二）》（卷九五七），第二〇册，中华书局1986年版，第9—10页。

2 台北故宫博物院编《宫中档乾隆朝奏折》（第三七辑），第408—409页。

3 台北故宫博物院编《宫中档乾隆朝奏折》（第三七辑），第408—409页。

计，从乾隆三十九年到四十六年（1774—1781），甘肃近30万人捐了监生，收银1500多万两，被甘肃官员冒赈吞没近300万两。王亶望还因收捐监生卓有实效，于乾隆四十二年（1777）被提拔为浙江巡抚。

继任甘肃布政使王廷赞更是如法炮制，且花样翻新，大肆敛财。乾隆四十六年（1781），甘肃爆发回民起义，乾隆帝派大学士阿桂、尚书和珅到甘肃督师监军。行军途中，阿桂与和珅分别向皇帝报告说，因阴雨连绵，道路泥泞，军队行动迟缓，乾隆帝疑云大起，感到此前甘省连年报旱有诈。联想到不久前王廷赞捐献廉俸银四万两作为军饷，王亶望捐献出私银50万两办理浙江海塘工程，乾隆帝推测他们的银子来路不明。乾隆帝命阿桂、和珅及新任陕甘总督李侍尧先后至甘肃勘查，查出了将捐粮改为捐银以及虚报赈粮的原委。

甘肃冒赈大案，几乎把甘肃全省县以上官员都牵连其中。案发后，连乾隆帝都惊呼"为从来未有之奇贪异事"。乾隆帝开始了有针对性的"清污"行动，处斩主犯王亶望，赐勒尔谨自尽，绞杀王廷赞。但因案件牵扯甘肃全省官员，最后不得不定下贪污两万两以上死罪的调子。尽管一宽再宽，此案陆续正法处决的前后达56人，免死发遣者46人，其他判处徒刑、流刑及革职的更是难以计数，甘肃的官场几乎为之一空。

王亶望案件审结后，乾隆帝对所处置的贪官作了一番回顾："……从前恒文、方世俊、良卿、高积、钱度等，俱以贪赃枉法先后伏诛，然尚未至侵蚀灾粮、冒销国帑至数十万金，如王亶望之明目张胆、肆行无忌者。"[1]甘肃冒赈贪污窝案，说明乾隆朝时贪腐已经成为普遍现象，各级官僚知法犯法，沆瀣一气，无所畏惧。

1　杨怀中标点《钦定兰州纪略》（卷十四），宁夏人民出版社1988年版，第217页。

3

甘肃冒赈贪污窝案并非孤例，在此之前，清政府便曾多次刮起反贪之风，一干重臣被法办。随着贪墨案件越来越多，乾隆帝越来越能理解父亲雍正帝当初的严苛。

乾隆帝痛言，"朕于事之应宽者，宽一二事，则诸臣遂相率而争趋于宽。朕于事之应严者，严一二事，则诸臣遂相率而争趋于严"，"一人未改面貌，两事迥异后先，人心不古，何至于兹"，百思不得其解。[1]事实上，并非诸臣不问宽严之由，而是官僚蜕变成了唯利是图的奴才，成了不问是非曲直之徒。

和珅正红旗出身，家族爵位并不高，乾隆三十四年（1769），世袭三等轻车郡尉。乾隆四十年（1775），年仅25岁、英俊潇洒的御前侍卫和珅，受到乾隆帝赏识后平步青云，迅速成为大清政治舞台上炙手可热的人物。一年后，和珅被连连擢升，先是授为户部右侍郎，两个月后又擢为军机大臣，又一个月后更荣升内务府总理大臣。

乾隆四十二年（1777），和珅被授予在紫禁城内跑马的罕见特权。后来，他又执掌户部和工部，控制帝国的税政，并得以夹带私货，将自己的心腹亲信安插到要职或肥缺。和珅的提拔之快、权重之高，有清以来绝无仅有。从男爵到公爵，从户部右侍郎到吏部尚书、文华殿大学士、太子太保，跨越式前进，大踏步向前，创造了火箭速度。

和珅当国，结党营私，权倾一世，众人畏惧，无人敢惹。和珅欺君弄权，无视律法，几无政敌，有敢违逆的，无不遭到排挤打压。从中央到地方的各级官吏，为保住自己的权位，都竞相巴结讨好和珅。即便例行公事，如不贿赂，和珅也会百般刁难。至于升官进步，则更需要以钱铺路、

1　《清实录·高宗纯皇帝实录（二）》（卷一五三），第一〇册，中华书局1986年版，第21页。

以金敲门，出多少钱做多大官。像盐政、河督之类的地方要员，通常要"巨万纳其府库"，两淮盐政徵瑞曾为此向和珅行贿40万两银子。

乾隆五十五年（1790），和珅的儿子丰绅殷德迎娶乾隆帝最喜欢的小女儿和孝固伦公主，足见乾隆帝对和珅一族偏爱有加。和珅成为皇亲国戚，风头更加强劲。乾隆后期，有皇帝的无上恩宠做后盾，和珅对乾隆帝的影响力日益强化，几乎独揽大权。和珅更加肆无忌惮，甚至公开收受贿赂，大肆侵吞钱财，无法无天。尤为甚者，和珅在敛财积蓄方面是百年一出的天才。为了让乾隆帝享受到精致的生活，和珅千方百计捞钱，千辛万苦献媚。在和珅的主导设计下，由上到下的"捞钱"逐步制度化，所谓的"议罪银"成为乾隆帝晚年政以贿成的标志。

"议罪银"是一项以钱顶罪的制度，由官吏把钱交到内务府（非国库收入），以缴纳对应的银子数量来免除一定的刑罚。对于交了罚银的官吏犯罪，可以根据先前所交罚银的多少，有区别地进行从轻发落。而罚银则专款专用，主要用于乾隆帝下江南的专项开支。乾隆帝认为，议罪银制度，"以督抚等禄入丰腴，而所获之咎，尚非法所难宥，是以酌量议罪，用示薄惩"[1]。表面看来，该制度既没有增加百姓负担，又丰裕了皇家收入，还警戒了犯罪官员，似乎于国体无损，还能一举多得。事实上，这是一项后果极为严重的恶政，加剧了清朝官吏的腐化，加重了底层百姓的负担，加速了清王朝的衰亡。以和珅为代表的贪腐集团，彻底葬送了清政府得之不易的政治成果。

虽不能说乾隆帝的大权旁落，但和珅得以把持朝政却是不争的事实。与其说乾隆帝高居九重，日理万机，倒不如说是和珅日夜操劳，总揽一

1　《清实录·高宗纯皇帝实录（一八）》（卷一三六七），第二六册，中华书局1986年版，第333页。

切，更符合当时的历史实际些。[1]和珅的做派，进一步加剧了吏治腐败，一时间贪污成风，丧尽了官场体面。无论京城内外，无论文臣武将，无论官职大小，都在想方设法中饱私囊。因为有这么一个贪渎的宰相在内，驱使一班贪渎的地方大吏在外搜刮，无所不至，于是民力凋敝，到嘉庆帝一即位，地方的乱事就起来了。[2]

据《春冰室野乘》记载，乾隆帝在召见大学士汪由敦时，很是关切地问起了他的早餐情况。[3]乾隆帝从容问道："卿天未亮即赶来上朝，在家曾用点心否？"汪由敦回答："臣家贫，早餐不过鸡蛋四枚而已。"乾隆愕然道："鸡蛋一枚需银子十两，四枚则四十两。朕尚不敢如此纵欲，卿如何还自言家贫？"汪由敦不敢直言相告，赶紧跪下回禀："外间所售鸡蛋皆残破不整，不能给皇上进上。臣得以廉价购得，每枚不过几文钱而已。"乾隆帝欣然领首。当时宫内一个鸡蛋是十两银子，四枚鸡蛋已经接近一个县官一年的收入。玄机在于，内务府职官为捞钱牟利，常常虚报开支，大肆收受回扣，上下串通，层层贪墨。汪由敦虽明知个中猫腻，但绝不能挑明底细，只得违心欺蒙皇上。

内务府是清代独有的机构，职官多达三千人，比事务最繁的户部人数还多十倍以上，堪称清朝规模最大的机关，利益关系错综复杂。也正因为如此，当皇帝将"天价"鸡蛋问题摆出来时，没有一个大臣敢捅破这层纸，砸破鸡蛋背后的利益链条。小小的鸡蛋问题背后，潜藏着一个朝代的衰败之因，是清之将亡的预兆。

1　王锺翰：《最后的王朝：王锺翰说清朝》，生活·读书·新知三联书店2019年版，第143页。

2　李剑农：《中国近百年政治史》，武汉大学出版社2006年版，第8页。

3　李端岳：《春冰室野乘》，内蒙古人民出版社2003年版，第43页。

4

乾隆帝周期性的运动式反腐，不过是其控制属下的手段。金无足赤，人无完人，每个人都有自己的缺点。当腐败成为乾隆朝的全局性问题时，没有哪个官员能保证自己绝对清廉，乾隆帝则可以随时以反腐的名义侦查、逮捕、讯问乃至监禁任何人。

乾隆帝曾与时任都察院左都御史刘统勋论及如何"矫治"腐败，刘统勋直言没有办法。刘统勋说："自祖龙（秦始皇）以来二百七十二帝，谁也没有根治这一条。昔日武则天女皇称制，恨贪官设告密箱，允许百姓直奏朝廷，任用酷吏明察暗访，官儿杀了一批又一批，每次新科考新进士入朝，太监们都说'又来一批死鬼'——照样是贪官斩不尽、杀不绝。为什么？做官利大权重，荣宗耀祖，玉堂金马，琼浆美酒，其滋味无可代替。惟有人主体察民情，以民意为天意。兢兢战战如履薄冰，岁时矫治时弊，庶几可以延缓革命而已。"[1] 言下之意，腐败是不治之症，一切反腐举措，都不过是权宜之计，治标不治本。论调颇为悲观，倒也切合封建社会肯綮。

乾隆帝的所谓高调反腐，是选择性反腐，也会宽容和默许不少腐败官员。他不会因反腐而破坏既有政治秩序，惩治的不过是没有多大权势的中低级官员，或者失去恩宠、已经失势的部分高官，最终目的是维护封建统治。比如，乾隆帝对和珅的情有独钟，一直让人耿耿于怀。和珅在乾隆帝、嘉庆帝父子时期的云壤之别，就是反腐沦为内部权力斗争的铁证。

人们有理由相信，封建王朝独裁统治下的反腐有点像隔墙扔砖头，砸着谁是谁。当反腐沦为权力斗争的工具，就没有真正的反腐可言。反腐变成弱肉强食的游戏，腐败就会像癌细胞一样在社会躯体中蔓延，侵蚀公平正义和世道人心。结果，腐败成为悬在官员头上的达摩克利斯之剑，各级

1　二月河:《乾隆皇帝·风华初露》，长江文艺出版社2009年版，第182页。

官员人人自危，不得不刻意讨好皇帝及其身边人来保障自身安全。

早在南北朝时期，北周奠基者宇文泰向西魏名臣苏绰讨教治国之道，苏绰便提出"用贪官，弃贪官"的权术之道。[1]苏绰说，"为君者，以臣工之忠为大。臣忠则君安，君安则国安。然无利则臣不忠"，所以要允许官员们"以权谋利，官必喜"。在"用贪官"的同时，还要"弃贪官"。在苏绰看来，"此乃权术之密奥也"，"天下无不贪之官，贪墨何所惧？所惧者不忠也。凡不忠者，异己者，以肃贪之名弃之，则内可安枕，外得民心，何乐而不为？此其一。其二，官有贪渎，君必知之，君既知，则官必恐，恐则愈忠，是以弃罢贪墨，乃驭官之术也"。而君王惩治腐败分子，"使朝野皆知君之恨，使草民皆知君之明"，既可以彰显君主的英明伟大，又可以让贪官背负骂名，让世人皆知"坏法度者贪官也，国之不国，非君之过，乃官吏之过也"。苏绰总结道："用贪官以结其忠，弃贪官以肃异己，杀大贪以平民愤，没其财以充官用，此乃千古帝王之术也。"其实，很多帝王无不是"用贪官，弃贪官"理念的践行者，一方面，把腐败当作官员的福利，用以笼络官员；另一方面，把反腐当作治理朝政的工具，延揽民心，维护统治。

乾隆帝始终逃不出"反腐刮风论""反腐工具论"等的影响，遏制不住腐败的势头，遑论根治腐败。结果是，反腐口号人人会喊，反腐做派人人会装，人也杀了不少，但腐败却越来越严重。

美国学者朴兰认为，清朝官员在某种意义上就像一个商人，而不是整个社区的公仆，总是被迫在有意无意中使其利益最大化。多数官员都意识到法定标准不切实际，因而对贪污的认识和处理也就有相当大的弹性。在文化层面上，君主及官僚们都处于极度复杂的社会关系网中，相互的责任和义务是通过礼品与特权的交换粘连起来的。因而，礼品、陋规、贿赂、

1　徐兵博：《读史要略》上册，新华出版社2017年版，第325—326页。

勒索及其他形式的交换之间的关系极为复杂而微妙。在严格的道德与文化背景中间，是一块巨大的从道德上讲极为模糊的行为区域，对这一区域的认识因为个体对伦理、政治及经济等的认识而有极大的差别。[1]

中华五千年文明史，反复验证了一条铁律，那便是"廉则兴，贪则衰"。贪腐不会促使一个王朝迅速衰亡，但定会导致这个王朝灭亡。

三、文字狱

1

清朝历代君主对民族融合心存芥蒂，天然地偏爱满族及满族文化，但又不可避免地被汉文化所影响和同化。尽管清朝作为夷狄入主中原，可历代皇帝都很重视文化统治。为巩固统治、收买民心，清朝在文化上力倡程朱理学，利用君臣名分钳制臣下。同时，开博学鸿词科，设法笼络考试失利、未能为官的士子文人，以此来化解民粹、消弭民怨。此外，又大兴文字狱，采取高压政策，实行文化专制。

乾隆帝是一个崇文尚武的皇帝，为引导知识分子钻研儒家经典，在各省学宫颁布《御制太学训饬士子文》，多次到曲阜拜谒孔子庙、释奠孔子等，导致天下士人"言不合朱子，率鸣鼓而攻之"[2]。

乾隆三十七年（1772），乾隆帝命令汇集古今之书籍，点缀其盛世门面。他以开四库全书馆、修《四库全书》为名，从古今书籍中精心挑选优秀典籍，加以抄录、解说和注释。编撰《四库全书》，不但是对中国历代

1　Robert M. Marsh, "*The Venality of Provincial Office in China and in Comparative Perspective*（中国省级行政贪污及其比较研究）", in Comparative Studies in Society and History，Vol. 4, No. 4（July，1962），pp. 455-456.

2　朱彝尊：《曝书亭集》上册，国学整理社1937年版，第435页。

文化典籍的整理，也是一场声势浩大的思想文化普查运动。清政府采取"寓禁于征"的手段，趁征书之际查禁所谓违碍悖逆之书，销毁谬说书籍，排除危险思想。因此，《四库全书》的编撰，既不是自由的学术活动，也不是传统的政治迫害，实质是思想文化大清查运动。上谕经常要求限期清查悖逆主流思想的书籍，之后如再发现藏有非法书籍，或以重罪论处，或立即焚毁。上谕还命令严查刻板，烧毁禁书的底版，彻底消灭禁书的生存空间。

　　影响深远的《四库全书》，固然集图书之大成，也产生了一些不好的副产品，大批优秀典籍惨遭损毁，给中华传统文化造成严重负面影响。自乾隆四十九年至五十八年（1784—1793），大量禁书活动持续了二十年之久，焚毁书目三千多种，数量几乎与选录规模不相上下。乾隆帝多次下诏命四库全书馆详覆违禁各书，分别改毁。与禁书相伴随，大规模的文字狱由此产生。

　　文字狱是文化专制的极端表现。文字狱，从字面理解，是指以文字而定罪，特别指故意从某人著作中摘取字句以罗织罪名的构陷方式。自皇权体制诞生以来，文字狱在中国皇权社会似乎从未断绝过。有史以来，以清朝文字狱最多，规模最大，持续时间最长。在称为"文化黄金时代"的康雍乾盛世，由于皇帝熟知汉文化，对文化事件异常敏锐，因文字狱导致的酷刑频繁发生，其结果令人惨不忍睹。

　　清朝的文字狱有别于前朝，是伴随着政权稳定、强化思想控制而产生的，肇始于顺治帝，发展于雍正帝，到乾隆帝时达到顶峰。从康熙年间的庄廷珑《明史》案、沈天甫之狱、戴名世《南山集》案，到雍正年间的曾静和吕留良案、汪景祺案、查嗣庭案，再到乾隆年间的徐述夔《一柱楼诗》案、卓长龄等《忆鸣诗集》案、王锡侯《字贯》案、胡中藻案，他们利用文字狱钳制言论、禁锢思想。

　　中国士大夫囿于文化专制的牢笼，"避席畏闻文字狱，著书都为稻粱谋"[1]，不敢治史，不敢言近代事，只能以汉学的文字、音韵、训诂、校勘、辑佚、考证之类学问自娱自乐。明末方兴未艾的启蒙思想火花被残酷的文化专制浇灭，注重现实社会问题、强调经世致用的学风被粗暴的干预所破坏，造成学界万马齐喑的沉闷局面。

2

乾隆帝热衷于牵强附会，捕风捉影，"一面箝制士大夫，而一面则讨好民众"[2]，制造白色恐怖。据《清代文字狱简表》统计，乾隆帝在位六十年，退位后又以太上皇之名治国三年有余，共制造了大小不一的文字案一百三十余起，粗略算来每五个月就要对文人"大刑伺候"一次。[3]

上有所好，下必趋之。皇帝乐此不疲，地方官吏为邀功请赏，极尽逢迎拍马之能事，恨不得挖地三尺，捕风捉影地罗织着一起又一起文字狱。乾隆朝的文字狱大大超过以往诸朝。在诸多文字狱中，胡中藻案、鄂昌案、《忆鸣诗集》案较为典型。

乾隆时期最大的文字狱大概是胡中藻案。这次文字狱完全由乾隆帝直接制造。乾隆二十年（1755），内阁大学士胡中藻因其诗集《坚磨生诗钞》中多有不敬之语获罪处斩。乾隆帝说："朕从未尝以语言文字责人，若胡中藻之诗措辞用意实非语言文字之罪可比，夫谤及朕躬犹可，谤及本朝则叛逆耳。朕见其诗已经数年，意谓必有明于大义之人待其参奏，而在廷诸臣及言官中并无一人参奏，足见相习成风，牢不可破，朕更不得不申我国法，正尔嚣风，效皇考之诛查嗣庭矣。"[4]毁谤清朝的罪名，毫无疑问是重

1　[清]龚自珍：《龚自珍全集》，上海人民出版社1975年版，第471页。

2　谭伯牛：《盛世偏多文字狱》，海豚出版社2013年版，第45页。

3　郑天挺：《明清史资料》下册，天津人民出版社1981年版，第187—192页。

4　乾隆帝关于《坚磨生诗钞》的言论，引自《清代文字狱档》，上海书店出版社2007年版，第36—38页。

罪。然而，民众却从诗中看不出悖逆之意，故数年来无一人举报参奏，只有乾隆帝独具慧眼，能从字里行间读出"悖逆"来。乾隆帝对诗抄内的许多句子，都作了随心所欲的解读，认为"悖逆讥讪之语甚多"："一把心肠论浊清"，把"浊"字加在大清国号之上，可以理解为"浑浊的清朝"；"一世无日月"，"日"与"月"合起来为"明"，可以解释为对当今不是明朝的世道感到伤心；"老佛如今无病病，朝门闻说不开开"，被说成讥讪皇帝幽居深宫，拒谏自傲的独裁专制统治。乾隆帝自己辩解说："朕每日听政，召见臣工，何乃有朝门不开之语？"[1]乾隆帝的调子早已定好，也不容胡中藻申辩，经大学士、九卿等会审，遵照谕旨，立即处斩胡中藻等人，家中只有八十岁老母、四岁小女及三岁小孙子，经乾隆帝开恩免予株连。乾隆帝给予胡中藻的最后一丝温情，是将凌迟极刑改为斩刑。

　　紧接着，胡中藻案引发鄂昌案。鄂昌为满洲镶蓝旗人，鄂尔泰侄子，历任广西巡抚、甘肃巡抚等职，乃满洲旧族，位高权重。在广西巡抚任上，鄂昌跟胡中藻作诗唱和，在《塞上吟》一诗中称蒙古人为"胡儿"。蒙古入关前就归附清朝，满蒙一家，双方上层和亲频繁，早在乾隆七年（1742），清朝就明令禁止奏章称蒙古为夷人。乾隆帝认为，鄂昌蓄意诋毁同类，下谕旨："鄂昌负恩党逆，罪党肆市。但尚能知罪，又于贻直请托状直承无讳，朕得以明正官常，从宽赐自尽。"[2]这个罪案的另一个后果是，乾隆帝由此下令禁止满人和汉人以文字方式往来，断绝两族的文化交流。

　　最值得说道的，还有《忆鸣诗集》案。该案发生在查慎行去世54年后。查慎行是"清初六家"之一，自朱彝尊去世后，成为东南诗坛领袖。查慎行及查氏后人牵入诗案，是因查慎行为卓长龄《高樟阁诗集》"校定去取"并作序。

1　梁章钜：《归田锁记》，中华书局1981年版，第98页。

2　赵尔巽等：《清史稿》（卷三百三十八），《鄂昌传》，第三十六册，中华书局1977年版，第11060页。

　　乾隆四十六年（1781）十二月，仁和监生卓汝谐给仁和知县杨先仪写信，举告"已故族伯卓铨能、卓与能著有《忆鸣诗集合稿》抄本，内有伪妄字句，现系其孙连之、培之收藏"。杨先仪闻之大骇，即向闽浙总督兼管浙江巡抚陈辉祖、浙江学政王杰禀告。陈辉祖以为事关重大，命人逐一搜查涉案人员之家，查得卓天柱（卓连之之父）的先祖卓长龄所著《高樟阁诗集》、叔卓铨能所著《见山堂学裘诗抄稿》等共计15本书，并未发现《忆鸣诗集合稿》抄本，但发现所获书籍"其中多有狂谬悖妄之语"。其中，《高樟阁诗集》有查慎行序文，序文中言及"卓长龄甥陈周健嘱校定作序"，陈辉祖以为"伊等目击逆书，公然为作序文，亦属罪不容诛，情殊可恶，均应严行查究"，命浙江按察使李封亲至查慎行等人家中搜查，得知查慎行已物故，没有得到想要的答案。尽管未得到预期结果，陈辉祖还是以"查出悖逆书籍"为名上奏，奏请彻底究审，严加惩治，并将起获各书粘签进呈御览。[1]

　　乾隆四十七年（1782）二月十三日，乾隆帝谕旨查办此案。五月二十五日，陈辉祖上奏审拟结果：并无《忆鸣诗集》名目，然《高樟阁诗集》《高樟阁学箕集诗稿》等俱有狂妄悖逆之语，拟定卓长龄等已病故的五犯锉碎其尸，枭首示众，卓天柱等三犯以收藏逆书拟斩立决……代作序文之查慎行等人，及嘱托查慎行作序之陈周健，均照知情隐藏律拟斩，但各犯俱已身故，应毋庸议。[2]本属子虚乌有，但也不能白忙一场，陈辉祖为了讨好圣意，终究要想方设法制造出狱案来。

　　乾隆帝朱批谕旨："朕阅其诗集内，语意牢骚，词句违碍，亦不能免。但究系康熙初年之人，且物故已久。所有卓长龄等五犯，着加恩免其戮尸。其余缘坐各犯，俱着一体宽免。至卓天柱于此等诗集，理应早为呈

1　《清代文字狱档》，上海书店出版社2007年版，第338—341页。

2　《清代文字狱档》，上海书店出版社2007年版，第332—345页。

首，乃敢隐匿收藏，殊干例禁。该督等问拟斩决，固属罪所应得。但据该督奏称，该犯两目青盲，未曾见过诗集，着从宽改为应斩监候，秋后处决。"[1]虽落得个宽大处理的结局，亦有人为此锒铛入狱，甚至性命不保。

探究《忆鸣诗集》案，本是空穴来风，却能无中生有，活生生演绎出文字狱的悲剧。事实是，因卓汝谐盗卖卓氏祠堂地基，卓连之、卓培之等人将其告到县衙，卓汝谐挟嫌报复，捏造《忆鸣诗集》名目。陈辉祖等官僚希宠求进，肆意罗织罪名。乾隆帝借《忆鸣诗集》案，打压两浙士风，巩固统治。闹剧演绎成悲剧，可悲可叹。

3

文字狱是封建帝王加强专制统治的产物，也是其巩固统治的工具。终乾隆一朝，文字狱来得比任何时候都猛烈，这并非乾隆帝心血来潮，而是有意为之。以文字狱为载体，实行文化专制主义，实施愚民政策，叫那些敢说真话的知识分子闭上嘴巴，以此来禁锢文人的思想及其创造性，是封建社会屡试不爽的法宝。

清朝统治者为满族，相比汉族，人数极少，满汉之间易产生隔膜，这是文字狱多发的重要原因。鲁迅在一篇题为《隔膜》的杂文中说过，清朝初年的文字狱……大家向来的意见，总以为文字之祸，是起于笑骂了清朝，然而不是不尽然的，这些惨案的来由，都只是为了"隔膜"。[2]清朝是满族人建立的政权，满族是王朝的基石，汉族则是团结、改造、利用的对象。满汉隔阂，长期存在于清代社会，是清朝的难言之痛。

乾隆二十二年（1757），乾隆帝对"陈安兆著书案"的定性，透露了他心目中的文字狱标准。他说："朕阅该生（陈安兆）所著《大学疑思辨

1　《清代文字狱档》，上海书店出版社2007年版，第346页。

2　鲁迅：《朝花夕拾》，中国言实出版社2016年版，第113—115页。

断》《中庸理事论断》二书虽不无违背朱注，支离荒谬，要不过村学究识解肤浅妄矜著作，即诗稿中，间有牢骚词语，亦浅学人掉弄笔墨陋习，其实非谤讪国家、肆诋朝政，如胡中藻之比。封疆大吏遇此等事当识大体，如果逞意谤讪，肆无忌惮，自不得不惩一儆百以肃士习。"[1]这段文字颇值得玩味，文字是否致罪成狱，关键在于是否谤讪国家、肆诋朝政。在另一篇上谕中，乾隆帝同样强调："若不过词语不经，妄言灾祸、诓诱乡愚，或生事地方、訾议官长，杖毙已足蔽辜，如其讪谤本朝，诋毁干犯，则是大逆不道。"[2]至于如何判定谤讪国家、肆诋朝政，则只有皇帝本人清楚了。

文字狱，既是法律问题，更是政治问题。文字"成狱"，理论上应该是个法律问题，但统治者向来喜欢把法律问题政治化。在"有治人无治法"的人治环境下，皇帝借法律惩治思想异端和政治异端，从而把法律问题上升为政治问题，使个体之罪演变成人神共愤的"大逆"之举，法律问题被政治化处理。皇帝通常用"罗织"的方法，把一些单独看来不成其为罪状的过失无限放大，进而把可能的后果作为现实的罪行。至于有罪或无罪，宽或免，由皇帝本人确定标准。清政府并无罪刑法定原则，对文字狱的所涉之人，皇帝既可严厉惩罚，也可宽大处理，全在一念之间，视具体政治需要而定。文字狱一旦确定，除非皇帝特旨减轻，主犯大多按律处以凌迟。有时，皇帝也会对部分罪犯从轻处理，处以斩刑。

由于标准模糊不定，圣心又着实难测，处理文字狱的官员，为规避工作不力、放纵嫌犯，更倾向于严苛刑罚、重惩不贷。即使判决过重，甚至牵连甚广，也可由皇帝以仁慈之名宽大减免，为皇帝赚取"仁政"的名分，反而没有了后顾之忧。由此带来的结果是，过犹不及，风声鹤唳，人人自危，道路以目。梁启超在《清代学术概论》中说："文字狱频兴，学者渐

1 《清代文字狱档》，上海书店出版社2007年版，第84页。
2 杨乾坤：《中国文字狱》，陕西人民出版社1999年版，第385页。

惴惴不自保，凡学术之触时讳者，不敢相讲习。"[1]鲁迅也说："为了文字狱，使士子不敢治史，尤不敢言近代事。"[2]

18世纪的中西方形成强烈的对比，西方思想的解放迥异于清朝文化的专制。继意大利的文艺复兴之后，在西欧出现了一场冲决中世纪封建神学桎梏束缚的思想启蒙运动。启蒙思想日渐兴起，"三权分立"的资产阶级政治学说、"社会契约论"和"人民主权论"的共和民主思想、自然神论和无神论的唯物主义哲学等，百家争鸣，群星璀璨。随后，法国爆发了世界历史上影响最为广泛的资产阶级革命，推翻了法国封建专制制度，建立了资本主义制度，动摇了整个欧洲的封建制度，也鼓舞了拉丁美洲的民族独立运动。

四、自大又自闭

1

至清中期，中国处于东亚朝贡贸易体系的中心。朝贡是中央政府处理与周边国家关系的一种制度，"朝"有觐见天子之意，"贡"则是向天子进献贡品。朝贡制度萌芽于先秦，初步确立于汉代与魏晋南北朝，进一步发展于唐宋，完备成熟并极盛于明清。确立朝贡制度，目的是取得一种政治上对宗主国地位的承认，中原王朝与朝贡国和平共处，进而创造稳定的边疆环境，与近代国家间关系有着不同的内涵。

乾隆朝是朝贡制度的极盛时期。乾隆朝的北京，是东方世界的交流中心，是当时最具国际性意义的大都市，还是当时世界上与外部交往最频繁的都城。周边的朝鲜、日本、琉球、安南等国，以及东南亚、中亚、西

1　梁启超：《清代学术概论》，岳麓出版社2010年版，第28页。

2　鲁迅：《朝花夕拾》，中国言实出版社2016年版，第126页。

亚诸国，还有欧洲的部分国家，都与清朝保持着密切的往来关系。只要乐意，帝国的统治者有足够的资源了解外部世界。遗憾的是，乾隆帝并不乐意与外界开展深度交往。

大航海时代，世界格局巨变，至清朝中前期，西欧与中国综合国力的差距不断缩小。清朝持续闭关锁国，对与欧洲国家的交往，表现出异乎寻常的冷漠。历史学家张星烺在《欧化东渐史》中写道："清代康熙、雍正、乾隆三朝盛时，外国使者来中国者甚多。教化王（即今之教皇）之使亦曾数至。然清朝在此一百三十余年长期间，竟未一次遣使浮海至西欧，采风问俗。诚可异也。"[1]除1729—1731年、1731—1733年两次派使团赴俄国访问外，清朝再没有派遣使团赴欧洲其他国家访问。

正所谓，躲进小楼成一统，管他冬夏与春秋。清朝与周边国家维持朝贡关系，并不向欧美诸国派遣使节。为何国人不愿出使他国？透过沙不烈的《明末奉使罗马教廷耶稣会士卜弥格传》，颇能寻得端倪。顺治十一年（1654），被南明政权遣使罗马教廷的耶稣会士卜弥格，与罗马宣教部进行了一番深入的对话。罗马教廷质询卜弥格"何以不多带中国侍从俱来"，卜弥格直言原因有三。其一，盖因华人体质不强，不适于长途旅行。当时被指派随行者甚众，仅有两人愿往；而此两人中之一人因病止于中途，别一人在道数濒于死。其二，中国人之自尊心，使之自负其政治、其学识、其财富皆优于他国；则其不愿声称求救他国可知也，是故不愿遣华人赴欧洲。其三，中国商人不甚解葡萄牙语，不能用此种语言与之交谈国事。[2]卜弥格所述的身体不健、自负心强、不通西语等隐情，至乾隆朝时依然没有明显改变。

1　张星烺：《欧化东渐史》，商务印书馆1947年版，第45页。

2　（法）沙不烈：《明末奉使罗马教廷耶稣会士卜弥格传》，上海古籍出版社2014年版，第82页。

　　有些时候，乾隆帝也被蒙在鼓里，不知与谁交往，以及如何交往。一般士人囿于"父母在，不远游"的儒家信条，根本没有远赴国外游历的兴趣。士大夫对国外情况所知甚少，只是通过传教士撰写的《职方外纪》《坤舆图说》等一些介绍性小册子获取点滴知识，且不求甚解。让这些脑满肠肥的人为乾隆帝出谋划策，焉能有睁眼看世界的视野，焉能有改革开放的胸襟？可见，夜郎自大的错误，不能全推到乾隆帝一个人头上，举朝士人无不闭目塞听。

　　这个时期，西风东渐，然而年迈的皇帝并没有意识到西风的强劲，以及东风的式微。乾隆帝在处理对外关系时，最大的错误并非不愿与外界打交道，事实上清朝前期的开放度较明朝晚期已有较大拓展。问题在于，清朝在与外国交往时，试图按照传统的朝贡体制构筑以自我为中心的天下体系，妄想把西方各国纳入朝贡体系之内。对周围的弱小邻国而言，这样做不会引发太多争议，但对日渐强大的欧洲各国，他们却不会心甘情愿接受。

　　外交是内政的延续，外交场合的礼仪之争，实际上是西欧诸国强权主义与中国传统的朝贡体制之间的冲突。在英国马戛尔尼使团访华时，中英外交分歧得到充分体现。

2

　　乾隆年间，西方的工业革命已经初见端倪，英国推行重商主义，成为世界资本主义最强大的国家，号称"日不落帝国"。

　　乾隆二十四年（1759），英国商船赴宁波贸易，被清朝禁止。在广州的英商觉得他们所受的限制和压迫多半出自地方官吏，非皇帝所知道，更非皇帝所许可。倘若在地方交涉，通商的制度是不能更改的，而由政府派公使到北京交涉，或有一线希望。为扩充通商机会和联络邦交，英国决定派使团访华。英国有着足够的诚意，作了充足的准备。在筹备使华的时候，英国政府要求使团在可能范围内迎合中国人的心理，同时展示西洋文明，使中国人知道英国也是礼仪之邦，且是"世界大帝国"之一。

乾隆五十七年（1792），英国国王乔治三世派遣以马戛尔尼勋爵为正使、斯当东男爵为副使的庞大使团，包括天文学家、数学家、艺术家、医生等随员80人，还有卫兵95人，携带天文仪器、车船模型、纺织用品和军品等600箱礼品，乘船自朴茨茅斯港启程，于乾隆五十八年（1793）到达澳门。

马戛尔尼的主要外交使命有四。第一，英国想在中国沿海租一小块区域，如澳门一样，英商可以囤货在家，主权可以仍归中国，但警察权及对英侨的法权应归英国；在租借区域内，英国可不设军备。第二，中国不愿租地，就加开通商口岸及减少广州的限制。第三，英国可以遵守中国的鸦片禁令。第四，希望许可英国派公使驻北京，或间来北京；如中国愿派公使至伦敦，英国十分欢迎等等。[1]

乾隆五十八年（1793），马戛尔尼使团以给乾隆帝祝寿的名义出使北京，这是到达中国的第一个英政府外交使团，是中英之间最重要的一次早期交往，堪称中西关系史上的重大事件。乾隆帝得知英国使团要来中国给他祝寿的消息，显得格外高兴。尽管当时乾隆帝并不了解英国，但对英国国王派使臣的"向化之忱"非常满意，即命内务府大臣徵瑞为钦差大臣，专司接待英使事宜，同时命沿途地方官员优礼接待英国使团。

乾隆帝还专门给接待官员下旨："此次英吉利贡使到后，一切款待固不可踵事增华，但该贡使航海以来，初次观光上国，非缅甸安南等处频年入贡者可比……务宜妥为照料，不可过于简略，致为远人所轻。"[2]使团成

1　蒋廷黻：《中国近代史》，江西教育出版社2016年版，第120页。

2　赵之恒、牛耕、巴图主编《大清十朝圣训》，北京燕山出版社1988年版，第4590—4591页。

员爱尼斯·安德逊在回忆录中说："虽然在饮食供应上，我们迄今是很少有理由提出异议的。关于这一方面，我们所受的待遇不仅是优渥的，而且可以说慷慨到极点。"[1]

依照惯例，外国使臣来华觐见，必须行三跪九叩首礼。马戛尔尼对此颇有异议，他认为自己的举止代表国家，不能自降身份屈从于中国的礼节。如果非要行三跪九叩之礼，马戛尔尼提出了一个附加条件，中国须派与他同等级的大臣在英国国王像前作三跪九叩的答礼。徵瑞拒绝马戛尔尼的办法，马戛尔尼决定觐见时向皇帝行单膝下跪的英式礼节。为此，双方费尽口舌，多次协商也未达成一致。显而易见，在国际交往中，不是礼仪差异导致冲突，而是人们对待差异的态度会制造矛盾。

乾隆帝非常在意外交礼节，对英使的表现非常失望，愤然取消了原定于八月六日的觐见活动，同时采取"裁抑"的措施，着手驱逐英使离境。入乡随俗，客随主便，马戛尔尼最终不得不再次妥协。当然，清政府也做了一定的让步，但最终的妥协结果，双方记载出入较大。按照清朝有关资料的说法，清政府允许英使在八月六日万树园礼节性的欢宴上行英国式礼节；但在澹泊敬诚殿正式举行乾隆帝万寿盛典时，英使必须行中国的三跪九叩首礼。

对历史发展而言，礼仪问题只是细枝末节，不管是马戛尔尼入乡随俗，还是乾隆帝尽地主之谊，都没有影响既定的外交议程。得知英使有所妥协，乾隆帝颇为欣慰，态度亦有所缓和。心情大好时，乾隆帝对英使"仍加恩视"，令军机处大臣和珅等带领使臣一行参观游览，尽情观赏皇家园林的湖光山色。

乾隆帝八十三岁寿诞，是极难得的高寿庆典。在隆重的万寿节上，英

1　（英）爱尼斯·安德逊：《英国人眼中的大清王朝》，群言出版社2002年版，第116页。

国使团代表马戛尔尼与斯当东在礼部官员的带领下，向乾隆帝行了三跪九叩首礼，同时呈上了英王乔治三世给乾隆的国书。乾隆帝没有细看内容，便随手递给了身旁的太监。接下来，马戛尔尼试图为乾隆帝详细介绍英国的新式火枪、战舰模型等工业革命中的精品成果，但这些都被视为西方人的奇技淫巧而已，没人理会。在乾隆帝看来，比起天朝上国的物华天宝，这些东西根本不值一提。这些礼品后来被分别陈列在紫禁城、圆明园、避暑山庄等地，沦为供皇亲国戚、文武百官、藩属国国王公等欣赏的玩物。

马戛尔尼代表英国政府向乾隆帝提出了开放宁波、舟山、天津、广州之中一地或数地为贸易口岸，允许英国圣公会教士到中国传教等七项请求，并要求签订正式条约。对英国使者提出的要求，乾隆帝以"断不可行""皆不可行""更断不可行""尤不便准行""尤属不可"等逐一驳回。乾隆帝认为，中国作为天朝上国，不需要外国的商品即可自给自足，双方不存在平等贸易的基本条件。他回绝道：所有浙江、天津通商，京城设立货行，给予舟山小岛，另拨广州地方一处居住，减免广州、澳门往来各税，明定海关税则，俱不准行。最后，他还告诫，如英船至浙江、天津，定当驱逐。

乾隆帝以自我为中心，习惯从自己的立场出发看世界，而不是从全局的视角反观自身。自我中心主义，把注意力过分集中在自己的需求和利益，过于把幸运之事归功于自己的雄韬伟略，其结局多半是不幸的。人和人之间的比拼，是对事物的理解和对趋势的洞察。其后的事实证明，西方的科技打败了东方的礼教，其实就是两种不同认知的较量。

历史学家蒋廷黻认为马戛尔尼使华失败具有必然性。马戛尔尼的外交失败，是由于中西邦交观念之不相容。中国抱定"天朝统驭万国"的观念，不承认有所谓"国际"者存在。[1]

1　蒋廷黻：《中国近代史》，江西教育出版社2016年版，第122页。

马戛尔尼使华给清朝一个认识世界、融入国际的机会，然而乾隆帝拒绝了开眼看世界，拒绝了西方科技，拒绝了与西方的贸易和外交关系。清朝以"天朝上国"自居，这种文化上的自高自大，最终发展成为一种文化上的唯我独尊。

3

乾隆帝在自己的世界里醉生梦死，自信天朝无所不能、无所不有，声称中国不需要外部的任何东西。他一味限制工商业、蔑视科学技术，坚持闭关锁国、禁锢思想，把开放口岸由四个缩减到广州一个。

机会拥有时不珍惜，失去了才后悔，这大概是常人的通病。历史学家戴逸在比较中西走向现代化的路程时指出："18世纪的康雍乾盛世，貌似太平辉煌，实则正在滑向衰世凄凉。可当时中国没有人能够认识清楚这一历史真相，只有岁月推移，迷雾消散，矛盾激化，百孔千疮才逐渐暴露。历史的悲剧只有在悲剧造成以后很久时间，人们才会感到切肤之痛。"[1]

马戛尔尼使团最终无功而返，却有了意料之外的收获，得以零距离、全方位地窥视清朝各个方面。其中的地质学家考察了黄河的水土流失，预言道："在八百七十五万天内，也就是说在二万四千年内，黄河的泥土就要填满了黄海。"[2]其中的思想家说："中国老百姓身家性命的安全操在官吏们的手中，对于这种命运，他们是不甘心的。"[3]斯当东爵士说："这里出现一个罕见的宏伟景观：在人类的这个泱泱大国，人们都愿意结合在一个伟大的政治实体中，全国都安静地服从一个大帝王，而他们的法律、风俗乃至他们的语言始终没有变化。在这些方面他们和其他的人类没有丝毫相同

1　戴逸主编《18世纪的中国与世界》，辽海出版社1999年版，第5页。

2　（英）斯当东：《英使谒见乾隆纪实》，上海书店出版社2005年版，第424页。

3　（英）斯当东：《英使谒见乾隆纪实》，上海书店出版社2005年版，第376页。

之处。他们既不想跟世上其他地方交往，也不企图去占领。"[1]

马戛尔尼虽然惊异于大清王朝的富庶，惊叹于圆明园的瑰丽，却一针见血地指出："中国是一艘破旧的大船，一百五十年来，它之所以没有倾覆，是因为幸运地遇见了极为谨慎的船长。一旦赶上昏庸的船长，这艘大船随时就可能沉没。中国根本就没有现代的军事工业，中国的军事实力比英国差三到四个世纪。"[2] 这真是一个奇妙的预言，在50年后的鸦片战争中得到了验证。

主观为自己，客观为他人。马戛尔尼使团的使华游记，为后来英国发动两次鸦片战争提供了丰富的情报资源，无意中开启了中英关系甚至中西近代关系史的序幕。

英国阵营强大的使团，并未对中国带来任何冲击，几乎没有留下任何痕迹。随着马戛尔尼使团的离去，清朝很快便恢复了原态。就像往平静的湖面上扔了一颗石头，水面上泛起了涟漪，但掀不起风浪，湖面很快便会恢复平静。一切就像没有发生过一样，马戛尔尼使团赠送的科技仪器、军事武器等，也没有激发起清政府研究近代科学的兴趣。

在近代化的起点上，西方的科技革命正如火如荼地展开，社会领域的变革也是日新月异。英国兴起第一次工业革命，开创了以机器代替手工劳动的时代，促进了法、美等国的工业革命，拉开了欧美工业化及现代化进程，促使了资本主义世界体系的形成。

清朝自我封闭于世界潮流之外，陶醉于天朝上国的梦幻中不肯醒来，被西方国家远远地抛在后面。纵使拥有广阔的国内市场、丰富而廉价的劳动力，但囿于封建专制的制度、文化，以及帝王的眼界、观念，根本无力推动帝国的发展进步。

1　（英）乔治·马戛尔尼、（英）约翰·巴罗：《马戛尔尼使团使华观感》，商务印书馆2013年版，第461页。

2　经典课程编委会编《北大历史课》，北京联合出版公司2014年版，第133页。

五、奇异的悲歌

1

历代北朝入主中原，无不以骄奢淫逸落败。清朝初兴时，开化程度较前朝为高，也能吸取前朝教训并引以为戒。崇德元年（1636），清太宗皇太极召集诸王贝勒大臣，命弘文院职官宣读《金史·世宗本纪》，谕以保守旧俗，为子孙万世之计。历朝遵守此旨，未尝或渝。顺治帝痴迷于汉文化，在遗诏中自我反省，必须铲除文化谋反这个祸根。因为皇帝本人就是文人，深知文化的力量，也就过分警惕思想的叛乱。

乾隆初年，乾隆帝也以同化于汉人为戒。他曾以胡中藻之狱，告诫满人毋得好吟咏、重汉文、荒骑射、忘满语，规定满人应试必先试弓马及格，然后才准许入场考试。然而，乾隆帝做的很多事情，都不能一以贯之，诸多政策颇多矛盾之处。一方面，他提倡学习满文，优待满洲八旗，复兴满族文化，力图振兴满洲。另一方面，他又崇尚汉族文化，重用汉族臣子，对四书五经、诗词歌赋、书法绘画等无一不通。

面对盛世繁华，乾隆帝开始飘飘然了，不自觉地开始追求奢靡享乐。本质上，欲望的根源是多方面的。它包括政治、经济、文化、虚荣、嫉妒乃至日常生活的细节，其中任何一面或多面，都可影响人的心理变化和行为选择。乾隆帝自称"十全老人"，自诩文治武功古今第一，自认立下了不朽之功，表明了他酷爱炫耀的性格。他被自己的欲望所俘虏，一扫康雍勤俭之风，奢侈浪费，挥霍无度，极尽铺张之能事。他开始追求极致享受，大肆接受贡品，引领奢靡风气，整个帝国都在为讨取他的欢心而殚精竭虑。他喜欢以不同装扮让人画像，有学者指称"乾隆帝仿古行乐图"为乾隆的变装肖像，折射出其性喜夸饰的一面。

乾隆帝最得意的美称是"古稀天子"，"古稀天子"之印是他晚年最得意的御宝。乾隆四十五年（1780），乾隆帝七十大寿时，工部尚书彭元瑞做了一篇题为《古稀之九颂》的奏折，其中引用杜甫"人生七十古来稀"的诗句赞颂乾隆帝为"古稀天子"。乾隆帝深以为然，为此做了一篇《古稀说》，自认历史上曾有过几位年过七旬的皇帝，但他们的业绩却无法与自己相比。中国历朝历代的皇帝中，长寿的少，短命的多，活到89岁高龄的仅有乾隆帝一人。

乾隆帝好大喜功，做了许多崇侈恣情的事情，特别是毫无节制地巡幸。雍正帝在位时竭力避免任何形式的巡幸，乾隆帝却以巡幸四方为乐，而且为了让一切看起来合乎体面而不惜成本。自乾隆六年至五十九年（1741—1794），他五次西巡五台山，四次东谒关外三陵，六次南巡江浙，五到曲阜。至于秋狝木兰、山庄避暑，自十六年（1751）以后更是每岁夏秋两至，渐成常例。特别是乾隆帝六下江浙，每次都是前呼后拥，大批后妃、王公亲贵、文武官员相随，旌旗蔽天，仪仗如林，人群裹簇，气势迫人。各处官吏、士绅、商贾等都挖空心思献媚，沿途点缀，务求华美，绞尽脑汁献出争奇斗异的名目、节目、器物，博取皇帝的好感和赞赏。

乾隆帝每次巡幸，都宣称体恤民情，减免经过地钱粮十分之三，减免驻跸地本年赋额，"免经过江南、浙江地方本年钱粮十分之三，……免江南之江宁、苏州，浙江之杭州三府附郭诸县本年额赋"[1]。但是，相比地方奢侈供应，减免钱粮、赋税显得微不足道。如乾隆第五次南巡时："御舟将至镇江，相距约十余里，遥望岸上著大桃一枚，硕大无朋，颜色红翠可爱。御舟将近，忽烟火大发，光焰四射，蛇掣霞腾，几眩人目。俄顷之间，桃衷然开裂，则桃内剧场中峙，上有数百人，方演寿山福海新戏。彼时各处绅商，争炫奇巧，而两淮盐商为尤甚，凡有一技一艺长者，莫不重值延致。又揣知上喜谈禅理，缁流迎谒，多荷垂询，然寺庙中实无如许名

1　赵尔巽等：《清史稿》（卷十二），《高宗本纪三》，第三册，中华书局1976年版，第438—439页。

僧，故文人稍通内典者，辄令髡剃，充作僧迎驾。并与约，倘蒙恩旨，即永为僧人，当酬以万余金，否则任听还俗，亦可得数千金。故其时士子稍读书者，即可不忧贫矣。又南巡时须演新剧，而时已匆促，乃延名流数十辈，使撰《雷峰塔传奇》，然又恐伶人之不习也，乃即用旧曲腔调，以取唱演之便利，若歌者偶忘曲文，亦可因依旧曲，含混歌之，不至与笛板相忤。当御舟开行时，二舟前导，戏台即架于二舟之上，向御舟演唱，高宗辄顾而乐之。"[1] 不得不佩服作者的文笔，从文字中就能感受到那种奢靡的气息。我们常常因为看到各种奢靡的生活场景，生发出"贫穷限制了我们的想象"的喟叹，其实帝王生活中的很多事物又何尝不是如此呢？

巨大的供应，最终落到过境之民身上。加之督抚借机办差，属吏勒派，过境之民深受其扰、饱受其苦，所谓"天泪落时人泪落，歌声高处哭声高"[2]，可谓真实写照。唯一值得称道的"副产品"，便是留下了不少逸闻趣事，为乾隆帝增添了不少韵事与话头，为后世文艺创作留下了不尽的素材。

为满足一己私欲，乾隆帝毫不节制地巡幸，损耗地方，"仓库亏耗，海内财赋之殚、民间风俗之坏，实基于是"[3]。早在乾隆二十三年（1758），左副都御史孙灏奏请明年停止巡幸，乾隆帝怒斥其识见舛谬，降孙灏为三品京堂，并以"效法皇祖练武习劳"宣谕中外。[4] 乾隆帝巡幸的理由，向来都是正大光明，借以堵住天下官员的嘴。直至退位后，乾隆帝才幡然醒悟巡幸之害，愧疚地承认"朕临御天下六十年，并无失德，惟六次南巡，

1　徐珂：《清稗类钞》（第一册），中华书局1984年版，第341页。

2　高阳：《清朝的皇帝》（下册），中国友谊出版公司2001年版，第646页。

3　印鸾章：《清鉴纲目》，岳麓书社1987年版，第403页。

4　赵尔巽等：《清史稿》（卷十二），《高宗本纪三》，第三册，中华书局1976年版，第446页。

劳民伤财，实为作无益、害有益"[1]，并一再告诫嘉庆帝千万不要南巡。

2

乾隆帝在统治王朝六十年后，于乾隆六十年（1795）成功举行了禅位大典，把帝位让给他的第十五皇子永琰，成为太上皇。但他内禅而不放权，仍将实权操在手中。通常，不到山穷水尽的地步，皇帝不会自动退出历史舞台。乾隆帝主动退居太上皇之位，是为了践行其当初的誓言。因为乾隆帝"践阼之初，即焚香默祷上天，若蒙眷佑，得在位六十年，即当传位嗣子，不敢上同皇祖纪元六十一载之数"。

嘉庆帝登基后，改元为嘉庆，但宫中仍以乾隆年号纪年，而且铸行的货币各占一半，乾隆通宝依然流通。在皇权的行使上，乾隆帝仍居住在象征国家最高权力的养心殿，嘉庆帝只能屈居在皇子时期的居所毓庆宫。乾隆帝仍以"朕"自称，谕旨仍为"敕旨"。嘉庆帝负责处理寻常事件，一旦涉及军国要事或者官员任免，必须经由乾隆帝亲自过问。新授府道以上官员，叩谢完皇帝后，还要到太上皇处谢恩。皇帝每天还要接受太上皇训谕。

每天上朝，乾隆帝仍高坐龙椅之上，嘉庆帝则侍立一旁察言观色，言听计从。嘉庆帝恰似牵线木偶，无奈道："惟皇爷处分，朕何敢与焉。"[2]嘉庆帝面对乾隆帝，恭敬慎重，不敢有丝毫违逆之处。乾隆帝既收获了禅让的美名，又得到了终身保持权力的实惠。

乾隆帝沉溺在天朝上国的美梦中，丝毫不知自己及整个帝国已经步入发展的死胡同。他想不到的是，盛世就此戛然而止，一系列疲敝症状早

1　梁章钜著，刘叶秋、苑育新校注《浪迹丛谈》，福建人民出版社1983年版，第35页。

2　清馨：《清宫秘史》，中国华侨出版社2014年版，第77页。

已大量浮现。嘉庆元年（1796）正月初七，就在乾隆帝举办禅位大典七天之后，川楚陕地区爆发了白莲教起义，在短时间内就形成非常大的势力。《中国历史百科》记载，川楚陕三省边境地区是一片原始森林，属于"三不管"地带，历来为流民的聚集之所。白莲教起义历时九载，始爆发于川楚陕边境地区，后波及川、楚、陕、豫、甘等省，是清初规模最大的一次农民战争。[1]满族正逐渐失去其善战的民族特性，此时满洲八旗的军队在战场上几乎成为无用之物。

白莲教起义是借助宗教迷信发起的民间暴乱，以"官逼民反"为口号召集教徒奋起反抗。虽然起初只是小规模的民间起义，但地方官员尸位素餐、敷衍塞责，即使派兵讨伐也尽量避免正面交锋，致使叛乱势力不断发展壮大。乾隆帝"犹日孜孜"，调兵遣将严密布防，无奈战事一再扩大。乾隆帝的目光紧盯着内部危机，像一个救火的消防队员，疲于应付，有心无力。面对熊熊燃烧的烈火，乾隆帝无计可施，却又心有不甘。原来，满朝文武大臣，并没有和他一条心，都把战争视作捞钱的良机，大发战争财。直到此时，乾隆帝才隐约感到，他治下的江山已经出现严重问题，只不过他不敢接受现实。

晚年的乾隆帝，格外珍视自己完美的形象，任何有损他"十全皇帝"形象的事物，他都极端厌恶。对于不断浮现的叛乱和起义，乾隆帝忧心如焚、惴惴不安。甚至在镇压白莲教时，他竟然想用"咒语"咒死高天德、苟文明两个白莲教首领，可谓恼羞成怒、情令智昏。深感惊恐的乾隆帝终究未能敉平叛乱，直到嘉庆帝亲政，改变了以往的做法后才平定叛乱。尽管嘉庆帝镇压了叛乱，但累累伤痕难以平复，无论是官方还是民间都深受其害。

1　张婷婷：《中国历史百科》（第一卷），民主与建设出版社2014年版，第68页。

3

世界上最忌讳的事，就是十全十美。无论什么事，越是处于顶峰，越要提防走下坡路。《史记·范雎蔡泽列传》："日中则移，月满则亏。物盛则衰，天地之常数也。"在乾隆帝的治下，清朝一度出现了经济繁荣、社会安定、百姓安居乐业的大好局面。但一旦缺乏敬畏之心，歌舞升平之下，整个王朝便会腐朽溃烂。夜郎自大，正在吞噬这个庞大的东方帝国。

康雍乾盛世是被拔高的侏儒，乾隆帝是被拔高的英主。乾隆帝将清朝推向盛世顶峰，也亲手将清朝推向发展低谷，埋下了从"盛世"极快转向"衰世"的种子。在喧哗而浮躁的时代里，奢靡之风蔓延至整个国家，很多人被名利、权力和各种欲望所裹挟，加速了盛世的衰败。到了乾隆帝晚年，闭关锁国的清朝，积累的财富已被挥霍殆尽，甚至到了寅吃卯粮的地步。所谓繁荣，不过是虚热的繁荣。

乾隆帝的真实面貌，并非完美无缺，也有缺点和不幸。乾隆帝是至高无上的皇帝，也是血肉之躯的凡人。作为皇帝，他拥有生杀予夺大权，予取予夺毫无顾忌。但作为凡人，他有着自己的喜怒哀乐，生老病死不能做主，帝国的走向也不能预设。天道有常，天下事都有其两面性，哪怕是皇帝也不可忘乎所以、肆意妄为。乾隆帝也有看不清的真相，也有想不明白的问题，也有解决不了的矛盾，也有消除不了的饕餮欲望。

乾隆朝是令人向往的辉煌盛世，但终究未能逃脱盛极而衰的命运。盛世，终成一个巨大的泡沫。马克思称之为奇异的悲歌："一个人口几乎占人类三分之一的大帝国，不顾时势，安于现状，人为地隔绝于世，并因此竭力以天朝尽善尽美的幻想自欺。这样一个帝国注定最后要在一场殊死的决斗中被打垮：在这场决斗中，陈腐世界的代表是激于道义，而最现代的社会的代表却是为了获得贱买贵卖的特权——这真是一种任何诗人想也不敢想的一种奇异的对联式悲歌。"[1]

嘉庆四年（1799），乾隆帝驾崩，庙号高宗，葬于清东陵之裕陵。鸦片战争后，清朝国势江河日下，疆土被帝国主义国家蚕食得支离破碎。辛亥革命后，中华民国成立，不久陷入军阀割据。葬有乾隆帝等六人的裕陵地宫，1928年被军阀孙殿英等人盗掘，绝大多数宝物遗失，不知所踪，乾隆帝遗体被弃之棺外数年，这大概是乾隆帝始料未及之事。

自此以后，中国在世界格局中的地位发生变化，由一个不可一世的天朝大国逐渐走向下坡路，以至一度沦为"东亚病夫"，任人宰割。这是乾隆帝铸就的因，其后代不得不收其恶果。一定程度上，乾隆帝的格局，早就注定了悲剧的结局。这出悲剧，既是个人悲剧，也是时代悲剧。

---

[1]　中共中央马克思恩格斯列宁斯大林著作编译局编《马克思恩格斯选集》，人民出版社1995年版，第716页。

　　清仁宗嘉庆帝，乾隆三十八年（1773），被秘密箴名，内定为储君；五十四年（1789），被封为嘉亲王；六十年（1795），被正式册立为皇太子。嘉庆元年（1796）元旦，乾隆帝将帝位禅让给嘉庆帝，描绘了一幅父慈子孝、秩序井然的温馨画卷，完成了中国历史上最平稳的一次政权交接。随后，乾隆帝当了三年太上皇，除了不再端坐龙椅之上，年号新定为嘉庆外，其他军国大事仍由其独揽。时年三十五岁的嘉庆帝，俨然穿着龙袍的皇太子，并无实权，对乾隆帝言听计从。

　　嘉庆帝是庶出，母亲地位不高，行次又很靠后，在乾隆帝十七个儿子中排行第十五。嘉庆帝之所以能够继承大统，一方面是众多兄长早逝，另一方面则得益于忠厚老实，其品行、德性和学识赢得了乾隆帝的赏识。也正是因为其循规蹈矩、沉默持中的性格，嘉庆帝成为清朝十二帝中最没有特色和个性的皇帝，被史学家称为"守成天子"。

一、和珅跌倒

乾隆末年，朝廷内外大小官吏贪污腐败屡禁不止，贪腐已经蔓延至帝国的各个角落。嘉庆帝嗣位前夕和初期，世风败落、民不聊生，封建统治所固有的矛盾日益激化。湘、黔苗民起义的战火未熄，川楚陕白莲教起义的烽火又起，后又爆发了天理教起义，清王朝内部危机重重，显露中衰之势。嘉庆帝面临的是一个内创累累的疲败之局，贪官横行，民生困顿，阶级矛盾愈加尖锐。

即位之初，嘉庆帝并无实权，暂居毓庆宫，朝政仍由乾隆帝把控。嘉庆元年（1796），乾隆帝敕谕全国："内而部院各衙门，外而督抚大吏等奏章事件，亦皆朕躬亲综揽，随时训示。岂因有授受大典，即自暇自逸，概置政事于不问乎？"[1]甚至在召见朝鲜使臣时，乾隆帝仍强调自己大权独揽："朕虽然归政，大事还是我办。"[2]乾隆帝当太上皇的三年多内，嘉庆帝是一位整天恭聆圣训、侍游侍宴的侍皇帝，"侍座太上皇，太皇喜则亦喜，笑则亦笑"[3]。

1　《清实录·高宗纯皇帝实录（一九）》（卷一四九四），第二七册，中华书局1986年版，第999—1000页。

2　吴晗辑《朝鲜李朝实录中的中国史料（下编）》（卷十二），中华书局1980年版，第4912页。

3　吴晗辑《朝鲜李朝实录中的中国史料（下编）》（卷十二），中华书局1980年版，第4918页。

嘉庆帝没有实权，却有自己的思考。对于前朝之弊和当朝之患，嘉庆帝心里明镜儿似的。嘉庆帝把社会动乱的原因归结为贪官污吏为非作歹，各级官吏对百姓敲骨吸髓。嘉庆帝在暗中窥伺朝中一切，对以和珅为首的贪腐集团深恶痛绝，欲寻找机会一鸣惊人。嘉庆帝就像雪山上安静冬眠的蛇，等待新一轮的草长莺飞。

和珅在清朝"极盛"时期登上政治舞台，是乾隆帝最为倚重的亲信大臣，耀武扬威、狐假虎威、无法无天、不可一世，"廷寄前行，专署己衔姓。天下称伯相，从风尽靡"[1]。及至嘉庆初年，和珅更是大权独揽、一手遮天，官员任免，财政划拨，杀伐独断。朝鲜使臣向国内报告："和珅之专擅，甚于前日，人皆侧目，莫敢谁何云。"[2]一些官僚对和珅的敬畏甚至超过了对新君的尊崇，嘉庆帝就曾指责山东巡抚伊江阿说："平日不知有皇考，今日复不知有朕，惟知有和珅一人。"[3]嘉庆帝的愤怒、失落之情溢于言表。

乾隆帝也知道自己的宠臣和珅是个贪官。有一次，他意味深长地对和珅说："朕能容你，恐后人不能容你。"[4]嘉庆帝对和珅大肆敛财的行为深恶痛绝，但有乾隆帝这把保护伞罩着，嘉庆帝一时也不敢对和珅动手。

和珅是个聪明人，一直在为自己留后手，不会坐以待毙。嘉庆帝上台后，和珅也没有闲着，想方设法限制嘉庆帝培植自己的私人势力。当时，乾隆帝准备召嘉庆帝的老师、时任广东巡抚的朱珪回京升任大学士，和珅感到不妙，认为这将对自己产生威胁。当嘉庆帝写诗向朱珪道贺时，和珅便向乾隆帝打小报告说："嗣皇帝欲市恩于师傅。"敏感的乾隆得知后不悦，

1　李元度：《国朝先正事略（一）》（卷二十一），岳麓书社2008年版，第657页。

2　吴晗辑《朝鲜李朝实录中的中国史料（下编）》（卷十二），中华书局1980年版，第4953页。

3　故宫博物院：《嘉庆诛和珅案》，《史料旬刊》第7期。

4　王恩收：《嘉庆与和珅》，《文史月刊》2011年第11期。

向军机大臣董诰求证："嗣皇帝这样做，按律例这是什么行为？"董诰与嘉庆帝关系不错，忙跪下回答道："圣主无过言。"乾隆帝这才消停，没有继续追究。不过，朱珪重用一事，就此成了泡影。嘉庆帝哑巴吃黄连，恨在心头，有苦难言。

不久，和珅又变本加厉，将亲信吴省兰安插到嘉庆帝身边，名义上是帮助嘉庆帝整理诗稿，实为秘密监视嘉庆帝言行。据《啸亭杂录·今上待和珅》载，和珅"又荐其师吴稷堂省兰与上录诗草，觇其动静。上知其意，吟咏中毫不露圭角"[1]。自朱珪事件发生后，嘉庆帝越发小心谨慎，"吟咏中毫不露圭角"，没让吴省兰发现和抓住任何把柄。

事非经过不知难，通过一系列事件，嘉庆帝得出了一个结论，只要太上皇健在，就动不了和珅，也报不了仇。因此，他学会了韬光养晦，事事顺从乾隆帝，并容忍和珅专权跋扈。当有人向他诉说和珅的是非时，嘉庆帝反而替和珅鸣冤叫屈说："我正要依靠和珅来治理国家，你们为什么要反对他呢？"[2]当有要事需奏明乾隆帝时，嘉庆帝还有意托和珅代奏，故意与和珅交好，表示对和珅充分信任。嘉庆帝甚至准许和珅除了公开场合外，不需行三跪九叩之礼。

嘉庆二年（1797），领班军机大臣阿桂去世，和珅接任领班军机大臣，同时兼翰林院掌院学士等重要职务，权力达到顶峰。乾隆帝上朝时，和珅站在乾隆帝和嘉庆帝的旁边，充当乾隆帝的传声筒。和珅就等同于摄政，把持着朝中大权。英国使臣斯当东在回忆录中写道："许多中国人私下称和珅为二皇帝。"[3]

嘉庆帝如空壳傀儡，被和珅玩弄于股掌之间，几乎成为笼中之君，手

1　昭梿：《啸亭杂录（卷一）·今上待和珅》，中华书局1980年版，第27页。

2　昭梿：《啸亭杂录（卷一）·今上待和珅》，中华书局1980年版，第27页。

3　（英）斯当东：《英使谒见乾隆纪实》，上海书店出版社2005年版，第351—352页。

上无一位重臣可用。历史上，权臣霍光立年仅十八岁的汉宣帝为傀儡皇帝，强势的霍光在身边时，宣帝时常感觉浑身不自在，如同有芒刺扎在背上。嘉庆帝亦陷入迷思困顿之中，一如当年汉宣帝的芒刺在背。

2

嘉庆四年（1799）正月初三，太上皇乾隆帝寿终正寝，嘉庆帝开始真正当家作主。乾隆帝的死去决定了和珅悲剧的到来。

乾隆帝驾崩，和珅的靠山倒了，嘉庆帝的时代到来了。一旦大权在握，铲除以和珅为代表的腐败势力便势不可当。为了稳住和珅，嘉庆帝当天任命和珅与睿亲王淳颖等一起总理丧仪大事。同一天，嘉庆帝传他的老师朱珪即速回京，商议大事，欲除和珅而后快。

新君登基，为展现新气象，往往会罢黜奸佞，重用贤良，为政坛带来新风。有清一朝，顺治帝对付多尔衮，康熙帝剪除鳌拜，雍正帝赐死年羹尧，乾隆帝除掉讷亲，无不如是。轮到嘉庆帝也不例外，他将利刃对准了和珅。

正月初四，嘉庆帝专门发了一道上谕，谴责前方镇压白莲教起义的将帅"惟思玩兵养寇，藉以冒功升赏"，"有上皇近臣，为之缓颊，几目朝廷法律，犹同儿戏"，矛头直指和珅。[1]嘉庆帝当天便解除了和珅的军机大臣之职，命其昼夜在大内守灵，要求"不得任自出入"，实际上将其软禁在宫中，切断他的内外联系。

初五，给事中王念孙、御史广兴等纷纷上疏，列款弹劾和珅，请求将其从重治罪，为嘉庆帝除和珅立下了"首劾之功"。

初八，嘉庆帝宣布革除和珅的一切职务，交由刑部收监，并命仪亲王永璇、成亲王永瑆等负责查抄和珅家产，会同审讯。

1　　萧一山：《清代通史》（中卷），商务印书馆1928年版，第240—241页。

十五日，嘉庆帝公布和珅欺君罔上、压搁军报、任用私人、僭越制度、贪婪聚敛等二十大罪状，并通报各省督抚，命其讨论定罪。

十八日，在京文武大臣会议，奏请将和珅照大逆律凌迟处死。[1]嘉庆帝的妹妹，和珅的儿媳妇——十公主向嘉庆帝哭诉求情，心软的嘉庆帝答应宽大处理和珅一案。嘉庆帝表示，和珅罪有应得，但考虑到他曾任首辅大臣，为国体起见，免其肆市，加恩赐令自尽，也算对皇妹求情有个交代。和珅长子丰绅殷德，也因十公主的缘故得免连坐。

乾隆帝死后十五天，一代大贪官和珅轰然倒台。嘉庆帝以迅雷不及掩耳之势，用雷霆手段惩治和珅，足见其对以和珅为代表的贪腐势力的痛恨之情。和珅被处决后，各地督抚议覆的奏折才陆续到达。这些地方督抚大员心眼明亮，都知道和珅在劫难逃，除两广总督吉庆、云南巡抚江兰语焉不详外，其余都一致认为和珅罪大恶极，应明正典刑。

以犁庭扫穴之势铁腕惩治和珅，实为刀口向内、自断手臂，嘉庆帝也是不得已而为之。嘉庆帝在给这些督抚奏折的御批中多次表白自己的苦衷，"朕不得已之苦衷，天下臣民当共知耳""此事实不容已。知我非我，自有公论"。在给江西巡抚张诚基奏折的批示上，嘉庆帝更为露骨："朕若不除和珅，天下人只知有和珅，不知有朕。"[2]

首恶既除，嘉庆帝没有趁势扩大战果，而是见好就收。除和珅的亲信伊江阿、吴省钦、福长安等人受到处分外，嘉庆帝对其余由和珅保举或曾对和珅贿赂者均不予追究。嘉庆帝确有不得已的苦衷，清朝的贪污已深入骨髓，拔起一株腐败之苗，连起百条腐朽之根，举朝都难以找到清廉之臣。

有些人是反腐者，同时也是贪腐者。在扳倒和珅的过程中，广兴等人

---

[1]　喻大华：《守成天子：喻大华评说嘉庆帝》，中国工人出版社2016年版，第275页。

[2]　李国荣：《清宫档案揭秘》，中国青年出版社2004年版，第106页。

起到了重要作用。广兴是满洲镶黄旗人，父亲是大学士高晋，是根正苗红的官二代。广兴立了大功，被提拔为副都御史，最终成了嘉庆帝的心腹。此后，广兴官职也越升越高，先后官拜兵部侍郎、总管内务府大臣、刑部侍郎等职务，成了权倾朝野的人物。可是广兴也不是个纯粹的好官，他与和珅的秉性一样，是个贪腐的能臣。他贪腐无度，买官卖官，纵情声色，基本上步了和珅的后尘。当时民间有民谣说："周全天下事，广积人间财。"后半句指的就是广兴贪婪无度，广聚钱财。嘉庆十三年（1808），嘉庆帝下旨查抄了广兴之家，并将其赐死狱中。

3

早在乾隆帝驾崩时，嘉庆帝就谋划好了一切。他先是命和珅守灵，切断其与外界的联系，将其软禁在灵堂上。随后，又将南方白莲教的事赖到和珅头上，借机罢免其一切职务，取得众大臣的舆论支持。在众大臣上奏要以凌迟之罪处死和珅时，嘉庆帝虽然痛恨和珅，但他并未丧失作为君王的理智，没有听从"和珅照大逆律凌迟处死"的建议，而是赐和珅在狱中自尽，使和珅得以全尸。

从被捕入狱到赐死，和珅作为阶下囚，一共在大牢中度过了十天的时光。从位极人臣到沦为阶下囚，和珅的遭遇可谓从天上坠落到地下。正月十五元宵节，和珅身居监狱斗室，隔着狱窗遥望圆月，触景生情，写下了《上元夜狱中对月二首》[1]。这两首诗，均被和珅的侄子、和琳之子丰绅宜绵收录在了和珅的诗集《嘉乐堂诗集》中。其一为：

夜色明如许，嗟余困不伸。百年原是梦，廿载枉劳神。室暗难挨晓，墙高不见春。星辰环冷月，缧绁泣孤臣。对景伤前事，怀才误此身。余生

1　《清代诗文集汇编》编纂委员会编《清代诗文集汇编·和珅〈嘉乐堂诗集〉》（第426册），上海古籍出版社2010年版，第675页。

料无几，空负九重仁。

其二为：

今夕是何夕，元宵又一春。可怜此夜月，分明照愁人。思与更俱永，恩随节共新。圣明幽隐烛，缧绁有孤臣。

和珅以诗明志。他明白自己死期将至，感慨自己辜负了乾隆帝的信任，若是还有来生，还会紧跟皇帝以赢得富贵荣华。和珅在狱中对月，虽是愁上加愁，却没有申冤抱屈，只有"分明照愁人"的感慨，"缧绁泣孤臣"的落寞，"对景伤前事"的懊悔，以及对"空负九重仁"的自责。字里行间，仍然在向皇权表达忠诚。而内心深处，和珅对清朝也绝非没有恨意，对嘉庆帝更是充满愤恨之情。

和珅绝顶聪明，明白自己的罪过并非完全由贪腐造成，不见容于嘉庆帝的是其位高权重，被赦免的概率几乎为零，所以不再摇尾乞怜，悄然等待死神的到来。自缢之前，和珅留下了一首绝命诗："五十年来幻梦真，今朝撒手谢红尘。他时水泛含龙日，记取香烟是后身。"[1]从字面意思来看，此时的和珅，虽身陷死牢，仍能保持镇定，不贪生怕死，不装疯卖傻，不绝食抗争，身之将死仍心系河患，借诗句抒发忠诚为君之心。关于这首诗，也有人把诗中的前半部分视作和珅对自我生命的总结，把后半部分视作和珅对清朝的诅咒，表示和珅死不瞑目，还会回来祸乱清朝。

嘉庆帝听刑部奏闻和珅这首绝命诗后，只淡淡地感叹道："（和珅）小有才，未闻君子之大道也。"显然，和珅临终遗言触动了嘉庆帝，他对于和珅的才华与文思感慨良多。不同的人生道路，会通向不同的终点，人生也有天壤之别的结局。和珅的结局，取决于他先前的道路选择。道路选错了，结局也便注定好不了。

1　吴晗辑《朝鲜李朝实录中的中国史料（下编）》（卷十二），中华书局1980年版，第4982页。

　　嘉庆帝诛杀和珅，初步达到了肃纲纪、促军剿、安民心的政治目的，一定程度上刹住了贪腐的风气。和珅固然该杀，但嘉庆帝的真正目的，也绝非惩治贪官那么简单。所谓"和珅跌倒，嘉庆吃饱"，其实可以理解为"嘉庆为了吃饱，和珅必须扳倒"。和珅背后的巨额财富，也是嘉庆帝动杀机的重要考量。和珅倒台后，嘉庆帝便迫不及待地没收了他的全部家产。

　　2001年，和珅入选《亚洲华尔街日报》世界级富翁行列，被列为18世纪首富。报道称，和珅拥有2.2亿两白银的财富。可是，这远不是和珅身家记载中数额最多的一次。野史记录的数字，更加耸人听闻。

　　《清稗类钞》记载："和珅于乾隆朝柄政二十年，嘉庆己未，高宗崩，仁宗赐之死，籍没家产，所得凡值八百兆有奇，悉以输入内府，时人为之语曰：'和珅跌倒，嘉庆吃饱。'"[1]八百兆，便是8亿两银子。《庸庵笔记》记载："十七日，又奉上谕，前令十一王爷、盛柱、庆桂等，查抄和珅家产，呈奉清单，朕已阅看，共计一百零九号，内有八十三号，尚未估价，已估者二十六号，合算共计银两万两千三百八十九万五千一百六十两。"[2]这并非全部家财，仅是已经估价的物产，尚未估价的财产多出三倍还要多，粗略算下来，总数大约有8亿两白银。《清朝野史大观》将和珅的家财说得更为详尽："其家财先后抄出凡百有九号，就中估价者二十六号，已值二百二十三兆两有奇。未估者尚八十三号，论者谓以比例算之，又当八百兆两有奇，甲午、庚子两次偿金总额，仅和珅一人之家产，足以当之，政府岁入七千万，而和珅以二十年之宰查，其所蓄当一国二十年岁入之半额而强，虽以法国路易第十四，其私产亦不过两千余万，四十倍之，犹不足当一大清国之宰相云。"[3]郑天挺主编的《清史》亦认为："整个家产

1　徐珂：《清稗类钞》（第四册），中华书局1984年版，第1569页。

2　薛福成：《庸庵笔记》（卷三），重庆出版社1999年版，第67—68页。

3　小横香室主人编《清朝野史大观》（卷六），中央编译出版社2009年版，第579页。

折合白银八亿两之多。而当时清朝一年的财政收入才四千多万两。和珅一人的财产就相当于朝廷二十年的总收入，这确是非常惊人的"[1]。

冯佐哲的《和珅评传》通过对各种家产记载的排比分析，认为和珅除了珍藏的大量稀世宝物、古玩和字画外，能够估价的现金、土地、房屋等，"当在一二千万两之谱"。[2]应该说，这一估计比较接近历史实际。专制政体下，乾隆帝并非昏君，和珅的权力并非不受任何制约，很难在短时间内积累相当于朝廷一二十年财政收入的财富。然而，饶是如此，丝毫不损和珅的贪腐之名。

4

乾隆中后期，和珅当政以前，整个朝廷贪污就已经非常盛行，和珅的营私舞弊加剧了清朝政治的腐败程度。清朝名将阿桂论及和珅时称："此欺上瞒下之辈，吾早晚必为国除之！"[3]赵尔巽在《清史稿》中感叹说："和珅继用事，值高宗倦勤，怙宠贪恣，卒以是败。"[4]

和珅贪腐被诛，罪有应得，但分析和珅一生，也绝非一无是处。如同世间万物都是一分为二，分析一个人也应该一分为二。和珅并非天生就是坏蛋，也不是有些人描绘的不学无术的草包，而是一个思维敏捷、办事干练的能臣。将和珅的财富完全归结于贪污，显然过于简单化，有失偏颇。

和珅结党营私，贪得无厌，徇私枉法，人尽皆知，但为何依然得到乾隆帝的宠信？和珅受乾隆帝宠信，并非源于其阿谀奉承、不学无术，而是得益于其才学、性格、相貌等因素。和珅出身旧族，既能通汉文化，又

1　郑天挺主编《清史》（上编），天津人民出版社2011年版，第317页。

2　冯佐哲：《和珅评传》，中国青年出版社1998年版，第301页。

3　纪连海：《和珅：二号人物》，中国民主法制出版社2013年版，第302页。

4　赵尔巽等：《清史稿》（卷三百十九），《和珅传》，第三十五册，中华书局1977年版，第10760页。

不失满洲旧俗，固为乾隆帝所器。和珅能诗，兼通汉、蒙、藏文字，记诵绝人，谕旨、奏牍，一见辄能默记。和珅性机敏，"容貌端庄，长于语言，谈吐隽快纯熟"[1]，故深得乾隆帝欢喜。

和珅被赐死时，年仅四十九岁。和珅在其短暂的一生中，聚敛起巨额财富。明清两朝，不少官吏以及皇室贵族，都以直接或间接的方式，通过高利贷、典当业等方式牟取暴利，和珅则是其中的"佼佼者"。和珅具有高超的敛财、理财、生财的本事，主要方法是窃取、纳贿、营私，通过兼并土地、出租房屋、放高利贷、从事典当业、经营工商业等赚取巨额利润。

据记载，和珅的投资遍布金融、地产、商业、医药、物流、矿业等行业，甚至还跟广东十三行、英国东印度公司建立了密切的商业往来。比如，他在北京城开了十二家当铺，其中永庆当、庆余当、恒兴当等都是当时的典当业巨头。同时，他还经营各类商店，包括粮食店、酒店、药铺、古玩铺、印铺、账局、瓷器铺、弓箭铺、柜箱铺、鞍毡铺、杠房、石灰窑等。据故宫博物院《史料旬刊》记载，和珅仅在北京的出租房屋就有三十五处，合计"一千零一间半"，"每年共取租银一千二百六十八两三钱，取租钱四千四百九十二吊二百四十文"。[2]

严肃惩治腐败，快速处置和珅，乃大势所趋。但反腐的最高境界，在于防控而非惩治，不事先堵住可能出现的腐败漏洞，只是一味事后严惩官员，并非反腐良策。培养一个官员，特别是身居高位的权臣，殊非易事，国家和社会都要为此支付巨大的培养成本。

官员是国家的重要财富，不慎重处置，会动摇统治基础，最终受损的还是民众。贪官落马了，固然大快人心，但国家在其身上付出的巨大培养

1　（英）马戛尔尼：《一七九三年乾隆英使觐见记》，天津人民出版社2006年版，第94页。

2　故宫博物院：《嘉庆诛和珅案》，《史料旬刊》第7期。

成本也会付诸东流。由是观之，和珅跌倒，喜忧参半。当时有一句民谚："乾隆病死，和珅跌倒；和珅灭诛，嘉庆饭饱。"吊诡的是，拿到和珅全部财产的嘉庆帝，并没有因此坐在金山上，反而一生都在被钱不够花的问题困扰。

二、贪欲刹不住

1

各级官吏贪赃受贿、枉法营私，穷奢极欲、尸位素餐，是封建社会官僚政治的通病。恶习已成，积重难返，政以贿成，几成通例，几乎无官不贪。与贪腐产生的收益相比，官员违法犯罪的成本非常小，被发现和惩处的概率不到百分之一甚至千分之一。运动式的反贪除恶，已经起不到实质性的作用。

对"内有聚敛之臣，外有贪黩之吏"的清朝，绝非处理几个贪官就能解决所有问题。腐败已经成了官僚体系的常态，贪污成了官员的主要收入来源。贪腐的成了多数，清廉的成了异数，谁不与世俗同流合污，谁就会成为异端。有的官员坚持原则，不仅被人当作笑柄，弄不好就会成为"逆淘汰"的对象，被当作"另类"打入"另册"另行处理，无法在官僚体系中生存下去。这样的游戏规则一旦盛行开来，其结果必然是灾难性的。

最值得忧虑的是，各级官吏自上而下、自内而外相率因循疲玩，遇事或相互推诿，或碌碌无为，或官官相护，"哪怕洪水滔天，我自岿然不动"。嘉庆帝对官场风气一针见血地揭露道："以含容博宽大之誉，推诿邀安静之名，虚称办事，实则废弛。"[1]

1　《清实录·仁宗睿皇帝实录（四）》（卷二二四），第三一册，中华书局1986年版，第3页。

为扭转这一歪风邪气，嘉庆帝打出"咸与维新"的旗号，大力整顿吏治。嘉庆四年（1799）春节期间，官员依然以互送礼品来拉拢关系、联络感情。为刷新吏治，嘉庆帝下了一道圣旨，严禁官员进贡奢侈品："且所贡之物，……朕视之直如粪土也。……所有如意、玉铜瓷、书画、挂屏、插屏等物，概不许进呈。"[1]嘉庆帝把珍宝视若粪土，这令王公大臣们很不适应，满怀狐疑，不知真假。这年中秋节到来之际，嘉庆帝再次下旨："嗣后，中秋节贡，着永远停止。"[2]嘉庆帝动了真格，但并不是所有人都信以为真，一些王公大臣不停地试探嘉庆帝的底线。

福州将军庆霖照例向嘉庆帝进贡，嘉庆帝甚为不满，将他交部议处，部议革职。嘉庆帝念及庆霖有功，改其为革职留任，并警告诸臣说：今后若再继续进贡奢侈品，"不但照违制例革职，必当重治其罪，绝不姑宽"。嘉庆帝进一步阐明自己的观点："珍宝玩品，饥不可食，寒不可衣，可见此等珍奇，只属无用之物。"[3]

嘉庆五年（1780），皇三子绵恺按宫中惯例进上书房读书。有人为孩子上学送礼，礼尚往来，人之常情。更何况皇子入学，实乃天大的喜事。于是，有的朝臣借机送礼，送厚重之礼。肃亲王永锡就因送了玉器等珍宝，结果撞到了枪口上。嘉庆帝得知永锡送礼的消息后大发雷霆："三阿哥上学，与彼何干？"接着，嘉庆帝践行去年的承诺，丝毫不留情面，断然革掉了永锡及其两个儿子敬敏、敬叙的职务，并当着众王公大臣的面将

1　《清实录·仁宗睿皇帝实录（一）》（卷三七），第二八册，中华书局1986年版，第427—428页。

2　《清实录·仁宗睿皇帝实录（一）》（卷四九），第二八册，中华书局1986年版，第609页。

3　《清实录·仁宗睿皇帝实录（一）》（卷五〇），第二八册，中华书局1986年版，第623页。

永锡所进的珍宝"掷还"。[1]

所谓"刑乱国用重典"，嘉庆帝也是用心良苦。嘉庆帝认为："所送宝物，岂皆出自己资，必下而取之州县，而州县又必取之百姓，稍不足数，敲扑随之。"[2]嘉庆帝不准官员进贡珍宝，是因为他深知"羊毛出在羊身上"，官员要送礼，就会搜刮百姓，加重百姓负担。

嘉庆帝是个明白人，对人情世故，了解得清清楚楚。

2

嘉庆元年（1796），湖北爆发了声势浩大的白莲教起义。嘉庆帝迅速派兵进驻湖北，委派湖北省安襄郧荆道道员胡齐仑管理军需钱粮。胡齐仑贪污成性，肆意克扣军饷以自肥，引发官兵的骚动和怨言，差点酿成哗变。嘉庆帝甚为震怒，要求湖广总督景府对胡齐仑经管的军费收支进行审计清查。

经审讯：自嘉庆元年至二年间，胡齐仑借掌管湖北军需钱粮事宜，每发放一百两军饷，除扣除户部拨款时少拨的四两短平银，还报请湖广总督毕沅再扣四两以应对不好报销的款项，此外他还利用职权私自加扣二两，一百两军饷缩水至九十两。他经手发放的一百四十余万两军饷，先后私自扣留二万九千两。当然，这些银两并没有完全落入他一人囊中，还要馈送湖广总督毕沅、直隶提督庆成、三等侍卫鄂辉等人，其中仅送给领兵大员永保一人的花销就达六千两。

庞大的军费开支，给各级官吏各种名义的腐败提供了机会。除胡齐仑

1　《清实录·仁宗睿皇帝实录（一）》（卷五九），第二八册，中华书局1986年版，第786—787页。

2　《清实录·仁宗睿皇帝实录（一）》（卷三七），第二八册，中华书局1986年版，第427页。

外，各级官吏都不同程度地存在贪污馈送行为，总计各领兵大员共受贿达六万余两。就连到湖北为其父吊丧的重臣德麟，地方官也以购奠仪的名义馈赠白银四万一千一百五十二两。至于其他久驻湖北的大将，额勒登保、德楞泰等都不同程度存在受贿行为。

接到审讯报告，嘉庆帝特发上谕，严厉痛斥贪污行为。嘉庆四年（1799）九月，嘉庆帝发布上谕称："迄今匪徒蔓延，皆由毕沅于教匪起事之初，办理不善，其罪甚重。昨又据倭什布查奏胡齐仑经手动用军需底账，毕沅提用银两及馈送领兵各大员银数最多。毕沅既经贻误地方，复将军需帑项任意滥支，结交馈送，执法营私，莫此为甚。倘毕沅尚在，必当重治其罪。今虽已身故，岂可复令其子孙仍在官职？"[1]嘉庆帝认为，自镇压白莲教以来，四年间已耗费军饷七千万两之多。白莲教经湖北而肆虐数省，而清军的行贿馈送之风也肇始于湖北。前任湖广总督毕沅纵容胡齐仑侵扣军需钱粮，实为罪魁祸首，欲杀之而后快。尽管毕沅已经去世，仍籍没了其全部家产。毕沅的儿子被就地免职，其家产被抄没入官。

后世学者同情毕沅的遭遇："独军旅非所长，且驭下太宽，未免蒙蔽，卒坐是被累，身后遭籍没，论者惜之。"[2]毕沅是学问大家，博学多才，潜研经史，敬重文士，扶植后进，著名学者章学诚、孙星衍、洪亮吉、汪中、段玉裁等皆曾投其门下。然而，尽管名声在外，置身于官场这个大染缸，他很难做到洁身自好。通常，身在一口大染缸里，白布难免染成黑布。乾隆末年，毕沅任湖广总督时，便与湖北巡抚福宁、湖北布政使陈淮狼狈为奸，婪索民财，祸害乡里。当地百姓痛恨地说："毕如蝙蝠，身不动摇，惟吸所过虫蚁；福如狼虎，虽人不免；陈如鼠蠹，钻穴蚀物，人不

1　王锺翰点校《清史列传》（卷三十），第八册，中华书局1988年版，第2309页。

2　支伟成：《清代朴学大师列传》，岳麓书社1998年版，第341页。

知之。"[1]

嘉庆帝对贪占军费的行为深恶痛绝，着手进行专项惩治，但屡禁不止。嘉庆十年（1805）六月，大同总兵恩承阿迟放兵丁粮饷，案发后畏罪自杀。经查，自嘉庆四年至九年（1799—1804），除公项开销外，大同镇所辖中、左、右、前四营的军费，悉数被恩承阿贪污。即便如此，他的顶头上司山西巡抚伯麟还多次向嘉庆帝密奏，称其"为人老成、操守好、率属公正、实能整饬营伍"[2]。各营军官亦同流合污，对其贪污行为视若无睹，更无一人告发。

除了直接贪污军饷，还有官员私刻假印、私改案卷票据。嘉庆十一年（1806）八月，直隶布政使庆格奏报，究出司书私雕假印勾串舞弊案。嘉庆帝立即派协办大学士、吏部尚书费淳、刑部尚书长麟彻查。经查，自嘉庆元年至十一年（1796—1806），共计二十四个州县，用虚收、虚抵、重领、冒支等手段侵盗库银三十一万余两。州县与书吏约定"有财大家发"：每虚收冒支库银一万两，给司书及说事人使费银二三千两不等，事后书吏将案卷销毁或将案卷数字挖改掉。

嘉庆帝怒不可遏，怒斥此等罪员"目无法纪，至于此极，实堪令人发指"，而"历任总督、藩司，懵然不知，竟同木偶，所司何事？实勘痛恨"，不可饶恕。[3]嘉庆帝痛加从重处理，直隶总督胡季堂等八个督抚及藩司州县官吏共计二十人受惩。

贪污舞弊的官吏遍于内外，一旦有机可乘，他们便无所顾忌，明目张胆，为非作歹。此后不久，湖北又查出武昌五县多年来也有合伙侵欺私改

1　昭梿：《啸亭杂录》（卷十），中华书局1980年版，第27页。

2　希元原注，林久贵点注《荆州驻防志》（卷三），湖北教育出版社2002年版，第65页。

3　《清实录·仁宗睿皇帝实录（三）》（卷一六六），第三〇册，中华书局1986年版，第168—169页。

案卷票据的案例。三年后，嘉庆十四年（1809），又查出工部书吏王书常等利用每年修筑土木工程之机，伪造大员姓名私雕假印，重复到户部和内务府等衙门冒领库银。当事情败露后，王书常已领款十四次之多，数目达白银四十多万两。案发后，王书常等人伏法，户部和工部大员戴衢亨、禄康等人都受到了降职或黜革处分。嘉庆帝总结此事教训，认为这是大臣们因循怠玩，美其名曰"宽仁安静"，实则"无所作为"，可恶至极。

3

嘉庆帝整饬内政，整肃纲纪，惩治贪腐，借以改良吏治。从嘉庆七年至十年（1802—1805），几乎每个月都有重要的人事调整，全国十一个总督中撤换了六个，二品以上大员几乎被轮换了个遍，大大小小的贪官又查处了几十个。但他发现自己似乎陷入了一个怪圈，无论惩治多少官员，官僚都惰性依旧。贪官如韭菜，割完一茬又长一茬，腐败的势头丝毫没有减弱。

从嘉庆十三年（1808）冬，发生在江苏的查赈官被害案——李毓昌案，可以窥见嘉庆朝吏治腐败之积重难返。

是年夏天，江苏淮扬一带连降暴雨，灾情持续扩大，人民流离失所，亲友失散者甚巨。两江总督铁保、江宁布政使杨頀等报灾办赈。危难之际，李毓昌受任为查赈委员。

是年九月，李毓昌率家人李祥、顾祥、马连升等赶赴江苏山阳县各乡查核灾情。十一月初七日，李毓昌在寓所自缢身亡。李毓昌胞兄李泰清等赴山阳县迎丧时发现异常，经开棺验视发现李毓昌浑身青黑色，怀疑其被毒害而死，遂至京城控告申冤。嘉庆十四年（1809）五月十二日，都察院将此事如实具奏。嘉庆帝认为此案事关朝廷职官之死，"其中疑窦甚多，必有冤抑"。嘉庆帝推断："此案或系李毓昌奉差查赈，认真稽核，查有弊端。该山阳县畏其揭报，致死灭口，亦未可定。或其中另有别情。案关职官身死不明，总应彻底根究，以期水落石出。"[1]

嘉庆帝命山东巡抚吉纶速将李毓昌尸棺提至省城详加化验，同时命两江总督铁保等速将李毓昌家人李祥、顾祥等传集到案，秉公研审。经刑部数次追审，此案终于大白于天下。

原来，贪赃枉法的山阳知县王伸汉，为套取赈款，浮报本属受灾民户为1万余户。李毓昌实地勘查发现只有9000余户，怀疑王伸汉贪污赈款2.3万两，准备据实揭报于淮安知府王毂。王伸汉害怕事情败露，先派其家仆包祥向李毓昌"贿以重金"，遭到李毓昌拒绝，后又请托知府王毂代为疏通，也遭到了拒绝。王伸汉因此惴惴不安，亦恼羞成怒，便设法贿买李毓昌家人李祥等人，密谋毒害李毓昌。李祥等人见钱眼开，便在李毓昌酒中下毒，阴谋将其毒死了事。因毒性反应不够明显，李祥等人恐李毓昌不死，又将其吊于房梁之上，制造自缢身亡的假象。王伸汉以李毓昌自缢报闻，仵作验尸后以尸口有血上报王毂。王毂因得王伸汉两千两贿银，以仵作信口雌黄加以杖责，并以自缢逐级上报。

"奇冤"李毓昌案查清后，嘉庆帝颇为震怒，多次颁谕：凡各地偶有偏灾，朝廷皆不惜帑金，以救济穷黎灾民。但近来多有不肖州县，捏开户口，侵冒肥私。查赈委员亦多有与之通同作弊，从中分肥者，"是直向垂毙之饥民，夺其口食"，实属毫无人心。嘉庆帝不能容忍的是，查赈委员李毓昌秉持公正，被人谋害，地方大员竟形同木偶，毫无闻见。嘉庆帝感叹，"试思职官身死不明，显有疑窦，该地方官尚相率朦混，不为究办。若无告穷民衔冤负屈，又岂肯尽心推鞫，为之伸理？其草菅人命之事，不

1　《清实录·仁宗睿皇帝实录（三）》（卷二一一），第三〇册，中华书局1986年版，第836—837页。

知凡几矣","江南有此奇案,可见吏治败坏已极"。[1]

　　案件真相大白,作恶者终被惩处。此案的主要罪犯李祥、顾祥、马连升等被凌迟处死,包祥被处斩。山阳知县王伸汉,贪冒赈款,谋害职官,处以斩立决。知府王毂知情受贿,同恶相济,处以绞立决。总督铁保夺职遣戍,巡抚汪日章夺职,罪有应得。既杀鸡儆猴,又杀猴儆猴,以警戒贪墨玩法者,嘉庆帝可谓用心良苦。

　　嘉庆帝决定将李毓昌树为清官典型,赏李毓昌知府衔,照知府例赠恤,命令地方官将李毓昌妥为安葬。嘉庆帝还写了《悯忠诗》,将其刻于碑上,立于李毓昌坟前,赏给李毓昌继子举人头衔,恩准参加会试,还封赏到都察院控告的李泰清武举人头衔。

　　贪吞赈款之事,非山阳一县独有,别处更甚。同年,直隶省宝坻县办理赈务,宝坻知县单幅音竟从四万余两赈银中侵蚀两万余两,"侵蚀之数,至于过半"。对此,嘉庆帝徒呼奈何,谕称:"宝坻的待赈灾民近在畿辅,尚不能仰邀抚恤,其余各州县亦殊不可信。"[2]《清史稿·循吏》曰:"当时吏治积弊,有南漕北赈之说。南利在漕,相率讳灾。督抚藉词酌剂,置灾民于不问。苟有切求民瘼者,转不得安于位。"[3]可以说,举国各级官吏都在想方设法贪污舞弊。

　　面对腐败的吏治官风,嘉庆帝深感回天乏术,一再感叹:"当今大弊,在因循怠玩四字……朕虽再三告诫,舌敝唇焦,奈诸臣未能领会,悠忽

　　1　《清实录·仁宗睿皇帝实录(三)》(卷二一五),第三〇册,中华书局1986年版,第876—893页。

　　2　《清实录·仁宗睿皇帝实录(三)》(卷二一五),第三〇册,中华书局1986年版,第882—883页。

　　3　赵尔巽等:《清史稿》(卷三百七十八),第四十三册,中华书局1977年版,第13039页。

为政。"[1]其实，早在处理和珅时，在表示"只罪和珅一人"而不欲株连时，在对吴省兰、吴省钦等网开一面并"辩冤起用"时，嘉庆朝的政治威信便开始逐渐下滑了。

三、国库没银子

1

嘉庆帝从乾隆帝手中接过的国库，不过是个名为"充裕"实为"亏空"的皮囊而已。

嘉庆帝似乎遇到了与他的祖父雍正帝同样的问题，即不得不面对老皇帝"宽政"带来的诸多弊政。从乾隆晚期开始的地方财政亏空开始蔓延，一些地方财政入不敷出，地方亏空成了普遍现象。连年战乱频仍，连年镇压起义，以及战后安置重建、荒地复垦等花销，几乎拖垮了清政府的财力，国库也开始入不敷出。再加上经济发展停滞，水旱灾荒频发，清朝财政左支右绌。为了维持运转，各地往往靠四处举债度日，甚至向地下钱庄借起了巨额高利贷。

你好我好大家好，最终谁也好不了。社会充满矛盾和问题，都做好人是不现实的，总归要有人做"恶人"担"恶名"。雍正元年（1723）正月初一，雍正帝一改登基恩诏按惯例"豁免官员亏空"的做法，一口气下了十一道诏书清理亏空、整顿吏治、惩治腐败，几乎让所有官员都感到不安。雍正帝继位之前，曾被康熙帝委派追缴户部欠款，雷厉风行，铁血铁腕；登基为帝后，更是眼里容不得沙子，追求吏治清明。雍正帝专门设立了会考府，由怡亲王允祥专职办理亏空积案，给补足亏空设定了三年的期

1　《清实录·仁宗睿皇帝实录（四）》（卷二七四），第三一册，中华书局1986年版，第723页。

限。若三年期满后亏空还未补上，将从严从重治罪。据统计，会考府三年间办理了550件亏空，为国家追回了巨额财富。康熙末年，户部只有800万两存银，到雍正五年存银增长至5200万两，雍正末年国库的银两和存粮够20年之用。由于雍正帝雷厉风行处分钱粮亏空，追得贪官山穷水尽，因此得了个"抄家皇帝"的外号。

嘉庆帝性格柔弱，脾气古怪，终于没能如雍正帝那样，以铁腕整饬朝纲，而是瞻前顾后、求稳求全，缺乏应有的力度，当然也就难以达成应有的效果。一个高明的领导，要驾驭好自己的团队，处理好各类矛盾挑战，既要奖又要罚，力争赏罚分明，才能统御有方，收放自如。

前朝重臣、嘉庆帝亲政后仍予重用的首辅王杰指出，当务之急应该首先整顿"各省亏空之弊"，并上疏历数亏空产生的原因：各地国库亏空的弊端，是从乾隆四十年（1775）以后开始的，各州各县都在想方设法送礼，把国库里的钱财都用来拉拢关系巴结上司。他们的上级因此被抓住弱点受其控制，想要弥补亏空，遥遥无期。即便后任的高级官员具有崇尚廉洁的操守，但下属有的州县的境况仍然还很窘迫。各级官员小至县令，大至各省督抚，空国帑然后以之贿赂上级，一层层地侵吞，一级级地搜刮，甚至成了当时衡量官员志同道合的一种实在的标准。[1]王杰不仅分析了亏空产生的部分原因，也揭露了惩治亏空遥遥无期的症结所在。

嘉庆二年（1797），两广总督觉罗吉庆奏报粤西筹运平定白莲教战事的军需粮米迟缓不前，嘉庆帝遂命觉罗吉庆与广西巡抚台布清查广西常平仓谷。觉罗吉庆等奉命查办此案半年之久，没有结果。生性多疑的嘉庆帝怀疑常平仓所储粮食，或为道府州县等官"闻风豫为挪借"，觉罗吉庆有意为广西大小各官开脱，命将觉罗吉庆、台布交部严加议处，由此揭开了嘉庆朝清理钱粮亏空的序幕。

1　朱学勤主编《大清帝王：乾隆》，远方出版社2004年版，第258页。

鉴于"各省亏空并非一日，仓谷亏空已成积习"的现状，嘉庆帝决定开始全面清理。嘉庆帝颁发上谕，亲自对钱粮亏空清理定下原则，即必须实贮仓谷八成，八成以下交部按例议处。这个基调虽不甚严厉，却也不失为一项严肃的政治律令，足以体现嘉庆帝严惩亏空的态度和决心。遗憾的是，在持续清理钱粮亏空上，嘉庆帝表现出鲜见的包容，并没有做到一以贯之。

2

嘉庆二年（1797）三月，山东布政使署巡抚岳起揭报地方亏空实况，"密查东省各州县官亏约有七十余万"，建议严加整肃，"今惟有接限勒令完交，而吏治官方亦力加整肃"。嘉庆帝的批示却是："徐徐办理，自有成效。"[1] 与此同时，嘉庆帝还要求各省以各项陋规弥补亏空。他反复强调，各省督抚"自应熟筹善法弥补，（弥补）全在上司培养元气，躬行节俭，以不收之陋规、耗羡之盈余，缓缓归款。上行下效，未有不能完之理"[2]。

嘉庆帝力主以陋规补亏空，但曲高和寡，地方督抚充耳不闻，仍执着于从严处理亏空。是年六月，直隶总督胡季堂提出了更为严厉的办法，希望遵循雍正朝对亏空官员实施勒限严追的举措弥补亏空。然而，嘉庆帝不置可否。嘉庆帝忧心忡忡地说："胡季堂此奏，只为追缴库项悬款起见，而不顾事理之难行，且于各省吏治均有关系，断不可行。直隶各州县皆有地方之责，若因立限追完欠项，俱提至保定省城，则本衙门应办刑名钱谷词讼诸事势必交佐贰及委员经理，不特旷废职守兼恐百弊丛生。"[3] 胡季堂在刑部任职多年，于刑名案件办理谙熟，所提弥补亏空的措施并非妄议，

1　《清实录·仁宗睿皇帝实录（一）》（卷四一），第二八册，中华书局1986年版，第502—503页。

2　《清实录·仁宗睿皇帝实录（一）》（卷六三），第二八册，中华书局1986年版，第839—840页。

3　黄彭年编修《畿辅通志（第一册帝制纪）》，河北人民出版社1989年版，第205页。

无奈嘉庆帝并不买账。

嘉庆三年（1798）正月，嘉庆帝向各省督抚发布了清查亏空的特谕："诏清查库款，从容弥补，勿以严急而致累民。"[1]嘉庆帝进一步阐明"徐徐办理"的施政方针，提倡要密查、密办，不要大张旗鼓，不要赶尽杀绝。虽有督抚仍以上奏咨部的方式表示反对，却也没能改变嘉庆帝的初衷。

鉴于亏空年久、牵涉官员众多的现状，嘉庆帝"宽其既往之愆"，意在保护涉案官吏，以保持官僚队伍的稳定。嘉庆帝的苦衷是："原以亏空之案官非一任，事阅多年，若概行查办，则经手亏缺及接任虚报各员皆当按例治罪，人数未免众多，或尚有贤员亦觉可惜，是以宽其既往之愆，予以弥补之限。此系朕格外施恩，各该督抚惟当实力查核，将该省实在亏缺若干，其离任各员如何追缴，现任各员如何弥补，并作何分别年限一律清厘之处，一面查办一面据实密奏，方为实心任事之道。"[2]嘉庆帝认为："朕所以不即严办者，原以各该督抚自顾考成，明知所属仓库短缺，断无不上紧筹办之理，果能不动声色全数补完，何必因此辄兴大狱？"[3]在他看来，在不损害所有官员利益的前提下，妥善弥补亏空，才是正道。

嘉庆帝这样做，不全是因为他的懦弱。嘉庆帝即位之初便开始面对白莲教起义，长时间为平乱忙得焦头烂额，对"官逼民反"导致的农民起义心有余悸。为了不重蹈覆辙，嘉庆帝想多施"仁政"。嘉庆五年（1800）三月，嘉庆帝颁布特谕："亏损之由非一朝一夕，则补助之道岂可骤施，况应酬交接之人存亡离散，无可着追，忍令现任之人倾家荡产乎！况亦必不肯倾家荡产，反借此以剥削小民，肥家入己。此事朕见得清，知得透，

1　赵尔巽等：《清史稿》（卷十六），第三册，中华书局1976年版，第578页。

2　《清实录·仁宗睿皇帝实录（一）》（卷七一），第二八册，中华书局1986年版，第941页。

3　［清］王先谦撰《东华续录：嘉庆》，上海古籍出版社，2008年版，第49页。

然则任其亏缺耶？"[1]他有着深深的忧民之心，害怕严厉追查会导致官员借故苛派百姓，为百姓带来无妄之灾。

嘉庆帝的谕旨，各省虽有遵循，但各行其是者居多，实力推行者甚少。即便嘉庆帝点名斥责，地方督抚中依然有我行我素者。地方督抚坚持依法清理亏空，依法追究亏空责任人，而不是按照嘉庆搜求羡余、陋规等进行弥补，还在于他们"巧妇难为无米之炊"，仅以羡余、陋规等根本无法弥补巨额亏空。他们既要承担弥补亏空的职责，承担因失职而遭受处罚的风险，还要考虑如何履职尽责，考量皇帝的感受，可谓左右为难。

官吏是食利阶层，上面催逼得紧了，只会将敛财黑手伸向百姓，向百姓摊派各项税费。嘉庆五年至十年（1800—1805），全国各地出现了大量临时衙役。各州县以人力不足为借口，大量招聘临时衙役，利用他们处处设卡收费，以弥补财政经费不足。这些人既不占用编制，也不领取工资，靠吃拿卡要为生。他们的数量，往往超过正式编制数倍，甚至数十倍，如蝗虫一般，人人避之唯恐不及。

据记载，直隶省正定县的临时衙役多达九百多名，而浙江省的仁和县居然多达一千五六百人。他们横行乡里，巧立名目，处处设卡，到处收费，如若有人抗交，就逮捕入狱，严刑拷打，经常闹出人命。临时衙役无法无天，横征暴敛，加剧了官民冲突，激化了统治危机，基层的财政危机也没有得到缓解。

英国著名学者帕金森通过长期调查研究，写了一本名为《官场病》的书，该书深刻揭示了行政权力扩张引发人浮于事、效率低下的"官场传染病"。帕金森对于机构人员膨胀的原因及后果作了精彩的阐述，一个不称职的官员，可能有三条出路：一是申请退职，把位子让给能干的人；二是

1　《清实录·仁宗睿皇帝实录（一）》（卷六三），第二八册，中华书局1986年版，第839页。

让一位能干的人来协助自己工作；三是聘用两个水平比自己更低的人当助手。这第一条路是万万走不得的，那样会丧失许多既得利益；第二条路也不能走，因为那个能干的人会成为自己的对手；看来也只有第三条路可以走了。于是，两个平庸的助手分担了他的工作，减轻了他的负担。由此得出结论：在行政管理中，行政机构会像金字塔一样不断增多，行政人员会不断膨胀，每个人都很忙，但组织效率越来越低下。这条定律又被称为"金字塔上升"现象。机构和人员膨胀造成了管理时间、人力、物力、财力上的浪费，使得管理上的经费开支、人员配备、设备安排以及其他待遇等都得增加，从而增加了政府管理的成本。嘉庆朝的困境，便是如此。

3

纵观嘉庆一朝，清理地方钱粮亏空的声势不可谓不大，但效果乏善可陈。在清理亏空过程中，还不断产生新的亏空，甚至出现了清查亏空越查越多的情况。

嘉庆十年（1805），新任直隶布政使裘行简奏报直隶出现续亏："直隶初次清查各属亏短银二十七万有奇，二次清查则一百五十二万余两，皆经奏咨有案，至嘉庆六年以后又复三次清查，未经奏咨者已有二百六十四万余两，后此沿至九年为止，其亏缺又不知凡几。"[1]直隶亏空的清查始自嘉庆四年（1799），当年户部核议直隶总督胡季堂等所上亏空清单时，便有"直隶一省自乾隆三十二年以后，未清银款至一百四十四万余两，历任各官至一百三十九员之多"[2]的奏报，接近裘行简第二次清查的数字。此后每

1　黄彭年编修《畿辅通志·帝制纪（卷四）》（第一册），河北人民出版社1989年版，第237页。

2　黄彭年编修《畿辅通志·帝制纪（卷四）》（第一册），河北人民出版社1989年版，第208页。

次清查，都有新增亏空，且额度愈来愈大。

裘行简的奏报，再次将直隶的大小官员们推到了风口浪尖。直隶总督颜检如实参劾所属易州知州陈浈，呼吁将陈浈及其上司清河道员蔡齐明一并革职，并以失察自请处分。嘉庆帝忍痛将颜检革职，调吴熊光补直隶总督，督同裘行简整饬吏治，彻底查明亏空。

颜检接任胡季堂，先是护理直隶总督，后以有治绩实授总督，是嘉庆帝信赖的腹心之臣。但在清理钱粮亏空上，颜检却采取了鸵鸟政策，自出任直隶以后，有关钱粮亏空，从未有一字奏及。他的理由是："亏空无确数，参之又不胜其参，臣疚心已非一日。"他的苦衷是："因各州县互相搅混，一任未明又添一任，前任后任其说不一，是以尚未汇列清单。"[1]客观来看，清查亏空的难度，不仅难在亏空之数难以统计，更难在背后扯不清的利益纠葛，触及利益比触及灵魂都难。

嘉庆帝很想弄清楚亏空是如何形成的，对嘉庆四年（1799）以后的历任总督、藩司进行严格盘查，但终究没有搞明白清查中为何会不断出现新的亏空。对此，嘉庆帝猜测说："此项亏缺银两究系因何动用？或系历任总督司道各员婪索分肥，或各州县等侵盗入己，或馈送在京王公大臣，率以虚账归入清查项下，希图悬宕？"[2]嘉庆帝认为，直隶续亏，源于上级官员的徇庇，"该省亏短之多，皆由各上司沽名见好，迁延不办所致"[3]。

与此同时，安徽、江苏、山东等地相继爆发了续亏案。嘉庆帝对此不无感慨，他说："近年以来，朕为各督抚所蒙，该督抚又为各州县所欺，

1　《清实录·仁宗睿皇帝实录（二）》（卷一四五），第二九册，中华书局1986年版，第980—981页。

2　《清实录·仁宗睿皇帝实录（二）》（卷一四四），第二九册，中华书局1986年版，第976页。

3　《清实录·仁宗睿皇帝实录（二）》（卷一四五），第二九册，中华书局1986年版，第980—981页。

办理宽缓，以致肆无忌惮。各省亏缺累累，几于百孔千疮，不可究诘，若不严加惩办，何以警怠除贪！"[1]

嘉庆帝清理地方钱粮亏空的出发点是不损官不害民，初衷不可谓不好，败在脱离了实际。政策的前后矛盾，君臣的认知差异，除了各自的利益考量外，错综复杂的内外形势，皇帝与官吏的立场不同，以及国家财政制度的弊病，地方上盘根错节的利益关系等，都成为嘉庆帝难挽颓败国势的因素所在。

面对执政困局，嘉庆帝始终没有找到妥当的应对办法，只能寄望于臣民们能够"忠心体国"，而所谓的忠君爱国却在腐败的官僚风气前一败涂地。要人治不要法治，没有培育一种认同制度的政治生态，没有让制度与人形成良性互动，到头来特谕、上谕等也只能在文字中落实，而在实际操作中落空。

"有治人无治法"，嘉庆帝最终无法跳出人治弊端的束缚，只能在人治的窠臼中拼命挣扎。

四、天下不太平

1

嘉庆帝是清王朝入主中原后的第五代皇帝，此时清朝在全国统治已有一个半世纪之久。封建统治种种矛盾，经过了长期的潜伏与发展，已不可避免地大大激化起来。湘、黔苗民起义的烽烟未熄，川楚陕白莲教起义的战火又起，天理教起义在京畿猝然爆发等，坏消息一个又一个地传来，国事愈发不可收拾了。

1　《清实录·仁宗睿皇帝实录（五）》（卷三一四），第三二册，中华书局1986年版，第174—175页。

　　嘉庆帝在位25年，实际上并没有过上几天安稳日子，整天为战事焦思苦虑，特别是白莲教起义、天理教起义让他提心吊胆。虽然这些起义最终都被平息下去了，但清朝却为此付出了巨大的代价，从此元气大伤。

　　白莲教起义，自嘉庆元年（1796）正月爆发，至嘉庆九年（1804）九月结束，前后持续九年，席卷湖北、四川、陕西、河南、甘肃五省广大地区。面对白莲教起义，嘉庆帝非常忧虑，曾作诗责备大臣："内外诸臣尽紫袍，何人肯与朕分劳。玉杯饮尽千家血，银烛烧残百姓膏。天泪落时人泪落，歌声高处哭声高。平居漫说君恩重，辜负君恩是尔曹。"[1]嘉庆帝的这首诗严厉批判了一些官员沉溺寻欢作乐、不顾百姓疾苦的丑恶现象。不过，嘉庆帝批评过后，各级官员依然故我，终日因循守旧，导致嘉庆帝晚年时发生"癸酉之变"，以林清为首的天理教徒竟闯入皇宫，打到了隆宗门外。

　　早在嘉庆二年（1797），嘉庆帝下诏曰："闻贼每逼平民入伙，迎拒官军。官军报捷，所称杀贼，多系平民，非真贼也。故日久无功。领兵大员尚其设法解散，勿令玉石俱焚。"[2]嘉庆帝认为，是吏治腐败、官逼民反等导致了白莲教起义长期未能平定。

　　白莲教起义军攻城略地，攻占州县达204个，北京城内人心惶惶，大小官员坐立不安，朝廷岌岌可危。面对不断扩大的起义，清政府采取两手措施，一方面免除起义地区本年赋额以争取民心，另一方面火速调兵遣将分头堵截。

　　面对遍地开花的暴乱，嘉庆帝命令川楚陕三省总督大员分区围剿。分区围剿，声势浩大，但各自为战，难以一致行动。嘉庆帝苦思之后，任命"曾经军旅，较为历练"的湖广总督永保为总统军务，督率调度所有剿匪

1　徐珂：《清稗类钞》（第一册），中华书局1986年版，第252页。

2　赵尔巽等：《清史稿》（卷十六），第三册，中华书局1976年版，第571页。

事宜。此举很快取得成效，湖北的起义军受到重大挫折，陷入严重困境。

不过，由于清军内部嫌隙已久，积习甚深，不能长期保持统一协调行动。起义军由湖北迅速向四川蔓延，形成起义的第二次高潮。没有功劳，永保的职位不保，被逮京下狱，发往热河赎罪。嘉庆帝又命湖北巡抚惠龄为总统军务，惠龄提出新的剿匪方略，扼紧汉江，防止襄阳义军与四川义军会师。起义军采取"忽分忽合、忽南忽北"的战术，展开流动作战，牵着清军的鼻子走。清军陷入战略被动，疲惫不堪，苦不堪言。加之清军互不统属，观望避战，战果甚微，惠龄剿匪方略宣告破产。襄阳义军先入陕，复入川，与四川义军成功会师，各路义军重新以青、黄、蓝、白分号，并设掌柜、元帅、先锋、总兵等职，确立各路义军的建置，再次发展壮大起来。嘉庆帝恼羞成怒，夺惠龄官衔、世职、花翎，易陕甘总督宜绵总统军务。

面对异常严峻的斗争形势，宜绵提出分防堵截方针，效果不佳。嘉庆帝再次忍无可忍，临阵换将，任命四川总督勒保总统军务。勒保乃清朝名将，素有英名。他布置了分头围歼义军的计划，重创了王聪儿、姚之富部义军，并诱捕了首领王三槐。因生擒起义军首领王三槐，勒保受到嘉庆帝的褒奖，被授予经略大臣一职。但勒保不知检点，在军队反腐中被撤职查办。嘉庆帝对军队腐败零容忍，而对造反头目，反倒有着深切的同情。他专门下了一道谕旨："剿匪滋事，以官逼民反为词。昨冬贼首王三槐解到讯供亦有此语，闻之恻然，是以暂停正法……"[1] 嘉庆帝对起义走势洞若观火，富于强烈的恻隐之心，还为此免除了一些人的死罪。

临阵换将乃兵家大忌，但嘉庆帝反其道而行之。《孙子兵法》把兵比作矢，将比作弩，弩矢不匹配就无法杀敌，将卒不熟悉，指挥作战就大打

1　《清实录·仁宗睿皇帝实录（一）》（卷三八），第二八册，中华书局1986年版，第439页。

折扣。嘉庆帝不断地走马换将，有其不得已的苦衷。这样做，既是求胜心切，也是为了打破军队腐败的困局。当时，军队的当权者借围剿起义军之机，上下串通贪污纳贿，大发横财已到了骇人听闻的程度。他们借着种种诡计故意拖延战事，故意夸大战事规模，"以养寇为肥身之计，以糜帑为饱囊之资"[1]。清政府付出巨大成本，可教匪非但未平且日渐猖狂，而且各路军队"兵丁衣服褴缕，几同乞丐"，甚为狼狈。兵丁得不到饷银，到了难以存活的程度，军中哗变、集体逃跑的事件屡有发生。

嘉庆帝深知："各省营伍中此等侵肥克扣情事恐亦在所不免，但朕不为已甚，此时不肯纷纷查究。"[2]如果深究下去，各地类似案件喷涌而出，问题全部暴露出来，形势会一发不可收。于是，以走马换将回避矛盾，并借此平息民愤，成了不二之选。

第五任清军将领额勒登保，以副都统身份任经略大臣，节制川、楚、陕、甘、豫五省军务。他用剿、堵、扰的策略，坚壁清野，剿抚兼施，斩杀起义军首领林之华，生擒覃其耀、罗其清，使白莲教逐渐走向绝境。白莲教起义自嘉庆五年（1800）转入低潮，清军掌握战略主动。嘉庆七年（1802），额勒登保、德楞泰联名加急上奏大功初定，川、陕、楚等逆首全部肃清，平定叛乱取得基本胜利。捷报来传，嘉庆帝喜极而泣，终于完成了父亲乾隆帝的夙愿。至嘉庆九年（1804），最后一位白巾军首领苟文润被叛徒杀害，零星的白莲教起义被全部镇压了下去。

事实上，额勒登保在指挥过程中也有过失误，但他的优点在于每吃一次亏就总结一次教训，同样的错误从不犯第二次。得益于嘉庆帝的密切关

1　《清实录·仁宗睿皇帝实录（一）》（卷五三），第二八册，中华书局1986年版，第683页。

2　希元原注，林久贵点注《荆州驻防志》（卷三），湖北教育出版社2002年版，第64页。

注，以及举朝的倾力支持，清军的镇压行动取得了积极进展。胜利的代价是，耗费白银达二亿两之巨，出动京营及十六省数十万大军，仅提督、副将、参将以下军官阵亡者达四百多人。经此一战，外强中干的清朝元气大伤。在白莲教乱当中，清廷的政治还暴露出一个大弱点，就是军备已经失去了作用。清廷的所谓经制兵即常备军，原有八旗兵与绿营两种；到嘉庆时代，这两种常备军都已腐败不能用。[1]

2

白莲教刚刚消停，天理教又开始兴风作乱了。宗教暴动接二连三发生，得益于以宗教为核心的组织结社。利用宗教结社，宣传信仰的功德，以信仰为精神纽带，就可以吸引会众，聚集众人反乱。

天理教又称荣华会、白阳教，是清初创立的八卦教支派之一。嘉庆十三年（1808），林清出任掌教后，将其改为天理教。林清宣称自己是太白金星下凡，不甘心只当一个野鸡教主，编出了"若要白面贱，除非林清坐了殿"的口号，打造声势、强化宣传，想要自己当皇帝。

嘉庆十六年（1811），林清、李文成、冯克善等天理教主要首领秘密集会时商定，由林清负责攻取北京，李文成负责占领河南，冯克善负责夺取山东，并约定在嘉庆十八年（1813）秋冬在三地同时起事，一举把满族统治者赶回东北。碰头会结束后，林清便着手在京畿一带积极扩大天理教组织，为武装起义作准备。

对早有"如遇荒乱，并可图谋大事"打算的林清来说，嘉庆十八年（1813）的天灾，无疑是天赐良机。在其预先确定起事的直隶、河南、山东等地，继上年遭受旱灾后，是年又遭大旱，当地百姓的生活极为困苦，为起事创设了良好的群众基础。面对这样的有利时机，林清几经犹豫，最

1　李剑农：《中国近百年政治史》，武汉大学出版社2006年版，第9页。

终决定尽快起义。

嘉庆十八年（1813）八月，即起义前的一个月，林清等人议定了京畿地区起义的具体计划，拟分东、西二路，分别由东华门、西华门攻入紫禁城，"其东，陈爽居首，刘呈祥押后，进东华门；其西，陈文魁居首，刘永泰押后，进西华门"[1]，分别由内应太监引导，杀进皇宫，斩杀嘉庆帝。

揭竿而起，替天行道，做起来比说起来难多了。大姑娘上轿头一次，一切都没有经验可循，天理教只能摸着石头过河。好在大政方针已定，来一场腥风血雨的大起义，势在必行。悲剧的是，因事起仓促、组织不严，起义时间与安排等机宜惨遭多次泄密。戏剧化的是，尽管一再泄密，但都无碍大局。

事变前一年，嘉庆十七年（1812）春，台湾人高妈达因妖言惑众，被淡水同知查廷华捕获。经审讯得知，以林清等人为教首的天理教，将于次年闰八月十五日在京师举事。查廷华甚为吃惊，赶紧上奏，但台湾知府汪楠认为子虚乌有，根本就没有奏报朝廷。主政者仅照寻常传教例论决，以传布邪教、煽惑民人之罪诛杀高妈达，并未深究其事。

林清身边有个教徒叫祝现，他的族兄祝海庆是豫王府的差役，早已将林清攻打皇城的消息向豫亲王裕丰告密，裕丰的回答是"等皇帝回来再说"。嘉庆十八年（1813）九月底，嘉庆返京途中，掌管京师治安的步军统领吉伦率大队人马前往迎驾，途中连续接报说天理教徒很快就要攻打皇宫，吉伦认为这是妖言惑众，拨马呼啸而去。十月七日中午，兵部尚书兼顺天府尹刘镮之，得知林清等人明天午后攻打皇宫，丝毫不改与客人觥筹交错的节奏，"陪我喝酒"成了当务之急。林清的计划，屡遭知情人告发，都没有引起足够重视。王公大臣们踢皮球、不作为，敷衍塞责、明哲保身，小事拖大、大事拖炸。

1　[清]兰簃外史：《靖逆记》（卷一），上海书店出版社1987年版，第2页。

清朝各级官吏愚不可及，林清的队伍也高明不到哪里去。林清遇到了猪一样的队友。探报得知，近期京城的兵力空虚、防卫松懈，利于起义造反。万事俱备，林清决定迅速出击。然而，忙于调兵遣将的林清，却没有看到呼应的大规模队伍。原来，正当起义准备基本就绪之时，河南滑县李文成等人因机密失泄，不幸被捕。河南保密工作没做好，起义不顺利，李文成被抓了，其他地方的配合工作也遭到了阻碍。为搭救李文成出狱，冯克善等人不得不率众提前起义。造反的教民先后攻占了河南滑县、直隶长垣、山东定陶和曹县等地，忙着战斗善后，顾不上去北京与林清的队伍会合。

该来的援兵还没来，林清颇为孤单。即便如此，林清也没有退缩，决定仍按原计划派天理教徒分两路攻打紫禁城。他自认为自己是太白金星转世，有天助神力，举事必成。九月十四日，陈爽、陈文魁等人带领一部分教众潜入北京。十五日晨，又有一部分教众扮作行商小贩，从直隶的固安、雄县混进北京城内。接着，他们兵分两路，准备攻入皇宫。然而，由于通知误期，或有的人遇事耽搁，准时到达集合地点的不足百人。

来到东华门外的起义者，与往宫中送煤的人发生了争执，冲突中暴露了武器，引起守门清军关注，清军迅疾关闭城门。众教徒见势不妙，即刻抽出武器与守门清军展开激战。此时，陈爽等少部分教众被困在东华门内，刘呈祥等大部分教众被关在东华门外。攻进去的起义者很快寡不敌众，惨遭杀害，东路的进攻很快就失败了。

来到西华门的教众，得益于内应太监杨进忠的引导，四十多人全都冲进城内。在太监引导下，他们打着"大明天顺""顺天保民"的小白旗，顺利冲破城门、冲进皇宫。守卫皇宫的清军猝不及防、惊惶失措，死的死、逃的逃，仅有少部分宫廷侍卫在隆宗门外与教众展开白刃战，皇宫内一片混乱。清军管理混乱，武备废弛，兵不能战，渐落下风。故宫里外朝与内廷之间的隆中门匾额上，至今还留着穿透的铁矢，甚至还有游客专门前去寻找打卡。

喜欢玩枪、打猎的皇次子绵宁，临危不乱，处乱不惊，冲锋在前，率一干侍卫誓死捍卫养心殿，并用鸟枪亲手击杀了两名正在翻墙的教徒。太监们大受鼓舞，也纷纷朝墙头放枪放箭，翻墙教众悉数倒毙。教众一时受挫，为清军反击争取了时间。后来，火器营、健锐营奔赴进宫，围歼叛乱教众。起义军终因寡不敌众，被全部消灭。后绵宁因功受封为智亲王，并成为大清皇位的继承人，即后来的道光帝。

3

部分天理教徒在太监接应下冲进皇宫，欲实施所谓"斩首行动"，"酿成汉唐、宋明未有之事"[1]。嘉庆十八年（1813）是癸酉年，史称"癸酉之变"，也称"禁门之变"。这是中国历史上规模最小的农民起义，也是最荒唐的一次农民起义。意欲改朝换代的狂热教徒竟然闯进紫禁城，清朝统治已经不再稳固，逐渐步入封建衰世。

回京之后，嘉庆帝对天理教围攻皇宫之事进行了全面清查，首先发现把守午门的将领策凌，竟在闻听天理教攻入的消息之后带队逃跑了。更糟糕的是，给林清提供皇宫私密的竟是近侍太监，正是在内监的引领接应下教徒们才得以混进城内。尤为甚者，宗室之中竟然也有加入天理教者。宗室奉恩将军庆遥，宗室举人庆丰，宗室海康等都是天理教的外围组织红阳教的成员。天理教徒进攻紫禁城的计划，他们早已得知，并欣然决定参加，幻想在起义成功后当大官、发大财。

古语说：风起于青蘋之末，浪成于微澜之间。其实，很多事物都是从弱变强，一步一步发展壮大的。清朝的当局者，各怀鬼胎，各抱心思，都

1　《清实录·仁宗睿皇帝实录（四）》（卷二七四），第三一册，中华书局1986年版，第723页。

在坐等出事，以浑水摸鱼，得一己私利。作为既得利益者，他们自认处江湖之远，自认郁郁不得志，当风暴来临之时，屁股转得比谁都快。

"从来未有事，竟出大清朝！"嘉庆帝如此表达了他的愤懑之情。想当年，大清国势何等强大，天下何等太平无事，如今却发生如此天大的丑闻，让他羞愧难当。事发第二天，嘉庆帝向全国臣民下发了朱笔亲书的《遇变罪己诏》。他认为"变起一时，祸积有日"，"因循怠玩""悠忽为政"乃官场大弊，呼吁切勿尸禄保位。[1]言下之意，如果大小臣工稍微上点心，认真干点事，灾祸便可以避免，至少不会闹出这么大的动静。

《遇变罪己诏》最后八个字是："随笔泪洒，通谕知之！"古今中外，如此痛心疾首、如此情真意切的圣旨，绝无仅有。

五、礼仪之争

1

继西班牙、葡萄牙、荷兰之后，英国迅速崛起为超级大国，在与清朝的交往中十分在意国家威望。

自马戛尔尼使团访华后，中英之间发生了一系列冲突：嘉庆十三年（1808），发生英军占领澳门事件，清政府准其买办食物、开舱贸易后英军撤退；嘉庆十九年（1814），发生中英"停止贸易"事件，英国得到不少实质性好处；嘉庆二十一年（1816），阿美士德使团来华事件，再次因观念差异引发文化冲突。除英国占领澳门事件外，中英之间的矛盾相当大程度上是思想观念上的冲突。

为建立两国正常的贸易关系，继乾隆朝马戛尔尼使团访华之后，英国

1　《清实录·仁宗睿皇帝实录（四）》卷二七四，第三一册，中华书局1986年版，第723页。

决定再次派遣使团使华。嘉庆二十一年（1816），英国任命阿美士德勋爵为大使，小斯当东爵士和埃利斯爵士为副使，率舰队再次出访中国。英国政府对使团赴华高度重视，使团正使阿美士德是英国贵族，英国国王侍从官；副使小斯当东，是马戛尔尼使团副使斯当东之子，一直在东印度公司任高级秘书和大班，是个中国通，对中国语言及中国发展情况十分精通；第二副使埃利斯，曾在东印度公司任职多年，后调任驻伊朗、土耳其的外交官，对亚洲情况相当熟悉；使团成员亦经过精心挑选，使团翻译是长期在华传教的传教士马礼逊等人。

阿美士德使团访华，跟之前的马戛尔尼访华不同。他们没有祝寿的任务，只有谈判的使命。使团的主要使命，具有外交与外贸的双重性质，突出体现在：保卫东印度公司免受当地政府的暴行与不公，保证贸易的持续进行，获取不准中国官员闯入公司商馆的规定，商馆人员与北京衙门直接通讯，可根据需要对交易过程进行讨论，对"多丽丝"号事件进行解释等。[1]

经过五个多月的海上航行，阿美士德使团在天津塘沽上岸。与马戛尔尼使团一样，阿美士德使团一到中国境内，便陷入到因礼仪导致的外交纠纷之中。工部尚书苏楞额以皇帝的名义设宴款待阿美士德使团，苏楞额要求英使向皇帝牌位行三跪九叩礼后方能入席。

鉴于马戛尔尼使华因礼仪问题未完成外交使命，英国方面对礼仪问题同样有考虑，给了阿美士德一个含糊的指令，到达中国京城后，可按照中国朝廷的一切仪式觐见，但这种仪式不能有损国家荣誉。言下之意，至于采取何种礼仪，全凭阿美士德自行决定，必要的时候遵行中国礼仪也未尝不可。但这种指令包含着几分矛盾性，一方面要他遵行中国礼仪，一方面

---

1   （美）马士：《东印度公司对华贸易编年史》第三卷，中山大学出版社1991年版，第275页。

又要他不能损害国家荣誉，这一点是断难兼顾的。因此，一旦触及外交礼仪，便生发出不可解决的纠纷问题来。

行使何种礼仪，以及如何行礼，是首先面对的问题。阿美士德在征求副使小斯当东的意见时，小斯当东坚决反对行中国礼仪。外交礼仪问题，事涉国家尊严，坚决不能屈服。小斯当东坚决的态度感染了阿美士德，阿美士德采纳了小斯当东"不能同意行鞑靼礼节"的意见。阿美士德坚持"对嘉庆帝行与对自己国王一样的礼仪来表示对皇帝的尊敬"，只同意行免冠跪一膝一俯首礼，即跪单膝、脱帽、鞠躬。在阿美士德看来，双膝着地不仅是对个人的羞辱，更是对国家形象的损毁；只有保全了个人的面子，才能维护国家的形象，进而促成中英之间的平等对话。

有了马戛尔尼使团的前车之鉴，嘉庆帝对阿美士德使团来华保持着高度警惕，始终对使团的动向和要求加以严密防范。嘉庆帝提出："如该贡使向该督言及有恳请赏给口岸贸易，如上次请于宁波互市等事，该督等即先行正词驳斥，以天朝法度森严，不敢冒昧陈奏，绝其妄念。"[1]由于长期闭关锁国，嘉庆帝仍沉醉在天国的迷梦里，对英国的强大实力一无所知，对英国的认知仍停留在"夷狄"层面，视英国使团为朝贡使团，根本不理会国家民族之间交往时讲求的相互尊重原则。在嘉庆帝看来，阿美士德来华是朝贡行为，按清朝礼制必须行三跪九叩礼。

苏楞额费尽心机仍不能说服阿美士德，双方就此僵持不下，在开宴前陷入僵局。阿美士德态度强硬，苏楞额不得不作出让步，让英使向嘉庆帝牌位行三免冠、九拜揖、九俯首礼。吃饭就是办事，饭桌就是谈判桌。苏楞额不死心，希望酒酣耳热之际，再从长计议。无奈，较真的英国人，不吃这一套，苏楞额终究有辱皇帝的使命。

───────────

1　复旦大学历史系中国近代史教研组：《中国近代对外关系史资料选辑（1840—1949）》上卷第一分册，上海人民出版社1977年版，第47页。

苏楞额不敢将使团的真实态度上报皇帝，谎称英使团已同意行跪拜礼。嘉庆帝甚为满意，欣然决定在圆明园接见英国使团。

2

在礼节问题没有达成一致的情况下，苏楞额冒着欺君之罪，怀着忐忑的心情，引领着英国使团离津赴京。苏楞额的小算盘是，在进京途中继续做阿美士德的工作，他没想到阿美士德较真认死理，软硬不吃，执意不从。

纸终究包不住火。嘉庆帝很快便得知真相，暴跳如雷。在礼仪方面，嘉庆不肯作出丝毫让步，立即严旨切责："所奏错误极矣……曾面谕务将该贡使等礼节调习娴熟，方才令其入觐，如稍不恭顺，即令在津等候，毋亟亟启程来京。今该贡使既不肯行中国礼仪，即应奏明候旨。乃苏楞额、广惠竟于二十一日带领启程，实属冒昧。"[1]嘉庆帝指出，英国人礼节调教练习娴熟才能进京，如不肯行中国礼就不要来觐见。

嘉庆帝不厌其烦地就礼仪问题下达指示："倘该使臣等虚辞应允。并不演习，苏楞额等希图将就到京，将来进表之日，行礼仍不如仪，彼时将贡使等遣出宫门。"[2]言下之意，与其到京逐回，不如中途遣返为妙。阿美士德使团到达通州后，嘉庆帝还选派理藩院尚书和世泰、礼部尚书穆克登额前往通州，帮助苏楞额做工作。嘉庆帝再次指示："务将该贡使等礼节调习娴熟，方可令其入觐。"[3]嘉庆帝主张："倘其意在要求或礼节不遵制度，……即在天津筵宴，遣回本国。"[4]

1　清代宫史研究会：《清代宫史探析》(上)，紫禁城出版社2007年版，第221页。

2　关文发：《嘉庆帝》(下)，吉林文史出版社2004年版，第371页。

3　清代宫史研究会：《清代宫史探析》(上)，紫禁城出版社2007年版，第220页。

4　复旦大学历史系中国近代史教研组：《中国近代对外关系史资料选辑（1840—1949）》(上卷第一分册)，上海人民出版社1977年版，第47页。

　　嘉庆帝坚持让阿美士德使团行中国礼仪，但阿美士德仍然态度强硬。和世泰害怕有辱使命，也自作聪明想了个欺上瞒下的主意。和世泰奏报："奴才等会同演习，该贡使等礼节尚未如仪。奴才等现仍设法开导，俟遵照行礼，即行奏闻。"和世泰说，圣上不必为礼仪问题担心，英使已同意行中国礼，只是眼下还不太熟练，还需要多加练习，我保证将英使调教好后再见皇上。嘉庆帝闻讯心满意足，决定在圆明园接见英使。

　　美国历史学家马士在《中华帝国对外关系史》中记载道："当时和世泰等清朝官员极为狼狈，坚持要立即引阿美士德朝见，甚至到了动手拖拉的程度，但他却以没有携带国书等理由拒绝前往。清朝官员只得向嘉庆帝谎称其突然得病，不能觐见。嘉庆帝令英使团副使觐见，因为礼节问题，副使也不肯入园。"[1]

　　和世泰带领阿美士德等人快马加鞭赶往圆明园，满心希望在英使疲惫的状态下，慌乱中仓促入宫行礼。这时，清朝的王公大臣们已穿戴齐全，列班等待。嘉庆帝端坐龙椅，传旨召见开始，等待受礼。阿美士德在和世泰等人的拉扯下直奔大殿而来。阿美士德见素来斯文的清朝官员全无斯文，担心其中有诈，便以极度疲劳、没有洗脸、未穿礼服、未带国书等为由，拒绝入殿行礼。

　　嘉庆帝等候已久，仍不见英使前来朝拜，便不断派人催促。一边是阿美士德不愿前行，一边是皇帝不断催促前往，和世泰急得如热锅上的蚂蚁，只得向皇帝谎称英使正在赶往圆明园的路上。又过了一个时辰，皇帝再次派人催促，和世泰又谎称阿美士德正在拉肚子。到第三次催促时，和世泰只好硬着头皮说阿美士德因拉肚子虚脱走不动了。嘉庆帝左等右等，极不耐烦，便下谕英正使调养休息，让副使前来觐见。和世泰毫无退路，又继续撒谎说副使也病倒了。

1　（美）马士：《中华帝国对外关系史》（第一卷），上海书店出版社2000年版，第63页。

嘉庆帝再有耐心，也不能忍受再三的搪塞，他怒不可遏："中国为天下共主，岂有如此侮慢倨傲，甘心忍受之理？"[1]并敕谕英王："嗣后，毋庸遣使远来，徒烦跋涉。"[2]嘉庆帝固守华夷之辨，坚持东亚朝贡文化传统，把前来寻求贸易的英国使团视作朝贡而来的蛮夷之徒，这让自恃身份高贵的阿美士德从内心深处拒绝这样的侮辱性要求。

英国精心组织的阿美士德使团，经过半年多的远洋跋涉，在没有见到皇帝、未能提出任何要求的情况下，被清朝遣送回国。嘉庆帝以为英使傲慢无礼、欺人太甚，下令将英国贡物发还，将使团立即赶出北京、逐出中国。其实，英使何尝有傲慢之举，不过是由于接待官员对于礼节问题一筹莫展，不得已把英使逼迫回国罢了。

嘉庆帝认为英使藐视天下共主，英使则说清廷侮辱英国使节，双方各执一词，除了增加彼此恶感之外，一无所得。乾隆帝与嘉庆帝的风格各异，对待马戛尔尼使团和阿美士德使团的方法自然也会不同。然而，企图对清贸易的使团，仅因礼节问题没有谈拢，因拒绝行三跪九叩之礼，便被皇帝勒令出境，多少有些匪夷所思。但英国对东方的贸易热情有增无减，增加鸦片贸易的需求与日俱增。

3

事后不久，嘉庆帝知道了英使觐见事件的原委：英使的思想工作没做通，英使不愿意觐见行礼，完全是苏楞额与和世泰欺瞒所致。嘉庆帝对和世泰等官员深恶痛绝，坚决予以惩处。和世泰等官员因"办理舛错"，"交

1　《清实录·仁宗睿皇帝实录（五）》（卷三二〇），第三二册，中华书局1986年版，第241页。

2　复旦大学历史系中国近代史教研组：《中国近代对外关系史资料选辑（1840—1949）》（上卷第一分册），上海人民出版社1977年版，第50页。

部严加议处"，与使团有关的官员都被降了级，且摊赔了接待英国使团的一切费用。

嘉庆帝对遣回英使心存内疚，急派苏楞额追往通州传谕："该国王于重洋万里之外，遣使纳贡，实可嘉许。着加恩赏收部分贡物，回赐白玉如意、翡翠朝珠等，赏给该国王。"[1]已退还的礼品，又"加恩"收了几件，并赐英王白玉如意、翡翠玉朝珠等，以示怀柔和歉意。

有时候，历史是在玩弄文字游戏。嘉庆帝自以为是，一直在意淫中满足那可怜的虚荣。嘉庆帝命长芦盐政广惠伴送英使，要求所经各省俱应照料，还写了一道给英国国王的敕谕。大意是，嘉庆帝对英国诚意归顺天朝深为高兴，但对"贡使"不懂"朝贡"礼节不太满意。中英两国相距遥远，路途艰难，往来不易，以后就不要再遣使"朝贡"了。

阿美士德使团访华，比马戛尔尼失败得更惨。马戛尔尼虽未完成外交使命，毕竟见到了乾隆帝，向清朝正式提出了英国的各种要求。而阿美士德既没有见到嘉庆帝，也没有机会向清朝提出交涉，就被仓促地遣送回国。阿美士德使团按照嘉庆帝指定的回程路线，自北京回抵通州，又经直隶、山东、江苏、安徽、江西五省，水陆兼程，风餐露宿，四个月后抵达广州，稍事休息后由广州回国。

阿美士德率使团离华返英，经停南大西洋中的圣赫勒拿岛，会见了遭遇滑铁卢失败而被放逐的拿破仑一世。拿破仑对阿美士德说："不管一国的习俗如何，只要该国政府的主要人物都遵守它，外国人入乡随俗就不算丢脸。在意大利，您吻教皇的骡子，但这并不视为卑躬屈膝。阿美士德像

1　中国第一历史档案馆编《嘉庆道光两朝上谕档》（第21册），广西师范大学出版社2000年版，第390页。

中国官员一样对皇帝施礼一点也不会有损名誉。"[1]据记载，拿破仑对英国两度遣使失败，有这样的概括："把使臣等同于他们君主的想法是完全错误的；由他们签署的协定如无派遣他的当局批准就不算有效。任何君主从来也不会把使臣当作与他们地位平等的人。"[2]俗话说，当局者迷，旁观者清。看问题角度不同，所得出的结论也会截然不同。拿破仑的一家之言，也不失为一种视角。

矛盾的焦点，表面上看是礼仪之争，实际上是政治、经济和文化的较量。从马戛尔尼到阿美士德，哪怕徒劳无功，都不愿意在礼节问题上让步。英使认为，嘉庆帝是一个"从不把世袭的等级和官员尊严放在仁慈上的反复无常的暴君"，把"朝贡""磕头"问题作为"宗教崇拜的行为"来看待。嘉庆帝对阿美士德使团也没有好感，尤其反感小斯当东，把其视为搬弄是非的罪魁祸首，称他是狡猾愚昧不知礼体者。[3]三跪九叩的中国礼仪，犹如一堵高墙，阻断了中英两国交往的历史机遇。

清朝要竭力保持天朝上国的尊严，对一切外来势力持有高度警惕。英国号称"日不落帝国"，野心勃勃地要把米字旗插遍世界的每一个角落。两强相争，互不相让，最终导致两败俱伤。当然，嘉庆帝驱逐阿美士德使团，对中国的损失更大。嘉庆帝为了脸面，把未曾谋面的英国使团赶跑了，笑纳了"贡品"，御赐了"礼品"，面子十足，却失去了观察和了解外部世界的机会，影响了中英之间的正常外交关系，阻碍了中英经贸和文化交流。特别是随着国力变化，中英之间关系逆转，数十年之后，英国卷土重来，清朝付出了惨重代价。

1　（法）佩雷菲特：《停滞的帝国——两个世界的撞击》，生活·读书·新知三联书店1995年版，第590—591页。

2　（法）佩雷菲特：《停滞的帝国——两个世界的撞击》，生活·读书·新知三联书店1995年版，第594页。

3　戴逸、李文海主编《清通鉴》（卷一七三），山西人民出版社2000年版，第5324页。

表面看来，阿美士德使团被驱逐出境，丧失了颜面，但通过该使团，英国形成了新的对华外交政策。阿美士德使团有机会近距离接触清朝，沿途搜集了大量政治、经济、军事等方面的情报，为英国发动战争提供了许多军事地图，为随后侵略中国作了军事上的准备。中英因礼仪之争所导致的外交纠纷，最终酿成了后来的鸦片战争。漏银越发严重，鸦片造成的人们精神萎靡、身体虚弱等社会问题已经到了迫切需要解决的地步。此后，经过数场战争的摧残，清朝一败涂地，一蹶不振，已经没有实力来维护可怜的文化自尊了。天朝上国的威信尽失，藩属国的范围越来越小，朝贡意识土崩瓦解，被迫与西方在外交礼仪上接轨。同治年间，一些国家驻华公使拜见皇帝时，已全部改行鞠躬礼了。

历史学家蒋廷黻曾说过，鸦片战争前国人不肯给洋人平等的待遇，战后洋人也不肯给中国人平等的待遇。鸦片战争前后的中英关系，乃至整个近代的中西关系，面临的不是谁平等对待谁的问题，而是双方缺乏相互尊重，都没能平等看待彼此。

六、平庸之辈

1

清朝能够出现延续130余年的康雍乾盛世，除了皇帝本人的杰出才干外，还在于他们找到了好的继承人。雄才大略的康熙帝，选择了奋发图强的雍正帝，雍正帝又选择了开拓进取的乾隆帝，一代代皇帝共同铸就了盛世的辉煌。

嘉庆帝是乾隆帝的继任者，在乾隆帝的十七个皇子中排行第十五。按照清朝"立长、立嫡"的帝位传承原则，排行靠后且是庶出的嘉庆帝几乎没有承继大统的可能。对皇位没有丝毫妄想的嘉庆帝，最终能够进入乾隆帝的法眼，得益于其他皇子的不幸夭亡。

嘉庆帝出生时，乾隆帝的嫡次子永琏、嫡七子永琮等八个皇子相继夭亡，就连深受乾隆帝宠爱的皇五子永琪也在几年后病逝。皇长子永璜，其母为哲悯皇贵妃富察氏（皇贵妃为乾隆十年追封，起先为潜邸侍妾）。乾隆十三年（1748），乾隆帝东巡，孝贤纯皇后驾崩，永璜以大阿哥身份迎丧，但其间因与三弟永璋表现得不够伤感，被乾隆帝斥责不合体统，亦不懂礼节，被取消立储资格。乾隆帝只能从剩下的皇子中另择储君，可备选择的范围非常小。皇十一子永瑆和皇十五子永琰，是众多皇子中的佼佼者。永瑆才华横溢，做事有条理，素有主见。嘉庆帝性情沉稳，为人仁孝，待人宽厚。乾隆帝选择接班人的首要原则，就是不折不扣地遵从他的意志，不做选择地延续他的政策，不遗余力地维护他的权威。嘉庆帝忠厚老实，一向对乾隆帝言听计从，最符合乾隆帝的选嗣标准。

嘉庆帝是个幸运儿，经受住了乾隆帝的考验，终于得以继承大统。但因为做皇子时间过长，加上初政三年唯太上皇乾隆帝马首是瞻，嘉庆帝身上所有的勇气和锐气消耗殆尽，成为清朝十二帝中最没有个性的皇帝。嘉庆帝性格谨慎，为政勤勉，品格端方，生活俭朴，翻阅清朝正史和野史，都很少找到他荒淫、风流、嬉戏、巡幸、昏庸等行为的记载，哪怕是一件风流韵事都很难找到。

2

清朝皇帝勤政，有目共睹。缔造康乾盛世局面的康熙帝、雍正帝和乾隆帝，无不是勤政的典范。最突出的当属雍正帝，每天不到四点就起床批阅奏折。除了工作，雍正帝几乎没有任何爱好。作家二月河评论雍正帝是历史之最，"康熙、唐太宗，还有秦始皇这些勤政君主，没一个比得上他的"。康熙帝、雍正帝给后代子孙开了个勤政的好头，后代的皇帝也确实勤政。嘉庆帝事必躬亲，从来没有丢掉过权柄，直到去世前一天还在孜孜不倦地处理政务。但纵使百般努力，千般勤奋，万般刻苦，也没有能力扭转局势。他始终弄不明白，为什么越努力越不幸运，形势反而变得越来越糟。

历史学家们倾向认为，嘉庆帝缺乏胆识和决心向腐败宣战，缺乏智慧和力量革新腐败的官僚体制，为使官僚机器正常运转，只能惩治一些有代表性的贪腐官员，而对一般贪腐官员网开一面。嘉庆帝主观上竭力改变清朝每况愈下的困境，但在实践中却不能坚持执行改革方针。为求得一时的安定，他宁愿采取息事宁人的态度。这种软弱无力的治国之道，其结果只能助长腐败之风，激化社会矛盾，加剧王朝的衰败。

心比天高，命比纸薄。由于腐败势力甚强，又缺乏新生机制，嘉庆帝在吏治、理财、外交等方面经常手足无措。他别无选择，勉强接受现实，勉强应付朝政，而国事却没有丝毫起色。

嘉庆帝以守成之主自居，殚精竭虑，起早贪黑，政事上一切依照祖宗成法办事，生活上也克勤克俭。嘉庆帝始终未曾仿效其父南巡，也没有极尽奢华筹办寿筵，他展示给臣民的只有一道道崇俭去奢的谕旨。他的节俭在历史上留下了深刻的印记，名声已经达于外国。出使清朝的朝鲜使臣徐龙辅记载，嘉庆朝"大抵以勤俭见称。观于宫殿之多朴陋，可谓俭矣"[1]。

当然，一个王朝由盛至衰是各种矛盾长期累积的结果，但嘉庆帝作为"关键人"，在此间所起的作用至关重要，其中的教训发人深省。

3

面对王朝兴衰周期率，要挽狂澜于既倒，最关键的不是想做什么，也不是做了什么，而是做成了什么，以及是否具有成就梦想的视野、勇气和心态。可惜，嘉庆帝缺乏的，恰恰就是这种发现问题和解决问题的能力。

1　吴晗辑《朝鲜李朝实录中的中国史料》下编卷十三，中华书局1980年版，第5060页。

这个平庸的好人，空有远大抱负，却没有足以光耀千古的雄才大略。

清朝的不幸，就在于最需要有经天纬地之才的大人物的时候，坐在这个位置上的却是嘉庆帝这样一个平庸无奇的寻常人物。面对乾隆帝留下的烂摊子，以及清朝统治积累的各种矛盾，他既没有变革社会的气魄和才能，也没有自我革命的担当和勇气，只是头痛医头脚痛医脚，疲于充当救火队员的角色，不能完全解决问题，最终难以扭转清王朝的衰落。

越到后来，嘉庆帝越对变革图强丧失信心，以至于看不到希望。加之年龄不饶人，心有余而力不足，最后也就懈怠了。表面上他一天到晚不得闲，实际上他是在凑合着混日子，一口一句"真没法""怎么好""怎么了""了不得"，焦头烂额没头绪，没有丝毫乐趣可言。这个辛苦操劳一生的皇帝，没能挡住历史的车轮，成了一个彻底的失败者。

气运流失，龙气耗尽。从亲政初期的踌躇满志，到谢幕时的心灰意冷，嘉庆帝在迷茫中一天天老去，清政府在摇摆中一天天沉沦。嘉庆二十五年（1820），嘉庆帝猝然驾崩，终年六十一岁，庙号仁宗，谥号睿皇帝，葬于昌陵。他在耳顺之年得以解脱，而清朝则开始了风雨飘摇、苦难深重的历史。

《清史稿》对嘉庆帝盖棺论定的评价为："仁宗初逢训政，恭谨无违。迨躬莅万几，锄奸登善。削平逋寇，捕治海盗，力握要枢，崇俭勤事，辟地移民，皆为治之大原也。诏令数下，谆切求言；而吁咈（迂腐）之风，未遽睹（立刻阻止）焉，是可嘅已。"[1] 刚登基时，嘉庆帝毕恭毕敬地听从太上皇乾隆关于执政的训示。及至亲政之后，嘉庆帝崇尚节俭，勤于政事，开荒移民，驱除奸佞小人，弘扬社会美德，平定匪寇祸乱，整治海盗祸害，努力把握好治理国家的关键。嘉庆帝想改革，但是缺乏开阔的视野

1　赵尔巽等:《清史稿》(卷十六)，《仁宗本纪》，第三册，中华书局1976年版，第616页。

和能堪大用的人才，亦缺乏睁眼看世界的眼光和学习借鉴现代文明的气魄，所以评者为嘉庆帝感慨和惋惜。

乾隆帝到嘉庆帝这段时间是个分水岭，几乎决定了中国未来的国运。论及嘉庆帝的功过，史书给出的鉴定是"嘉庆中衰"，他的前面连着"康雍乾盛世"，紧接其后的则是鸦片战争。从此以后，昔日不可一世的大清帝国，逐步沦为任人宰割的"东亚病夫"。

清宣宗道光帝旻宁，原名绵宁，嘉庆四年（1799），被秘密箓名，内定为储君。十八年（1813），被封为智亲王。二十五年（1820），被正式册立皇太子，是年即位，次年改元道光。道光，出自《晋书·汝南王亮等传论》"分茅锡瑞，道光恒典"，意为大道光辉，寓意高尚的道德、正确的主张得到发扬和传颂。

道光帝是嘉庆帝嫡出的皇次子，也是清朝十二帝中唯一一位嫡出的皇太子。他的皇兄生下来不久就夭折了，他实际上就是皇长子。把他立为皇太子，实现了清朝立嫡立长的夙愿。登基这年，道光帝三十九岁，年近不惑，是清朝入关后十个皇帝中即位年龄第二大者（雍正帝即位时四十五岁）。作为守成之君，道光既不英武，也不昏庸，是一个勤俭持家、勤政图治的皇帝。然而，哪怕他再励精图治，也无法改变丧权辱国的悲剧。

一、因循守旧

1

嘉庆二十五年（1820）七月，嘉庆帝秋狝热河，因偶感暑气高烧不退，一病不起。临终前，嘉庆帝召集大臣于御榻前托付后事："朕于嘉庆四年，已照家法，写下二皇子旻宁之名，密藏正大光明匾额后；现在行宫随跸。朕逝世以后，着即传位于二皇子智亲王旻宁。汝等身受厚恩，宜尽心辅导嗣皇，务宜恭俭仁孝，毋改祖宗成法。钦此。"[1]遗旨一下，第二天嘉庆帝便驾崩了。道光帝随驾秋狝，仓促中受命大任，痛哭流涕，哀痛不能自已，坚持奉梓宫还京后再即帝位。八月，道光帝于太和殿登基。

道光帝当政时，中国正面临最严重的内外危机，史称"嘉道中衰"。道光朝内忧外患，社会矛盾不断激化，社会动乱不断爆发，新疆张格尔叛乱搅得人仰马翻，鸦片战争把清朝拖入半殖民地半封建的深渊。这不仅是一个王朝的衰落，更是延续中国两千多年的封建大厦之将倾。这一颓势，犹如江河日下，无可逆转。

当时吏治败坏十分严重，龚自珍在《己亥杂诗》中对此进行了猛烈地抨击："不论盐铁不筹河，独倚东南涕泪多。国赋三升民一斗，屠牛那不胜栽禾？"道光帝深知时弊所在，想做有为之君，即位之初，把整饬吏治作为头等要事。道光帝以成熟稳健著称，是个拿得起、放得下的人。他发现吏治松懈无方，当即着手整肃吏治，处置了一批肆意妄为的王公大臣，提

1　许啸天：《清宫十三朝演义》，吉林出版集团股份有限公司2018年版，第526页。

拔重用了林则徐、陶澍等治世名臣，培养了曾国藩、胡林翼等后起之秀。

为了建立新班底，清洗不驯服的旧臣，登基大典举行完的第十天，即嘉庆二十五年（1820）九月初七，道光帝就以"遗诏事件"大做文章。通常，皇帝驾崩后，都要以其名义，以上谕形式发布一道遗诏，总结过去，展望未来，安排后事。所谓遗诏，实际上是新皇帝命人以先皇口吻拟定的。嘉庆帝死后，道光帝命军机大臣拟写嘉庆帝遗诏。因嘉庆帝病死在避暑山庄，遗诏中免不了提及此地。为了烘托避暑山庄的神圣气氛，遗诏提及"况避暑山庄为皇考降生之地"。皇考，即乾隆帝。言下之意，乾隆帝生于避暑山庄。遗诏经道光帝批准颁告天下后，很快就出了问题。

乾隆帝到底生在哪里，这是一个异常敏感的问题。嘉庆朝时，翰林院编修刘凤诰曾参与编纂乾隆朝实录，发现乾隆帝自称生于雍和宫，请嘉庆帝圣裁后，《乾隆实录》采用了乾隆帝生于雍和宫的说法，但外界乃至嘉庆帝的诗集，仍在采用乾隆帝生于避暑山庄。为报复首席军机大臣托津当年将其流放黑龙江，刘凤诰决定小题大做，借机向军机大臣发难。刘凤诰通过道光帝的心腹大臣曹振镛，举报军机大臣混淆了乾隆帝的出生地，借此挟私报复政敌托津。

道光帝下诏说："七月二十五，恸遭皇考大行皇帝大故，彼时军机大臣敬拟遗诏，朕在谅暗之中，哀恸迫切，未经看出错误之处，朕亦不能辞咎。但思军机大臣多年承旨，所拟自不至有误。及昨内阁缮呈遗诏副本，以备宫中时阅，朕恭读之下，末有皇祖'降生避暑山庄'之语，因请皇祖实录跪读，始知皇祖于康熙辛卯八月十三子时诞生于雍和宫邸，复遍阅皇祖御制诗集，凡言降生于雍和宫者，三见集中。因命大学士曹振镛，协办大学士尚书伯麟，尚书英和、黄钺，传旨令军机大臣明白回奏。"[1]此段话

1　《清实录·宣宗成皇帝实录（一）》（卷四），第三三册，中华书局1986年版，第118—119页。

的大致意思是，先帝去世时，军机大臣敬拟遗诏，我在悲痛之中未能看出错误之处，而今看到如此重大的失误，我也有不可推卸的责任。军机大臣多年承旨，所拟不至有误，但送来的遗诏副本称乾隆帝降生于避暑山庄，与乾隆实录中乾隆帝降生于雍和宫之说相左。传旨给军机大臣，让他们想明白、说明白。

托津、戴均元等人回奏称："恭查大行皇帝（嘉庆帝）《御制诗初集》第十四卷《万万寿节率王公大臣行庆贺礼恭纪》，诗注恭载高宗纯皇帝'以辛卯岁诞生于山庄都福之庭'；又第六卷《万万寿节率王公大臣等行庆贺礼恭记》，诗注相同。至《实录》未经恭阅，不能深悉等语。"道光帝批驳道："朕恭绎皇考（嘉庆）诗内语意，系泛言山庄为都福之庭，并无诞降山庄之句。当日拟注臣工，误会诗意，兹据军机大臣等称《实录》未经恭阅，尚属有辞；至皇祖（乾隆）《御制诗集》久经颁行天下，不得诿为未读。实属巧辩！"[1]托津、戴均元等人自然不愿坐以待毙，想方设法为自己开脱。道光帝更不会自认有错，官大一级压死人，以"实属巧辩"推翻了一切开脱之词。

道光帝雷霆震怒之下，罢黜了嘉庆帝宠信的首席军机大臣托津，以及班列第二的军机大臣戴均元，另两位军机大臣卢荫溥、文孚降四级留用，并起用汉族官员大学士曹振镛、户部尚书黄钺入直军机，对军机处实行了有企图的改组。同时，下令群臣切实言事："当今弊端，疲玩二字，实堪愤恨，若不大加振作，焉有起色！"[2]

道光帝登基后，曹振镛多次向皇帝推荐自己的门生林则徐。道光二年（1822），道光帝召见林则徐时嘉许道："汝在浙省虽为日未久，而官声颇

1　《清实录·宣宗成皇帝实录（一）》（卷四），第三三册，中华书局1986年版，第119页。

2　萧致治：《鸦片战争与近代中国》，湖北教育出版社1999年版，第239页。

好，办事都没有毛病，朕早有所闻，所以叫汝再去浙江，遇有道缺都给汝补，汝补缺后，好好察吏安民罢！"[1]道光帝对林则徐厚爱一分，"遇有道缺都给汝补"，让林则徐感动莫名。在《纪恩抒怀》一诗中，林则徐感言这是"转沾雨露宠恩偏"。道光三年（1823），江苏水患，林则徐治水有功，再次入京陛见，道光帝对其大加赞许，鼓励他"勉为良臣"。道光四年（1824），两江总督林玉庭奏请林则徐（时任江苏按察使）筹浚江浙水道，道光帝御批称："即朕特派，非伊而谁，所请甚是。"[2]林则徐的才干，深为道光帝所赏识。此后，林则徐历任江苏巡抚、湖广总督等职，并成就了为民族雪耻的虎门销烟壮举。

道光五年（1825），洪泽湖高家堰大堤决口，导致江苏高邮、宝应到清江浦一段的大运河水位下降，漕船搁浅，粮道断绝，京城面临断粮的危机。漕政是清朝"四大政"之一，国家大计，莫过于漕，"国家建都燕京，廪官饷兵，一切仰给漕粮。是漕粮者，京师之命也"[3]。其中，江苏漕粮约占全国漕粮的半数。听闻奏报，道光帝当机立断，革去张文浩南河总督职，调任陶澍任江苏巡抚。

陶澍主政江苏，提出了漕粮海运的方案："大抵专办海运，则恐商船之不足；专办河运，又恐清水之难恃。惟有两者相辅而行，可期无误。"[4]他多次到漕米出口地上海进行实地考察，在上海设立海运总局督办，调配人员，绘制地图，修浚河道，调集沙船，以利交通，漕运大获成功。

陶澍德才兼备，勇于任事，为道光帝所重用。道光十年（1830），加太子少保衔，署两江总督，寻实授。道光帝召见陶澍时说："朕看汝人爽

1　中山大学历史系中国近代现代教研组、研究室编《林则徐集·日记》，中华书局1962年版，第93页。

2　来新夏编《林则徐年谱长编》上，上海交通大学出版社2011年版，第121页。

3　陶用舒:《陶澍师友录》，岳麓书社2018年版，第13页。

4　陶澍:《陶澍集》(上册)《奏疏·筹议海运折子》，岳麓书社1998年版，第99页。

直，任事勇敢，故畀以两江重任。"[1]道光帝勉励陶澍不要怕得罪权贵，不要怕吃苦受累，破除陈旧积习，实心办理河工、盐务。任内，陶澍整顿淮盐积弊，裁省浮费，严核库款，缉禁私盐，淮盐得以行销。道光十二年（1832），实行纲盐改票盐，当年在江苏41个州县中的31个州县推行，次年实现41个州县全覆盖。

陶澍的改革，触动了不少人的利益，引发了反对声浪："是时众议朋兴，或谓成法一更将不可复，或谓巨万税课责诸何人，或谓捆工千百失业必嚣，或谓引枭入场沿途必劫。"[2]但陶澍不为浮言所惑，坚定推进改革，废除了纲商对盐业的垄断，推进盐业由官营向商营转变，由此拉开了近代盐政改革的序幕。《清史稿》记载，陶澍"见义勇为，胸无城府"，他之所以能够取得改革成功，得益于道光帝的知人善任。经过陶澍的大力整顿，原来两淮盐政亏损七百多万两，至道光十七年（1837），两淮完纳盐课两千六百四十余万两，存银三百多万两。[3]

张集馨也是道光帝的爱将之一。道光十六年（1836），受道光帝"特简"，翰林张集馨外放为山西朔平知府。按照惯例，翰林外放，应该给京察一等，张集馨属破格提拔。京察一等是清朝人事任用上的一个亮点。原则上，在京中下级官员中守、才、政、年四格俱优，得一等者经皇帝两次引见面察，由军机处或吏部记名后方有外放资格，可依据外放原则优选外放地方道府以下官员。张集馨向皇帝谢恩时，道光帝告诉他说："汝乃朕特放，并无人保举。"[4]询问完张集馨的成长经历和工作履历，道光帝嘱咐张集馨说："汝在家总宜读经世之书，文酒之会，为翰林积习，亦当

1　陶澍：《陶澍集》（上册）《奏疏》《恭缴朱谕折子》，岳麓书社1998年版，第25页。

2　魏源全集编辑委员会编，魏源纂《魏源全集》（一四）《补录》《淮北盐票记》，岳麓书社2011年版，第247页。

3　崔旭：《清宫秘史》，当代世界出版社2011年版，第309页。

4　张集馨：《道咸宦海见闻录》，中华书局1981年版，第22页。

检点。"[1] 道光帝勉励他多读有用之书，少做风月词章，强化政事历练，精心察办吏治，做有用之人。道光帝直言不讳地说："捐班我总不放心，彼等将本求利，其心可知。"[2] 补授贵州布政使时，道光帝向张集馨论及近年来四川总督谁最优秀，认为琦善办事老练，嫌裕成太软，不过实在无人可用，还是任命其做川督，预料他"大约整顿未能，亦未必敢坏地方公事"。[3] 在选人用人上，道光帝亲近贤臣，远离小人，可谓知人善任。

2

道光朝的贪官污吏，是历代搜刮民财、侵蚀钱粮、滥用官吏等各种陋规的集大成者，官场风气日趋腐坏。登基之初，道光帝也曾想效仿雍正帝，任用贤良，肃清吏弊，但面对整个朝廷的腐败，回天乏术，有心无力。

慎始不难，难的是慎终如始、从一而终。道光帝并非开明改革之君，而是延续了嘉庆帝的守成路线。道光帝有心惩贪治腐，却没有雷霆手段。他不敢正视严峻的现实，缺乏直面问题的勇气，只是因循守旧，只想做做表面文章。

道光元年（1821），军机大臣、户部尚书英和建议清查陋规，道光帝深以为然，立即发布上谕："箕敛溢取之风，日甚一日，而闾阎之盖藏，概耗于官司之削，民生困敝，职此之由。"[4] 清查的方针是，"存者存，革者革，违者议处"，即将所有的陋规查明，该保存的留下，该取缔的消除。但遭到举朝大臣的反对。吏部尚书汤金钊等上书认为，肯定该留的陋规，

1　张集馨：《道咸宦海见闻录》，中华书局1981年版，第21页。

2　张集馨：《道咸宦海见闻录》，中华书局1981年版，第22页。

3　张集馨：《道咸宦海见闻录》，中华书局1981年版，第118页。

4　《清实录·宣宗成皇帝实录（一）》（卷四），第三三册，中华书局1986年版，第124页。

官吏胆子会更大，"势必明目张胆，求多于例外，虽有严旨，不能禁矣"[1]。陋规一旦反弹，便会愈演愈烈，影响更坏。

清查陋规，程序繁杂，过程繁琐，扩大清理对象，把零星小户如舟车户的陋规也进行登记，滋扰百姓，民怨沸腾。广东巡抚康绍镛上疏说，将陋规名目"逐款胪列，上渎圣听，于体制似亦未协"[2]，如果清查有效，并有配套措施保障，可能会有好效果，如若公开承认一部分陋规，有损于皇上的光辉形象。道光帝一意孤行，决定顾名不顾实，罢免英和的职务，全面停止清查。朝令夕改，让官僚阶层对道光帝毫无惧意，也不再抱有希望。

反腐之路不通，道光帝打算重振道德教化，通过恢复理学来强化统治。他天真地以为，程朱理学可以感化人心，教育引导各级官吏勤勉工作。这纯属痴心妄想，非但没有奏效，反而加重了吏治腐败。

道光五年（1825），御史明伦上奏，要求皇帝严格各部衙门考勤，严肃工作纪律：十日不来办公的，分别记过；一月不到衙门的即行参处。但道光不想依靠制度管人，倾向于以德治人，通过教化让各级官吏实现自我约束。结果，部分官员数月不到衙门报到，首席军机大臣曹振镛更是"以身作则"，带头旷工。

曹振镛一生经历乾隆、嘉庆、道光三朝，从政时间长达53年，清代官宦岁月之长几乎无人能及。作为首席军机大臣，曹振镛实心任事，政绩颇多，外貌讷然，一生谨慎，官宦文化修炼极深。门生向曹振镛讨教为官的诀窍，他悠然自得道："无他，但多磕头少说话耳。"[3]多磕头，多唯上，

1　赵尔巽等：《清史稿》（卷三百六十四），《汤金钊传》，第三十八册，中华书局1977年版，第11427页。

2　陈其原：《庸闲斋笔记》（卷四），《道光朝州县陋规之纷议》，清代史料笔记，中华书局1989年版，第92页。

3　朱克敬：《瞑庵杂识·瞑庵二识》（卷二），岳麓书社1983年版，第119页。

"上所是必皆是之，所非必皆非之"；少说话，少表态，非说不可时，也是圆滑顺溜，模棱两可，说了也等于没说。这样的人执掌内阁，虽能洁身自好，却不会带来吏治清明的新气象。

贪污横行，腐败疯长，百姓积贫积弱，生活困苦不堪。据《18世纪的中国与世界·农民卷》介绍，普通英国农户每年有消费盈余11镑，约合33—44两白银；而一个中等中国农户，每年全部收入不过32两白银，而年支出为35两白银，辛辛苦苦一年，非但没有盈余，还负债3两白银，生存都成困难。[1]一旦遇到饥荒，中国的普通人家便会破产，流民遍野、卖儿鬻女等情况十分普遍。

据张集馨《道咸宦海见闻录》记载，一次别敬（陋规的一种），就是一家农户531年的收入。而清朝总督每年的薪俸为155两白银，一次别敬就花掉其110年的薪俸。[2]如张集馨任陕西粮道时，给西安将军三节两寿礼，每次是800两白银；给八旗都统的礼物，每节是200两白银；给直接上司陕西巡抚的孝敬，"三节"扩展到了"四季"，每个季度送巡抚1300两白银。此外，还要给京城各个衙门和相关官员送钱，美其名曰"炭敬""别敬"等，金额从十几两到几百两不等。张集馨记载道，腐败像瘟疫一样蔓延开来："京官职位比地方官清贵，但收入少得多，单靠一份俸禄连养家糊口也成问题。地方官则不然，除了薪俸和京官没有的养廉银，还可以利用行政和财政系统的各种特性，设立收费项目。但京官可以利用行政系统，去影响地方官的升降。于是京官和地方官便形成一种经济上的调剂。"[3]

1　戴逸主编，徐浩著《18世纪的中国与世界·农民卷》，辽海出版社1999年版，第68页。

2　张集馨：《道咸宦海见闻录》，中华书局1981年版，第90页。

3　黄云凯编《我在大清官场30年》，广东人民出版社2015年，第91页。

当时官员似乎依靠贿赂过日子，地方官的收入远高于京官。京官清贫，但一到地方财源就会滚滚而来。有一种说法：知县当三年，三代吃不完。张集馨系翰林出身，是道光帝看重的清官。当京官时，薪俸菲薄，额外收入少，生活异常清苦。外放为山西朔平知府时，谨遵圣训，走马上任时没按惯例向京官进贡。补授为陕西督粮道时，他已熟知官场潜规则。赴任陕西粮道前，京城应酬破费了一万七千两白银，这笔巨额花销几乎全靠告贷而来，去陕西赴任的盘缠都差点凑不出来。任职陕西督粮道期间，他深知官场是个大染缸，"众人皆醉我独醒"行不通，靠个人力量抵御贪腐大势如螳臂当车。但他良心未泯，尽管对官场潜规则得心应手，始终保持审慎的清醒，即便贪腐如常，也留有起码的底线，不像有些人变本加厉。即便如此，为官一年，张集馨不但还清了一万七千两的借债，还虚列个人其他费用支出一万多两白银。如果仅仅依靠俸禄不能养活家人及幕僚，那就必然考虑其他的收入来源，能坚决抵制利益诱惑的官吏实在是凤毛麟角。如果大家都对腐败安之若素，腐败就会大行其道，腐败的罪恶感就会淡薄下来，甚至会认为腐败乃理所当然，必然导致政令不通、纲纪废弛。

陕西粮道衙门内有一副楹联："问此官何事最忙，冠盖遥临，酒醴笙簧皆要政；笑终岁为人作嫁，脂膏已竭，亲朋僮仆孰知恩？"[1]诚如斯言，搜刮民脂民膏充实小金库，迎来送往，吃喝玩乐，可谓张集馨生活的真实写照。清朝的吏治腐败由此可见一斑。

由于贪墨成风，官吏对居官牟利恬不为怪，一些人索要好处费的胃口愈发惊人。如署任浙江巡抚的刘彬士，刚一到任，便在当地大肆索贿受贿，恬不知耻地声称："穷翰林出身，住京二十余年，负欠不少，今番须

1　张集馨：《道咸宦海见闻录》，中华书局1981年版，第82页。

要还债。"[1] 刘彬士恰似饿虎出林,急不可待,人人避之不及。

官吏贪污手法多种多样,日渐翻新,让人防不胜防。更有甚者,一些官员为虚冒经费,有时竟制造灾情,甚至不惜挖开河堤,人为决口,以套取赈款。任何朝代都会有腐败问题,但为了中饱私囊不惜杀人越货,纲纪废弛导致士大夫信念丧失、精神颓废,实在是令人发指。

除贪婪无度外,许多官员喜好吃喝玩乐,自甘腐化堕落。有的官员则喜爱唱戏看戏,如广东雷州知府王玉璋"终日以饮酒唱曲听戏为事"[2]。有的官员喜爱狎游,江苏长洲县知县周沐润"屡次宿娼,并于差赴上海时逗留妓馆"[3]。不少官吏经常谒见上司之后即去妓馆,"一哄至彼,欢呼达旦,恬不为怪,并有携带稿件在彼票发者"[4]。这些官吏直将妓院当作办公室,乐不思蜀。为官之法,从政之道,在这些官员身上早已荡然无存。

3

在官民交困的情况下,中央财政亏空严重,围绕盐政问题爆发的矛盾冲突不断凸显。道光二十八年至二十九年(1848—1849)间,河东盐务引发"晋抚遣戍案"。

清代盐业实行分区销售。河东盐,又称潞盐,产于山西河东道属地,行销晋、陕、豫三省。河东实行食盐专商制,盐商由山西本地富户组成,

---

1　《清实录·宣宗成皇帝实录(二)》(卷一一六),第三四册,中华书局1986年版,第947页。

2　《清实录·宣宗成皇帝实录(四)》(卷二五三),第三六册,中华书局1986年版,第853页。

3　《清实录·宣宗成皇帝实录(七)》(卷四五八),第三九册,中华书局1986年版,第777页。

4　《清实录·宣宗成皇帝实录(四)》(卷二五一),第三六册,中华书局1986年版,第803页。

每名盐商分配销售数量与销售范围，并缴纳相应课税。晋抚遣戍案的发生，与河东盐务凋敝及充商免商制度密切相关。一方面，盐业经营乱象丛生，私盐充斥市场，官盐分区售卖体系废弛，承领盐数的盐商亏损严重。另一方面，盐商身份固定，不能随意退出，若要退出需经朝廷批准，且需推举出顶替人员。顶替人员若非官方特准则必须接充盐商，不能随意拒绝。

盐业亏损巨大，旧商只图脱身，新举富户则多方规避，谁都不愿意顶缸。让谁干，不让谁干，地方官吏的意见至关重要。于是，盐政权力至关重要，拥有盐政权力的人成为各方角逐的对象。

道光二十八年（1848）三月，山西巡抚梁萼涵因病开缺回籍，在山东老宅收到民人杨锦说帖[1]。杨锦声称有梁萼涵在晋抚任上收受贿赂的证据，需拿钱才能消灾。梁萼涵莫名被诬，异常气愤，当即向当地官府控告，山东巡抚张沣中复将此事上奏。五月，道光帝谕令将该案人证提集京师审理，一起民间诬告案件升级为钦命要案。经查，梁萼涵并未受贿，系其堂弟招摇撞骗。即便如此，梁萼涵亦因失察亲族、下属巨额婪赃，被发往军台效力赎罪。

原来，祁县富户孙陈笏受告退盐商推举，被官府命令接任盐商。为规避利害，他千方百计向官府行贿，以求解脱。山西巡抚梁萼涵兼管盐政，对免商事务有最终决定权，成为孙陈笏希图行贿的重点对象。孙陈笏遣子进京辗转结识梁萼涵的堂弟，后者借名撞骗，谎称已与兄长梁萼涵沟通，以求得好处费。巧合的是，孙陈笏在充商途中病故，梁萼涵念孙家情殊可悯，网开一面，未让其子袭充盐商。梁萼涵的善举，做实了其堂弟的谎

1　说帖，指条陈、建议书一类的文书。《官场现形记》第五七回："拿白折子写了说帖，派管家当堂呈递。"《老残游记》第三回："至于其中曲折，亦非倾盖之间所能尽的，容慢慢的做个说帖呈出览了。"

言，让人误以为其收钱办事，为杨锦讹诈得钱提供了口实。

道光二十九年（1849）闰四月，现任晋抚王兆琛因河东盐务等事被御史参奏。六月，王兆琛索取盐务陋规情弊浮出水面。原来，除盐规外，王兆琛复设"贡余"[1]陋规。七月，王因复设陋规，被革职遣戍新疆。王兆琛曾参与处理梁萼涵受贿案，其霉运恰恰成就了梁萼涵的幸运。梁萼涵的命运就此发生逆转，因革除陋规受到朝廷嘉奖。已病故的吴其濬（原山西巡抚兼管盐政），亦被道光帝树为洁己奉公的典范，并恩荫子孙。至此，晋抚遣戍案宣告结束。

道光帝以激浊扬清姿态，将复设陋规的王兆琛严加惩办，对裁革陋规的吴其濬、梁萼涵进行重奖，将晋抚遣戍案打造为有广泛影响的吏治整饬典型事件。然而，道光帝仅将案件起因简单归结为吏治问题，过多关注官员行为中所反映出的道德水准，而对遮蔽其中的需索陋规的根源置之不顾，终究是"头痛医头，脚痛医脚"之举，徒劳而无功。如孙家家产丰厚，却自称家道不裕，始终不愿充商，这背后的难言之隐，以及折射出的盐商制度弊病，陋规如何破解，始终未予深究。

历朝相沿的陋规名目多如牛毛，诸如节寿礼、程仪、卯规、别敬、门生礼，以及征收钱粮中的浮收、勒折、放炮、签子钱等，官吏借此敲诈贪污，百姓横遭压榨剥削。

道光帝并非不知吏治弊端，可面对百弊丛生的陋规，也只能做到稍加限制，找不到治本的办法。想当初，他连发诏令，誓要破除陋规，却得不到群臣配合，最后不得不偃旗息鼓，改革以黯然收场而告吹。此番晋抚遣戍案，道光帝为打击陋规对盐课收入的影响，重申禁令整饬陋规，王兆琛成为道光朝唯一一位因陋规而被革职遣戍的封疆大吏，也止步于就事论事。这不过是在现存体制中找不到合理出路的无奈之举，于事无补。

1　基层向内廷进贡特产后呈送巡抚衙门的副贡。

二、抠门皇帝

1

不当家不知柴米贵。从嘉庆帝开始，为了对付各种突如其来的民变，清朝的国库几乎被掏空了，以致到了捉襟见肘、入不敷出的程度。为改变财政拮据的窘境，道光帝千方百计开源节流，鼓励商贸、重本不抑末，弛海禁、开拓外贸，弛矿禁、任民开采，以解决财政危机。无奈，力有不逮，乏善可陈。

道光帝在治国理政方面亮点不多，但堪称清代乃至中国历史上最节俭的一个皇帝。在道光帝看来，金钱就像海绵里的水，只要你愿意挤，总会有的。他的一个重要的秘诀，就是把节俭作为头等大事。尽管道光帝的节俭之德，因大小官吏的迎合伪俭而成了闹剧，但不能就此否定他惜恤民瘼的良苦用心。

道光朝，整个宫廷都崇尚节俭。刚一即位，道光帝就颁布了节俭的宣言书——《御制声色货利谕》，诏示"概从朴实，勿尚虚文"，厉行节约、反对浪费：第一，重义轻利，不蓄私财，提倡为国家省，为天下省，为百姓省；第二，停止各省进贡，省一点儿百姓就少一点儿负担；第三，不再增建宫殿楼阁，皇室居所除日常维护外不必再修。[1]《御制声色货利谕》颁发全国，各级官员深入学习、认真研讨，全国上下一片颂扬之声。

后来，他还专门写了一篇《御制慎德堂记》，反复强调修建慎德堂是为了"崇俭去奢，慎修思永"，告诫皇子皇孙们饮食勿尚珍异，冠裳勿求华美。

道光元年（1821）正月初一，道光帝首次御朝太和殿时，规定乐设而

1　《清实录·宣宗成皇帝实录（一）》（卷二六），第三三册，中华书局1986年版，第458—459页。

不作，不读贺表，以戒浮华。道光八年（1828）秋，他到沈阳恭谒福陵、昭陵，事先谕令地方官"不得稍事华靡"；在黄旗堡等必经之地，一路上不设行宫；巨流河神庙内，也不必添备用房。盛京将军奕颢承修御道时拟另修副道，道光帝以不免侵占民田，复须重劳民力，徒滋纷扰，诏不准行。[1]此外，在其五十寿辰与六十寿辰两次庆典之前，均诏令不举行升殿筵宴，并令各省督抚、将军各司其职，无庸进京朝贺，大加革除耗资较大又无甚必要的繁文缛节。

道光帝的节俭，突出体现在宫廷用度上。每个皇帝都有专属的年号，新皇帝即位，办公用品、日常寝具等都要换成新的。内务府循旧例为道光定制了四十方御砚，砚背皆镌"道光御用"四字，极为光彩炫目。道光认为，所备过多，闲置无用，纯属浪费，便命分赐诸王大臣。道光帝御用之笔，皆选紫毫之最硬者奏进，他认为这种笔过于奢侈，又不合用，另选外间文人习用的纯羊毫、兼毫二种，只用对的不用贵的。

《清朝野史大观》记载："宣宗中年，尤崇节俭，尝有御用黑狐端罩，衬缎稍阔，令内侍将出，四周添皮，内府呈册需银千两，乃谕勿添。"[2]皇帝礼服有冬夏之分，隆冬季节通常会在礼服外面套上端罩。端罩是用紫貂或黑狐皮造的外衣，道光帝端罩的皮下衬缎稍阔，他命内侍在四周添皮。内务府粗略一算，便索要白银千两。道光帝知道了，唏嘘不止，谕令勿改。皇帝破旧的裘服，反而成了穿衣新时尚。文武大臣纷纷效仿，衬缎再阔再长也不添皮拾掇，以致裘皮礼服都不合时宜的皮短袖长。

道光帝以身作则，希望借此转变官场腐化奢靡之风。他一看到官员

1　余新忠、杨璐伟、刘小朦：《名家说清史：道光皇帝》，紫禁城出版社2016年版，第55—57页。

2　小横香室主人编《清朝野史大观》(卷一)，《狐裘不出风》，第三册，中央编译出版社2009年版，第54页。

衣服光鲜，就面露不悦之色，甚至规定旗员六品以下，不得衣着绸缎，一律布衣布靴。但知易行难，好事做好，绝非易事。政令不出紫禁城，众大臣、太监、嫔妃只是表面上与他同甘共苦。

满朝文武大臣都学道光帝的样子，个个穿着破旧袍褂上朝。许多官员纷纷到旧衣铺子以新换旧，后来京城破旧袍褂奇货可居，价格飞涨，一件破旧袍褂竟比两套崭新袍褂还贵。早朝结束，乾清门内外，满朝文武个个灰头土脸，或者互相哭穷，或者交流节俭经验，举朝皆"贫寒"。

2

据说，即位多年，道光帝只给皇后庆祝过一次寿辰。他对皇后的贤惠十分满意，破例为皇后四十整寿祝寿。满朝亲贵重臣献上寿礼，拜完寿，满心期待品享皇家御宴，开宴却只见一碗打卤面。后来听说，为了筹办此次寿筵，道光帝特批御膳房宰了两头猪。举朝都在过苦日子，宫中妃嫔侍女，不到隆重的节日庆典，都难有吃肉的机会。

此前，道光帝曾明确规定：万寿节（皇帝生日）、千秋节（皇后生日）以及除夕、元旦、上元（元宵节）、冬至的庆贺宴席一律取消。为皇后祝寿赐宴，已算是天恩浩荡。

皇子、公主婚嫁等皇家喜庆，道光帝也诏命从简。道光二十二年（1842）十一月，道光帝第五女寿臧和硕公主在出嫁时，累计花费（含嫁妆）不超过白银二千两，尚不如普通富家之女。

道光帝的"黜华崇实"给朝鲜使臣们留下了深刻的印象。《沈槎日记》评价："皇帝性本尚俭，不宝远物，自前沈幸，近地州县之私献方物便成己例，而今番则并皆退斥。"[1]道光帝出巡，绝不接受地方私自馈赠的宝物，

1　《沈槎日记》，转引张杰：《韩国史料三种与盛京满族研究》，辽宁民族出版社2009年版，第363页。

以免劳民伤财。至于宫内的用度，几乎到了抠门的地步。

皇太后万寿，道光帝害怕花钱，便下旨说："天子以天下养，只需国泰民安，便足在尽颐养大道。皇太后节俭垂教，若于万寿大典过事铺张，反非所以顺慈圣之意。"[1]众大臣都明白道光帝省钱的小心思，便向他建议：皇太后万寿节一切花费都由臣民孝敬，不花内务府一两银子。既不花钱，又能表达孝心，可谓天上掉馅饼。道光帝大悦，遂下旨成立皇太后万寿大典筹备部，由穆彰阿领衔。

穆彰阿拿着鸡毛当令箭，以皇太后万寿庆典为借口，到各衙门勒索，规定级别最小的官员最少一百两银子，级别愈高"孝敬"越多，上不封顶。各地大小官员心领神会，高举这把尚方宝剑，肆无忌惮地向老百姓勒索搜刮。一般县吏通常搜刮得一二十万两银子，各省、部大臣搜刮得三五十万两银子，而穆彰阿足足得了一千万两银子的好处。

道光帝煞费苦心地节衣缩食，苦的是自己，众臣子却在绞尽脑汁地钻空子贪污。所谓以德治国，仅限于皇帝眼皮底下的三尺之地。朝堂之下，奢靡之风依旧，其结果是节俭之风未成，腐败之风横行，最终养肥了穆彰阿这样一批硕鼠、蛀虫。

当然，道光帝也不是好糊弄的。有些时候，他的眼里揉不得沙子。对于有违节俭的官员，他会毫不留情地严惩。盛京将军奕颖和副都统常明，置酒高会，且以公款置办戏班在将军府内吹吹打打，供人欣赏取乐。道光十年（1830），有人举报盛京将军热衷宴会、看戏，生活奢靡讲排场。道光帝得知这个情况后，愤然指出：盛京本清朝龙兴之地，风俗素称淳朴，此二人身为大吏，表率一方，本应管束所属官民勿染陋习，却"时常宴乐，自蹈繁华，岂能胜将军、副都统之任"，将他们交宗人府和兵部严加

1　许啸天：《清宫十三朝演义》，吉林出版集团股份有限公司2018年版，第533页。

议处。[1]道光帝革掉了盛京将军奕颢、盛京副都统常明的职务，盛京五部侍郎、奉天府府尹等人也被交相关部门查处。

3

道光帝非但崇尚生活节俭，治国也很吝啬。道光初年，新疆发生张格尔叛乱。乾隆帝平定大小和卓叛乱，统一天山南北后，大和卓博罗尼都之子萨木萨克逃至浩罕（新疆西浩罕国，今属吉尔吉斯）。萨木萨克次子张格尔，企图恢复和卓家族在南疆（新疆南部）的统治。嘉庆二十五年（1820），张格尔率众潜入南疆，煽动当地民众叛乱，遭到清领队大臣色普征额围剿，失败后逃往浩罕。在浩罕，张格尔得到英国支持，组织训练军队，企图卷土重来。

道光五年（1825），张格尔伙同英国，屡次袭扰边境，扰乱南疆，并逐步取得南疆控制权。张格尔自称赛亦德·张格尔苏丹，自立为南疆统治者。清军前后历时七年，调动军队三万六千人，花费白银一千八百多万两，终于平定了叛乱。

道光八年（1828），二等威勇公、御前大臣、扬威将军萨尔图克·长龄等人将张格尔抓获，在午门举行献俘礼。道光帝龙心大悦，亲临午门受俘，并亲自宣布张格尔的罪恶，几天之后，在清漪园宴请平叛有功的将士。所谓宴请，照例是几碟小菜，将军们筷子一挥便立即见底，吃又没得吃，玩又没得玩，又不敢退席，只好面面相觑，徒呼奈何。

后来，在探讨新疆设防方案时，将军们奏请一万八千名士兵镇守新疆，但吝啬的道光帝只批准清军留守六千人，一下子就砍去了三分之二。将军们郁愤难平，赌气般提出专守新疆东部，西部自治、不予设防的方

1　《清实录·宣宗成皇帝实录（三）》（卷一六六），第三五册，中华书局1986年版，第576页。

案。道光帝又大骂他们弃守新疆，居心叵测。历经数年争执，最后决定于"各省绿营兵额内裁百分之二，岁省三十余万，以为回疆兵饷"[1]，方案才得以通过。在讨论诸如海防、边务、黄河治理等问题时，只要言及拨款，道光帝便三缄其口。

小事明白，大事糊涂。节俭成性的道光帝，治家有余，治国不足。纵观道光帝一生，倡导节俭的是他，厉行节俭的是他，结果节俭的也主要是他。然而，哪怕他率先垂范、身体力行、带头勤俭节约，在吃穿用度上精打细算，在治国理政上克勤克俭，其影响范围却非常有限，不能从根本上改变帝国的风气。

离开了紫禁城，离开了北京城，官场生活依然故我，终日送往迎来，梨园声色，奢靡浪费，变本加厉，不亦乐乎。根据张集馨的记录，来往于西藏、新疆、甘肃、四川等地的官员皆经过西安，西安地方官均竭力招待。通常的情景是："每次皆戏两班，上席五桌，中席十四桌。上席必燕窝烧烤，中席亦鱼翅海参。西安活鱼难得，每大鱼一尾，值制钱四五千文，上席五桌断不能少。其他如白鳝、鹿尾，皆贵重难得之物，亦必设法购求……大宴会则无月无之，小应酬则无日无之……终日送往迎来，听戏宴会。"[2] 这就是官场奢靡之风的真实写照，与道光帝的节俭形象形成了鲜明对比。

尽管道光帝为国家节省了一些经费，却无助于经济危机的解决，财政状况也未见好转，反而每况愈下。以至有大臣发出了这样的质问："岂愈奢则愈丰，愈俭则愈吝耶。"[3] 言外之意，乾隆朝挥金如土而国库充盈，如

1　赵尔巽等：《清史稿》（卷三百六十七），《长龄传》，第三十八册，中华书局1977年版，第11457页。

2　张集馨：《道咸宦海见闻录》，中华书局1981年版，第79页。

3　黄爵滋：《严塞漏卮以培国本折》，杨松、邓力群辑，荣孟源重编《中国近代史资料选辑》，生活·读书·新知三联书店1954年版，第34页。

今力行节俭却民生罕裕，这是何道理呢？近人蔡东藩评价道光帝："徒齐其末，未揣其本，省衣减膳之为，治家有余，治国不足。"[1]

人的一生，有时候选择比努力更重要。节俭，本身没有错，错在作为一国之君，待己对人都那么严苛，一味舍本逐末，在一饭一衣上锱铢必较，把节俭视作人生乐趣和目标，并以此作为甄别贤愚的标准，本末倒置了。史学家们评论道光帝的节俭时，往往带有一些揶揄的色彩。守其常而不知其变，以治家之道来治国，最终事与愿违，无力救国，甚至误国误民，成为世人眼中一毛不拔的铁公鸡。

胳膊拧不过大腿，理想抵不住现实。以一人敌天下，纵然你是九五之尊，纵然你以身示范，也无能为力，陋规难除，徒增了帝国官场的笑料而已。好的风气，仅凭一个人的倡导是行不通的，仅靠皇帝一己之力也是行不通的，治本之策还要靠良好的制度来维持。

古人云：忧海水少，不可以泪益之。帝王之道不在事无巨细，而在抓大放小。前车之覆，后车之鉴。历史昭示我们，不让铺张浪费钻空子，不给奢靡享乐留口子，就要打好制度补丁，筑牢权力篱笆。

三、鸦片战争

1

清朝初年，承袭明制，闭关锁国。康熙二十三年（1684），康熙帝大开海禁，随后在东南沿海建立粤海关、闽海关、浙海关、江（苏）海关，广州、厦门、宁波、松江等发展为通商口岸。然而，稍有风吹草动，康熙帝便不再"开门"，而是关门了事。康熙五十六年（1717），因担心海盗与洋人勾结作乱，康熙帝严申海禁，严禁中国人留居国外，严禁中国商船

出海贸易，严禁外国人入驻中国，对抵岸外国商船严密监视，中国开放的大门陡然关闭。

雍正五年（1727），雍正帝适应发展需要，解除南洋海禁，有限度地复苏中外贸易和中外交往。

乾隆二十二年（1757），出于防范外国人进入中国腹地等考虑，乾隆帝又下令关闭江、浙、闽三海关，独留广州一口通商，粤海关成为与外国通商的唯一关口，广州成为海外贸易的黄金口岸。一关一口通商的局面，历嘉庆、道光两朝没有明显变化。

从16世纪中后期开始，英国急于走上海外贸易之路，强烈渴望与印度、南洋和中国建立直接的贸易关系。英国积极支持建立特许公司，大力发展海外贸易。明万历二十八年（1600），英国女皇伊丽莎白授予东印度公司皇家特许状，给予它在印度贸易的特权。之后，东印度公司不断扩张贸易，发动战争，终于从莫卧儿王朝取得整个印度次大陆的统治权。东印度公司拥有军队和属民，实质上成了殖民地政府。

除了蚕食印度，英国东印度公司还与中国开展瓷器、茶叶等外贸业务。英国希望用毛纺织品等商品来换取购买瓷器、茶叶的款项，东印度公司甚至幻想，"一旦英国的'毛纺织物'打进中国这样的一个市场，英国就找到了实现繁荣的秘诀"[1]。这不过是一厢情愿，他们跟中国的贸易总是吃亏，他们的白银源源不断地流入中国。

由于清朝自然经济高度自给自足的特点，加上清政府的种种限制措施，英国的毛纺织品在中国找不到市场、打不开销路。一个英国商人说："我们发现没有人想买它。"棉纺织品的情况更糟，随便哪一种都卖不出

1　（英）威廉·斯福特：《英国对东方贸易的寻求》，转引《丝路古韵》编撰委员会编《丝路古韵：延绵千年的丝路荣光》，电子科技大学出版社2018年版，第377页。

去。[1]甚至在100多年后，主持中国海关总税务司的英国人赫德在其《中国见闻录》中写道："中国有世界最好的粮食——大米；最好的饮料——茶；最好的衣物——棉、丝和皮毛。他们无需从别处购买一文钱的东西。"[2]鸦片战争前夕，广州进口的棉纺织品总共不过二百万银元，只相当于广州出口丝茶价值的六分之一，英国只好用白银支付弥补贸易差额。18世纪中叶，英国每年输入中国的白银，一般都在四五十万两之间，最高达一百五十万两之多。

面对贸易逆差、白银短缺的情况，英国东印度公司开始另辟蹊径，悄悄把目光转向了鸦片，以鸦片作为特殊商品输入中国。在东印度公司大力推动下，英国对华鸦片输入的数量不断增加。乾隆五十一年（1786），年输入量首次超过2000箱；五十五年（1790），又翻一番，年输入量突破4000箱。嘉庆五年（1800），年输入量为4570箱。道光元年（1821），年输入量增至5959箱，十年（1830）达到19956箱，十五年（1835）骤增至30203箱，十八年（1838）竟高达40200箱。[3]与此同时，美国、沙俄也向中国大肆输入鸦片。

鸦片贸易成为英国打开中国大门的武器和工具。鸦片一经流入中国，英国贸易逆差的状况便彻底改变，中国的对外贸易开始由出超变为入超。由于鸦片价格高，中国吸食鸦片的人数不断增加，大量白银开始流向国外。道光七年至十年（1827—1830），平均每年白银流出358万两；道光十二年至十四年（1832—1834），平均每年白银流出548.2万两。据统计，从嘉庆五年至光绪二十一年（1800—1895）的95年中，流出的白银达22

1　孙文范、冯士钵、于伯铭：《道光帝》，吉林文史出版社1993年版，第192页。

2　庄国士：《茶叶、白银和鸦片：1750—1840年中西贸易结构》，《中国经济史研究》1995年第3期。

3　冯士钵、于伯铭：《道光传》，辽宁教育出版社1992年版，第119页。

亿银元。[1]英国以贩卖鸦片，完全改变了对华贸易的被动状况。

鸦片在中国日益泛滥，导致白银大量外流，鸦片战争前夕，清朝每年流出白银一千万两以上。白银流失的问题称为"漏银"，白银外流造成银贵钱贱。清朝货币白银和制钱并行，国家财政收支以白银作为计算标准，以白银为储备货币，以铜钱作为流通货币。清朝银本位的货币体系遭到重创，国库空虚，财政匮乏，物价飞涨，民不聊生，出现了严重的财政危机。

由于国内白银匮乏，造成银价飙升，铜钱贬值，原来每两白银易制钱七八百文，到道光十八年（1838）白银一两易制钱一千六百文左右。表面上税金一样，但由于白银的升值，实际上等于增税。八百文的税金翻了一番，促使人民生活困苦。

2

鸦片不仅造成白银流失的经济问题，还侵蚀吏治、官常、人伦、世风、民生、国计，对人的身心健康造成恶劣影响，有百害无一利，严重危及清朝的统治。于是，禁烟迫在眉睫。

其实，清朝从雍正朝就开始实施禁烟，还颁布过禁烟法则。乾隆、嘉庆两朝，也多次申谕禁令，但这些禁令多是官样文章，没有严格执行，时禁时弛，鸦片走私数量与日俱增。道光时期，鸦片输入更为迅猛，对清朝冲击更为强烈，引发朝野共愤，禁烟被摆上议事日程。

道光元年（1821），道光帝重申前禁，规定外国商船至广东，先行出具货船并无鸦片甘结（文书），方准开舱。对开烟馆者，议徒；贩卖者，充军；吸食者，杖徒。

1　许毅：《从百年屈辱到民族复兴：清代外债与洋务运动》，经济科学出版社2006年版，第112页。

道光二年（1822），御史黄中模奏请严禁海洋偷漏银两。道光帝明白鸦片泛滥的原因及危害，明确表示，不要以税收为名，来掩盖鸦片走私，任其泛滥。他发布上谕称："至洋商与外夷勾通，贩卖鸦片烟，重为风俗之害。皆由海关利其重税，隐忍不发，以至流传甚广。"于是，令广东和各省督抚，"密访海关监督，有无收受黑烟重税，据实奏闻。并通饬各省关隘，一体严密查拿。如系何处拿获，即应究明于何处行走。所有各关纵放员弃，即参办示惩。倘该督抚访查不力，或瞻拘不奏，别经发觉，立即加之惩处。"[1]第二年，面对鸦片走私日益猖獗，道光帝不断强化禁烟举措，并惩治了一批包庇鸦片走私的失职违禁人员。

道光十年（1830），道光帝谕令两广总督李鸿宾，鸦片流毒内地较纹银出口尤为甚，要求他们按照规章认真查察，务当严饬所属实力奉行，有犯必惩。同年，道光批准查禁内地行销鸦片章程，谕令各地官员要认真执行。道光十一年（1831），道光帝发布的禁烟禁令最多，主要为：对外商进口货物严格检查，责成地方官严禁内地种植鸦片，严禁内地贩卖，制定禁烟章程。但是，道光忙着禁烟，忙着颁布禁令，一些地方官员并不买账，实际效果并不大，不少条例章程"徒具虚文"，鸦片走私变本加厉、更为猖獗。[2]之所以越禁越多，其原因就是未禁止输入以前，输入必报关纳税，虽然税吏也免不了额外苛索，正当的税款还是国家的；自成为禁品以后，大小官吏，通同结合（仅有皇帝不知道，总督或者间有不知道的），一手拿禁谕，一手拿钱袋，和商人联为一气，不惟暗中保护，借分余润，甚至于做合股的买卖，把经营的命脉操在官吏的手中。[3]

1　《着广东并各省督抚查禁银两出口及鸦片进口事上谕》，中国第一历史档案馆编《鸦片战争档案史料》（第一册），上海人民出版社1987年版，第39页。

2　孙文范、冯士钵、于伯铭：《道光帝》，吉林文史出版社1993年版，第123—127页。

3　李剑农：《中国近百年政治史》，武汉大学出版社2006年版，第25页。

有人认为，堵不如疏。一味严禁，不见成效，倒不如反其道而行之。就在鸦片愈演愈烈的情况下，弛禁鸦片的意见随之提出。道光十六年（1836）四月，太常寺少卿许乃济上《鸦片烟例禁愈严流弊愈大应亟请变通办理折》，第一次正式提出弛禁鸦片的建议，主张将鸦片按药材纳税进口，但只准以货易货，不准用现银购买；允许民间吸食，但禁止文武官员、读书人和士兵吸食；同时听任内地种植罂粟，以取代外洋鸦片。[1]许乃济此前曾担任雷琼道员、广东按察使，对鸦片集中地广东的情况比较了解，对鸦片贸易的内幕心知肚明，把主要论点放在征收鸦片税、区别对待吸食者上。与许乃济一样，湖广道御史王玥，也呈送了同样主张弛禁论的奏文，认为吸食鸦片者是自作自受，可以置之不理，放任自流。

弛禁论者的目光盯着经济问题，严禁论者的目光则看重人伦道德。礼部侍郎朱嶟、兵部给事中许球、江南道御史袁玉麟等先后上疏驳斥许乃济等人的意见，主张严禁鸦片。道光帝也不认同弛禁，倾向于严禁。许乃济提出弛禁论两年后，道光十八年（1838）四月，鸿胪寺卿黄爵滋上《严塞漏卮以培国本折》，提出附有具体方策的奏文：鸦片泛滥造成民穷财尽；首治吸食，予以重惩，主张重治吸食以禁绝鸦片，建议给予吸食者以一年的禁烟期限，一年后仍有查获则处以死刑；官民共遵一法，具结互保。[2]鸿胪寺是管辖宾客接待的衙门，黄爵滋是其长官，其务实的奏文赢得朝野一致认同。道光帝深以为然，下令将该折转发各地督抚将军讨论，要求各抒所见，妥议章程，迅速具奏。[3]二十八名封疆大吏发表看法，其中完全

1　　许乃济:《鸦片烟例禁愈严流弊愈大应亟请变通办理折》，北京师范大学历史系编《中国近代史资料选编》(上)，北京师范大学历史系1975年版，第3页。

2　　黄爵滋:《严塞漏卮以培国本折》，杨松、邓力群编，荣孟源重编《中国近代史资料选辑》，生活·读书·新知三联书店1954年版，第34页。

3　　《着各地将军及各省督抚议奏黄爵滋奏请严塞漏卮以培国本折上谕》，中国第一历史档案馆编《鸦片战争档案史料》(第一册)，上海人民出版社1987年版，第258页。

赞成黄爵滋主张的有八人，不完全同意黄爵滋主张的高达二十人。[1]两广总督邓廷桢本是弛禁论者，在这次复奏中表示赞成严禁，只是认为死罪过于酷烈，建议改用墨刑。但持弛禁主张者，依然大有市场。

道光帝没有意识到，本该帮他禁烟的人，既是鸦片的消费者，更是鸦片贸易的保护伞。虽说鸦片贸易不道德，但在中国颇受欢迎，主要因为皇族、八旗子弟染上了鸦片瘾，以争相吸食鸦片为乐事。另外一些官员，特别是广东的官员，更是借鸦片贸易敲诈勒索，大发横财。这样一来，彻底禁绝鸦片，便难乎其难。国家的基本方针是严禁鸦片，然而名存实亡，几乎是默认众人吸食鸦片，进行鸦片买卖。在这样的形势下彻底禁绝鸦片，难度之大可想而知。

禁烟争论激烈进行之时，全国范围的禁烟呼声日益高涨。直到林则徐的奏文出现，才让道光帝为之一振。时任湖广总督林则徐，长期在地方任职，政绩斐然。湖广总督兼管湖北、湖南两省，林则徐就任以来，辖区禁烟成效突出。林则徐上奏《钱票无甚关碍宜重禁吃烟以杜弊源片》，深深地打动了道光帝。林则徐一针见血地指出："迨流毒于天下，则为害甚巨，法当从严。若犹泄泄视之，是使数十年之后，中原几无可以御敌之兵，且无可以充饷之银。"[2]如果对鸦片问题继续熟视无睹，将出现军队无人、军费无银的恶果，最终会国破家亡。这种局面显然是道光帝不愿看到的，谁也不想断送了自己的江山。他立即明确表示支持严禁鸦片的主张，并采取了三项措施：第一，要求内阁详细讨论并制定禁烟章程，即《钦定严禁鸦片烟条例》，共三十九条；第二，将首倡弛禁的许乃济革职休致，即强令

1　李治亭：《清史》（下），上海人民出版社2002年版，第1510页。

2　《湖广总督林则徐奏为钱票无甚关碍宜重禁吃烟以杜弊源片》，中国第一历史档案馆编《鸦片战争档案史料》，第一册，上海人民出版社1987年版，第361页。

退休；第三，宣林则徐来京陛见，予以重用。[1] 道光帝对林则徐青睐有加，决意大范围严禁鸦片，并将许乃济降职，令其去官。

道光十八年（1838）十一月十日，林则徐到达北京。第二天清晨，道光帝第一个召见林则徐。十一月十五日，林则徐被任命为钦差大臣，前往广东主持禁烟事宜。在林则徐逗留北京不到半个月的时间里，道光帝先后召见林则徐十九次，并赐予他在紫禁城骑马、坐轿等殊荣，可见道光帝对禁烟的重视，对林则徐的信任。为了使禁烟顺利进行，道光帝还谕令两广总督邓廷桢、广东巡抚怡良积极配合林则徐，协力在广东禁烟。林则徐得到道光帝的信任，更加坚定了禁烟的决心和信心。林则徐是一个实心任事的人，一旦认准的事，就会为达到目的不惜一切代价。

林则徐为禁绝鸦片，怀着悲壮的心情和誓死的决心南下广东。到达广州后，林则徐不断会见广州官员，商讨并制订出各项具体措施。他公开申明查禁鸦片走私的纪律，令同外商接触最多的行商集中寄住公馆附近加以控制。经过深入的调查研究，林则徐一方面下令整饬海防，加强防务，一方面限令外国烟贩缴烟和具结，要求他们保证今后永不夹带鸦片，如有夹带，一经查出，货物没收，人犯正法。林则徐发表禁烟宣言称："鸦片一日未绝，本大臣一日不回，誓与此事相始终，断无中止之理。"[2]

外国商人一贯无视中国政府的法令，根本不想把鸦片全部交出来。英国驻华商务总监查理·义律，避重就轻，让烟贩交出1037箱鸦片，以此来敷衍林则徐。义律一厢情愿地认为，只要象征性地交出鸦片，钦差大臣便可交差，便不会继续纠缠下去。然而，林则徐断然拒绝英国商人的申报，他经过事先调查，知道英国鸦片存货约有两万箱。林则徐下令逮捕

1　齐涛主编，戴鞍钢著《中国政治通史10：步步悲歌的晚清政治》，泰山出版社2003年版，第17页。

2　来新夏编《林则徐年谱》，上海人民出版社1985年版，第217页。

大鸦片贩颠地，义律则想方设法保护颠地逃走。林则徐得知后下令封锁商馆，断绝外商的生活供给，阻断外商与外界的联系，迫使义律屈服，缴出全部鸦片。林则徐又要求美、法等国交出鸦片。为奖励缴烟，并补偿外国烟贩缴烟后的损失，林则徐奏准凡交出一箱鸦片，赏给茶叶五斤。被迫无奈之下，外商陆续缴出所藏鸦片一万九千一百八十七箱又二千一百一十九袋，计重二百三十七万六千二百五十四斤。[1]

林则徐遵照道光帝指示，将缴获的鸦片在虎门海滩当众销毁。虎门销烟，顷刻间使一箱箱的鸦片化为乌有，也让英国每年从鸦片贸易中获得的利润化为乌有。林则徐的做法相当彻底，他认为不销毁鸦片就不能断绝祸根，所以才横下一条心进行虎门销烟。

虎门销烟是禁烟运动的顶峰，让中英关系迅速跌至冰点。虎门的浓烟还未淡去，英国的舰队便扑面而来。在虎门附近的穿鼻洋，中英之间爆发了穿鼻之战。英军以一艘六等巡防舰和一艘小型风帆炮舰，对抗清军的16艘帆船和13艘火船。清军战船数量几乎是英军战船数量的15倍，但清军战船上的武器装备陈旧落后，一交战便被英军击沉4艘，其他战船落败而逃。战后，清军这样上奏皇帝："关天培督令弁兵对准连轰数炮，将其鼻头打断，船头之人纷纷滚跌入海，又奏升水师提标左营游击麦廷章督率弁兵，连轰两炮，击破该船后楼，夷人亦随炮落海，左右舱口，间有打穿。"[2] 久居深宫的道光帝闻之大悦，朱批可嘉之至。然而，穿鼻之战的真相是，中方死亡15人，受伤30多人，损毁帆船1艘和火船3艘，而英方只有1名士兵受伤。在此之后，中英之间的摩擦不断升级，虽然中方屡战屡败，但清军的奏报却是"七战七捷"。

1　李治亭：《清史》（下），上海人民出版社2002年版，第1518页。

2　《钦差大臣林则徐等奏为英兵船阻挠该国商船具结并到处滋扰叠被击退折》，中国第一历史档案馆编《鸦片战争档案史料》（第一册），上海人民出版社1987年版，第731页。

英国首相本杰明·迪斯雷利说过一句名言："世界上有三种谎言：谎言，该死的谎言，统计数字。"[1]学者赵健伟说："数千年的中国封建历史，在相当程度上，是一部谎言史。"[2]鸦片战争时期的清朝官员，完美地将这三种谎言结合在了一起。"全军覆没"可以奏报"反败为胜"，敌人伤亡的数字可以无中生有，我方伤亡的数字可以就地抹平。奏折上的谎言，让道光帝产生了幻觉，不自觉地自大起来。

在虚假战报的鼓动下，道光帝幼稚地认为，通过严禁鸦片，足以使英商怯步。道光帝悍然决定禁止广东口岸的全部对外贸易，断绝中外之间全部贸易往来，中英关系进入极度紧张状态。

3

英国并未因清政府的强硬而俯首称臣，反而将虎门销烟作为他们公然发动侵华战争的借口。英国内阁举行会议，对中国禁烟进行恶毒攻击，并作出发动侵华战争的决定，计划派遣一支舰队征服中国。英国政府任命义律的堂兄乔治·懿律为海军统帅及全权代表，任命义律为副代表，作好了战前的一切准备，只等议会最后的授权。英国下议院开始讨论对华战争军费案和广州英商损失赔偿案。经过三天的辩论，英国政府提请议会通过对华军费案，会议以271票对262票，以9票之微弱多数通过。

英国远征军舰队分两路，一路由英国远征军海军司令伯麦率领，从印度赶赴中国。另一路由英国远征军总司令兼全权代表懿律率领，从南非等地驶往中国。从道光二十年（1840）五月二十一日起，英军陆续抵达中国。据不完全统计，有军舰16艘，武装汽船4艘，运输舰28艘，合计船舰48艘，共载大炮540门，陆海军4000人。在陆海军最高司令乔治·懿律的指

1　（美）詹姆斯·D.斯坦因：《救命的数学》，湖南科学技术出版社2012年版，第9页。

2　赵伟建：《谎言下的鸦片战争》，《同舟共进》2009年第12期。

挥下，远征军开始封锁珠江口，第一次鸦片战争一触即发。[1]

鸦片战争爆发的导火索，既来自工业革命、政治文明、资本扩张和殖民侵略等的世界走势，也来自清朝自身闭关锁国、夜郎自大、固步自封和逆流而动的自甘堕落。英国发动鸦片战争，起因于贸易纠纷，发展为军事冲突，最终成为西方世界与封建中国的较量。对中国来说，这场战争不仅仅是为了抵制和销毁鸦片，更是中国对贪得无厌的西方侵略者的反抗。[2]

面对汹涌而来的敌人，道光帝显然没有做好准备。此时的清朝对时局一无所知，中外关系还停留在夷夏之辨的认识水平，更谈不上了解和学习西方。甚至在鸦片战争爆发后，道光帝连英国位于中国哪个方向都不知道。"英国与中国陆路相通否？""英国的皇上真是女人吗？"他在扬威将军奕经的折子上提出数个疑问，希望得到一个满意的回答。对于英国女王这个"黄毛夷妇"，道光帝最为惊奇："该女主年甫二十二岁，何以被推为一国之主？有无匹配？其夫何名何人，在该国现居何职？"[3]道光帝百思不得其解，一个"夷妇"何以做得了一国之主，这在清朝是不可想象的。

道光帝和他的臣民，还没有一个人具备世界眼光和世界意识，根本不懂国际贸易和外交规则，不知道如何应对即将到来的英国，以及由英国发动的侵略战争。

广州城内的林则徐，得知英军出兵的消息后，迅速作出应对。他明令关天培加强虎门炮台等水路要塞的防守，准备以逸待劳，对抗英军的进攻。从新加坡出发的英军，却没有在广州停留，更没有进攻广州的打算，而是直奔舟山群岛。这是林则徐始料未及的，也许正是林则徐的事先防备

1　孙文范、冯士钵、于伯铭：《道光帝》，吉林文史出版社1993年版，第243—244页。

2　（美）熊玠：《大国复兴：中国道路为什么如此成功》，湖北教育出版社2018年版，第78页。

3　《着扬威将军奕经等向英目干布耳细询英国情形事上谕》，中国第一历史档案馆编《鸦片战争档案史料》（第五册），天津古籍出版社1992年版，第222页。

促使英军改变了进攻方向，不想在攻打广州时付出不必要的伤亡。战争必须旗开得胜，英军计划以舟山群岛为贸易基地，直逼北京，与中央政府直接决战。除留下少量舰船继续封锁珠江口外，英军主力沿海岸线挥师北上，一万多公里的海岸线任尔驰骋。英军一路攻城略地，炮轰厦门，攻占定海，进逼大沽口，威胁北京。英军船坚炮利，清军不堪一击。

时任直隶总督琦善上报，英国人的舰队已达天津附近，京畿要地已完全暴露在英军炮弹的射程之内。道光帝惊慌失措，慌忙派琦善到天津与英军谈判。琦善取回英国的照会，即《巴麦尊子爵致中国皇帝钦命宰相书》，英国外交大臣巴麦尊抗议中国禁烟运动，污蔑林则徐的禁烟和抵抗侵略，要求清朝皇帝昭雪申冤。[1]琦善与林则徐素有过节，便借机向道光帝进谗言，对林则徐落井下石，把英国的侵略责任推在林则徐身上。按照琦善的揣测，英国人只恨林则徐一人，只要惩治了林则徐，所有问题便会迎刃而解。林则徐心有不甘，两次上奏，大胆陈述禁烟抗英策略，但道光帝心不在焉，指责林则徐惹是生非，一派胡言。

在琦善等人的蛊惑下，道光帝也开始一厢情愿地认为，只要查办林则徐等人，便可消除战乱。于是，道光帝颁发谕旨，罪责林则徐、邓廷桢禁烟措置失当、办理不善，提出只要英军退回广东，一切均可商量。[2]遵照道光帝旨意，琦善与英军在大沽口举行会谈。道光帝对接近京畿重地的谈判如芒在背，建议将谈判地点改为广东，英军表示同意，英舰南返，谈判移至广州。随后，道光帝下旨，革掉林则徐和其禁烟战友邓廷桢之职，任琦善署两广总督兼海关监督。然而，残酷地处罚林则徐及其战友，不公正地处分禁烟派，不但大大损害了早已低落的士气，还对皇帝的威权造成了

1　（美）马士：《中华帝国对外关系史》（第二卷），上海书店出版社2000年版，第674—680页。

2　孙文范、冯士钵、于伯铭：《道光帝》，吉林文史出版社1993年版，第259页。

严重的影响。

在封建专制制度下，很难将个人玩忽职守与制度失败分开。投身一线的官吏，为国家遭受的失败负责，那是罪有应得。至于以什么罪行遭受指控，以及能否得到赦免，是没有多少实质意义的。所谓"君要臣死，臣不得不死"，这是一种典型的儒学教义。

道光帝撞上了强敌，成了个"光腚惹马蜂，能惹不能撑"的角儿，林则徐最终成了牺牲品。林则徐去广东禁烟，是道光帝让他去的，禁烟举措是道光帝首肯的，但强敌出乎意料地打上门来，林则徐第一个成了挡箭牌和替罪羊。道光帝理直气壮的理由是，当初有明确的训令："鸦片务须杜绝，边衅决不可开。"[1]问题是，战争开始之前，道光帝还在嘉勉林则徐是股肱之臣。林则徐大寿时，道光亲赐御书"福""寿"，勉励林则徐再接再厉。

道光帝此举，无疑开启了中国近代史上的悲剧之门：以牺牲主战派来取悦敌人，谋求妥协。殊不知，这样的妥协更为敌人所轻视，并帮敌人撑大了胃口。林则徐被免职后，道光帝走马灯似地不断派人与英国人谈判，英国人要价太高，谈判桌上要不到，就通过坚船利炮来威胁。琦善以专办广东事务、钦差大臣、文渊阁大学士、署理两广总督的身份到达广州，继续与英国谈判，因开放口岸、割地赔款等问题争执不下，广东形势日趋紧张。道光帝一直心有不甘，一方面谕令沿海督抚将军加强防务，一方面谕令琦善拒绝英方的无理要求。

鸦片战争时打时和，堪称一场"奇怪的战争"。蒋廷黻在《琦善与鸦片战争》一文中写道："中、英双方均未发表宣战正式公文，并且忽战忽和，或战于此处而和于彼处。此种畸形的原因大概有二：一则彼时中国不明国际公法及国际关系的惯例。不但不明，简直不承认有所谓国际者存

---

[1]　茅海建：《天朝的崩溃：鸦片战争再研究》，生活·读书·新知三联书店2005年版，第101页。

在。中、英的战争，在中国方面不过是'剿夷''讨逆'。就此一点，我们就能窥测当时国人的心理和世界知识。第二个缘由是彼时中、英两国均未预抱一个必战之心。"[1]英军挑起战争，是为了从中国榨取更多的利益。清军拼死抵抗，也是为了在谈判桌上争取更多的筹码，以遏制英方无休止的贪婪。

穿鼻之战，让琦善认识到中国绝非英国的对手。为避免更大损失，琦善主张通过外交途径解决争端，做出必要的妥协退让，"边衅一开，兵结莫释。我皇上日理万机，更不值加以此等小丑跳梁时殷宸廑。而频年防守，亦不免费饷劳师"[2]。在英军武力威慑下，琦善被迫同意在穿鼻洋商议草约，并表示愿向皇帝"代为恳请在尖沙嘴或香港地方择一隅供英人寄居"[3]，但《穿鼻草约》始终未经道光帝的批准。道光帝认为，内容太苛刻，太过屈辱。就在此时，道光帝收到广东巡抚怡良弹劾琦善的奏折。结果是，琦善被重惩，并被锁拿进京，其主持的和议不了了之。

琦善步林则徐的后尘，重蹈了失败的覆辙。出现这种结局，并非琦善不尽力，而是没有强大的国力做后盾。弱国无外交，没有军事上的胜利，单纯依靠外交上的谈判，并不能让人心想事成。

道光帝不能接受英国提出的要求，"割地"是奇耻大辱。他再次忍无可忍，莫名其妙地强硬起来。道光帝重新集结军队，再度与英军开战。他派御前大臣奕山为靖逆将军，户部尚书隆文、湖南提督杨芳为参赞大臣，调集兵丁一万七千多人，前往广东对英作战。英军获悉清政府对英宣战和向广东增兵的消息后，立即对虎门和广州发动进攻，兵临广州城下，广州危在旦夕。

1 　蒋廷黻：《中国近代史》，群言出版社2015年版，第157页。

2 　蒋廷黻编《近代中国外交史料辑要》，湖南教育出版社2008年版，第91页。

3 　邹德金主编《军事百科全书》，中国戏剧出版社2007年版，第99页。

其实，与后来签订的《南京条约》相比，《穿鼻草约》已是将损失降到最小的条约。蒋廷黻说，琦善有自知之明，"在外交方面，他实在是远超时人，因为他审察中外强弱的形势和权衡利害的轻重，远在时人之上"[1]。茅海建曾这样评价这段历史："在此，道光帝将琦善对军情的如实陈词，统统当作'妄称'的虚情，'要挟'道光帝的'危言'，并予以道德的谴责。这实际上也下了一道钳口令，封住了杨芳和奕山的嘴巴：不仅不许败，而且不许言败。这就把杨芳和奕山推上绝路，他们面前只有一条路——捏慌。"[2]

杨芳南征北战，战功煊赫，是嘉庆、道光年间最为耀眼的将星之一。他最著名的战功，是平定新疆张格尔叛乱并生擒叛军首脑张格尔。张格尔叛乱，是有清一代震动全国的重大历史事件之一。当时叛军得到英俄支持，兵强马壮，装备精良，势力强大，杨芳悍勇无敌，视死如归，以硬碰硬，击溃了叛军主力，活捉了张格尔，赢得了整场战争。杨芳大获道光帝恩宠，准紫禁城骑马，享紫光阁功臣像。鸦片战争中清军一触即溃，道光帝企盼杨芳再显神威，"日夜引领东南，企盼捷音之至"[3]，克敌制胜，扭转乾坤。然而，杨芳非但未获战功，反而因"马桶大粪御敌"毁了一世英名。

匆忙赶到广州后，久经战阵的杨芳首战失利，百思不得其解。他认为威力强大、落弹准确的英军大炮必有邪教妖术，千方百计寻求辟邪的良方。有人献计用女人的大粪桶（女人的污秽物）对准英夷的炮口定能以邪制邪。于是，杨芳传令当地保甲遍收民间马桶、溺器，装满女人的粪便、

1　蒋廷黻：《中国近代史》，群言出版社2015年版，第180页。

2　茅海建：《天朝的崩溃：鸦片战争再研究》，生活·读书·新知三联书店2005年版，第258页。

3　《参赞大臣杨芳奏报乌涌之战及现筹攻剿等情片》，中国第一历史档案馆编《鸦片战争档案史料》（第三册），天津古籍出版社1992年版，第228页。

秽物，令载于布满海上江面的木筏小船，又在省河的木排竹筏上遍放马桶、溺器，以对抗英军的坚船利炮，阻挡英舰的前进。[1]时人赋诗讽刺杨芳的马桶计："杨枝无力爱南风，参赞如何用此功。粪桶尚言施妙计，秽声传遍粤城中。芳名果勇愧封侯，捏奏欺君竟不羞。试看凤凰冈上战，一声炮响走回头。"[2]

奕山来头更大，是道光帝的亲侄子。但他并没有作战的决心，等杨芳与英军开战之后才赶到广州。奕山既害怕交战，又想侥幸获取功赏，决定用火攻收复虎门各炮台，最后以失败而告终，英军乘势进攻广州城。奕山非但不组织抵抗，反而决定投降，在城头上竖起白旗，派广州知府余保纯出城议和，中英之间暂时处于休战状态。

为了逃避责任，奕山又把责任推到林则徐身上，造谣说英方是愿意议和的，他们恨之入骨的只有林则徐一人。言外之意：必须再次惩办林则徐，英方才能罢兵议和。此前林则徐只是被降为四品卿衔，赴浙江镇海听候谕旨。道光帝求和心切，不顾事实，把广州战败的责任再次归罪于林则徐，说他在广州任职时没有积极筹划防务，以致英军发起进攻后，奕山招架不住，一败涂地。林则徐被革去四品卿衔，从重发往新疆伊犁，效力赎罪。[3]

此时，鸦片战争爆发已一年，主战的林则徐，主和的琦善，都被发配流放了。道光帝注重的是统治安定，而不计较一人一事的绝对公允。牺牲少数人，保全关键人，正是维持王朝统治的重要法宝。

1　梁廷枏：《夷氛闻记》卷二，《清代史料笔记丛刊》，中华书局1959年版，第59页。

2　《平夷录》，中国史学会主编，齐思和、林树惠、寿纪瑜编《鸦片战争》（三），《中国近代史料丛刊》，上海人民出版社2000年版，第410页。

3　高占祥主编、杨括著《林则徐传》，北京时代华文书局2016年版，第189页。

四、江河日下

1

鸦片战争前期，英军一路攻城略地，围攻广州，打死水师提督关天培，吓降两广总督琦善，势头强劲。令人意外的是，英国维多利亚女王也对《穿鼻草约》大为不满。英国外相、鸦片战争的决策者巴麦尊认为，利益太少，没有达到预期目的，也不批准《穿鼻草约》。

在如何对待谈判问题上，全权大使懿律和副使义律之间的态度并不一致，有着强烈的对立情绪。懿律主张强硬，谈不拢就打；义律则认为不宜采取高压姿态，主张通过外交途径解决。琦善被革职一个月后，懿律也因病返回英国。

英军在浙江沿海肆意烧杀抢掠，弄得人心惶惶、人人自危，东南沿海形势异常紧张。道光帝任命协办大学士、吏部尚书奕经等去浙江办理军务，调集万余名清军奔赴浙江，企图收复定海、镇海等地。奕经对作战任务并不积极，一味地贪图享受。据载，奕经沉溺享乐："驻节苏州，往来于杭、绍之间，营帐中器皿珍馐，穷极瑰异。其幕客知州鄂某复滥支军饷，费用无度，以博将军欢。会天寒风雪，帘幕、壁衣之属皆以貂狐、洋灰鼠为之。围炉拥酒，侑以管弦，说者谓有缓带轻裘雅歌投壶之概。时英人要索条款不已，参赞或请进兵，将军酒半启帷探望，曰：'寒哉气也！'"[1]后在道光帝的多次要求下，奕经才慢腾腾地来到杭州。

奕经满腹经纶，学富五车，是学问大家，但并不通晓军事，更多的是凭借神灵、迷信制订作战计划。正如费正清在《剑桥中国晚清史》中描写奕经："此人是一位卓越的书法家，善写文章，但他的军事经历主要限于

1　徐珂：《清稗类钞》（第七册），中华书局1984年版，第3284页。

主管御花园和猎苑，以及指挥北京的禁军。"[1]奕经抽了一张虎行签，便决定以五虎制敌，完全不顾道路泥泞、运粮艰难、行军不便等实际困难，贸然发动进攻，结果均以失败告终。时人写诗讽刺奕山和奕经："奕奕有虚名，扬威威不扬，靖逆逆不靖，广东已难堪，浙江辱更甚……圣君哪得知，蒙蔽上不闻。"[2]

道光二十一年（1841），靖逆将军奕山在广州与英军作战失利，被迫向英军求降，并签订《广州和约》。签订《广州和约》的时候，英国不满懿律和义律二兄弟的工作，改任璞鼎查爵士为"特命全权公使兼对华商务总监"，准备扩大侵华战争，攫取更大利益。璞鼎查长期在印度工作，早在14岁就远赴东方冒险，在外闯荡27年后回到英国。他曾在阿富汗战争中立下大功，升任少将，被授予男爵。外相巴麦尊看重璞鼎查的传奇经历，推荐其取代懿律。璞鼎查不负众望，劳师远征，先攻舟山，后陷镇海，再占宁波，逼迫两江总督兼钦差大臣裕谦跳水自杀，镇守宁波的提督余步云弃城逃走。作为败军之将，1842年5月，余步云被革职解京，次年被处死。接着，英军撤兵休整，重新整编后开始攻打乍浦，并在乍浦实施恐怖政策，烧杀、劫掠、奸淫，无恶不作。英军从乍浦转向吴淞，导致上海无险可守，清军继续后退。英军进入长江，开始溯流而上，游弋示威。

英军从浙江进入长江，意图截断清朝东西运输的大动脉，切断运河漕运，阻断京城的物资供应，逼迫清政府就范。恩格斯曾对第一次鸦片战争发表评论："在南京下关约40英里的地方，有一条大河流入并穿过长江，它是南北各省之间的通商要道。采取这种进攻步骤的用意，是夺取这条水

---

1 （美）费正清、刘广京编《剑桥中国晚清史1800—1911》（上卷），中国社会科学出版社1983年版，第220页。

2 《鸦片战争新史料》，中国史学会主编，齐思和、林树惠、寿纪瑜编《鸦片战争》（三），《中国近代史料丛刊》，上海人民出版社2000年版，第455页。

道就会置北京于死地，并逼迫清帝立刻媾和。"[1]璞鼎查抢占先机，势如破竹，势在必得，搅得清军人心惶惶。

坐镇南京的江宁将军德珠布深知长江航道的重要性，迅速写了一道奏折派人送到北京告急。不料，驿卒在上元县北河口江面被英军抓获，奏折彻底暴露了南京的虚实："惟京口失守，奴才因省城戒严，兵力单薄，未能救援……"[2]璞鼎查对战场局势洞若观火，当机立断，亲率主力攻取南京。德珠布是个老实人，得知奏折被英军截走，便如实向道光帝汇报事件的前因后果。道光帝气急败坏地批道："为何见不及此？粗率无能，致有此失，可恶可恨之至！汝只知被抢另缮重发，独不知节外生枝，又添一层关系也。气闷何堪！钦此。"[3]德珠布说了真话，讲了不该讲的话，反倒成为反面典型，被交兵部严办。

《鸦片战争：一个帝国的沉迷和另一个帝国的堕落》这样评价当时的中国人："不但善于篡改历史，而且擅长捏造眼前的事情，他们向皇上报告说取得了巨大的胜利，打死许多英国人，而且击沉多艘英国船只。在这场冲突中，皇帝的许多错误决策并不是战略上的错误，而是基于错误的情报采取了行动。"[4]表面看来，道光帝是被群臣愚弄的受害人，实际上，满朝上下出现造假风气，无不是为了迎合皇帝的需要。皇帝喜欢听捷报，喜欢溢美之词，人们才绞尽脑汁博取皇帝的欢心。年过花甲的德珠布，不知

1　恩格斯：《英人对华的新远征》，中共中央马克思恩格斯列宁斯大林著作编译局编《马克思恩格斯选集》（第十二卷），人民出版社1961年版，第189页。

2　《江宁将军德珠布奏为安插抚恤京口驻防溃兵及避难男妇并自请严议折》，中国第一历史档案馆编《鸦片战争档案史料》（第六册），天津古籍出版社1992年版，第4页。

3　《江宁将军德珠布奏为原折被英兵抢去复行补缮由皖驰进片》，中国第一历史档案馆编《鸦片战争档案史料》（第六册），天津古籍出版社1992年版，第4页。

4　（英）特拉维斯·慕尼黑三世、（英）弗兰克·萨奈罗：《鸦片战争：一个帝国的沉迷和另一个帝国的堕落》，生活·读书·新知三联书店2005年版，第121页。

变通，据实奏报，拂了皇帝的意，落了个凄凉的下场。

相反，那些谎报军情的官员却能仕途平稳。鸦片战争发展到高潮的1841年末和1842年初，有"内尔布达号"和"安号"两艘英国船只在台湾海域触礁沉没，台湾地方政府谎报称这两艘英国军舰是被清军击沉的，当地官员因此得到了道光帝的肯定和奖赏。后来，闽浙总督怡良赴台调查发现，"两次夷船之破，一因遭风击碎、一因遭风搁沉，并无与之接仗计诱如该道所奏者"，建议道光帝将二人或饬部从重治罪，或解部审办。[1]道光帝由此断定台湾镇道欺饰冒功，辜负皇恩，自取罪戾，乃命将姚莹、达洪阿革职解交刑部审办。[2]遗憾的是，雷声大雨点小，道光帝高举轻打，姚莹、达洪阿等人终被从轻处理。咸丰帝即位后，姚莹和达洪阿都再次被起用。有鉴于此，满朝文武都倾向于报喜不报忧，毕竟乌纱帽比仗义执言更加实惠，真相在皇帝面前并不是很重要。皇帝听不得拂逆美好愿望的真相，接受不了"技不如人"的现实，导致吐露真言的官员越来越少。

林则徐在流放途中给友人通信，反思鸦片战争失败的原因："彼之大炮远及十里内外，若我炮不能及彼，彼炮先已及我，是器不良也。彼之放炮，如内地之放排枪，连声不断。我放一炮后，须辗转移时，再放一炮，是技不熟也。求其良且熟焉，亦无他深巧耳。不此之务，既远调百万貔貅，恐只供临敌之一哄。况逆船朝南暮北，惟水军始能尾追，岸兵能顷刻移动否？盖内地将弁兵丁，虽不乏久历戎行之人，而皆觌面接仗，似此之相距十里八里，彼此不见面而接仗者，未之前闻，故所谋往往相左。徐尝谓剿夷有八字要言，器良、技熟、胆壮、心齐是已。第一要大炮得用，今

1　《怡良奏台湾两次英船之破俱系遭风请将达洪阿等治罪折》，齐思和等整理《筹办夷务始末·道光朝》(五)，中华书局1964年版，第2609—2610页。

2　《着将达洪阿姚莹革职交部审拟并撤销其从前保奏之文武各员奖励事上谕》，中国第一历史档案馆编《鸦片战争档案史料》(第七册)，天津古籍出版社1992年版，第118—119页。

此一物置之不讲，真令岳、韩（指南宋名将岳飞、韩世忠）束手，奈何，奈何！"曾经豪气满怀的林则徐，不敢向皇帝吐露真言，还特意叮嘱友人注意信件内容保密："两先生非亲军旅者，徐之觍缕此事，亦正为局外人，乃不妨言之，幸勿以示他人，祷切，祷切。"[1] 讲真话会获罪，靠谎言能赢得政绩，劣币驱逐良币，清朝的命运可想而知。

2

英军舰队进入长江，首要目标是镇江。镇江别称京口，意为古都南京的进出口，是极为重要的战略要地。镇江是护卫南京的门户，对岸是瓜洲和扬州，扬州是与北京休戚相关的大运河的起点。镇江是漕运的重要枢纽，是长江与京杭大运河江南段交汇点，镇江失守，漕运系统将无粮可运，不出半年京城就会断粮，京城将不攻自乱。英国占领了镇江，便掐住了清朝的命门。道光帝命门被击中，如鲠在喉，不得舒坦，只能妥协。

清军不堪一击，并非所有清军将士都是无能之辈或贪生怕死之徒。实际上，在整个鸦片战争中，英军遇到最顽强抵抗的就是镇江。驻守镇江的清军异常勇猛凶悍，在镇江战役中清军几乎全部阵亡，英军也受到了重创。战后英国军官坦言："在这里满洲兵做了一次最顽强的抵抗，他们寸土必争，因此每一个城角和炮眼都是短兵接战而攻陷的。"[2] 恩格斯热烈赞扬镇江清军的精神："驻防旗兵虽然不通兵法，可是绝不缺乏勇敢和锐气。这些驻防旗兵总共只有一千五百多人，但都殊死奋战，直到最后一个

1　《致姚椿王柏心》，林则徐全集编纂委员会编《林则徐全集·信札》（第七册），海峡文艺出版社2002年版，第306—307页。

2　《英军在华作战记》，中国史学会主编，齐思和、林树惠、寿纪瑜编《鸦片战争》（五），《中国近代史料丛刊》，上海人民出版社2000年版，第305页。

人，……如果这些侵略者到处遭到同样的抵抗，他们绝对到不了南京。"[1]
《剑桥中国晚清史》这样评述："尽管满洲人惊慌失措，可是在实际战斗中，他们的抵抗是很顽强的。"[2]英军攻占镇江后，疯狂报复，烧杀抢掠，屠戮生灵，由此足见镇江带给英军的梦魇。沦陷后的镇江，化为一座杀戮的地狱。

镇江失陷，南京危在旦夕。英军兵临南京城下，清军大势已去。如果再继续打下去，清政府的军力和财力都不允许。虽然极不情愿，道光帝也只有屈服。在炮口威逼之下，两江总督耆英、钦差大臣伊里布、革职留任原两江总督牛鉴等代表清政府，与璞鼎查在英舰皋华丽号上签订《南京条约》。南京当时的正式名称是江宁，《南京条约》又称《江宁条约》，涉及割地赔款、五口通商和税款协商等，清朝颜面尽丧、利益尽失。条约虽然没有涉及鸦片贸易，但实际上承认鸦片的买卖。

《南京条约》为中国近代史上第一个不平等条约。中国历史由此进入近代社会。《南京条约》签订后，英国占据香港。居澳葡萄牙人也趁火打劫，一反恭顺常态，派代表与钦差大臣耆英谈判，要求豁免每年五百两地租，被耆英拒绝。葡萄牙同时请求免领修建房屋的执照、酌减船税、货税，准许葡人前往五口经商等，耆英却答应了。耆英的妥协，源于实力不足，害怕衅端再开，无力应对。

明嘉靖年间，葡萄牙人用每年一千两的地租贿赂地方官吏，私占澳门，喧宾夺主。清朝承认既成事实，照旧每年收取葡萄牙一千两地租。其后，依照葡萄牙人的请求，地租先是减为六百两，而后再减为五百两。明

1　恩格斯：《英人对华的新远征》，中共中央马克思恩格斯列宁斯大林著作编译局编《马克思恩格斯选集》（第十二卷），人民出版社1961年版，第189—190页。

2　（美）费正清、刘广京编《剑桥中国晚清史1800—1911》（上卷），中国社会科学出版社1983年版，第223页。

朝和清朝均不曾割让澳门给葡萄牙，澳门在法理上始终是中国的领土。香港被英国占据后，发展成不收关税的自由港，繁荣程度令澳门相形见绌。道光二十五年（1845），葡萄牙女王玛丽亚二世决定效仿英国，单方面宣布澳门为自由港，擅自允许所有外国商船来澳自由贸易。道光二十九年（1849），澳门的葡萄牙长官曹玛利楼，宣布澳门已由葡萄牙政府改为自由港，派兵守住粤海关设在澳门的办事处，不容许外国的海关在澳门继续存在，不让商人前往海关纳税。

曹玛利楼遭到当地华人的痛恨，招致无休止的暗杀，终于在遇袭后身亡。葡军恼羞成怒，占领界墙与界墙附近的中国炮台。英国的香港总督文翰，不想让战乱打破贸易格局，派两艘军舰来澳门示威，震慑各方。美国驻广州领事戴菲斯和法国驻广州领事福思鲁昂，联名向两广总督徐广缙提出抗议，要求以和为贵。徐广缙息事宁人，悉数答应葡方条件，事件得以和平了结。从此，葡萄牙不再缴纳澳门的地租，而且向华人征收田赋。咸丰元年（1851），葡萄牙侵占凼仔岛。同治三年（1864），葡萄牙又侵占路环岛。光绪十三年（1887），中葡签订《中葡和好通商条约》，葡萄牙攫取对澳门的管理权。

英国向中国开战，绝不仅仅是鸦片那么简单，而是要强迫清朝按照他们的游戏规则俯首听命。在英帝国主义的强权面前，中国开始沦为半殖民地半封建的国家，百年耻辱由此开始。由于国力衰落，清朝内忧外患日益加剧。在内，吏治腐败，武备废弛，国库空虚，社会动乱此起彼伏；在外，西方列强环伺国门，以武力获得在华利益，割地赔款，瓦解瓜分，危在旦夕。

清廷批准《南京条约》之后的第二年，在广东虎门又签订了作为附约的《中英五口通商章程》和《五口通商附粘善后条款》，第一次正式承认外国人的"治外法权"。接二连三的不平等条约，就像是墙上的瓷砖，第一块掉下来后，其他瓷砖也噼里啪啦地掉了下来，一发而不可收。

《南京条约》签订后，美国紧随而至。道光二十五年（1845），美国专使顾盛与两广总督耆英在澳门附近望厦村签订中美《望厦条约》，其内容与《南京条约》及追加条约《中英五口通商章程》基本一样。法国看到英美在中国攫取了一系列特权，便起而效尤。《中美望厦条约》签订三个月后，法国公使拉萼尼与耆英在澳门举行会谈，最终签订了中法《黄埔条约》（即《五口贸易章程：海关税则》）。

英国赢得了他们声称的贸易战争，也用武力打开了中国尘封已久的大门，自此后，鸦片愈发肆无忌惮毒害中国。1949年新中国成立，鸦片遭到强有力的查禁，直至1953年才被基本肃清。

道光帝闻知鸦片战争的惨败结局后，率领皇室成员跪拜于紫禁城左侧的太庙嚎啕大哭不止，愤懑不能自已。《春冰室野乘》记载，《南京条约》签订的消息传来，"上退朝后，负手行便殿阶上，一日夜未尝暂息。侍者但闻太息声，漏下五鼓，上忽顿足长叹，旋入殿……"[1]

3

作为一个守成的君主，道光帝毫不费力地坐拥了江山与美人。同时，也照单全收地承继了王朝的弊政。由于内忧外患，阻力过大，吏治、河工、漕运、禁烟等均无起色，道光帝有心无力。

数量有限的英军，远涉重洋，舟车劳顿，最终战胜了拥有4亿人口、近百万军队的泱泱大国。清军败得如此惨烈，与道光帝的战略摇摆有着直接关系。道光帝不止一次错判形势，战略决策朝令夕改，使清军丧失了很多战机。

战场瞬息万变，道光帝却游移不定。当英军第一次攻陷定海时，道光

1　《穆相权势之重·专主五口通商条约》，李孟符著，张继红点校《春冰室野乘》，《民国笔记小说大观》（第一辑），山西古籍出版社1995年版，第66页。

帝强硬主张剿办；当英军北上天津时，又畏惧失败，主张和谈；当和谈破裂时，他又贸然下令对英军宣战，反攻失败后又主张和谈；当英军第二次攻陷定海时，他下令对英军实施反攻，反攻失败后又专意议抚。在战与和的摇摆中，几次千里调兵，又几次千里遣散援兵，劳军伤财，贻误战机，加速了清军的崩溃。

道光帝无时无刻不在备战，想要打败英国，苦心孤诣，调兵遣将，不遗余力。同时，他又夜郎自大，忘乎所以，轻敌冒进，一败再败。他在强敌压境时，罢免林则徐，起用琦善，临阵换帅，既失国体，又失体面，从而埋下了失败的伏笔。此外，清军士兵与战备的低质量，各军互不统属、各自为战，且缺乏雄韬伟略的将才，缺乏有效的军事训练，这都加速了清军的溃败。

道光帝有心抵抗侵略，然国难当头，主要大臣懦弱无能，既没有人敢于说真话，更没有人勇于任事，人云亦云、得过且过最为应景。皇帝号称天子，皇命即天命，掌握着臣民的生杀大权，何等威风。但在浩荡的时代潮流面前，皇帝想坐轿，却没有臣民抬轿，也同样卑微如一粒尘土，随时会湮没飘零。

命运多舛的元英宗孛儿只斤·硕德八剌，尝谓台臣曰："朕深居九重，臣下奸贪，民生疾苦，岂能周知，故用卿等为耳目。曩者，铁木迭儿贪蠹无厌，汝等拱默不言，其人虽死，宜籍其家，以惩后也。"[1]皇帝深居九重宫阙之内，不可能完全看到天下事，故设置了各级官吏为皇帝的耳目。最可怕的是鸦雀无声，甚至谎话连篇，"说假话是最大的腐败之一"。皇帝听不到真话，作出错误的决策，也没有人敢指出他的错误，他就只能是永远地错下去。

1　［明］宋濂等：《元史》（卷二百七）《铁失传》，第十五册，中华书局1976年版，第4600页。

对于多数清政府官员而言，到了紧要关头，考虑的并非民族大义，更多顾虑的是自己的顶戴和脑袋。利益最大化，最符合清朝官员的利益。"文死谏，武死战"的信条，在他们这里不存在。"苟利国家生死以，岂因祸福避趋之？"这不过是林则徐等高风亮节之辈的豪情壮志。文不能安邦，武又不能服众，所谓养精蓄锐、从长计议，反倒成就了"苟全性命于乱世"的芸芸众生。

鸦片战争后，道光帝图谋振兴，虽有变革，但仍没能离开旧轨道，没有真正清醒过来，没从根本上吸取新的先进事物，达到真正的振兴，失去了宝贵的可以利用的时间，和西方国家的差距越来越大。陈旭麓对此评价道："他虽也一再下诏练兵设防，整顿史治财政，图谋挽救。可惜这些并没有超出战前所有政令，从中看不到一条是由战败得到的新启示，不仅林则徐前此探询西事、翻译西书没有引起道光的注意，连影响日著的魏源《海国图志》也被置若罔闻；他不仅未能循战争的败征追踪事变的由来，连五口开放的动向也未能触动他的心思。这固然是板结了的天朝体制使然，但作为主持全国大计的皇帝——道光个人，岂能辞其咎？"[1]

五、壮志难酬

1

道光帝，不英武、不伟岸，但始终勤于政事、兢兢业业，绝非昏庸、贪鄙、淫暴之君。只是，付出未必等于收获，他如此努力，却还是没有过好一生。

民族危难之秋，身处风云激荡的历史漩涡中，道光帝深居九重，生

1　《道光是怎样一个皇帝——序〈道光皇帝传〉》，陈旭麓：《陈旭麓学术文存》，上海人民出版社1990年版，第721页。

长于封建社会的土壤上，既不知道英国来自何方，也不明白殖民主义为何物，不知己不知彼。道光帝当政三十年，左右腾挪，一直企图有所作为，终究未能成为一个除弊起衰的中兴之君，反而成了历史转折时期的悲剧人物。

在西方列强面前，清朝貌似自信满满，唯我独尊，实际上并不是真的自信，也没有引以为傲的砝码。17世纪早期，崛起于东北白山黑水之间的满族，个个勇猛剽悍，经过血与火的战争，成功入主中原，以其落后的游牧文明融入汉族的农业文明，在文化上并入儒家文化的轨道。清廷坐稳江山后，政治上形成了庞大的官僚贵族阶层，贪图安逸和享受，开始马放南山、武器入库，军队的战斗力直线下降，自然不是西方现代军队的对手。单一僵化的农业经济，死水一潭，经不起与西方多元经济的碰撞。儒家文化自汉代董仲舒以降，成为中国封建社会的官方文化，核心是巩固封建皇权、维系伦理纲常、维护社会秩序，早已沦为不思进取、不切实际、不接地气的丧文化，难望西方现代文明之项背。

美国著名的实用主义哲学家悉尼·胡克在《历史中的英雄》一书中，将帝王分为三个品类：强有力的、软弱的和普通的。他们统治下的王国同样也分为三种样子：表现出繁荣光景，或衰落光景，或两者都无明显征象。[1]道光帝就属于普通的，处于衰落光景的帝王。他智力平常，性格游移，缺乏主见，想有作为，却罕有建树。

道光帝年轻时，就有过平定林清天理教叛乱的壮举，也算是久经时间考验和实践检验的人。登上帝王之位，也是实至名归。道光初年，道光帝牢记曾祖父雍正帝"朝廷用人乃头等大事，其余皆为枝叶耳"的教诲，大力整饬吏治，肃贪廉政，任用林则徐、裕谦等贤达之人。他深知创业艰难，守成不易，而吏治的好坏是治理朝政的关键。他认为："为政首在得

1　（美）胡克：《历史中的英雄》，上海人民出版社2006年版，第28页。

人，安民必先察吏。"[1]经常告诫官吏："朕寅成大宝，日理万机，孜孜焉夕惕惕焉，尝恐用人行政或致阙失……试思，汉高祖之大度，唐太宗之英明，运筹决胜，亦必须萧曹房杜辅助而成也。"[2]他始终将汉高祖、唐太宗等用人之法牢记心头。无奈，历经挫败之后，他最终还是重用了一些看似唯唯诺诺、实则圆滑的人，致使曹振镛、穆彰阿等祸乱朝政。

道光一朝，曹振镛当政于前，穆彰阿继之于后。道光帝对曹振镛评价甚高，曾御制赞曰："亲政之始，先进正人，密勿之地，心腹之臣，问学渊博，献替精醇，克勤克慎，首掌丝纶。"[3]曹振镛于道光朝当政十五年，恩遇益宠。他深通为官保己之道，抱定"多磕头少说话"的为官宗旨，在中枢工作长达五十四年，历三朝、相二帝，一路春风，福禄寿俱全。依靠这样的人来除旧布新，无异于痴人说梦。

穆彰阿当政时，固宠窃权，结党营私，门生故吏遍于中外，知名之士多被援引，一时号曰"穆党"。[4]穆彰阿利用职权，多方扶持旗员外任，权倾朝野。因知府兼理税收，为膏腴之地，旗员外放府道者率三四倍于汉员。而旗员"多不识字，听信幕友家丁，恣为奸利"[5]，颟顸误国。穆彰阿排斥异己，鸦片战争时，对主战派的林则徐等构陷倾轧，必欲置之死地而后快。对琦善、耆英等投降派同恶相济、尽力全之，彼此沆瀣一气，祸国

1　《道光朝东华续录》(卷十七)，转引孙文范、冯士钵、于伯铭：《道光帝》，吉林文史出版社1993年版，第44页。

2　《道光朝东华续录》(卷十七)，转引孙文范、冯士钵、于伯铭：《道光帝》，吉林文史出版社1993年版，第11页。

3　赵尔巽等：《清史稿》(卷三百六十三)，《曹振镛传》，第三十八册，中华书局1977年版，第11406页。

4　赵尔巽等：《清史稿》(卷三百六十三)，《穆彰阿传》，第三十八册，中华书局1977年版，第11417页。

5　邓之诚：《中华两千年史（卷五）明清中》，第一分册，东方出版社2003年版，第232页。

殃民。重用穆彰阿及其党羽，国事焉得不坏之理？

封疆大吏沉湎声色，成为普遍现象。闽浙总督庆瑞"不肯究心公事，惟幕友之言是听"。他常与司道幕友宴会，较力唱曲，俗语村言，无所不说，不学无术，殊不自重。[1]道府官员的昏愚，更是有过之而无不及。山西雁平道章荆凡不理政事，公事皆幕友斯为盛主持。即使遇到京控发审案，亦令书吏在外劝言，从不提审，结果是两造到堂，原、被莫辨，而口钝言涩，狱不能折。[2]国家依靠这样一些官员来管理，达成弊绝风清，何其艰难！

2

道光帝的励精图治，只能囿于封建体制的狭小区间内，既要承受守旧势力的束缚，还要面对新生事物的恐惧，他的失败是必然的。陈旭麓说："中国被英国的大炮轰出中世纪而进入近代，道光帝的脚也与之同时踏入了近代，但他的头脑却留在中世纪，依然是一个不折不扣的中世纪皇帝，从他身上找不到任何时代的气息。"[3]即使英武的康熙帝、雍正帝等君主再世，倘若不改变落后的旧体制，也无法阻挡西方现代文明的侵蚀，难以挽救中国封建社会的颓势。

道光二十七年（1847），道光帝对行将上任的四川按察使张集馨说："汝此去，诸事整顿，我亦说不了许多，譬如人家一所大房子，年深月久，不是东边倒塌，即是西边剥落，住房人随时粘补修理，自然一律整齐，若任听破坏，必至要动大工。此语虽小，可以喻大，即曲突徙薪之论也，汝当思之。"言下之意，道光帝只想维持现状，修修补补，扬汤止沸，外表

1　张集馨：《道咸宦海见闻录》，中华书局1981年版，第282页。

2　张集馨：《道咸宦海见闻录》，中华书局1981年版，第45页。

3　陈旭麓：《陈旭麓学术文存》，上海人民出版社1990年版，第721—722页。

光鲜，对顽瘴痼疾，则主张敷衍了事。道光帝还对张集馨谈及整顿驿站弊病办法："近来驿站马匹，多不足额，汝在省办事，固不能无故出省，即路过点查，亦恐查验不出。我说句文话你听，州县一闻验马，早已提彼注兹；我再说句俗话你听，早已东挪西掩。汝即委员抽空往查，委员回省也是欺饰。"他对驿站弊病的分析，鞭辟入里，入木三分。然而，如何破解呢？方法却是："我倒有一定主见：汝竟不必查点，遇有文报迟延者参奏一二员，自然知所儆惧。"[1]说白了，有了问题，就来杀鸡儆猴，治标不治本。只求产生短期效果，腐败问题自然难以根除。

道光帝整肃了一大批贪官污吏，仍遏止不住腐败的蔓延，不能从根本上解决吏治腐败的问题。贪腐之风愈演愈烈，甚至在鸦片战争中，贪官污吏还在大发不义之财。这是封建社会固有的矛盾，不破除人治的痼疾，不动摇封建社会的根基，吏治很难有根本改观。

道光帝处在社会金字塔型统治的塔尖，无论如何也不会自掘坟墓，亲手毁坏王朝的塔基。正所谓："道光帝作为一个封建帝王，他看不到，也不愿意看到这个制度的灭亡，更不可能自己动手去推翻这个腐朽的封建制度。道光帝悲剧的根源就在这里。"[2]

清朝的帝国大厦，久经侵蚀，百孔千疮，基础不再牢固，外表不再光鲜，需要的是拆除整座大厦，建设一个新世界。这一点，道光帝心知肚明，但有心无力。触动既得利益，比触动灵魂都难，他所能做的，不过是敲敲打打、修修补补。遗憾的是，哪怕是局部修补，往往也因利益掣肘不能坚持到底。费尽全力推进的改革，要么举步维艰，要么进退维谷，要么不了了之，要么原地打转，几乎没有善始善终的。

1　张集馨：《道咸宦海见闻录》，中华书局1981年版，第89页。

2　冯士钵、于伯铭：《道光传》，辽宁教育出版社1992年版，第372页。

3

世界潮流浩浩荡荡，整个世界都发生了翻天覆地的变化，清朝仍然遵循古老的"以不变应万变"的法则，闭关锁国，闭目塞听，愚昧无知，不思改革，悲剧在所难免。泱泱东方大国，号称数千年文明史的天朝，竟然在鸦片战争中败给了英国这个"蛮夷小国"，以致订立丧权辱国的《南京条约》，盖因道光帝及他的帝国已远远落后于世界潮流使然。

近代中国所遭逢的，乃是"数千年未有之大变局"，所面对的，是实力和道义的双重困境：非但在实力上不如西方，在道义上也陷入了泥潭，在发展道路上似乎已日暮途穷。换言之，非但硬实力不足，而且话语权丧失，中国文明遭遇了全面挑战。这是国家和民族的劫难，也是中华文明的浩劫。

时针指向19世纪中叶，以英国为首的欧洲各国已完成了资产阶级革命和工业革命，以及思想上的启蒙运动，西方文明迅速完成了向近代形态的转变。西方列强按照自己的面目重新塑造世界的模样，成为资本主义向全世界扩张并改变整个世界的执行者。他们通过战争、掠夺等方式抢占殖民地，开拓国际市场，殖民主义的铁蹄肆虐中国多地。

与中英鸦片战争差不多同时发生的重大事件是，道光二十七年（1847），国际共产主义者同盟在伦敦成立，世界上第一个以科学社会主义为指导思想的国际无产阶级政党诞生。道光二十八年（1848），马克思、恩格斯发表了国际共产主义运动第一个纲领性文献《共产党宣言》，这是为共产主义者同盟制定的纲领，是关于科学共产主义的第一个纲领性文献。科学共产主义宣告诞生。

落后就要挨打。闭关自守，偏安一隅，与世界脱轨，与西方国家的差距愈拉愈大，综合国力每况愈下，势必沦为任人宰割的羔羊。人类学泰斗博厄斯曾发表评论说："人类的历史证明，一个社会集团，其文化的进步往往取决于它是否有机会吸取邻近社会集团的经验。"[1]清朝的闭关政策和蒙昧主义，扼杀了清朝在丛林法则横行的时代的生存能力，把中华民族推向了亡国灭种的深渊。西方列强带给中国的，是野蛮侵略、疯狂掠夺、殖民扩张和滔天罪行，以及加诸中国人身上的耻辱、灾祸、奴役和痛苦。

道光帝以守成之君、守成之势治天下，既不能兴利除弊，也不能除旧布新，只能苟延残喘度日。道光帝勤俭节约，但他的工作量却着实不小，需要他批阅的奏折每天都堆积成山，从早到晚，日复一日，哪怕宵衣旰食，也看不到解脱的希望和可能，唯有死而后已。

道光三十年（1850），道光帝在内外交迫中忧愁成疾，带着满腹忧愁和宏图破灭的遗憾，在圆明园结束了他的一生，谥号成皇帝，庙号宣宗，葬于慕陵。摘录《清史稿》对道光帝的评价，可见道光帝的一生何其辛劳。论曰："宣宗恭俭之德，宽仁之量，守成之令辟也。远人贸易，构衅兴戎。其视前代戎狄之患，盖不侔矣。当事大臣先之以操切，继之以畏葸，遂遗宵旰之忧。所谓有君而无臣，能将顺而不能匡救。国步之濒，肇端于此。呜呼，悕矣！"[2]道光帝生逢乱世，守常而不知变，很难称得上是个识时务的皇帝。处于大转折时代，道光帝的脚步迈进了近代，而头脑还停留在中世纪，依然冥顽不化、自我陶醉，从他身上找不到丝毫的近代气息。

道光帝有勤俭之德，有容人之量，有勤劳之行，有敬畏之心，是一位谨小慎微的守成者。就个人品行来说，道光帝在历代中国帝王中绝非贪暴

　　1　（美）斯塔夫里阿诺斯：《全球通史：从史前史到21世纪》，北京大学出版社2016年版，第279页。

　　2　赵尔巽等：《清史稿》（卷十九），《宣宗本纪三》，第四册，中华书局1976年版，第709页。

淫逸之君，相反，其勤俭之德向来为人所津津乐道。道光帝是一个善良的好人。如果不遭遇内忧外患，承平日久，天下太平，他可能会成为一个守成贤君。可惜的是，他继承了一个"关门"的祖制，又恰恰遭逢了"破门"的强盗，顿时将他逼入了悲惨的境地。

　　清文宗咸丰帝，即爱新觉罗·奕詝（1831—1861），是道光帝第四子。道光二十六年（1846）六月十六日，被密定为皇储。三十年（1850）正月十四日，被正式册立为皇太子，是月二十六日即皇帝位，以次年为咸丰元年，时年20岁。咸丰帝是清朝秘密立储继位的最后一位皇帝，也是中国封建社会最后一位有实际统治权的皇帝。

　　年号"咸丰"，寓意天下丰衣足食。但实际上，咸丰帝接手的是个千疮百孔的烂摊子，国库空虚，危机四伏，民生凋敝，民变蜂起。面对内忧外患的困局，咸丰帝曾试图振兴王朝，但大清的颓势如马车下坡，刹都刹不住了。咸丰帝既没有明显的恶名，也没有明显的英名，有的只是一连串的不幸。他不幸赶上了太平天国起义，赶上了第二次鸦片战争，赶上了英法联军侵占首都，赶上了圆明园被焚毁一空……终至忧郁成疾，撒手人寰。

一、乱世用重典

1

贪官污吏亘古有之，但历史上没有哪个朝代似道光末年那样，到了无官不贪的地步。从部院大员到地方胥吏，无不贪赃枉法。咸丰初年，吏治、法制及军备的全面腐败，已成无法避讳的普遍现象。

好在咸丰帝年轻，年轻就是资本，拥有着无尽的未来。继位之初，咸丰帝锐意进取，希望有所作为，"求治之心甚切"。登基仅十二天，他便下诏求言，摆出虚怀纳谏的姿态，希望听到臣子的谏诤之词。群臣纷纷进言，左副都御史文瑞疏陈四事，礼部侍郎曾国藩疏陈用人三事，内阁学士车克慎疏陈敬天、继志、用人、行政十条等，大有振奋之势。对于这些直言不讳的奏疏，咸丰帝大多下旨褒扬，彰显了一个明君的气度。咸丰帝认真虚心地听取臣子的意见，注重从历史中汲取政治智慧，努力把自己的形象打造成一个善政的实践者。同时，他还诏令群臣保举人才，惩处有罪的前朝重臣，振兴朝纲。

除旧才能布新，才能显示新朝气象。咸丰帝罢黜前朝重臣穆彰阿、耆英等贪婪不法或年老昏聩者，这一举措大快人心。穆彰阿深谙为官之道，历任军机大臣22年、大学士14年，门生故吏遍布朝野，形成了一个庞大的势力集团，时人称之"穆党"。道光晚期，凡在政坛上有名有姓的角色，绝大部分出自穆党。曾国藩就是穆氏众多门生的杰出代表之一。经过穆氏的一连串运作，曾国藩由翰林院侍讲学士（从四品）超升为内阁学士兼礼部侍郎衔（正二品），连升五级，自叹"湖南三十七岁至二品者，本朝尚无一人"[1]。即便穆氏倒台以后，仍有很多经穆氏提拔的官员占据重要职位。

穆彰阿与和珅都是权相，但穆彰阿不是好财物之人，他无比贪念的是权力本身。穆彰阿思虑所及，不过是牢牢把持手中的权力，进而获得更大更持久的权力。但真正拥有权力之后，他并不是想着做一番事业，而是乐得做个太平宰相。民间流传一副对联，戏仿军机领班的穆彰阿面圣的情形，恰似一幅生动的君臣同乐图："喳喳喳，主子洪福；是是是，皇上圣明。"[2]咸丰帝罢黜穆彰阿，永不叙用，天下无不称快。

咸丰八年（1858），耆英奉旨赴天津与英法议和，因擅自回京，引发皇帝震怒。围绕如何处置耆英，朝中形成两种针锋相对的意见：奕訢依循大清律例，认为耆英并非统兵将帅，私自返京也无碍大局，建议从轻发落为"绞监候"（死缓）；肃顺则主张必须严明法纪，立即正法。咸丰思虑良久，作了折中处理，赐耆英自尽。耆英不得善终，与宫廷斗争、罢战言和及其藐视皇权密不可分。清末户部文选司郎中崇彝在其《道咸以来朝野杂记》中记载："道咸之际，初办外洋交涉，多不得当，丧失权利，在在皆是。耆相国英在粤东，与英人所订之条约，皆非当面折冲，派家人张禧偕首府某公出而协定。当时请旨赏张五品顶戴，以壮观瞻。此事太近儿戏，余初未之信。后有戚某公为广州知府，曾调取当年原卷阅看，果有此事。至咸丰七至八年换约期间，因耆英相定约偾事，赐令自尽。固由文宗之怒，实怡、郑二王等乘君之怒以成。耆平日实有自取之咎，因宣宗朝曾奖耆'有守有为'之语，于是耆相大书一联悬之客厅，云'先皇奖励有为有守；今上申斥无才无能'。此罢官时考语。故意令人见之。此联轩轾两

1　曾国藩：《曾国藩全集·家书之一》修订版，第二十册，岳麓书社2011年版，第133页。

2　谭伯牛：《近代的明媚与深沉》，山西人民出版社2016年版，第65—66页。

朝，含有阳秋，有人言之当权者，此自造杀身之祸也。"[1]论曰：罢战言和，始发于琦善，去备媚敌，致败之由。伊里布有忍辱负重之心，无安危定倾之略，且庙谟未定，廷议纷纭，至江宁城下之盟，乃与耆英结束和议，损威丧权，贻害莫挽。耆英独任善后，留广州入城之隙，兵衅再开，浸致庚申之祸。三人者同受恶名，而耆英不保其身命，宜哉。[2]

耆英出身正蓝旗，爱新觉罗氏，乃世代簪缨之家，其父禄康历任吏部侍郎、兵部尚书、步军统领、国史馆正总裁等职，官至东阁大学士加太子少保。耆英官运亨通，历任兵部侍郎，理藩院、礼部、工部、吏部、户部尚书，八旗都统，步军统领（又称九门提督），有"历五部之权衡，掌九门之莞钥"的盛誉。耆英还曾外任热河都统，盛京、广州、杭州将军，两江、两广总督等封疆大吏，最后官至文渊阁大学士。耆英曾代表清朝签订了中国近代史上第一个不平等条约——中英《南京条约》，后又签下《五口通商章程》《虎门条约》《望厦条约》《黄埔条约》等丧权辱国条约，在中国近代史上臭名昭著。耆英办理外交畏葸无能，崇洋媚外，祸国殃民，被刚继位的咸丰帝斥责为"无耻""无赖""无能"。咸丰帝令耆英自尽以谢天下，该决定受到朝野上下普遍称赞，"人人颂祷圣德英武，迈古腾今"。[3]

2

官场百弊丛生、积重难返，远非短期之力就能扭转，须从长计议。咸丰元年（1851），曾国藩在私信《复胡大任》中失望地说，应诏陈言之奏疏不下数百件，其中不乏好的对策建议，但结果呢？或下所司核议，辄以

1　崇彝：《道咸以来朝野杂记》，北京古籍出版社1982年版，第22—23页。

2　赵尔巽等：《清史稿》（卷三百七十），《耆英传》，第三十八册，中华书局1977年版，第11508页。

3　郑天挺主编《清史》（下编），天津人民出版社2011年版，第40页。

"毋庸议"三字了之；或通谕直省，则奉行一文之后，已复高阁束置，若风马牛之不相与。曾国藩表示，书生之血诚，徒以供胥吏唾弃之具，每念及兹，可为愤懑。[1]

治乱世用重典，在肃顺等人的辅助下，咸丰帝并非无所作为，也做出了自己的努力。咸丰帝力图革除吏治腐败的弊端，"申国法以救积弊""严禁令、重法纪，锄奸宄"，这在戊午科场案、钞票舞弊案中有鲜明体现。

有考试的地方就难免有作弊的存在。"十年寒窗无人问，一举成名天下知。"一旦金榜题名，就意味着即将踏上利禄之途，这使热衷于功名的士子们孜孜以求，锲而不舍。科举录取率低，人们为了中举挤破脑袋，甚至有人为了功名铤而走险。

选才纳贤是国家强盛的根本。坚持好的选才原则和严的选才标准，才能选出好的人才。历朝历代的科举考试，都对考生作弊行为防范甚严。清朝立有严酷的戒律，但科场舞弊并没有就此止步，各种舞弊行为从未断绝。咸丰初年，关节条子之风盛行。所谓关节条子，即考官与士子交通作弊，先期约定符号，订明试卷内诗文某处用某字以为标记的条子。士子或面呈亲递，或辗转相托，或搭载便车，将条子交给考官。考官入场阅卷后，留心于贿赂者，凭条索录，按图索骥，百不失一。更有胆大妄为之徒，在条子上加上三圈、五圈，以此暗喻银两数目，以求额外关照。如果有幸获中，三圈就赠三百两，五圈就赠五百两，童叟无欺。

咸丰八年（1858），为顺天府乡试之年。顺天府乡试的主考官是内阁大学士、军机大臣柏葰，同考官是翰林院编修浦安，副考官是户部尚书朱凤标、左都御史程庭桂等。但这些考官们并没有因得到要差为幸，反而因震动朝野的大案，丢了卿卿性命。其时岁在戊午，这场科举舞弊案又称戊

1　《复胡大任》，曾国藩：《曾国藩全集·书信之一》修订版，第二十二册，岳麓书社2011年版，第70页。

午科场案，为清朝三大科场舞弊案之一。

八月八日，乡试一开场，考场所在的贡院大堂发现了大头鬼的传言便不胫而走。据传，贡院中的大头鬼从不轻易出现，一旦出现，便预示着有大案发生。应景的是，乡试刚刚开始，顺天府尹梁同新与提调顺天府丞蒋达就龃龉不断，"以供应事，议论不合，互相诋諆"，分别遭到革职、降调处分。

轰动一时的戊午科场案，导火索是一个戏子。九月十六日发榜，镶白旗满洲附生平龄赫然中了第七名举人。附生的出现，是因清末读书人数一增再增，县学又于额外增取，附于诸生之末，称为附学生员。平龄不学无术，是一位有名的戏剧票友，曾在戏院登台演戏，竟然也能高中举人，朝野上下一片哗然，皆谓"戏子亦中高魁矣"。清律明确规定，伶人不能应考，更何况还中举了，实在是滑天下之大稽。

十月初七日，御史孟传金上奏揭发说："中式举人平龄，朱墨不符，物议沸腾，请特行复试。"[1]所谓朱墨不符，是指本人的墨卷与他人抄写以供评阅的朱卷，内容上存在着较大的差异。为了防止考官舞弊，清政府规定考生亲笔所写的试卷用墨笔，然后指定专门人员用朱笔照抄呈送考官批改。这意味着平龄的试卷已经被篡改或调换。

咸丰帝本欲对腐败的吏治官风进行大刀阔斧的整饬，且科举考试是国家抢才大典，不容任何闪失，更容不得知法犯法。咸丰帝得知舞弊情节后，大为恼怒，立即颁发朱谕，命载垣、端华、全庆、陈孚恩等人，"认真查办，不准稍涉回护。并将折内所指各情，可传集同考官，一并讯

1　《谕内阁着派载垣等查办平龄等案卷》，中国第一历史档案馆编《清代档案史料丛编》（第十四辑），中华书局1990年版，第207页。

办"[1]。不查不知道，一查吓一跳。经查，此次科举考试，黑幕重重。不但平龄本人墨卷中有七处错误，同考官邹石麟在其朱卷中代替他改正过来，而且又查出其他有问题的试卷五十份。更为严重的是，还查出了主考官、同考官受贿舞弊之事。

在这次科举考试中，已授刑部主事的广东肇庆人罗鸿绎，在考前与他的同乡、兵部主事李鹤龄拟定关节条子，由李鹤龄经手把条子递交同考官翰林院编修浦安，求其照应。浦安协同柏葰的家人靳祥串通作弊，将已经列入副榜（落选榜）的罗鸿绎的试卷调入正榜（入围榜），罗鸿绎因此考中举人。罗鸿绎与考试官事先约定，其考试时第一篇文章的最后用"也夫"二字结尾；第二篇用"而已矣"三字结尾；第三篇用"岂不惜哉"四字结尾；诗则用"帝泽"结尾。[2]这样，考官便能不着痕迹地识别出请托者的试卷，使得"糊名易书"之法失去了防弊作用。

清朝承袭宋明以来"糊名易书"的防弊办法，考试、评卷之时，内外监试、提调、受卷、誊录、对读、弥封等外收掌官，笔用紫色；同考官、内收掌官笔用蓝色；誊录生笔用朱色；对读官、对读生笔用赭黄色；而主考官因是阅看朱卷，故而可用黑色笔。这一"糊名易书"之法，意在防范考试过程中考生、考官可能发生的种种作弊行为。无奈，道高一尺魔高一丈，作弊手段与时俱进，作弊者的阴谋仍能得逞。

发榜后，罗鸿绎向李鹤龄赠送白银二百两，又分别向浦安和柏葰赠送了贽敬银、门包不等。内幕披露之后，肃顺对咸丰帝说：柏葰身为一品大员，竟"听受嘱托，辄将罗鸿绎取中，实属咎由自取……请比照交通

1 《谕内阁着派载垣等查办平龄等案卷》，中国第一历史档案馆编《清代档案史料丛编》（第十四辑），中华书局1990年版，第207页。

2 《载垣等奏审拟科场案内各员罪名折：附件三罗鸿绎供词》，中国第一历史档案馆编《清代档案史料丛编》（第十四辑），中华书局1990年版，第222页。

嘱托，贿买关节例，拟斩立决"[1]。咸丰帝认为柏葰等荒谬已极，若不严惩，不足以肃纲纪、安臣民。因此，虽然明知科场舞弊已经习以为常，明知柏葰情有可原，但法难宽宥，必须杀一儆百，以保全大局。

相较其他犯人的惊慌失措，柏葰却安之若素，因为他在"八议"[2]之列，凡爵一品、文武职事官三品以上，散官二品以上，皆当"议贵"。《大清会典》规定："应议者有罪，实封以闻，取自上裁。"为此，咸丰帝召集王公大臣，援用"议贵"例，探讨是否对柏葰减罪。照一般情况而论，死罪可免，极有可能改斩为戍。但肃顺执意要杀柏葰，咸丰竟哑口无言，听之任之。[3]咸丰帝有意保全柏葰，但在权臣肃顺的催逼下，最终不得不屈服。其实，咸丰帝也有意默认肃顺的做法，借以肃贪除恶。

据《清人笔记》记载：刑部定案后，行刑之日，各犯官皆赴菜市口，候驾帖而后行刑。是日，柏葰照例冠摘缨冠，衣元色外褂，同赴市口。先向阙谢恩，静候驾帖。时谓其子曰："皇上必有恩典，我一下来即赴夕照寺，候部文起解，尔回家速将长途应用之物赶紧送来。"盖向来一、二品大员临刑时，或有格外恩典。柏意谓非新疆即军台，故云至夕照寺候起解也。乃言甫毕，见刑部尚书赵光，一路痛哭而至，尚书盖在内廷候驾帖者。柏一见云："完了，完了。皇上断不肯如此，此必肃六从中作祟，我死不足惜，肃六他日亦必同我一样。"云云。刽子手即屈左足半跪，送中堂升天矣。闻是日，赵光候驾帖时，上持朱笔颇迟疑，并云："罪无可逭，

1　《载垣等奏审拟科场案内各员罪名折》，中国第一历史档案馆编《清代档案史料丛编》(第十四辑)，中华书局1990年版，第218页。

2　"八议"是中国封建刑律规定的对八种人犯罪必须交由皇帝裁决或依法减轻处罚的特权制度。法律规定，以下八种特殊人物犯罪，不能适用普通诉讼审判程序，司法官员也无权直接审理管辖，必须奏请皇帝裁决，由皇帝根据其身份及具体情况减免刑罚的制度。这八种人是：议亲、议故、议贤、议能、议功、议贵、议勤、议宾。

3　高阳：《清朝的皇帝（四）：走向式微》，上海文艺出版社2013年版，第14—15页。

情有可原。"肃顺在旁对曰:"虽属情有可原,究竟罪无可逭。"上意犹未决,肃顺即夺朱笔代书之。赵光一见即痛哭出宣武门矣。[1]

戊午科场案内幕重重,头绪纷繁,最终得以审结,柏葰、浦安、李鹤龄、罗鸿绎被斩首(其时平龄和靳祥已死于狱中),90余人受到惩处,涉及面之广令人咂舌。《清史稿》对此事评价道:"用重典之效,足以挽回风气也。"[2]薛福成在《庸庵笔记》中说:"自戊午严办考官之后,遂无敢明目张胆以条子相授受者,乡、会两试,数十年间,规模尚称肃穆,此举诚不为无功。"[3]其间的正面评价未免有夸大之辞,但也从另一方面折射出此前科场舞弊的程度之深。

透过科场舞弊案,各方要员各怀心思,互相倾轧,勾心斗角,互相拆台,可见一斑。同僚之间互相拆台,结果一起垮台,清朝的发展走势,证明了这一点。

《清史稿》曾记载:"盖载垣、端华及会审尚书肃顺素恶科目,与柏葰有隙。因构兴大狱,拟柏葰极刑。"[4]柏葰有罪,但罪不该死。同治年间,该案重审,慈禧权衡利弊批示:"柏葰不能谓无罪,该御史(指为柏葰翻案的任兆坚)措词失当。念柏葰受恩两朝,内廷行走多年,平日勤慎,虽已置重典,当推皇考法外之仁。"[5]于是,录柏葰之子候选员外郎钟濂赐四品卿衔,以六部郎中遇缺即选,钟濂后官盛京兵部侍郎。

---

1   小横香室主人:《清代野史大观》(卷七),《肃顺》,第二册,中央编译出版社2009年版,第704页。

2   赵尔巽等:《清史稿》(卷三百八十九),《全庆传》,第三十八册,中华书局1977年版,第11726页。

3   薛福成:《庸庵笔记》(卷三),《戊午科场之案》,重庆出版社1999年版,第88页。

4   赵尔巽等:《清史稿》(卷一百八),《选举志三》,第十二册,中华书局1977年版,第3156页。

5   赵尔巽等:《清史稿》(卷三百八十九),《柏葰传》,第三十八册,中华书局1977年版,第117216页。

3

除科场案外，还有钞票舞弊案。在此过程中，官商狼狈为奸，强迫流通钞票，闹得官民交累、两败俱伤。

咸丰初年，农民起义、"贼患"、水患等交相叠加，各处都需要财政拨款。无奈，国库空虚，根本无力偿付。咸丰元年（1851）九月，时任陕西道监察御史的王茂荫，向咸丰帝上《条议钞法折》，建议推行币制改革，由银号出资发行丝织钞币，以解决财政困难，未被采纳。王茂荫提倡发行钞币，但他并不认同以通货膨胀来破解财政困难的纸币方案。在《条议钞法折》中，王茂荫总结了历代行钞的弊端："一则禁用银而多设科条，未便民而先扰民；二则谋擅利而屡更法令，未信民而先疑民；三则有司喜出而恶入，适以示轻；四则百姓以旧而换新，不免多费；五则纸质太轻而易坏；六则真伪易淆而难识；七造钞太多，则壅滞而物力必贵；八造钞太细，则琐屑而诈伪滋繁；九则官吏出纳，民人疑畏而难亲；十则制作草率，工料偷减而不一。"[1]他认为，发行纸币，必须"举此十弊去之"。

咸丰二年（1852），四川学政何绍基等人奏请变通钱法，铸造大钱。咸丰帝病急乱求医，要求户部会奏。咸丰三年（1853）二月二十七日，上谕："着即照所请定为官票名目，先于京师行用，俟流通渐广，再行颁发各省一律遵办。官票之行，与银钱并重，部库出入收放相均。其民间行用银钱私票仍听其便，商贾交易亦不致稍有抑勒，洵为裕国便民良法。总期上下相信，历久无弊，即使国用充裕，官票照旧通行。"[2]不久，咸丰帝接受群臣关于鼓铸大钱、推行钞法的建议，着力进行币制改革。除了户部铸

1　《续修四库全书》编纂委员会编：《续修四库全书·史部·诏令奏议类》（第500册），《王侍郎奏议》，上海古籍出版社2002年版，第419页。

2　刘锦藻：《清朝续文献通考》（卷二十），《钱币二》，商务印书馆1955年版，第7697页。

造外，又有13省获准开炉铸造大钱。为了获利，各省往往熔毁原值一文的制钱，改铸大钱。

咸丰三年（1853）七月二十一日，户部开始在全国发行银票。同年十二月初二日，户部印制成第一批钱钞。因钱钞发行量过大，百姓对钞票缺乏信心，以及政府处理不当，钱钞的实际购买力严重不足。如彭信威所言："当时清朝政府的各种开支，都用纸币搭放，甚至只发出而不肯收进；人民拿纸币去买东西，商人或则故意加价，或则把货物藏起来；人民拿纸币去向官号兑现，即使能兑到，也是大钱（含铜量极少的铜币）；加以官吏作弊，滥发纸币，使其价值大跌。"[1]

铸造铜大钱虽然获利不赀，但铜原料供应短缺，咸丰四年（1854），咸丰帝又先后批准铸造铁钱，铸造当五、当十的铁质大钱，甚至批准铸造铅钱。铜大钱、铁钱、铁大钱、铅钱，毕竟还是用金属制造，更为获利的是纸票。咸丰三年（1853），咸丰帝批准户部发行官票，面值有一两、三两、五两、十两、五十两。不久，咸丰帝又批准户部印制宝钞，面值有五百文、一千文、一千五百文、二千文、五千文、十千文、五十千文、一百千文。除户部外，由户部监督的官银钱号，也发行了数量惊人的京钱票，面额甚至有高达一万千文者。这种近乎无成本的纸币，获利惊人。除了户部外，京外16省也不甘落后，纷纷开设官银号钱局，发行"局票"。

咸丰三年（1853）十一月初二日，王茂荫擢升为户部右侍郎，兼管钱法堂事务。他上疏反对铸造大钱，认为低值铜币必然会导致物价上涨，指出"官能定钱之值，而不能限物之值"[2]，但此一建议未被咸丰采纳。王茂荫是马克思在《资本论》中唯一提及的中国人。马克思在讨论信用货币和

1　彭信威：《中国货币史》，上海人民出版社1988年版，第834页。

2　刘锦藻：《清朝续文献通考》（卷二十），《钱币二》，商务印书馆1955年版，第7698页。

不兑换货币的发展历程时提到：清朝户部右侍郎王茂荫向天子上了一个奏折，主张暗将官票宝钞改为可兑现的钞票。[1]但在大臣审议报告中，王茂荫受到严厉申斥。

清承明制，实行制钱与银两并行的货币制度。币制改革中，清政府尝试发行两种形式的钞票：一是"户部官票"，又名"银票"，是以库平银两为单位的纸币；一是"大清宝钞"，又名"钱钞"，是以制钱钱文为单位的纸币，二者合称"官票宝钞"，简称"钞票"。咸丰朝发行的纸币，也分别以两种货币单位为准，一种是以银两为单位的户部官票，一种是以制钱为单位的大清宝钞。咸丰帝想当然地以为，"以纸代银""以票代银""以铁代铜"，是一项"无须帑本"又获利甚厚的法宝，因此无所顾忌、无限发制。然而，天下没有免费的午餐，一旦违背了商品流通规律，货币制度便难以为继，大钱、钞票便会迅速贬值，导致恶性通货膨胀。货币改制的初衷，是要抑制通货膨胀，稳定经济局面，结局却是适得其反，百姓深受其害。

人们甚至把"钞票"戏称为"吵票"，京城"兵民及大小铺面，均视钞法为畏途，未见行钞之利，但见行钞之害"[2]，以钞法不便为辞。如咸丰年间著名学者鲍康所言："如都城市肆是也，凡以钞买物者，或坚执不收，或倍昂其值，或竟以货尽为词。有戏呼为吵票者，殊谑。"[3]百姓对钞票敬而远之，钞票成了人人唯恐避之不及的过街老鼠。

为促进官票、宝钞流通，清政府决定效仿民间钱铺发行钱票的办法，

1　马克思：《资本论》（第1卷），见《马克思恩格斯全集》（第23卷），人民出版社1972年版，第146页。

2　中国人民银行总行参事室金融史料组编《中国近代货币史资料（第一辑）：清政府统治时期》（上册），中华书局1964年版，第381页。

3　中国人民银行总行参事室金融史料组编《中国近代货币史资料（第一辑）：清政府统治时期》（上册），中华书局1964年版，第385页。

招商设立官银钱号，承办收钞发钱的业务。咸丰三年（1853）四月，户部奏准设立乾豫、乾恒、乾丰、乾益等第一批官银钱号，俗称"四乾官号"。咸丰四年（1854），商人白亮、刘宏振呈请捐助钞本，承办钞务。但他们并无报效之实心，也没有足够的资本，只是想借机牟利。经管理铁钱局王大臣奏请设立宇大通，分设宇升、宇恒、宇谦、宇丰、宇泰官钱铺（钦称"五宇字官号"），以铁大钱为钞本，另募商人承办，准其开出本票，照民铺一律交易。但商人的本性是逐利，他们与官府勾结，大肆发行银钱，架空腾挪，强迫推行，闹得官民交累，不胜其扰。

咸丰朝货币政策的初衷，是为了应付日益严峻的财政开支，但事与愿违，带来的却是恶性通货膨胀。咸丰帝明白后果，但为了挽救财政危机，也不得不饮鸩止渴。往来的一切费用，户部用白银与票、钞、大钱搭放的方式支付，如兵饷往往银、票对半，这实际上是减少一半的开支。这与直接掠夺人民无异，给经济社会带来巨大灾难。大钱、银票、宝钞的强制推行，当十、当五大钱以及钱票的流通，只不过在形式上缓解了中央政府的财政危机。民间往往拒收银票、宝钞等，镇压太平军的军费仍然没有着落，地方的财政状况愈发每况愈下。

咸丰四年（1854）三月，王茂荫针对银票、宝钞和铸大钱所造成的剧烈贬值和混乱，向咸丰帝上《再议钞法折》。主要内容包括：允许钱钞兑换现钱，允许银票兑换现银，允许各商店用钞换银，允许典（当）铺款项出入顺带用钞币。[1]咸丰帝对王茂荫的《再议钞法折》大为不满，认为王茂荫所言是贵民而贱官，纯属无稽之谈。户部军机大臣也指责王茂荫是"所论专利商贾而不便于国，殊属不知大体"，咸丰帝下旨严行查办，将王

1　《再议钞法折》，王茂荫撰，张新旭等点校《王侍郎奏议》，黄山书社1991年版，第101—105页。

茂荫调离户部。[1]

户部铸大钱、行钞的负面影响几乎贯穿整个晚清。经济史学家汤象龙对清朝金融改革失败的原因作了总结：理论基础错误，施行中缺点很多，如钱钞制度过于复杂，发行数额过大，工本过于节省导致私铸泛滥，法令、制度屡次更改等。加之政治不良，州县中饱，交通不便等。[2]相比白银，大钱和纸钞缺乏自身价值，又没有政府的信用和公信力作支撑，其失败在所难免。自此之后，清朝长期受货币供应不足的困扰。

咸丰八年（1858）十二月底，肃顺改任户部尚书，接办户部事务，派员覆封宝钞处"五宇字官号"欠款，竟然发现其数目与官钱总局所立存稿不符，因此奏请查办。咸丰帝听从肃顺的建议，立即对户部官员作了大幅调整，以加快对宝钞舞弊案的整顿力度。

咸丰九年（1859），咸丰帝派载垣、肃顺等人彻底查此案。到十月间，五宇欠款基本核查清楚，并将主要案情陆续上奏咸丰帝。为此，咸丰帝颁发五道上谕，将与该案有关的户部司员、字号商人、保铺商人等的家产全部查封备抵，京城一时掀起抄家风波。然而，就在案情渐趋明朗之际，户部稿库忽然失火，延烧大堂及南北档房、司务厅、俸饷八旗司等处。咸丰帝闻讯后，怀疑大火与户部正在查办的钞票舞弊案有关，谕令将当月司员全部革职听讯，司务及书吏二十余人皆交刑部，一并归原审票案王大臣等严讯。[3]

随着案情的不断鞫讯，矛头越来越清晰地指向前户部尚书翁心存。载垣因翁心存回奏与供词"事涉两岐，碍难悬断"，请旨饬翁心存明白回奏，"抑或革去顶戴，听候传讯"。翁心存自咸丰六年（1856）执掌户部，户部

1　王经一：《王茂荫年谱》，安徽人民出版社2015年版，第154—155页。

2　汤象龙：《咸丰朝的货币》，《中国近代经济史研究集刊》1933年第1期。

3　何瑜：《名家说清史·咸丰皇帝》，故宫出版社2016年版，第100页。

兴起大狱，其咎已不止于失察。但翁心存是道光朝进士，历任数省学政，门生弟子"登科第、服官中外者，指不胜屈"，关系错综复杂。在入值上书房的二十年内，先后授读恭亲王奕䜣、惇亲王奕誴等，还一度指导咸丰帝读书，深受皇帝和诸王尊重与推崇。在入值期间，他与朝廷重臣亦多有交往，地位显赫，根基深厚。由于英法联军再度入侵，咸丰帝有意庇护翁心存，不愿再兴大狱，最终因此案审无确据，以革职留任作结，避免了"摘去顶戴，归案质讯"的惩罚。[1]

辛酉政变后，慈禧掌握实权，一改肃顺等人对宝钞舞弊案的做法，以宽大和不作追究的原则了结此案。咸丰十一年（1861），上谕："户部官票所掌关防司员革员外郎景雯，于停止换钞之后，辄用短号钞票换出长号钞票，得受谢仪，旋将原赃缴回，例应发往军台效力赎罪。已革员外郎崇贵、笔帖式常禄、主事丰瑞系宝钞局帮办司员，辄向换钞商民需索使费，得赃分用，但以上革员犯在恩诏大赦以前，应得罪名，准其援免，均着永不叙用。此案已革商人张兆麟、马锡禄均充官号商人，所亏钱票，即属官物，罪无可逭，着照监守自盗仓库钱粮一千两以上例斩监候，秋审入于情实。已革户部郎中王正谊、已革御使前任户部郎中台斐音系总办掌印司员，于商人亏欠帑项改作私款，蒙混入奏，厥咎甚重。惟据该员等供称九号存票，实系买卖私项，与正项毫无干涉，着即行取保，赴户部核算，秉公定拟。其余涉案人员，各按情节轻重，分别惩处有差。"[2]此案最终以处斩4人、绞监候1人、流放3人结案。

治乱世需用重典。在吏治败坏的情形下，不杀几个高官不足以树威严。咸丰帝深明此理，但真正磨刀霍霍时，他又于心不忍。肃顺为铲除异

1　唐晓辉：《咸丰朝户部钞票舞弊案研究》，《清史研究》1996年第4期。

2　《清实录·穆宗毅皇帝实录（一）》（卷九），第四五册，中华书局1987年版，第234—235页。

己，心狠手辣，欲除政敌而后快，但因积习太深，上下串联，一旦除恶务尽，反倒怨声载道。时人论之："顷年度支百出，而官吏朋奸舞弊，亏至数千万以，县官振厉，固不容缓；然昔岁科场，今兹储库，亦非国家福也。"[1]

二、内忧除不尽

1

咸丰帝即位不久，就爆发了中国历史上规模最大的农民起义，即太平天国运动。倘若群臣勠力同心，原本很快就可以稳住局面，在广西将太平军扼杀在摇篮之中。但官场粉饰、敷衍、颟顸，使其错过镇压的良机，致使太平军一步步发展起来。

"风起于青蘋之末，浪成于微澜之间。"天地会生事，以及土客械斗，分散了官府注意力，为拜上帝教会众起事创造了条件，客观上助长了洪秀全等人的反清活动。孟森在《清史讲义》中提到："道光之季，两广群盗如毛，广西尤遍地皆匪。洪秀全与杨秀清创保良攻匪会，公然练兵筹饷，招收徒众。官捕之，搜获入教名册十七本，巡抚郑祖琛不能决，释秀全出狱。秀清率众迎归，招集亡命，贵县秦日纲、林凤祥，揭阳海盗罗大纲，衡山洪大全皆来附，阴受部署者至万人。以岁值丁未，应红羊劫谶。丁未为二十七年，后三年始以起事称。"[2]

马克思在他的有关著述中反复提到了太平天国，论及起义爆发的原因时，马克思指出："中国的连绵不断的起义已经延续了约十年之久，现在汇合成了一场惊心动魄的革命……推动了这次大爆发的毫无疑问的是英国

1　吴相湘：《晚清宫廷实纪》，正中书局1988年版，第10页。

2　孟森：《清史讲义》，时代文艺出版社2015年版，第345页。

的大炮，英国用大炮强迫中国输入名叫鸦片的麻醉剂。"马克思继而指出：
"中国在1840年战争失败以后被迫付给英国的赔款、大量的非生产性的鸦
片消费、鸦片贸易所引起的金银外流、外国竞争对本国工业的破坏性影
响、国家行政机关的腐化，这一切造成了两个后果：旧税更重更难负担，
旧税之外又加新税。"[1] 这些社会危机，造成的最终结果就是"中国发生了
起义"。除了分析英国的大炮与鸦片等外因，马克思还直指清政府内政不
修才是根本原因。马克思认为，中国处于"野蛮的、闭关自守的、与文明
世界隔绝的状态"，是"小心保存在密闭棺材里的木乃伊"。[2]

对现实不满的人们，总想加入某种组织来安身立命。属于秘密结社
性质的组织，在一定程度上满足了人们的精神寄托。鸦片战争后，基督教
传教活动得到认可。人们除了依靠具有浓厚道教色彩的天地会等秘密结社
外，基督教团体也成为团结民众的精神纽带。标榜基督教的各类团体，急
剧膨胀，力量骤增。道光十六年（1836），洪秀全二十四岁，去广州参加
第二次乡试。在广州街头，他遇到一名传教士，拿到一本《劝世良言》的
小册子。当时洪秀全没有过分在意，只是大致浏览一下，便置之脑后。

太平天国运动与洪秀全的科场失意息息相关。经历第三次科举考试
失败后，洪秀全悲愤交集，大病一场，四十天卧床不起。重病高烧出现幻
觉，梦到一个老人（耶稣基督）送他斩妖除魔的宝剑，并赐予"天王大道
君王全"七个字。梦醒后，洪秀全觉得梦境与《劝世良言》所描绘的场景
类似，便开始认真阅读《劝世良言》，"觉已获得上天堂之真路，与永世快

1　《中国革命和欧洲革命》，中共中央马克思恩格斯列宁斯大林著作编译局编《马克思
恩格斯全集》（第九卷），人民出版社1994年版，第109—110页。

2　《中国革命和欧洲革命》，中共中央马克思恩格斯列宁斯大林著作编译局编《马克思
恩格斯全集》（第九卷），人民出版社1994年版，第111页。

乐之希望"[1]。洪秀全本名洪仁坤，幼名火秀。做梦之后，他从"天王大道君王全"七个字中取"全"字，改名洪秀全。道光二十三年（1843），洪秀全第四次参加乡试，再次名落孙山，对科举成名绝望，开始一心拜上帝。第四次落第，改变了洪秀全的人生方向。洪秀全还没有看过《圣经》，只是依据《劝世良言》，以中国文化为参照，望文生义解构基督教义，创作了《原道救世训》《原道醒世训》和《原道救世歌》，塑造了一个为其所用的皇上帝。他认为，"大而无外谓之皇，超乎万权谓之上，主宰天地人万物谓之帝"[2]，皇上帝是唯一真神，其他诸神皆为妖，清朝则为清妖。

洪秀全是个编排故事的高手。他谎称自己上过天堂，面见过上帝，是上帝的次子，耶稣的亲弟，即太子。洪秀全还附会出"上帝原来是老亲"[3]，论证耶和华的"华"与中华的"华"关系密切，进而借助神的话语去鼓动民众。作为上帝的次子，洪秀全把自己打造成真理的化身，打造成代表上帝的"唯一真神"。洪秀全和冯云山利用臆造的理论，创立了宗教组织"拜上帝会"，很快取得成功，在广东、广西吸纳数万信众。

洪秀全将自己的教团命名为拜上帝会，意为奉拜上帝耶和华的结社团体。拜上帝教教义是洪秀全等人在自己有限的基督教知识基础上，根据革命需要和社会实际改造而来。拜上帝教是中国化了的基督教。它既源于基督教，又背叛了基督教教理，既抨击儒家学说，又吸纳儒家伦理的部分内容，试图将基督教与儒、佛、道等中国传统思想融合在一起，是掺东西方宗教、玄学、秘术的大杂烩。拜上帝教是西方基督教的异端，完全曲解了

1　（瑞典）韩山文：《太平天国起义记》，中国史学会主编《太平天国》（六），上海人民出版社2000年版，第840—846页。

2　《钦定英杰归真》，中国史学会主编《太平天国》（二），上海人民出版社2000年版，第572页。

3　《天命诏旨书》，中国史学会主编《太平天国》（一），上海人民出版社2000年版，第64页。

基督教教义,将基督教的一神教分成了上帝、耶稣等多神教,而且还称上帝为天父、耶稣为大哥、洪秀全为二哥、杨秀清为三哥,随后还多出了萧朝贵、冯云山等多位兄弟。而在西方的基督教中,始终强调圣父、圣子、圣灵的三位一体,圣父被认为是至高无上、主宰一切的力量。

洪秀全的身份,惹来了亲密战友的艳羡。杨秀清、萧朝贵也借用巫汉降神的手段,假托天父和天兄下凡,从而获得了传达上帝话语的权力。《太平救世歌》中称:"我兄弟五人,赖蒙天恩主恩,授封为王,承蒙天父亲命,下凡辅定真主。"[1]首义诸王无一例外都成了天父委托下凡的神,称东王杨秀清为"风"、西王萧朝贵为"雨"、南王冯云山为"云"、北王韦昌辉为"雷"、翼王石达开为"电",天王洪秀全则高于其他诸王为"日"。[2]

曾来过南京的西方传教士如罗孝全、花兰芷等人指责洪秀全等曲解上帝,曲解圣经,神话自己,并发泄对洪秀全的不满:"天主教教皇如有权治他,早就把他烧死了!"在西方神职人员眼中,洪秀全形同不伦不类的野菩萨,天王之基督教不是什么好东西,只是一个狂人对神圣之最大的亵渎而已。而他的部下之宗教,简直是大笑话和滑稽剧。[3]

俗话说:为了打鬼,借助钟馗。洪秀全依赖上帝建立了世俗威权,并假借天父之名发动了前所未有的反孔运动。他编造了一个更为离奇的故事,称孔子和他一起上天见上帝时,天父对孔子的"妖说"极端不满,对其进行了责罚直至鞭打,孔子苦苦求饶苟且偷生,到菜园里服劳役来赎

1　《太平救世歌》,中国史学会主编《太平天国》(一),上海人民出版社2000年版,第241—242页。

2　陈旭麓:《近代中国社会的新陈代谢》,生活·读书·新知三联书店2018年版,第68页。

3　(瑞典)富礼赐撰《天京游记》,中国史学会主编《太平天国》(六),上海人民出版社2000年版,第950页。

罪，以此来反衬自己的光辉形象。为确立自己的思想权威，洪秀全宣称孔子为"妖"，烧孔庙，毁神像，焚烧儒家典籍，捕杀贪官污吏。起义军所到之处，孔庙、学宫皆被焚毁，儒家经典亦被付之一炬。定都天京后，洪秀全对孔子及其典籍进行全面反攻倒算，把孔庙改为屠宰场，把圣人牌位弃之猪圈、马厩，把私藏和阅读"妖书"者斩首示众。时人记云："敢将孔孟横称妖，经史文章尽日烧。"[1]

曾国藩痛斥洪秀全："举中国数千年礼仪、人伦、诗书、典则，一旦扫地荡尽，此岂独我大清之变，乃开辟以来名教之奇变，我孔子、孟子之所痛哭于九原，凡读书识字者，又乌可袖手安坐，不思一为之所也！"[2]而在朝廷眼中，拜上帝教类似邪教，害人夺命。洪秀全的"反孔"，主观上意图实现理论的换血，客观上却把儒家和上帝糅合起来，其目的是通过确立自己的思想权威来实现专制独裁。在斗争实践中，太平天国的领袖们通过冠冕堂皇的教义来满足自己的私欲。就像李大钊说过的一句话："他们禁止了鸦片，却也采用了宗教，不建设民国，而建设天国。"[3]

洪秀全决心为百姓创建绝对平等的天国。但超越现实的理论，不过是镜花水月，最终还会现出原形。不考虑经济基础和社会发展阶段的超越，消灭家庭、私有、金钱等绝对平均的举措，这只是理想主义者的妄想，得来的将是更大的不平等。洪秀全创建的太平天国，空想的天堂迅速异化为腐朽的专制，较"清妖"有过之而无不及。

除了崇奉上帝之外，太平天国的圣库名存实亡，"男行""女行"被迫

1　《山曲寄人题壁·禁孔孟书》，太平天国历史博物馆编《太平天国史料丛编简辑》(第六册)，中华书局1963年版，第386页。

2　《讨粤匪檄》，曾国藩：《曾国藩全集·诗文》修订版，第十四册，岳麓书社2011年版，第140页。

3　李大钊：《孙中山先生在中国民族革命史上之位置》，朱文通等整理编辑《李大钊全集》(第四卷)，河北教育出版社1999年版，第648页。

取消，恢复了正常贸易，土地制度照旧，照常交粮纳税，一切又回到了从前。天京事变后，洪秀全曾发誓再不封王，但其族弟洪仁玕来天京后立即得封干王。其兄弟和儿子，不论贤能愚笨，有功无功，也一律封王。后来，为化解封王带来的矛盾，洪秀全开恩封王竟达2700多个。时人描绘这些王爷们："宫室车马及衣服，竭来享尽天堂福。志骄气盈乐宜极，百计营求供大欲。金鱼数十缸，珍禽数百笼，去年人献十四凤，今年令捉千斤龙。夏鼎商彝举室空，瑶草琪花掘地穷。竹未槎枒斗雕刻，玉石磊落资磨砻。"[1]这首诗虽不免夸张，但反映了一个基本事实，较之起义之初的平等、团结、友爱，晚期的太平天国比一般的封建体制更加腐败堕落。

2

道光三十年（1851）十二月，拜上帝会自称"太平天国"，在广西桂平市金田村举兵起义。当然，起义爆发并非朝夕之举，而是经过长时间的酝酿准备。即将举兵时，数千官军反水投奔拜上帝会，太平军集结各路人马大约一万人。驻守桂平的署贵州镇远总兵邹凤岐命贵州清江副将伊克坦布的部队进攻金田，伊克坦布在进剿金田时阵亡，清军如鸟兽散。从力量对比看，参加起义的群众以老弱妇孺居多，清军在兵力、武器、给养上占绝对优势。但看似没有悬念的双方对决，其结局却匪夷所思，弱势的太平军在强势的清军面前，竟然冲破围追堵截，跳出重重包围圈，逐渐掌握了战场主动权，一路势如破竹沿江东下。后因事态严重，广西巡抚郑祖琛不得不上奏朝廷，但只泛言会匪暴动，并未明确报告农民起义已经爆发，隐瞒了实情。

咸丰帝收到兵科给事中袁甲三等人弹劾郑祖琛的奏折，及各省督抚的

1　马寿龄：《金陵癸甲新乐府附城外新乐府·征玩好》，中国史学会主编《太平天国》（四），上海人民出版社2000年版，第738页。

奏报，才认识到事态的严重，急谋平乱之方。咸丰帝心急如焚，慌忙调兵遣将，"遴选第一流能臣为帅，不可谓非知人善任，调度得宜矣"，分路进入广西会剿，并将提督闵正凤、巡抚郑祖琛革职。[1]为应对太平军的挑衅，咸丰帝任命有骁将之名的湖南提督向荣为广西提督，并重新起用赋闲在家养病的林则徐为钦差大臣，署广西巡抚，入桂督师。林则徐不敢怠慢，即刻从福建启程，带病驰赴广西。然而，在途经广东时，病情愈加严重，最终死于旅馆。林则徐出师未捷身先死，有所谓"自则徐死，而洪杨之变不可遏抑矣"[2]。由于林则徐的病死，清政府早期的广西平叛遭受挫折。咸丰帝不得不另选前两江总督李星沅为钦差大臣，又以前任漕运总督周天爵署广西巡抚，领兵镇压太平军。

道光三十年（1850）十二月二十日，李星沅上奏曰："广西贼势披猖，各自为党。如浔州府桂平县之金田村贼首韦正、洪秀全等私结尚弟会，……实群盗之尤，必厚集兵力乃克，一鼓作气，聚而歼之。"[3]为避皇上的讳，文中"上帝会"改为"尚弟会"。直到此时，咸丰才知道洪秀全的名字，太平军才是广西"群盗"之尤，其耳目之闭塞、治理之孱弱可见一斑。清军与太平军作战，连吃败仗，李星沅、周天爵、向荣一筹莫展，互相指责。李星沅孤军奋战，向荣、周天爵等前线将领各自为战，太平军屡次突破清军防线。金田起义三个月后，李星沅因战败羞愧，旧病复发，急火攻心，死于军中。李星沅和林则徐一样，都是高龄老人，经不起艰苦的路途跋涉，病死也属正常。但对清军来说，钦差大臣接连死去，实非吉兆，对士气大有影响。迷信的人造谣称"太平军作祟"，为此胆战心惊。[4]

1　简又文：《太平军广西首义史》，商务印书馆1944年版，第196页。

2　印栾章：《清鉴》（卷六），世界书局1937年版，第501页。

3　《李星沅等奏韦正洪秀全等擅帖伪号伪示正筹进剿折》，中国社会科学院近代史研究所《近代史资料》编译室编《太平天国文献史料集》，知识产权出版社2013年版，第72—73页。

4　（日）陈舜臣：《中国的历史》（第七卷），福建人民出版社2013年版，第84页。

　　咸丰帝指望速战速决，在李星沅病逝后，派大学士、首席军机大臣赛尚阿驰赴广西接办钦差大臣事务。赛尚阿老将出马，被咸丰帝寄予厚望，但他并没有使清廷如释重负。赛尚阿畏惧太平军兵锋，到了桂林便止步不前。太平军攻城略地，清军被动应付，赛尚阿还在不断报捷，声称"蠢兹小丑已如釜底游魂，指日即可一鼓荡平，擒渠扫穴"[1]。永安失陷月余，赛尚阿尚不知"太平王"何许人也，所得探报说是韦正，又说为胡以晃，又名胡二妹，前后颠倒的奏章把咸丰帝搞得一头雾水。又数日后，才含糊地说，"至称为太平王，多有指为洪秀全者"[2]。他还以被俘的湖南天地会首领焦亮为替身，谎称生擒与洪秀全同称"万岁"的天德王洪大全。但这出闹剧堵不住悠悠众口，礼科掌印给事中陈坛当即缮折揭穿，指出洪大全"不过供贼驱策，并非著名渠魁"[3]。朝廷丢不起这样的脸，咸丰帝只好将错就错，将洪大全作为谋反大逆凌迟处死。

　　咸丰帝在北京遥控赛尚阿，赛尚阿在桂林遥控前线将领，文来文往，净是空话大话假话，战局不甚了了。太平军攻克永安近三个月，赛尚阿才在上谕严斥下来到城北督战。即便如此，他仍大言不惭，奏称"逆匪被追分窜，突入永安州城，追兵继至，现已击败围困"[4]，讳败为胜。围攻永安月余后，太平军主动撤围，黄夜渡漓江北上，赛尚阿直到天明方才知晓。时人有诗叹曰："妙绝敌人渡江去，诸君犹作枕戈眠。"[5]结果，双方对峙半

1　　沈云龙主编，席裕福、沈师徐辑《皇朝政典类纂·国用一二三》，《近代中国史料丛刊续编》，第八十八—九〇辑，文海出版社1982年版，第2651页。

2　　《赛尚阿等奏洪秀全并非朱九涛广西亦无李丹折》，中国社会科学院近代史研究所《近代史资料》编译室编《太平天国文献史料集》，知识产权出版社2013年版，第278页。

3　　罗尔纲：《太平天国史事考》，生活·读书·新知三联书店1985年版，第361页。

4　　《赛尚阿等奏报会众突入永安追兵继至已击败围困等情折》，中国第一历史档案馆编《清政府镇压太平天国档案史料》（第二册），光明日报出版社1990年版，第284页。

5　　《粤西独秀峰上题壁三十首》，太平天国历史博物馆编《太平天国史料丛编简辑》（第六册），中华书局1963年版，第372页。

年后，太平军重创清军，逼近桂林，赛尚阿仍以收复永安、追击功败垂成上奏。数月后，劳而无功的赛尚阿步入了官场末路，被摘去顶戴花翎，革职拿问，押解回京。他的三个儿子，也受株连革职。

咸丰帝在意的是江山社稷，官员要保的是自己的乌纱帽，君臣同床异梦。咸丰帝每天都盼着前线的捷报，急不可耐地质问"何捷报尚尔迟迟耶"，不得下文。关于官军作战不力的原因，不少奏折都做了条分缕析：有的说，"总由国家承平日久，人不知兵"[1]；也有人说，"我国家承平日久，文恬武嬉"[2]。所谓"兵怂怂一个，将怂怂一窝"，武备废弛，官场颓废，长官疲玩，下属泄沓，士兵贪生怕死。不少高官为了自保，想方设法躲避与太平军的交战。永安失陷，赛尚阿向广西提督向荣求援，向荣称病赴桂林休养。特地从北京赶来的都统巴清德，也同样称病离开战场。武宣县令刘作肃，还没有与太平军交手，就已感到必败无疑，做好了自缢的准备。

鉴于湖南局势危急，咸丰帝令两广总督徐广缙接替赛尚阿出任钦差大臣。徐广缙害怕承担战败责任，一路磨磨蹭蹭，从广西梧州到湖南衡州用了43天，从衡州到湘潭又用12天，而此时长沙保卫战已持续70多天。抵湘次日，他便奏明实情，千方百计为自己开脱。他说："无如兵疲将怯，以臣沿路探访所闻，可靠之将甚属寥寥。其贼至即溃、贼去不追视为常然，事后则虚报斩获，其实何尝稍挫贼锋，以至奔窜蔓延，一误再误。"[3]岳州失守，武昌告危，徐广缙又想抽身而退，奏请另派重臣分路堵

1　《徐广缙奏覆镇将不遵调遣请简重臣督办并查明阵亡将士纪冠军请恤折》，中国第一历史档案馆编《清政府镇压太平天国档案史料》（第四册），社会科学文献出版社1992年版，第145页。

2　《倪良燿奏陈整饬军令军纪管见折》，中国第一历史档案馆编《清政府镇压太平天国档案史料》（第五册），社会科学文献出版社1992年版，第336页。

3　《徐广缙奏报于十月初一日行抵衡州制备炮船并筹办堵剿折》，中国第一历史档案馆编《清政府镇压太平天国档案史料》（第四册），社会科学文献出版社1992年版，第25页。

剿。武昌被围，徐广缙尚在710里外的湘阴，千方百计畏葸不前，再次恳请另派重臣督率。武昌失陷后，徐广缙还没有进入湖北省境，大言不惭地奏称"武昌追剿贼匪，迭次进攻大获胜仗"，断言武昌自可解围。[1]四天之后，才奏报武昌失陷，并以"防贼回窜"为词滞留不前。[2]他自料难逃处罚，一直说自己力小任重，一再请辞。官场因循玩忽之风，依然故我，毫无改观。

战争是生死较量，战机稍纵即逝，没有这场战争，咸丰帝或许没有机会认清众大臣的真面目。有了这场战争，咸丰帝才知道朝廷之病，已病入膏肓。

3

文武百官如此颓靡懦弱，咸丰帝担心战火蔓延、劳师糜饷，希望前线将帅和地方大吏尽心竭力抗敌。然而，悲观情绪有增无减，官员临阵脱逃，民间风声鹤唳，城外百姓十室九空，沿江防务形同虚设。为使群臣共图振作，咸丰帝数次下《罪己诏》，为不能"察吏安民"引咎自责。为赢取民心，他宣布蠲缓遭受战乱地区的钱粮，酌情抚恤。为振奋军心，他又临阵易帅，新授两江总督陆建瀛、署河南巡抚琦善为钦差大臣。另外，下令将怯战的徐广缙革职拿问，让向荣接替徐广缙为钦差大臣，三路并进堵截太平军于九江，共维江皖大局。

太平军弃守永安，攻克兴安，攻陷全州。全州之战中，南王冯云山身负重伤，太平军为了复仇，下令"屠城"，这成为太平天国的一大历史污点。之后，太平军缴获二百多艘船只，顺湘江而下，由广西进入湖南。清

1　《徐广缙奏报武昌追剿敌众迭次进攻大获胜仗折》，中国第一历史档案馆编《清政府镇压太平天国档案史料》（第四册），社会科学文献出版社1992年版，第196—197页。

2　李兴武：《徐广缙年谱》，黄山书社2013年版，第292页。

军不愿打仗，但私人招募的义勇军作战勇猛。在太平军从广西全州前往湖南永州途中，湖南人江中源阻击太平军，在蓑衣渡大破太平军。此时，官军已失去战斗力，义勇军成为剿匪主力。

太平军进入湖南后，突然南下行动，史称"湘南扩军"。由于在蓑衣渡战斗中损失惨重，太平军急需补充兵员。湘南的天地会势力强大，是吸收兵员的好地方。他们在道州、郴州等地招募壮丁数万人。郴州有煤矿，一千多矿工加入太平军，壮大了工兵部队力量。此后，西王萧朝贵率兵攻打长沙。湖南巡抚骆秉章骁勇善战，坚守城池。长沙之战，陕西西安镇总兵福诚、潼关协副将尹培立等主要将领阵亡，太平军的萧朝贵重伤后身亡。随后，太平军主力强攻长沙，清军顽强坚守，太平军久攻不下。持久战对太平军不利，太平军主动撤围，转战益阳，缴获民船数千艘，从水路向岳州进发。湖北提督博勒恭武坐镇岳州，不战而走，太平军兵不血刃占据岳州。岳州地处战略要冲，三藩之乱时吴三桂的部队曾进入岳州，并留下大炮、弹药等大量武器，依然可以使用。太平军围攻长沙时，从长江经由洞庭湖前往湘江的清军援助船只五千艘，全部停泊在岳州，也被太平军占用。太平军实力大增，趁热打铁，一举攻陷武昌。湖北巡抚常大淳、湖北提督双福等要员全部战死，太平军获得压倒性胜利。太平军势如破竹，一路北上，沿途清军望风而走。各地民众踊跃参军，太平军在湖南、湖北等地扩军无数。

武昌当时是一座大镇，基础设施完善，工商业发达，娱乐项目多，对于长期转战各地的太平军来说，简直就是像天堂一样的地方。太平军也开始享受胜利的果实，每个将领占据一个原清廷的衙门并将其改成王府，并在武昌阅马场集中年轻女子"选妃"。定都以后，这种选妃方式被固定下来，每逢首义诸王寿诞之日，照例要在城内女馆中选妃。

咸丰三年（1853），攻取武昌后，太平军顺长江而下，攻打南京。逼近南京时，太平军号称百万，很快扫荡整个南京城。太平军定都南京，改两江总督府为天王府，改南京为天京。由此，太平天国先后在苏南和浙江拥有了相对稳定的控制区，一度占据了中国地图的大半版图，进入全盛时期。定都天京后，太平天国颁布了纲领性文件《天朝田亩制度》，规定分配土地制度和其他改革措施。不过，太平天国始终忙着和清军殊死作战，根本没有可能静下心来落实土改制度。纲领主张人人平等，男女平等，带有浓厚的绝对平均主义空想，实际上也难以实行。

定都天京后，洪秀全几乎没有出过天王府的大门。洪秀全没有了最初的决心，开始沉迷于酒色，不理朝政之事。杨秀清的特权逐渐膨胀，俨然成为统治一切的全权主宰，甚至代"天父下凡"来惩罚洪秀全，最后发展到"逼封万岁"。杨秀清的骄横跋扈，导致他和诸多朝臣之间积怨，也导致洪秀全的严重不满，终于酿成天京事变：韦昌辉杀害杨秀清及其家属、部下和太平军精兵两万多人，并残忍杀害石达开的家眷，逼迫石达开逃往安庆。韦昌辉的屠杀和暴虐统治，激起了天京将士的愤怒，洪秀全又处死韦昌辉及其心腹200多人。太平天国已经失去东、西、南、北四个王，只能依靠翼王石达开。

天京事变后，石达开返回天京提理政务，又遭到洪秀全的疑忌。洪秀全打破太平天国前期"非金田同谋首义、建有殊勋者不封王爵"的规定，封赏自家兄弟为安、福二王以牵制石达开。[1] 在这种情况下，石达开忍无可忍，率二十万大军出走，更令太平天国雪上加霜，太平天国从此"内政不修，人心各别"。军中当时流传歌谣说："天父杀天兄，总归一场空；打打包裹回家转，还是做长工。"[2] 天京事变打破了拜上帝教的神话宗教体系，严重削弱了太平天国的领导和军事力量，成为太平天国由盛转衰的分水岭。虽经陈玉成、李秀成等后期名将的努力，军事上稍有起色，但终究回

1　　杨剑利：《同治王朝》，中国青年出版社2014年版，第57页。

2　　苑书义、林言椒：《太平天国人物研究》，巴蜀书社1987年版，第117页。

天乏力。台湾学者陈致平分析说："洪秀全等人，起自草莽，既缺乏政治学术，又不能罗致政治人才辅弼，而始终建立不起一个健全合理的政治组织。人性弱点，往往能共患难而难共安乐，早年誓同生死的患难兄弟，一旦享富尊荣，经不住物欲的诱惑，与权势的冲突，竟自斗而亡。"[1]

太平天国发生流血内讧时期，广东发生"亚罗号事件"，第二次鸦片战争爆发。清政府陷入多事之秋，太平天国反而因此延长了寿命。

清政府对南京失陷大惊失色，不仅畏惧太平军的强悍，更忧虑官军的不堪一击。清朝的八旗和绿营，大半是半死不活的吸毒者，在太平军的扫荡下奄奄一息。正规军不堪重用，除了加强团练力量外，别无他策。曾国藩的湘军呼之欲出，这支军队以人际关系进行管理，堪称"曾国藩的军队"。

曾国藩的湘军，为咸丰帝带来了曙光。洪秀全利用宗教进行民众宣传和社会动员，并对传统儒家文化和一切宗教习俗进行大肆摧毁，让曾国藩看到了战争背后所蕴含的内在文化冲突。太平天国的宗教政策，固然吸引了不少百姓，但也涤荡了传统文化，把广大士绅阶层推向了自己的对立面，未能像历次农民起义那样吸纳知识分子来壮大自己的队伍。曾国藩独辟蹊径，从恢复社会秩序上升到捍卫传统文化，打出维护儒家正统文化的旗帜，登高一呼，应者云集，赢得了两湖地区读书人的响应，从而开创了湘军的新局面。

诚如美国社会学家科塞所言："一个认同感较强的社会群体，当意识到外部的威胁是对群体整体的威胁时，就将导致内部团结的加强。"[2]精明的曾国藩抓住了士子文人的心，在传统道德的感召下，辅以封官加爵的利

1　陈致平：《中华通史（第八篇）：近代史——清史前编》，花城出版社1996年版，第291页。

2　（美）L.科赛：《社会冲突的功能》，华夏出版社1989年版，第80页。

益诱惑，极大调动了士绅阶层力量，迅速吸纳广大士绅阶层集聚在湘军的麾下，在湖南形成了"湘中士大夫号召忠义，争治乡兵杀贼"[1]的格局。

据历史学家罗尔纲考证，湘军将官中书生出身者占58%，高级将领几乎全部是有功名的士人。他们是"利用封建的关系以为联系，并且以升官发财作为共同奋斗的目标团结起来的"[2]，有效发挥了同乡、同族、师生、姻亲等传统社会关系的作用。在两湖广大地区，在"卫道"旗帜感召下，各地纷纷创办团练武装，对抗太平军，捍卫儒道尊严，从而使太平军在争夺乡村资源中落败。

曾国藩带兵之初，可谓是屡战屡败，屡败屡战，甚至为此上演过投湖自杀的闹剧。但是，曾国藩坚信勤能补拙，探索出一个行之有效的作战原则——"结硬寨，打呆仗"，就是把军营扎得非常硬，打仗时要摆出一副坚若磐石的姿态。在曾国藩看来，要打败擅长流动作战的太平军，必须"以静制动""以固为本"。曾国藩很重视扎营与守营，湘军每到一处便修墙挖壕、安营扎寨，步步为营、稳扎稳打，将本是攻城拔寨的进攻任务变成防守任务，逐步蚕食着太平天国控制的区域，这便是"结硬寨"。湘军攻城不是两三个月，而是经常性地用时整年，通过挖壕沟围城断敌补给，守株待兔、围点打援，方法很笨，但有奇效，这就是"打呆仗"。所以，湘军不像一支战斗部队，更像是一支工兵部队，因为要挖沟、筑墙，行军速度特别慢。对此，曾国藩后来总结说："十余年来，但知结硬寨，打呆仗，从未用一奇谋，施一方略制敌于意计之外。"[3]虽然"结硬寨、打呆仗"是在特定背景下制定出来的策略，但这也是曾国藩为人处世的成功秘诀。

1　《求忠书院记》，李元度撰，王澧华点校《天岳山馆文钞·诗存》，岳麓书社2009年版，第380页。

2　罗尔纲：《湘军兵志》，中华书局1984年版，第68页。

3　《病难速瘥请开各缺仍留军中效力折》，曾国藩：《曾国藩全集·奏折之九》修订版，第九册，岳麓书社2011年版，第212页。

也因此，人们将曾国藩视作蟒蛇精，他就像蟒蛇一样把敌人给箍死；把他的弟弟曾国荃叫作曾铁桶，他就像铁桶一般把城池围得死死的。

为镇压太平军，清政府走马灯似地调换钦差大臣，调动十余省军队，耗费饷银无数，但由于吏治腐败，战将畏死，战局愈加恶化。终其一生，咸丰帝也未能平定太平天国乱局。

三、财政赤字愁煞人

1

清前期，中央牢固掌握国家的行政、军事和财政权，每遇重大事件，"兴大兵役，必特简经略大臣、参赞大臣驰往督办，继乃有佩钦差大臣关防及会办、帮办者，皆王公亲要之臣，勋绩久著，呼应素灵。吏部助之用人，户部为拨巨饷，萃天下全力以经营之。总督巡抚不过承号令、备策应而已"[1]。至道光末年，财政日渐困窘。至咸丰帝当政，财政已十分困窘，非但解部的款项有限，部库存银反而屡屡外拨，以供军需、河工、灾赈等项例外支用，致使库存银数不断下降。

咸丰二年（1852），太平军相继攻占湖南、湖北，战区不断扩大，各省无力承担应行解部之款，反而纷纷请拨军需与防堵经费，财政支绌的情形日渐恶化。咸丰帝责令户部宽筹军饷，但"内库将竭"已至山穷水尽，户部仅存银二十二万七千余两，无着之款甚多。在京饷难停的情况下，户部各堂官感叹"臣等备员农部，多或十余年，少亦一二载，从未见窘迫情

1　《叙疆臣建树之基》，薛福成著，丁凤麟、王欣之编《薛福成选集》，上海人民出版社1987年版，第290页。

形，竟有至于今日者"[1]。为缓解财政困难，咸丰帝不得不在财政政策上因势利导，力求通变权宜之法，大开捐纳，铸大钱、发银票、制宝钞，征收厘金等举措。

捐纳是清政府应付财政困难的传统手法。所谓捐纳，就是朝廷公开卖官鬻爵。其实，捐纳自康熙朝后几乎没有停过。为了吸引富绅大商的捐纳积极性，咸丰朝的捐纳较以往更为冒进，乃实官捐纳（大捐）。捐纳人员领到户部凭照后，即可由吏部直接签发到任。捐纳范围包括文武两途：文职京官自郎中以下，地方官自道、府以下；武职自参将、游击以下。捐例[2]分别由户部捐纳房、捐铜局和各省藩库收银。此外，咸丰帝还因时因地减折收捐，1851年将1846年的捐例核减一成，九折收捐；1852年再减一成，八折收捐；1854年再减半成，按七五折收捐。[3]

为取得预期效果，清政府大张声势，大肆宣传，下令各地成立捐输局、劝捐局、督捐局，印发大量空白部照，命令各级官员乃至地方团练首领强行摊派勒捐。由于条例纷繁，价码不一，加上经手官员侵蚀贪冒，以致在推行过程中弊端百出，"侵蚀勒派，私行减折，诸弊并作"[4]。捐纳由此泛滥开来，一发而不可收。

捐例大开，京官自郎中以下，外官自道府以下，均可捐纳。不少人看

1　《祁寯藻等奏陈度支万分窘迫请饬军营大臣迅图藏事折》，中国第一历史档案馆编《清政府镇压太平天国档案史料》（第八册），社会科学文献出版社1993年版，第41页。

2　捐例，是清朝纳资捐官的规例。分暂行事例及现行常例两种。薛福成《上曾侯相书》："今之由捐例进者，推其本意，不过以官为市而已。"《清史稿·选举志七》："捐例不外拯荒、河工、军需三者，曰暂行事例，期满或事竣即停，而现行事例则否……大抵贡监、衔封、加级、纪录无关铨政者，属现行事例。"

3　茅海建：《苦命天子：咸丰皇帝奕詝》，生活·读书·新知三联书店2013年版，第107页。

4　赵尔巽等：《清史稿》（卷一百一十二），《选举七》，第十二册，中华书局1977年版，第3237页。

中了做官能发大财，"自捐例开而游手好闲之徒大率以官司为市"[1]。尤为甚者，花钱买官，必然加倍贪渎，以期早日捞本，"投资一倍而来，挟资百倍而去"[2]。通过买官登堂入室的各级官员，昏庸无能，贪图安逸，往往把公务委之佐杂、书吏、幕宾、家丁去处理。这些人则乘执掌刑名钱谷、文牍批答之权，营私作伪，弊端丛生。从吏治来看，清政府大规模卖官鬻爵，导致整个官场沦陷。这既是清朝吏治败坏的原因，又是当时政治的一个特征。正如清人汪辉祖所说："今日吏治，但三种人为之。三种人者，幕宾、长随、书吏是也。"[3]

御史朱潮在《请严汰劣员以肃吏治疏》中指出，当今捐纳已成民害。他说："军饷不足，不得已而劝捐，果使涓滴归公，何至兵民交困？不肖官吏视为利薮，未充公府，先饱私囊，一经染指，受人把持，转手绅宦大族，畏其势强，无如之何！而抑勒侵渔，辄盈于中下户。"[4]一旦卖官买官成风，官场上就会劣币驱逐良币，小人、恶人、坏人和奸人得势，正人、好人、善人和义人失势，导致吏治败坏，直至皇权无以节制。

2

中央政府已无力筹饷，筹饷成为地方官的头等大事，许多省份往往以各种名目加捐加税。限于农业生产的技术和规模，农业税再怎么增加，数量毕竟有限。过多的征税，还会迫使农民揭竿而起，各省地方官不约而同

1　徐珂：《清稗类钞·爵秩类·五人公捐知县》（第三册），中华书局1984年版，1358页。

2　柳诒徵：《中国文化史》，中国和平出版社2014年版，第1053页。

3　汪辉祖：《学治臆说》，转引陈登原：《陈登原全集》（第八册），浙江古籍出版社2014年版，第702页。

4　朱潮：《请严汰劣员以肃吏治疏》，沈云龙主编《皇朝经世文编续编·吏政》（卷二十二），《近代中国史料丛刊》（第八十四辑），文海出版社1973年版，第2365页。

地将目光转向富绅大贾，也就是向富绅大贾劝捐。尽管开捐已成为地方官筹集军饷的主要手段，但时间越长，规模越大，边际效益越低。富绅大贾数量有限，存量用完了，也便没有了开捐的市场。

清朝军费开支急剧膨胀，中央财政左支右绌，只得允许各省自行经营筹划。厘金又名捐厘，原本是为镇压太平军而开征的一种临时税种，属于在商品的产、运、销等三个环节同时征收的商税，逐步成了常例税种。

最初的厘金仍是捐输的变种，称为厘捐，首行区域为苏北，创办者为雷以诚。咸丰三年（1853），刑部侍郎雷以诚奉旨帮办扬州江北大营事务，主要任务是为江北大营筹措军饷，"以诚在江北，用幕客钱江策，创收厘捐"[1]，委派官兵到各水路要冲去设关卡，对通过的货物按其价值强行派捐。此外，还对开店销货的商人按销售额强行派捐。厘捐的交纳者亦可同其他捐纳者一样，领到捐得何种功名的部照，只不过这里再也没有自愿的色彩，不从者便强征入伍作战，胁迫就范。

雷以诚首先在江苏里下河设厘局，向扬州城附近的仙女庙、邵伯、宜陵、张网沟各镇米行派厘助饷，每一石米，捐钱五十文。一开始，雷以诚抱着试试的念头，没想到半年之内，收钱两万串。次年，他向咸丰帝上奏称此种方法既不扰民，又不累商，数月来，商民无事，稳定可靠，"且细水长流，源源不竭，于军需实有裨益"，建议扩大区域推行。[2]咸丰帝批准他的建议，"据称里下河一带办有成效，其余各州县着怡良、徐乃钊、杨以增各就江南以北地方妥商筹办"[3]，从此大江南北捐厘助饷渐成风潮。

1　赵尔巽等:《清史稿》(卷四百二十二),《雷以诚传》, 第四十册, 中华书局1977年版, 第12192页。

2　《雷以诚奏陈商贾捐厘助饷业有成效请予推广折》, 中国第一历史档案馆编《清政府镇压太平天国档案史料》(第十三册), 社会科学文献出版社1993年版, 第305—306页。

3　《清实录·文宗显皇帝实录（三）》(卷一二五), 第四二册, 中华书局1986年版, 第194页。

咸丰四年（1854），雷以诚在江苏泰州设立分局，大张旗鼓地办理厘金，征收范围从大米一项扩大到粮食、家禽、牲畜、油、烟、茶、糖等各类杂货，可以说，任何一种商品都得征收厘金。此外，对银号、钱庄也按照其营业额抽厘。江苏巡抚、南河总督等也开始设卡抽厘，厘金规模发展迅速，到咸丰五年（1855年），大江南北捐局形形色色，遍布各个角落。

钦差大臣胜保深受前线军饷不足的困扰，认识到抽厘可能带来的巨大利益，却苦于无法得到地方督抚的支持，认为厘捐"出自各商，合众人之资，散而出者有限，萃而入者无穷，事简速效，无过于此"，于是奏请在各省施行厘捐。[1]此折得到批准，咸丰帝同意各省试行，此后厘金开始逐步推行于全国。由此，朝廷将厘金的征收权下发到各省督抚，各省纷纷仿办厘金。

厘金制度的确立过程，也是地方财权扩张的过程。清政府对厘金并无统一规制，仅议定由地方督抚酌量抽厘助饷。这样，就出现了各自为政的局面。地方督抚和统兵大员直接设立专门机构，管理各地所设厘局，户部、布政司极难插手。此外，督抚以厘金、捐输等自筹经费，名目繁多，户部无法查核，导致督抚财赋支配权日重，而户部之权日轻，户部的奏销制度名存实亡。正如郭嵩焘所言："今之厘金，惟不限以科则，不拘以程式……一听督抚之自为。"[2]

厘金筹饷之变局，增长了地方的财权，却挤压了中央的课税，造成了厘重课轻的税收格局，最终导致地方财政管理体系的形成。面对财权的下移，户部最先不高兴，坚决不答应。户部官员在一份奏折中称："臣部为

1　刘锦藻：《清朝续文献通考》（卷四十九），《征榷二十一》，商务印书馆1955年版，第8039页。

2　《各省抽厘济饷历著成效谨就管见所及备溯源流熟筹利弊疏》，郭嵩焘撰，梁小进主编《郭嵩焘全集》（四），岳麓书社2018年版，第199页。

钱粮总汇，凡有出入悉宜周知。……各省军务倥偬，部拨款项往往难于立应，疆臣遂多就地筹款以济军食，如抽厘助饷之类。因而一有缓急，彼此自相通融协借，不尽咨部复核，以其就地自筹之款，与例支之项无碍，故部臣亦无从深问。"[1] 督抚们除了自行征税，彼此间划拨、挪借也成为常态，分散型财政逐渐成了主流，户部基本丧失了调配全国财政的职权。

咸丰四年（1854），户部右侍郎王茂荫上奏："大江南北捐局过多，官私错杂，扬州以下沿江各府、州、县设有十余局，苛敛行商过客，假公济私，包送违禁货物，甚至聚众敛钱，以钱聚众。……普安等局竟有收捐未解粮台之弊。"[2] 咸丰五年（1855），御史宗稷辰将调查江南地区办厘情形奏报中央，"设卡抽厘收捐太杂，出入总数毫无稽核，并有常镇散勇与江南土豪在江滨圌山关相近地方树帜拦船肆行盘踞，与营卡比列，莫辩公私"[3]，建议归并删减。

咸丰帝多次委派中央官吏前往各地确切访查，并谕旨各省督抚及统兵将领将该省厘金收入及动用数目，按季上报以凭查核。但地方督抚和统兵大员往往不为所动，不按部例造册报销。而且，各省制度不一，厘卡林立，名目繁多，税率不齐，乱象纷呈。咸丰十一年（1861），户部又为全国厘务酌拟章程八条，规定地方要报告各厘卡的收入情况、抽收厘金的税额，但各省督抚依然置若罔闻，几乎没有哪省遵行。[4] 当时正值清军对抗太平军的关键时期，清政府需要仰仗各统兵大员对付太平军，各地厘金的整顿也就不了了之。

1　刘锦藻：《清朝续文献通考》（卷七十一），《国用九》，商务印书馆1955年版，第8279页。

2　王经一：《王茂荫年谱》，安徽人民出版社2015年版，第156页。

3　刘锦藻：《清朝续文献通考》（卷四十九），《征榷二十一》，商务印书馆1955年版，第8038页。

4　罗玉东：《中国厘金史》，商务印书馆2017年版，第32—35页。

　　厘金与田赋、盐课、关税等一起构成晚清的四大支柱收入，成为清朝后期财政收入的主要来源。从此以后，清政府告别了量入为出的财政原则，中央政府的财政影响逐步弱化，地方督抚的财政事权日益扩大。据历史学家罗玉东在《中国厘金史》中估计，自1853年至1864年，平均每年抽厘1000万两，共计1.1亿两。[1]羊毛出在羊身上。作为税外之税，厘金加重了劳苦大众的负担，阻碍了国内商品经济的发展，造成晚清中央权轻、地方权重的局面。

3

　　随着太平天国起义、第二次鸦片战争等战事的加剧，传统财政体系面临巨大挑战，财政收支结构也发生急剧变化，关税和厘金一道成为改变清朝财政结构的最重要力量。除了关税和厘金，火耗、并平、平余、饭食、笔墨、纸张、解费等名目繁多的附加税，也成为各关征收的常态。附加税不是正税，但比正税更为实在。至于附加税之外的私征、绕越、偷税漏税等，更是不胜枚举，足见当时税费多如牛毛。

　　财政腐化的另一个体现，是地方政府的收支并没有规范的财政拨款，而是由各级行政长官自筹解决，这也为其自收自支提供了理直气壮的理由。马士在《中华帝国对外关系史》中写道："在西方，征收人员都各有一定的薪俸，也可能对他所征收的款项另给酬金，但一定要由国库核给；并且县行政首长也有一份适当的和足够一切开支的薪俸。中国却不是这样，征收人员和县行政长官都必须设法自给。征收人员虽然自收摊派，但不要错误地以为他所得的税款可以完全放进私囊；为了保全他的地位，他还必须要填满所有他的直接上司们的欲壑，使他的上司们刚巧都能得到那中国意义的所谓'薪俸'。知县到任之后，必须在他的任内每年一度或数

1　罗玉东：《中国厘金史》，商务印书馆2017年版，第40页。

度对他的直接上司，即知府和道台，有所报效，数目的多寡，看缺的肥瘠确定。他更要使省里的权要，即臬台、藩台、巡抚、总督等都能满足欲望，因为他的得缺、留任和升迁都完全取决于他们的喜怒；他也不可忽视大人物们的文案和师爷一类人员，因为这些人都能在他们主人的耳边给他说好话或者说坏话。知府和道台也是这样；粤海关监督和其他优缺也并不是例外。省中的显贵也必须在京师设法巩固他们的地位，他们把得自僚属的一部分赃款也要照例以差不多一定的数额转手奉献给京官、枢臣和宫廷的内侍，如果忽略了其中的任何一人，这人就会设法弄得这个但图自肥的官吏也一个钱都剩不下，或者阻碍他的升迁，甚至对于有利该省的一切建议也多方留难。"[1]

为了与太平天国争夺人心，清政府也在减免钱粮和实行减赋方面作出了努力。咸丰元年（1851），鲁、苏、皖三省因黄河决口遭灾。第二年，甘肃地区因连续地震遭灾。第三年，黄河、永定河决口致使数十县受灾。据《清实录》记载，这三年，全国旱、涝、风、虫各种灾情遍及十八行省，因灾情严重，清政府不得不蠲免钱粮额赋的地方达219县次、608县次、711县次。而战乱波及地区，清政府无可催征，三年中共蠲免地方94县次，蠲缓207县次，缓征8府、39县次。[2]此外，还对经济社会遭受严重破坏的地区实行减收田赋政策，或多或少减轻了人民的负担，一定程度上缓和了地主阶级与农民阶级之间的矛盾。然而蛋糕的大小是既定的，此地减免的税费，最终还是会摊派到其他地方。也就是说，一些地方的低税率，恰恰加重了其他地方的高税率。

1　（美）马士：《中华帝国对外关系史》（第一卷），上海书店出版社2000年版，第40—41页。

2　何瑜：《晚清中央集权体制变化原因再析》，任茂棠主编《晚清政治散乱》，山西人民出版社2008年版，第59页。

　　清朝在动乱中摇摇欲坠，却又摇而未坠，正是得益于局部政策的调整，起到了暂时维护封建统治的作用。为了维持脆弱的统治，咸丰帝不得不让渡部分权力，向地方督抚妥协，使地方的军事、政治和财政权力得到了扩张。军兴省份以战争为契机，有了就地筹款的特权，督抚"除办捐输和收杂捐外，还要截留应缴中央之款，这不仅表明地方性筹款权力的扩大，而且表明地方筹款可以而且已经超出'法度'之外"[1]，"不仅迫使中央政府主动下放财权，开晚清财权下移之嚆矢，还因地方势力的崛起及西方殖民势力的入侵，而使财权下移这一趋势不可逆转而成为定局"[2]，最终使得督抚的权力不断扩充和膨胀，埋下了军阀割据的隐患。

　　曾国藩的湘军兴起后，兵随将转，兵为将有，财权独断，改变了旧有的政治格局。他骄傲地宣称："长江三千里几无一船不张鄙人之旗帜，外间疑敝处兵权过重，利权过大，盖谓四省厘金络绎输送，各处兵将一呼百诺，其疑良非无因。"[3]他在给李鸿章的信中说："两接户部复奏之疏，皆疑弟广揽利权，词意颇相煎迫。自古握兵柄而兼窃利者，无不一凶于国而害于家。弟虽至愚，岂不知远权避谤之道？"[4]攻占天京后曾国藩开始着手裁撤湘军，同治四年（1865），湘军由原来的12万多人裁撤到5万多人，但裁撤后的湘军将帅仍掌握指挥调动权，兵部无法干涉。

　　为应对财政困局，户部想方设法筹款，竭尽全力去完成筹集粮饷的任务，地方则以本地为出发点考虑配合与否，甚至截留经过本省的外省协拨款项。无奈之下，户部只能进一步拓宽拨款口径，以致陷入了恶性循环之

1　刘伟：《晚清"就地筹款"的演变与影响》，《华中师范大学学报》2000年第2期。

2　蔡国斌：《咸同变局与晚清财权下移》，《江汉论坛》2009年第5期。

3　《致李鸿章》，曾国藩：《曾国藩全集·书信之六》修订版，第二十七册，岳麓书社2011年版，第564页。

4　《加毛鸿宾片》，曾国藩：《曾国藩全集·书信之六》修订版，第二十七册，岳麓书社2011年版，第584页。

中。地方督抚对户部官员的无能多有不满，但度支部门也情有苦衷。据被后世称为晚清最重要的"度支能臣"的王庆云记载：户部汉尚书孙瑞珍，"孙大农咯血在假，与谈公事，亦娓娓忘倦，可以为难矣"；满尚书禧恩，"迫时事日棘，不敢以病躯求退，尽瘁以正命"；接任禧恩的文庆，也是一位有度量、有学识的满洲官员，但同样劳而无功。[1]作为大学士管理户部事务大臣的祁寯藻曾在诗中自陈"独愧计臣心力竭"。

清政府对地方财权的无限扩张忧心忡忡，千方百计加强中央集权，与各省展开财权争夺战。从固有制度上讲，地方财政并未形成独立的财政体系，所有的收支仍归户部统筹，各省名义上的行政开支，仍需在形式上接受户部奏销审计，与清前期的财政格局并无二致。近代的史表专家吴廷燮指出："论者多谓其时财政各省皆自专之，然如广东厘金未报支数，则户部奏诘，各省亦有以催征短绌谪降藩司以下多人者，财政之权计臣亦未尽失。"言下之意，晚清督抚的财政权重，并没有外界评定的那般强大，户部腾挪的空间，也不像外界想象的那般可怜。但不争的事实是，户部的地位已开始滑落，早已不如先前举足轻重了。即便户部官员多方努力，也只能做一些修修补补，其效果也不尽如人意，招致地方督抚们的诸多埋怨。

制度的惯性与政策的困境，是晚清财政的一体两面。咸丰帝面临的危机实际上是军事、财政、经济等多重危机，而其中最为紧要的是财政危机。即便朝廷取得了对内战争的胜利，也无法再现清朝前期中央一统的辉煌。

四、外患复又生

1

在太平天国危机愈演愈烈之时，咸丰帝迎来了更为凶残的敌人。英法

1　　王庆云：《荆花馆日记》（上册），商务印书馆2015年版，第467页。

联军终成心腹大患，给王朝统治带来了前所未有的危机。

十年前的中英之战，以及其间的议剿、议抚、议款等应对之策，当时年幼的咸丰帝并没有多少印象，痛苦的战争记忆游离在其个人阅历之外。他没有承受过战败，也没有战败的压力，在夷夏之见上表现得尤为固执，悍然宣布"不承认之前的条约"。不仅如此，各级官员还利用各种小聪明，想方设法破坏已经签订的条约。

晚清史学家茅海建指出：几乎所有与鸦片战争有关系、本应作深刻反省的重要角色，包括林则徐在内，在战后却都没有真正清醒过来，更不用说其他人了。[1]清朝对洋人的态度，仍以天朝自居，满不在乎。即便战败后也没有悔改，仍力图维持封闭的残局，拒绝认识中国以外的西方世界，拒绝学习西方的先进科技，拒绝与西方国家平等交往。这使中外关系增添了不少对立情绪，也使清朝丧失了与西方国家建立平等外交关系的最后机会。

此时，世界上发生了翻天覆地的变化。罗荣渠在《现代化新论》对此作了概括："欧洲发生了一场新的革命——1848年革命；俄国在克里米亚战争中失败；意大利和德意志走向统一，迈出了现代化的第一步；日本在英国炮舰的逼迫下结束了闭关锁国；俄国人沿黑龙江南下，大举侵占这一地区并建立了滨海省；《共产党宣言》和《物种起源》问世；后膛枪发明和贝氏炼钢法投入生产……"[2]众多国家都在大踏步向前，走向现代化，中国却在闭着眼睛原地踏步。清朝非但没有因失败而警醒，反而把《南京条约》视作"万年和约"，片面认为西方国家心想事成了，中国可以高枕无

1　茅海建：《天朝的崩溃：鸦片战争再研究》，生活·读书·新知三联书店2005年版，第562—564页。

2　罗荣渠：《现代化新论：世界与中国的现代化进程》，商务印书馆2009年版，第276页。

忧了，"和议之后，都门仍复恬嬉，大有雨过忘雷之意。海疆之事，转喉触讳，绝口不提"[1]。

第一次鸦片战争后，西方列强相继侵入中国。咸丰元年（1851），太平天国起义爆发后，列强意识到这是加紧从中国攫取利益的良机，蓄意加紧侵犯中国，进行经济掠夺。咸丰四年（1854），《南京条约》届满十二年。英国曲解中美《望厦条约》关于十二年后贸易及海面各款稍可变更的规定，援引最惠国待遇，向清政府提出修改《南京条约》的要求。法、美两国紧跟英国，也分别要求修改条约。咸丰六年（1856），《望厦条约》届满十二年。美国在英、法的支持下，再次提出修改条约要求。西方列强有扩大侵略的意图，而满朝文武仍然做着天朝上国的美梦。西方列强提出修约要求时，他们既不知外交为何物，更不明人为刀俎、我为鱼肉的险恶形势，最喜欢做的事就是用"拒绝"来维护脆弱的尊严。处在外交一线的两广总督叶名琛，以"见面会谈一时无暇"来应对修约，始终不肯与外国人会面商谈。而咸丰帝更加离谱，认为修约乃无理取闹，心存叵测，置之不理。

西方列强并不希望事事都诉诸武力，他们于咸丰四年（1854）、咸丰六年（1856）连续两次提出修约要求，就是想用和平手段来达到目的，进而消除利益分歧。甚至到咸丰八年（1858）英法联军到达天津大沽口外时，也并未宣战，只要求谈判。[2]一个巴掌拍不响，战争是矛盾双方激烈斗争的结果。修约之路不通，战争便成了可能。于是，西方列强决心对中国发动一场新的侵略战争。

咸丰三年至六年（1853—1856），因争夺巴尔干半岛的控制权而在欧

1　《软尘私议》，中国史学会主编《鸦片战争》（五），《中国近代史资料丛刊》，上海人民出版社2000年版，第529页。

2　（美）费正清、刘广京编《剑桥中国晚清史1800—1911》（上卷），中国社会科学出版社1983年版，第270页。

洲大陆爆发的一场国际战争——克里米亚战争，奥斯曼帝国、英国、法国、撒丁王国等先后向俄国宣战，战争以俄国的失败而告终。通过克里米亚战争，俄国进行农奴制与军事改革，并把发展重心转向东方。清政府忙于镇压太平天国革命，造成了北方边疆防备空虚，俄国乘虚而入，加紧蚕食和非法占领黑龙江流域和巴尔喀什湖以南的许多战略要地，企图用侵略中国来弥补失败的损失。英、法获胜，也有充裕兵力转向中国。美国则采取与英、法勾结侵略中国的政策，积极向外扩张。

2

咸丰六年（1856），法国、美国加入修约队伍后，敌对的国外势力愈加强大。文的不行来武的，英国发动侵略战争的时机日渐成熟。而亚罗号事件恰好为战争爆发提供了口实。很多时候，战争只要一点口实。

"亚罗号"是一艘三桅帆船，船上水手全是中国人，船主是香港华人方亚明。该船曾被海盗夺去，此后向英国香港当局登记。"亚罗号"悬挂英国国旗停靠在广州城外时，清军以搜捕海盗为由，拘拿了12名华人船员，并在混乱中扯下英国国旗。英国驻广州领事巴夏礼受英国驻华商务监督兼全权代表包令的指示，就中国方面侮辱英国国旗，并不经英国领事许可拘捕船员，提出强烈抗议和严正交涉，要求以后尊重英国国旗、释放12名水手，并在48小时内由两广总督出具一份书面道歉。两广总督叶名琛否认当时船上张挂有任何国旗，认为中国巡捕在停泊于中国港口且为中国人所有的船上拘拿中国船员，纯属内政，外国无权干涉。巴夏礼对叶名琛的答复极度不满，下令扣押一艘中国师船作为赔偿要挟，叶名琛不得不放回12名船员，但断然拒绝道歉。这次事件成为英法联军发动战争的导火索。其实，如果达不到修约目的，即使没有亚罗号事件，他们也会利用别的事情作为借口发动战争。

咸丰六年（1856）九月二十五日，英军攻击珠江沿岸炮台，第二次鸦片战争爆发。英军炮轰广州城，甚至一度占领广州城。清军毫无还手之力，连吃败仗。但此时英军力量薄弱，一边打仗，一边要求和叶名琛谈判。叶名琛倒是自信满满，向咸丰帝上奏时弱化战局的严重性，虚构一些战绩，以引起咸丰帝的好感，给咸丰帝带来了错觉，坚定了咸丰帝顽强抗战的决心。为了扩大对华战争，英国政府于咸丰七年（1857）任命前加拿大总督额尔金为全权代表，向法国政府提出联合出兵的要求。此前，法国正以"马神甫事件"（又称"西林教案"）向清政府交涉未果。法国政府遂以此为借口，任命葛罗为全权代表，与英国联兵共同侵略中国。于是，英法联军封锁广州，向叶名琛发出最后通牒。叶名琛执迷不悟，认为这不过是虚张声势，再次拒绝侵略者的无理要求。

英法联军向广州发动攻击，当此危机之时，叶名琛迷信神仙"乩语"，并不认真备战。清军虽然在兵力数量上占绝对优势，但调度失灵，无法集中优势兵力，难以抵挡在装备上占优势的英法联军的进攻。次日，广州失陷，叶名琛被俘虏到英舰"无畏号"上。叶名琛被抓后也不投降，自始至终保持一种凛然的气节，发誓要留条命跟英国女王说理。据《香港纪事报》载，军舰上所有军官都很尊敬叶名琛。偶然有人上舰，都向他脱帽致意，他也欠身脱帽还礼。[1]出乎意料的是，叶名琛并没有被送往英国，而是被送到了印度的加尔各答，成为被人观赏的"猴子"。到印度后，叶名琛得知晋见英国女王无望后，遂决定绝食，不久绝食而亡。

叶名琛是一位悲剧人物，据《清文宗实录》记载，咸丰痛斥他"刚愎自用，办理乖谬，以致夷人激忿……既不能驾驭夷人，复不能激励乡团，

1 　《香港纪事报》，1858年2月16日，转引区锧：《味闲堂丛稿》，中山大学出版社2016年版，第307页。

动其公忿，以致大伤国体，实堪痛恨"[1]。时人讥讽他"不战、不和、不守、不死、不降、不走；相臣度量，疆臣抱负，古之所无，今之罕有"[2]。客观地看，叶名琛有很多无奈，也有自身的考虑，他妄想以外交让步谋求和平。当时有一副挽联："公道在人心，虽然十载深思，难禁流涕；灵魂归海外，想见一腔孤愤，化作洪涛。"[3]对叶名琛这样一位功过混沌的人物，表达了惋惜之情。最起码，较之广东巡抚柏贵望风而降，在广州组成傀儡政权，叶名琛之举颇显难能可贵。

英军攻克广州后，巴夏礼在叶名琛官邸居然发现了这样一份秘密文件："……就是与英国、法国和美国订立的原始条约的批准书，看来它一直被叶名琛藏起来了，北京的朝廷根本对此一无所知！"[4]叶名琛这样做，自有其这样做的道理。他既要执行排外国策，又无力抵抗外来侵略，只能欺上瞒下、得过且过。他有自己的小算盘：与"英夷"平起平坐，这样的文件势必会逆龙鳞，有因此被训斥甚至降职的风险；如果隐瞒不报，运气又足够好，能够御敌于广州城外，还能因此有嘉奖乃至升迁的可能。古语云，两害相较取其轻，两利相权取其重，趋利避害也是人之常情。

咸丰八年（1858）四月，英、法、美、俄四国公使先后北上，英法联军也随之北上。从广州开始的战争，遂被带到了天津，紫禁城危在旦夕。满朝文武既不知彼，又不知己，对敌我双方没有清醒认识，仅凭主观妄想应对侵略。大战在即，既不扩军备战，又无通盘筹划，时战时和，和战不

1　《清实录·文宗显皇帝实录（四）》（卷二四二），第四三册，中华书局1986年版，第742页。

2　赵尔巽等：《清史稿》（卷三百九十四），《叶名琛传》，第三十九册，中华书局1977年版，11766页。

3　孙垿：《余墨偶谈·挽叶制军联》，中国史学会主编《第二次鸦片战争》（一），《中国近代史资料丛刊》，上海人民出版社1978年版，第321页。

4　（英）普尔：《巴夏礼在中国》，百家出版社2011年版，第222页。

定，动摇妥协，甚至前后矛盾。此时，咸丰帝甚至幻想依靠俄、美两国从中调停，牵制英法联军。

强权面前没有公理，对中国人来说，"不能战，不易守，而不得不抚"[1]。咸丰帝令直隶总督谭廷襄和英法联军交涉，赋予他的任务是"斟酌情理，设法说谕"，务求和平解决争端。咸丰帝的底线是，既不能开战端，又不能失国体。谭廷襄只能硬着头皮与英法联军周旋，英法联军却丧失了和谈的耐心，急欲扩大战果，于四月八日悍然攻击大沽炮台。大沽炮台不堪一击，半天后沦陷。这是一场小规模的战斗，尽管一线官兵殊死搏斗，但上层官员却狼狈不堪，谭廷襄最先逃命。

英法联军溯航白河，进入天津。在武力逼迫下，咸丰帝派大学士桂良、吏部尚书花沙纳为钦差大臣，前往天津议和。清政府全盘接受英、法的所有要求，分别与英、法、俄、美签订《天津条约》。《天津条约》的签订，使得鸦片贸易合法化。

当四国公使和英法联军踌躇满志地折返之后，咸丰帝却陷入了深深的忧患之中。咸丰帝并不太在意条约中的具体条款，他耿耿于怀的是"英国公使得住北京"的规定，打破了"夷夏之辨"的规矩，让其无颜见列祖列宗。因此，他想方设法阻止"英国公使得住北京"的意图。签约一月后，咸丰帝便再次派出以桂良、花沙纳为首的庞大代表团，企望利用上海税则谈判之机，达到消弭《天津条约》的目的。在随后的上海议通商税则中，清政府屡次想消弭条约中的已成之局，又屡次为英国人"条约既定之说，万不能动"[2]的说辞强硬拒绝。这种立约之后的翻悔，说明条约并没有消解中西之间的冲突，反而为新的争端埋下了伏笔。

1　《直隶总督谭廷襄奏战守两难仍宜让步折》，张晓生主编《中国近代战策辑要》（上），军事科学出版社1993年版，第347页。

2　贾桢等编《筹办夷务始末·咸丰朝》（第四册），中华书局1979年版，第1184页。

清政府不满《天津条约》的条款，英、法政府也不满足于《天津条约》中攫取的利益，蓄意利用换约之机再次挑起战争。因进京换约路线问题，双方又起冲突，扬武的英法联军与坚守的清军怒目相向，战争一触即发。马克思对清军抵抗这样评价：中国当局不是反对英国使节前往北京，而是反对英国武装船只上驶白河。他们曾经表示普鲁斯先生应由陆路入京，他们抵抗英国人的武装远征队也是完全有理的，中国人这样并不是违背条约，而是挫败入侵。[1]

为防备英法联军再次入侵，咸丰帝任命蒙古亲王僧格林沁为钦差大臣，督办海口防务。受命筹备防务的僧格林沁，立即恢复大沽水师建制，整顿军队，以逸待劳。咸丰九年（1859），英法公使赴京换约，清政府要求他们走北塘进京，但英法公使执意要走大沽，双方各不相让，最终引发了大沽口的一场炮战。僧格林沁指挥清军英勇抵抗，击沉击伤敌舰十艘，毙伤敌军近五百人，重伤英舰队司令何伯，取得鸦片战争以来清军唯一一次的胜利。僧格林沁小胜即骄，盲目认为"河内布里，似已严密，夷船断难闯入；陆路马步官兵练勇，足资抵御；设使该夷马步万余，我兵迎剿兜拏、必握胜算"[2]。在大沽战役获胜后，清政府幻想就此与英法联军罢兵言和，以免"兵连祸结，迄无了期"。[3]

英法联军兵败大沽口的消息传到欧洲，连英国媒体也承认"这的确是

1　《新的对华战争》，中共中央马克思恩格斯列宁斯大林著作编译局编《马克思恩格斯全集》(第十三卷)，人民出版社1994年版，第570页。

2　《钦差大臣僧格林沁等奏请饬何桂清等将津沽布置情形告知英人令来决战片》，中国史学会主编《第二次鸦片战争》(四)，《中国近代史资料丛刊》，上海人民出版社1978年版，第283页。

3　吴相湘：《晚清宫廷实纪》，正中书局1988年版，第22页。

一次可怕的惨败"。[1]英国丢了面子，国内兴起一片复仇的叫嚣。英法两国决定扩大侵略战争，咸丰十年（1860）六月，铩羽而归的英法联军在北塘登陆。六月二十六日，英法联军攻克军粮城。七月五日，攻克大沽炮台，随后占领天津。

被朝廷倚为长城的僧格林沁，以为敌军不善陆战，因而专守大沽，尽弃北塘防务，造成了严重的战略失误，给敌人以可乘之机，以惨败收场。作战失利后，僧格林沁自劾"海口转战至今，迭经挫败，误国殃民，死有余辜"[2]。他与西人交战最久，也败得最惨，挂免战白旗，仓皇出逃。连最强悍的蒙古铁骑军团都不堪一击，清政府终于意识到英法联军拥有绝对优势的武力。此时，清军正与太平军激战，绝对不敢让战火蔓延到北京周边，只好忍气吞声接受一切条件。但在"亲呈国书"环节上，清政府要求维多利亚女王的代表额尔金亲手将国书呈送给咸丰帝，并且要行三跪九叩之礼，否则就不能见皇帝。既然同意一切要求，却又不能免去跪拜之礼，这似乎是清政府不能退让的底线。于是，谈判破裂，战争继续。

3

英法联军的军舰可以任意驰骋，军队可以任意行动，清朝边防形同虚设。不仅如此，中国各地民众若无其事，不仅对英法联军没有任何敌意，没有组织起来保家卫国，甚至还欢迎联军的到来，出现了很多帮助联军的故事。贝齐亚在《中国之役：1859—1861》中有着这样的记载："看起来可能令人吃惊，在向中国发动的战争中，我们像使唤牲畜一样使唤中国人，

1　《外文资料选译》，中国史学会主编《第二次鸦片战争》（六），《中国近代史资料丛刊》，上海人民出版社1978年版，第209页。

2　清华大学历史系：《筹办夷务始末补遗》，中国史学会主编《第二次鸦片战争》（二），《中国近代史资料丛刊》，上海人民出版社1978年版，第221页。

但是我们是跟一个如此奇怪的民族作战，因此不应该以我们西方的观念来衡量。自从我们到了这片海域之后，除了中国人就找不到别的领航人；在港口，他们给我们提供大量食物；在广州，他们要求得到我们的保护以抵抗叛乱分子；在上海，中国军队跟我们一起打击叛军。"[1]英法联军雇用的苦力，全是中国百姓。如果没有中国百姓的帮助，英法联军派出的两万多兵力，很难取得这么大的胜利。

在英法联军眼中，中国人"只有一种宗教和一种政治：利益"[2]。只要肯支付银子，就有人鞍前马后地效劳。西方人站在自己的立场上评价中国人，并不完全了解当时的中国，以及当时中国人的生活。1938年，蒋廷黻指出，"在十九世纪初年，西洋国家虽小，然团结有如铁石之固"；与此相反，中国人只有家族观念和家乡观念，无统一的民族观念，"我们的国家虽大，然如一盘散沙，毫无力量"。[3]爱国不一定爱清朝。鸦片战争以后，反清活动持续不断，但可以说他们是在以自己的方式热爱这个国家。[4]

朝廷不爱百姓，对百姓不讲仁义，百姓眼里也就没有国家。梁发芾的《晚清百姓为什么不那么爱国》写道："当统治者以国家为自家私产，当统治者是强加在百姓头上的征服者压迫者的时候，作为被奴役对象的老百姓肯定不会热心替这样的国家或政府卖命。"[5]不是百姓不爱国，而是这个国家不属于百姓。无论是国内统治者，还是国外入侵者，都是百姓命运主宰者，百姓没有更多的选择，无论选择谁都是"跟着谁当奴隶"。

1　（法）贝齐亚、布瓦西厄：《中国之役：1859—1861陆军少尉的战争记忆》，上海百家出版社2011年版，第63页。

2　（法）贝齐亚、布瓦西厄：《中国之役：1859—1861陆军少尉的战争记忆》，上海百家出版社2011年版，第148页。

3　蒋廷黻：《中国近代史》，群言出版社2015年版，第3页。

4　（日）陈舜臣：《中国的历史》（第七卷），福建人民出版社2013年版，第72页。

5　梁发芾：《晚清百姓为什么不那么爱国》，《经典阅读》2011年第1期。

政府无能，动乱蜂起，各地百姓对清政府失去了信心，反而对侵略军生出好感。巴夏礼在《巴夏礼在中国》中写道："清廷官员非常无能，根本无法保护自己的臣民；人民对起义军的恐惧之感溢于言表。"[1]巴夏礼认为，中国政府已经病入膏肓，"现在这个国家就像是一个病人，它的整个系统因为受到各种不同的粗暴的治疗方案的对待而陷于瘫痪"[2]。

英法联军攻占天津后向北京进发，满朝文武个个如惊弓之鸟。屡战屡败的僧格林沁，受命退往通州组织抵抗。僧格林沁明白再这样打下去，即便全军覆没，也难挡敌军兵临北京城下。于是，他上了一道密折，建议咸丰帝"木兰秋狝"，实际上就是逃离北京。咸丰帝口头强硬，内心恐惧，慌张失措，但惧怕物议，不敢痛快回应。

咸丰帝决定投石问路，明发上谕称："亲统六师，直抵通州，以伸天讨而张挞伐。"[3]众多大臣看出咸丰帝要逃跑，朝堂之上立即掀起轩然大波。大理寺少卿潘祖荫冷冷地说："国君死社稷，上欲何往？"[4]咸丰不得不表示，要与北京共存亡。不久，英法联军在直隶张家湾、八里桥大败清军，僧格林沁仅带少数随从逃跑。这是第二次鸦片战争中的最后一战，至此以后清军再也没有实力进行强硬的抵抗。根据俄国外交官伊格纳提耶夫提供的情报，清军主要集中在东城，建议联军应先攻取最薄弱的北城，并且咸丰帝正在西北郊的圆明园，可以一网打尽。于是，英法联军绕安定门、德胜门，进犯圆明园。咸丰帝惊慌失措，在肃顺等人的簇拥下，慌忙带着嫔妃皇子踏上逃亡热河避难的征途。

1　（英）普尔:《巴夏礼在中国》，百家出版社2011年版，第330页。

2　（英）普尔:《巴夏礼在中国》，百家出版社2011年版，第335页。

3　《给王大臣等为决心与英法决战令迅速定议的朱谕》，中国史学会主编《第二次鸦片战争》(五)，《中国近代史资料丛刊》，上海人民出版社1978年版，第37页。

4　《庚申英夷入寇大变纪略》，中国史学会主编《第二次鸦片战争》(二)，《中国近代史资料丛刊》，上海人民出版社1978年版，第46页。

咸丰十年（1860）八月二十二日，英法联军占领北京，并纷纷登城升旗列炮。他们意犹未足，又在北京城郊抢掠烧杀近50天，京郊皇家园林圆明园等被洗劫一空，并被付之一炬。火烧圆明园，这是人们惯常的提法，焚毁的范围比圆明园大得多。其实，不仅是火烧圆明园，而是火烧京西皇家三山五园，分别是万寿山、玉泉山、香山三山，清漪园、圆明园、畅春园、静明园、静宜园五园。

法国著名作家维克多·雨果在《就英法联军远征中国给巴特勒上尉的信》中，对英法联军火烧圆明园的暴行进行了强烈谴责："有一天，两个来自欧洲的强盗闯进了圆明园。一个强盗洗劫财物，另一个强盗在放火……将受到历史制裁的这两个强盗，一个叫法兰西，另一个叫英吉利。"[1]英法联军的一名成员这样描述："顷刻工夫，几十处地方都冒出一缕一缕的浓烟密雾来……不久，这一缕一缕的烟聚成一团一团的烟，又集合为弥天乌黑的一大团。万万千千的火焰往外爆发出来，烟青天黑，亏蔽天日。所有庙宇、宫殿、古远建筑，轮奂辉煌，举国仰为神圣庄严之物和其中历代收藏，富有皇家风味，精美华丽，足资纪念的物品，都一齐付之一炬，化为劫灰了。"[2]众多皇家园林被毁，中华文明蒙受巨大的损失。

在英法联军看来，放火是在向战败的清政府追讨正义。此前，在大兵压境的形势下，清军不仅扣押了英法使臣巴夏礼等39人，还残酷折磨致死21人。清政府残酷迫害英法使臣，激发了英法联军的血腥报复行为。对于联军在圆明园的暴行，英法政府不仅不加责备，反而表示理解，认为这是报复清政府的言而无信和为非作歹，情有可原。英国陆军大臣悉尼·格兰特在其《格兰特私人日记选》中记述道："人质被扣问题从头到

1　（法）布里塞：《1860圆明园大劫难》，上海远东出版社2015年版，第577页。

2　《西书中关于焚毁圆明园纪事》，中国史学会主编《第二次鸦片战争》（二），《中国近代史资料丛刊》，上海人民出版社1978年版，第418页。

尾整个就是流氓行为，中国人的放肆及其目光短浅，使人感到震惊胜过其行为本身的残忍性。从电报中我们得知圆明园已被烧毁，我猜想这和人质的命运有很大的关系。"[1]

当英法联军在圆明园放火的时候，被咸丰帝留下来筹办夷务的恭亲王奕訢眼睁睁地看着烟焰弥天，痛心惨目，徒呼奈何。奕訢向北狩的咸丰奏报时自述"痛哭无地自容"。远在热河的咸丰帝"览奏曷胜愤怒"，切身之痛则犹如近在咫尺，"本有呕血之疾，至此益感不支；为求逃避现实，益发纵情声色"[2]。

英法联军火烧圆明园，不仅是为了掩盖抢劫罪行，也不单是为了报复清政府，而是试图通过焚毁圆明园彻底击垮清政府的抵抗意志，迫使清政府立即投降，从而尽快实现其侵华战争的目的，逼迫清政府落实《南京条约》，承认《天津条约》。额尔金在烧毁圆明园之后曾经发出威胁，如果中国人"不接受我们提出的条款，他们可以想象京城会成什么样子。城内的皇宫纹丝未动，如果他们想为他们的主子挽救最后剩下的宫殿，那就别浪费时间。我相信火烧圆明园大大加速了问题的最后解决，也巩固了我们特使的地位"[3]。言下之意，在圆明园被毁之后，如果清政府不能立即满足联军的侵略要求，紫禁城也将化为灰烬。

打虎亲兄弟，上阵父子兵。咸丰帝逃命前授命奕訢为全权钦差大臣，负责与英、法、俄谈判。奕訢代表清政府与英、法、俄签订了《中英北京条约》《中法北京条约》《中俄北京条约》，并批准了中英、中法《天津条约》，并增加天津开埠。在《中俄北京条约》中，承认了咸丰八年（1858）沙俄迫使黑龙江将军奕山签订的《瑷珲条约》。除割让土地、巨额赔款外，

1　（英）诺利斯：《格兰特私人日记选》，上海百家出版社2011年版，第67页。

2　高阳：《清朝的皇帝（四）：走向式微》，上海文艺出版社2013年版，第37页。

3　（英）诺利斯：《格兰特私人日记选》，上海百家出版社2011年版，第93页。

同时也允许外国公使驻京、增开通商口岸、鸦片贸易合法化等，中国海关行政权也转移到列强手中。在太平天国战争中精疲力竭的清政府，开始成为西方列强任意宰割的俎上之肉，短时间内陷入破产的边缘。

咸丰十年（1860）岁在庚申。这一场震荡在中国人的记述中被称作"庚申之变"，明白地表达了中国人身受的震撼和屈辱。内忧外患，烽火连天，整个中国陷入水深火热之中，中国的民族危机和半殖民地化程度进一步加深。

关于近代中国对外战争的失败原因，毛泽东曾归结为："一是社会制度腐败，二是经济技术落后。"[1]清政府在对外战争中一败再败，就在于清政府昏庸腐败，中国的经济、科技发展水平远远落后于西方国家。

五、人在花下死

1

道光帝早年是个养不住儿子的人，他的前三个皇子都夭折了。道光帝处于无子的状态，如果此时谁先一步生下皇子，这名皇子便有很大的机会成为皇帝。

据说，咸丰帝的生母钮祜禄氏为了抓住这个机遇，贿赂御医为其配下催胎药，最终让自己的儿子抢先出生。正如钮祜禄氏所料，她的儿子被立为太子，最终继承了大统。但也正如御医所言，这个早产儿天生体弱，常常生病。

咸丰帝自幼身弱，几乎是泡在药罐中长大的，后又在行猎时坠马，导致腿残。对于咸丰帝的身体状况，宗彝的《道咸以来朝野杂记》记载："文

---

1 毛泽东：《把我国建设成为社会主义的现代化强国》，中共中央文献研究室编《建国以来重要文献选编》（第十七册），中央文献出版社1997年版，第135页。

宗体弱，骑术亦娴，为皇子时，从猎南苑，驰逐群兽之际，坠马伤股。经上驷院正骨医治之，故终身行路不甚便。"[1]宗彝是咸丰帝的五弟奕淙的后人，此说应不是虚言。先天不足，后天恶补。咸丰帝还专门修建了一个鹿苑，整天靠着喝鹿血养气补血。

咸丰帝以病躯之体，面对的是一个更加疲敝的朝廷。有人说："咸丰季年，天下糜烂，几于不可收拾，故文宗以醇酒妇人自戕。"[2]愈来愈坏的局势，愈来愈坏的官风，很快磨灭了咸丰帝奋发图强的锐气，转而开始穷奢极欲，迷恋于纵情声色、醉生梦死的生活，使他更显病态。

咸丰帝骨子里就是一个风流天子。皇帝最不缺的就是女人，身边美女如云。咸丰帝"声色之好，本突过前朝"[3]，即位之初便曾迫不及待地大选秀女。值得一提的，首先是慈安钮祜禄氏，她是广西右江道、累赠三等承恩公穆扬阿之女。咸丰二年（1852）二月，她被封为贞嫔，五月又被封为贞贵妃，十月被立为皇后，世人称为东太后。她为人幽闲静淑，举止端庄，在众妃嫔中从不争宠，很得咸丰帝的尊重。

还有慈禧叶赫那拉氏，她是赠三等承恩公惠征之女。她于咸丰元年通过选秀进宫，入宫被封为兰贵人。咸丰四年（1854）十一月，被册封为懿嫔。咸丰六年（1856）三月，生皇长子爱新觉罗·载淳，也就是后来的同治，旋被诏晋为懿妃。同年十二月，行册封礼。咸丰七年（1857）十二月，晋懿贵妃，世人称为西太后。慈禧智慧与美貌并存，颇受咸丰帝喜欢。此外，还有庄静皇贵妃、端恪皇贵妃、婉贵妃、玫贵妃等数十人，为咸丰帝所青睐。

1　崇彝:《道咸以来朝野杂记》，北京古籍出版社1982年版，第2页。

2　小横香室主人编《清朝野史大观》（卷一），《文宗风流滑稽》，第三册，中央编译出版社2009年版，第60页。

3　许指严著，田同旭点校:《十叶野闻·文宗以园居为逸乐》，《民国笔记小说大观》（第一辑），山西古籍出版社1995年版，第86页。

咸丰帝身边貌美的嫔妃如云，但接触多了，看得久了，也难免产生视觉疲劳，乃至于发展成审美麻痹，对宫中嫔妃兴味索然。他对缠足的汉族女子，特别是对缠足寡妇产生了极大的兴趣。然而，按清朝祖训，汉女不得入宫。为逃离森严的宫禁，逃脱敬事房的约束，以便亲近汉族女色，咸丰帝不喜欢待在皇宫，而是喜欢待在园林，尤其酷爱圆明园。在园中，他宠幸了大量私藏的民间女人。自咸丰五年（1855），咸丰帝在圆明园尽显风流，乐不思蜀。

许指严在《十叶野闻》中道出了咸丰帝常住圆明园的真意所在："文宗厌宫禁之严守祖制，不得纵情声色，用托言因疾颐养，多延园居时日。"[1]当时，有近臣察知咸丰帝的嗜好，不惜重金从江苏、浙江一带购买妙龄美女献与咸丰帝。更有大臣曲意献媚说：今天下多乱，而圆明园又地处郊外，应加强警戒，可令这些女子每三个人为一拨，每晚在寝宫周围打更巡逻。咸丰帝自然懂得其中奥妙，可借此随时将值勤警戒的美女召入殿内临幸，乐不思蜀。

2

除了沉湎女色外，咸丰帝还有猎奇的性癖好。咸丰帝是个大戏迷，热衷于看各种剧种戏曲，由此爱上了雏伶朱莲芬，还引出一段与大臣争风吃醋的风流案来。

在中国，"好男风"古已有之，基本都是在士绅阶层流行。在《史记》中，司马迁就说："谚曰'力田不如逢年，善事不如遇合'，固无虚

1　许指严著，田同旭点校《十叶野闻·文宗以园居为逸乐》，《民国笔记小说大观》（第一辑），山西古籍出版社1995年版，第87页。

言。非独女以色媚，而士宦亦有之。"[1]言下之意，不是只有女子靠美色来媚好上头，仕宦也有以身相许的。春秋时卫灵公有男宠弥子瑕，二人恩爱非常，弥子瑕吃了个桃觉得好，留一半给卫灵公，卫灵公丝毫不嫌弃，食而甘之，赞许称"爱我哉！忘其口味以啖寡人"，从而留下了著名的"分桃"典故。[2]还有汉哀帝刘欣，抛弃了宫中的众多佳丽，心甘情愿地独宠董贤一人，甚至想把江山禅让给他。有一次，他和董贤同睡后，醒来起身时不忍心打扰熟睡的董贤，叫人拿刀割断自己的衣袖起身，俗称"断袖之爱"。[3]古人用"分桃""断袖"来形容同性之恋，合称"分桃断袖"。

唐太宗李世民跟太子李承乾就曾因男宠闹翻过："有太常乐人年十余岁，美姿容，善歌舞，承乾特加宠幸，号曰称心。太宗知而大怒，收称心杀之，坐称心死者又数人。"[4]尽管男宠可以存在，但当时不够光明正大，摆不上台面。明朝之后，"好男风"终于流行开来。仕宦或富贵人家，喜好蓄爱宠和娈童，还出现了男娼以备猎奇爱好者。明朝学者沈德福认为，1429年宣德皇帝规定的禁娼令，起了一个巨大作用：官员不能找妓女，于是转而祸害男娼了，娈童之风于是大盛。[5]当时，仕宦或贵族养个娈童，跟纳个妾、睡个丫鬟，几乎没有什么区别。

咸丰帝风流多情，也喜新厌旧，容易移情别恋，爱上雏伶朱莲芬并不奇怪。朱莲芬不但貌冠诸伶、歌喉娇脆，且能作小诗、工小楷，是当时最

1　［汉］司马迁：《史记》（卷一二五），《佞幸列传第六十五》，第十册，中华书局1977年版，第3191页。

2　［战国］韩非子：《韩非子》（第四卷），《说难第十二》，岳麓书社2015年版，第31页。

3　［汉］班固：《汉书》（卷九十三），《佞幸列传第六十三·董贤传》，第十一册，中华书局1964年版，第3733页。

4　［后晋］刘昫：《旧唐书》（卷七十六），《列传第二十六·太宗诸子·恒山王承乾》，中华书局1975年版，第2648页。

5　张佳玮：《世界上有趣的事太多》，译林出版社2016年版，第64页。

红的相公。咸丰帝一睹朱莲芬的风姿后，不觉也动了性情，时常传召朱莲芬入宫。

作为诸伶之冠，朱莲芬不但得到咸丰帝的垂爱，自然也受到不少达官贵人的关照。其中，以光禄寺卿潘祖荫和监察御史陆懋宗为最。潘祖荫学识渊博，与朱莲芬相互爱慕，俨然"夫妻"。陆懋宗颇通音律，是风流才子，也与朱莲芬来往甚密。

潘祖荫比较温和内敛，自不敢与皇帝争高下。但陆懋宗性情耿直，喜争强好胜，长时间不见朱莲芬，便茶饭不思，夜不能寐，一气之下，以公济私，上本参奏，直言劝谏，借狂放之形骸抒胸中之块垒。奏章引经据典，洋洋洒洒数千言，力陈宫内奢靡铺张之害，奏请咸丰帝散去伶人，节减开支，极具含沙射影的效力。咸丰帝览阅奏章后，知其原委，大笑道"陆都老爷醋矣"，即随手在其奏章上批云："如狗啃骨，被人夺去，岂不恨哉！钦此。"[1]

区区一个御史，为了一个相公，竟敢和皇帝争风吃醋。堂堂一个皇帝，同样为了这个相公，竟对大臣实施人身攻击。皇帝荒唐至此，大臣孟浪至此，荒唐滑稽，情何以堪，又怎不叫臣民悲哀。

咸丰帝沉溺声色之中不能自拔，令身边的满族嫔妃忧心不已。特别是懿贵妃，多次以皇上身体为重、国家政务为重的堂皇理由，鼓动皇后对咸丰帝进行苦劝。咸丰帝对于皇后一向尊重有加，对于皇后的婉言规谏也能接受。但未过多久，便故态复萌，仍是我行我素，追求声色，及时行乐。后来，咸丰帝干脆金屋藏娇，还将其中四名女子加封为"四春"，即牡丹春、杏花春、武陵春、海棠春，大加宠幸。

面对众多的娇媚女子，咸丰帝的性生活毫无节制，"旦旦戕伐，身体

1　　小横香室主人编《清朝野史大观》(卷一)，《文宗风流滑稽》，第三册，中央编译出版社2009年版，第60页。

久虚"，头昏眼花，腰疼腿软，浑身乏力，一步步堕入了风流的危途。为了增强性功能，他服食了大量春药，越补身体越糟，越糟就越需大补，陷入了恶性循环的怪圈。

每逢天坛、地坛、社稷坛等祭祀大典，咸丰帝担心腿脚无力，于升降宝辇或上下台阶时失仪，不敢亲临，常常委派奕訢代劳。后来，忧患愈重，身体愈坏，竟至患上了吐血之症。

咸丰十年（1860），于天津登陆的英法联军进逼北京城下，惊醒了咸丰帝的春梦，他仓皇逃命到热河。逃到热河以后，他终日闷闷不乐，无聊之极，心灰意冷，遂亲笔御书"且乐道人"自我解嘲，并命人将条幅悬挂殿中，足见其精神之颓废。

咸丰帝不想做一个昏庸的皇帝，但能力实在有限，结果事与愿违，受尽自我折磨，于是在苦闷中退却。他终日蜷伏于热河行宫，沉湎酒色，只图做个逍遥的无忧天子。他自我放逐，乐不思蜀，整日游乐观戏，使得本来就患有肺病的身体越来越虚弱。

史料记载，从咸丰十一年（1861）开始，咸丰帝就多次病倒，经常咯血，但仍每日行乐不止。这年三月，咸丰帝依旧终日纵情声色，咳嗽不止，咳血不止，好似泉涌，身体一天不如一天。六月，即死前半个多月，咸丰帝每天用半天甚至大半天的时间看戏，直到死亡的前两天还在传命"如意洲花唱照旧"。

咸丰帝的昏聩和消沉，在中国历史上堪称典型。也许是过多的磨难，撕裂了咸丰帝原有的价值认同，让他心力交瘁，不堪其累。他确实看不到希望在哪里，反倒是缠着小脚的女人、迷人的徽班让他陶醉不已，一定程度上也解脱了他的愁苦。得了痨病的咸丰帝，将御医"本应静养"的告诫抛却脑后，在声色犬马中麻醉自我，在疯狂看戏中度过了生命的最后时光。

3

很多人认为当皇帝是天下第一美差，但对于咸丰帝来说，却是福没多享，难没少受，可谓实至名归的"苦命天子"。

当政之初，咸丰帝也曾豪气干云，重用汉臣，惩办贪污，不乏新君气象。可他时运太差，赶上了中国历史上最大的农民起义，赶上了西方列强大举入侵，内外交困的变局让他举步维艰，看不到一线生机，找不到一条生路。"明者因时而变，知者随事而制。"茅海建认为：咸丰帝"直身躺在时代的分界线上，手和脚都已经进入了新时代，但指挥手脚的头脑却留在旧时代"[1]，失败在所难免。满朝上下僵化顽固，仍然用过时的观念来看待外部世界，"与近代世界的看法完全不能吻合"，一次次错失了良机。在咸丰帝治下，官场乱，社会乱，局部危机蔓延为全国性危机。

咸丰帝在位11年，始终坐在火山口上，几乎没有过一天安生的日子。他即位不到一年，洪秀全即在金田起义，并于咸丰三年（1853）三月攻克江宁建都，与清朝对抗十几年。再加上天地会、捻军等起义，遍地硝烟，使他如坐针毡，忙得不可开交。英法联军发动第二次鸦片战争，进逼北京，把他吓得神经分兮，狼狈逃奔热河，至死没有再回京城。

茅海建在《苦命天子》一书的结语中深情地写道："在这个世界上，每一个人都一定会有一个最适合他的位子。如果能够找到它，占有它，那是人生的最幸。与此相反，一个人占有的位子，若不能充分发挥他的全部才能，那是一种痛苦。具有同样痛苦的是，一个人坐在其才力不逮却又下不来的位子上，除非他每日只是混日子过。若他有强烈的责任感，结果事

1　茅海建：《苦命天子：咸丰皇帝奕詝》，生活·读书·新知三联书店2013年版，第308页。

事与愿望相违，那几乎是一种人生的自我折磨。"[1]咸丰帝就是这样一个坐在其才力不逮的位子上的苦命皇帝。

国难当头，坐在其才力不逮却又下不来的位子上，咸丰帝开始破罐子破摔。慢慢地，"勤政的咸丰帝，此时愁肠百转，渐渐地倦怠于政务了……"[2]。他性格懦弱、暴躁，生活颓废、奢靡，沉溺于纵欲、酗酒、吸食鸦片，缺乏任何光明和进取，被后人称为无远见、无胆识、无才能、无作为的"四无"皇帝。

咸丰十一年（1861）七月十七日，这一天是咸丰帝31岁生日。经不起寿宴的折腾，他在万寿节后卧病不起，竟至昏厥。当晚子初三刻，咸丰帝苏醒过来，即传谕将宗人府宗令、御前大臣、军机大臣等召入寝宫，用最简洁的语言口述了两道谕旨，着立皇长子载淳为皇太子，着派载垣、端华、景寿、肃顺等八人为顾命大臣，赞襄一切政务。次日卯时，咸丰帝在热河避暑山庄的烟波致爽殿西暖阁中驾崩，走完了他短暂的一生。以"顾命八大臣"来辅佐年幼的载淳，这是咸丰帝在后事安排上的得意之笔。就八大臣辅政制度而言，咸丰帝无疑是重用肃顺等人的，但也并非完全信任，该防范还是要防范的。在咸丰帝设计的八大臣共同辅政制度下，肃顺等人虽可参与一切日常政务处理，但其性质仅是"赞襄"，只是赞助、帮助、襄助、襄理。他们的根本职责只是"尽心辅弼"小皇帝而已。

为了防止大权旁落于肃顺等人之手，咸丰帝还创设了皇后和小皇帝钤印制度。临终之时，咸丰帝将自己珍藏的两枚私印"御赏"和"同道堂"，分别交授皇后慈安和小皇帝载淳，并规定，在皇帝年幼尚不能亲政时，凡

1　茅海建：《苦命天子：咸丰皇帝奕詝》，生活·读书·新知三联书店2013年版，第306页。

2　茅海建：《苦命天子：咸丰皇帝奕詝》，生活·读书·新知三联书店2013年版，第80页。

是皇帝的谕旨，在起首之处必须钤盖"御赏"印，即所谓的"印起"；谕旨的结尾之处必须钤盖"同道堂"印，即所谓的"印讫"。凡钤加了这两枚印章者，才是得到认可的谕旨，否则无任何效力。

咸丰帝自认为授以八大臣赞襄政务，既可使八大臣之间互相牵制，又可有效地排除后宫揽权干政，还能有效地排除皇亲国戚的威胁。而皇后和小皇帝钤印制度，又可防止八大臣结党弄权，排除了肃顺等人挟制天子的可能。这一后事安排，不乏可圈可点之处。然而，事实证明，这一安排并不高明，反而引发了晚清政局的巨大震动。

经过精心准备，咸丰十一年（1861）九月三十日，两宫皇太后以突然袭击的方式发动辛酉政变，解除了八大臣之一、禁卫军首领载垣的兵权，然后将八大臣逐一剪除，并严加看管。最终，肃顺被斩于菜市口，载垣、端华被勒令自尽，另外五人或被革职或被充军。随后，慈禧与慈安开始垂帘听政。

咸丰帝活着不能定国安邦，死了竟然遗患无穷。对于酿成慈禧专政的局面，咸丰帝负有不可推卸的责任。慈禧通过一系列斗争与政变，得以独揽大权，统治中国长达47年之久。难怪时人王闿运在《独行谣》中说："祖制重顾命，姜妠不佐周。谁与同道堂，翻怪垂帘疏……祺祥改同治，御座屏波离。"[1]《清宫词》也说："北狩经年跸路长，鼎湖弓剑黯滦阳。两宫夜半披封事，玉玺亲钤同道堂。"[2]

《清史稿》惋惜咸丰帝的遭遇与早逝："文宗遭阳九之运，躬明夷之会。外强要盟，内孽竞作，奄忽一纪，遂无一日之安。而能任贤擢材，洞观肆应。赋民首杜烦苛，治军慎持驭索。辅弼充位，悉出庙算。乡使假年御

1　《独行谣》，王闿运撰，马积高主编《湘绮楼诗文集》（第三册），岳麓书社2008年版，第218页。

2　吴士鉴：《咸丰之死》，刘潞选注《清宫词选》，紫禁城出版社1985年版，第27页。

宇，安有后来之伏患哉?"[1] 所谓阳九之运，是指咸丰帝运气较差，刚一上位，内忧外患便接踵而来。内忧，指的是太平天国运动，清朝差点因此被推翻。外患，是指鸦片战争后，西方列强一直对中国虎视眈眈，意图瓜分中国。而后来之伏患，则是指辛酉政变，宫闱斗争，后宫执政，裂解了执政集团的稳定。

1　赵尔巽等：《清史稿》(卷二十)，《文宗本纪》，第四册，中华书局1977年版，第767页。

咸丰帝纨绔风流，沉溺酒色，无奈生育能力太差，咸丰六年（1856），始得载淳，即后来的同治帝。咸丰八年（1858）又得一子，出生当日就夭亡了，未命名。于是，年仅六岁的皇子载淳便成为唯一候选人，成为清朝的第八位皇帝。同治帝是个幸运儿，没有兄弟跟他争夺皇位，六岁便承继大统。同时，他又是个霉运鬼，幼年丧父，母后霸道，皇权僵化，不能享受童真之乐。

慈禧与慈安联合奕訢发动辛酉政变，废除"祺祥"年号，改元"同治"，这个年号涵义很广，既可谓两宫同治；更可谓两宫与亲贵同治；亦可谓满汉同治，具有大团结的意味。[1]慈禧与慈安垂帘听政，主导了整个政局。同治十二年（1873），十八岁的同治帝亲政。只是，他每有作为，都要受到慈禧的牵制和干涉。他倍感压抑，不理解母后既已归政，为何又要事事干涉，因此与慈禧渐生嫌隙。同治十三年（1874），同治帝病逝，亲政时间不到两年。他六岁登基，在位十三年，死时才十九岁，是清朝寿命最短的皇帝。

1　　高阳：《清朝的皇帝（四）：走向式微》，上海文艺出版社2013年版，第61页。

一、腐败的威胁

有清一朝，每当新朝开始之际，统治者总要在吏治上作一番文章，同治朝也不例外。慈禧与慈安联合奕訢发动宫廷政变，捕杀、罢黜了咸丰帝临终前任命的肃顺、载垣等八名顾命大臣，确立了两宫皇太后垂帘听政，奕訢任议政王、首席军机大臣综理政务的联合执政体制。

慈禧是个权力欲极强的人，一直处心积虑排挤慈安，以独揽大权。她深知自己的权力建立在清朝统治基础上，吏治腐败已经成为清朝的毒瘤，若不痛加整饬，将面临统治危机。为了重塑中央权威，调动一切积极因素迅速戡平战乱，慈禧加大力度整饬腐败不堪的吏治。

咸丰十一年（1861）十月七日，在处决肃顺的次日，两宫皇太后即以皇帝的名义颁发谕旨，对吏治腐败特别是基层吏治的腐败进行了具体分析，指出了差役勒索、官员徇庇、私拜师生等腐败现象，强调"务各精白乃心，力除积习，倘有前项弊端，则载垣等前车具在，朕纵欲曲法以示恩，亦何以对天下乎"[1]。随后，又发出了一连串谕旨，对官员贪污腐败、拉帮结派、结党营私等问题进行了申斥。

孙中山在《中国的现在和未来》一文中指出：中国所有一切的灾难只有一个原因，那就是普遍的又是有系统的贪污。这种贪污是产生饥荒、水灾、疾病的主要原因。官吏贪污和疫病、粮食缺乏、洪水横流等自然灾害

1　《清实录·穆宗毅皇帝实录（一）》卷六，第四五册，中华书局1987年版，第161页。

间的关系，可能是不明显的，但是它很实在，确有因果关系。这些事情决不是中国的自然状况或气候性质的产物，也不是群众懒惰和无知的后果。坚持这说法，绝不过分。这些事情主要是官吏贪污的结果。[1]在孙中山之前，很少有人能够以如此深邃的思维、独特的角度、鲜活的语言来分析和说明灾荒问题。身在权力中心的慈禧，虽然没有机会看到孙中山的文字，但她很清楚，如果不肃清吏治，很难改变积弊。慈禧认为，要收到更好的惩罚效果，必须抓大放小，从封疆大吏入手，引起各级官员的重视，进而震慑整个官场。

慈禧并非无能之辈，说到做到，不放空炮。两江总督何桂清，成为慈禧祭旗的对象。何桂清历任翰林院编修、内阁学士、兵部侍郎、两江总督等职，聪明干练，精于仕宦，位极人臣。当时东南半壁尽入太平军之手，何桂清驻守常州，担负着为江南大营和江北大营提供后勤保障的职责，却坐视太平军攻破江南大营，拥兵自卫，坐岸观火，不施援手。当太平军找上门来，何桂清惊慌失措，不敢死守，企图逃脱。他采取金蝉脱壳之计，先将父亲和两妾秘密送至通州，然后张榜禁止市民迁徙，并封锁各城门，制造准备抗敌的假象，暗地里却准备带着亲信以外出搬救兵的名义溜走。由于事情策划不周密，"总督大人要逃"的信息不胫而走。见何桂清要跑，城内绅民耆宿数百人手执香烛赶赴辕门，跪请何桂清留下共同抗敌，与太平军决一死战。

何桂清眼见太平军步步紧逼，常州很快不保，情急之下，恼羞成怒，遂令所率部队开洋枪扫射，当场打死19人，打伤数十人，杀开一条血路后狼狈逃窜。何桂清仓皇逃到苏州城下，却吃了属下江苏巡抚徐有壬的闭

———————

　　1　孙中山:《中国的现在与未来——革新党呼吁英国保持善意的中立》，广东省社会科学院历史研究室、中国社会科学院近代史研究所中华民国史研究室、中山大学历史系孙中山研究室编《孙中山全集》(第一卷)，中华书局1981年版，第89页。

门羹。徐有壬不仅拒绝其进城，还直接上奏朝廷弹劾他。无奈之下，何桂清转而逃向常熟，但常熟也不接纳他，他又辗转逃到上海。

咸丰帝闻知何桂清临阵脱逃，大为愤怒，谕令将其革职严审。然而，何桂清逃到上海后躲藏起来，一时杳无音讯。不久，英法联军进犯北京，战乱之余，咸丰帝自顾不暇，一路向西而逃，何桂清一案遂被搁置。慈禧执掌政权后，想借整顿吏治立威立信。"想睡觉就有人送枕头"，此时有人重提何桂清案件。慈禧痛下决心，要杀一儆百，何桂清在劫难逃。

何桂清点背，命该绝，碰到了克星。负责总办秋审的刑部郎中余光绰就是常州人，由于家乡深受太平军祸害而对何桂清痛恨已久，他认为仅依据"封疆大吏失守城池斩监候，秋后处决律"还远远不够，必须考虑何桂清伤天害理，杀死常州士绅19人，重伤几十人的情况，罪当加重，拟判何桂清斩立决。然而，各方势力盘根错节，不少人各怀心事，有的私交笃厚，有的不明真相，有的兔死狐悲，有的见风使舵，有的迫于人情，纷纷求情为何桂清开脱。大学士祁寯藻等17人联名上疏，请求朝廷法外开恩。

更多的人则持反对意见。大理寺卿李棠阶挺身而出，据理力争，强调何桂清骄横颟顸，治军无方，克扣军饷，弃城而逃，导致常州军民生灵涂炭，罪不容诛。曾国藩等前线将帅也坚决支持李棠阶的意见，促使慈禧深思后下定决心。慈禧发布上谕，历数何桂清的罪状，认为如不判处其死刑，"何以肃刑章而示炯戒，且何以谢死事诸臣暨江南亿万被害生灵于地下"，将何桂清即行处决。[1]

自太平天国运动爆发以来，清朝封疆大吏及府县各官，贪生怕死，闻风而逃。有的官员畏惧太平军，赴任时竟规避不前，数年不到任；有的官员则是一触即溃，连连失地弃城。为逃避失城罪责，往往借词开脱，托请

1　《谕内阁何桂清着即处决派大学士周祖培等监视行刑》，中国第一历史档案馆编《清政府镇压太平天国档案史料》(第二十四册)，社会科学文献出版社1999年版，第675页。

上司倒填年月，捏称因公赴乡出境，逃避处罚。此类积弊一直未予严肃处理，以致丧师失地之员日渐增多，而无人为此付出代价。慈禧断然处决何桂清，多年来首次出现一品大员因失地弃城伏诛的情况，风气为之一正，纲纪为之肃然。

为表示辅弼的忠心，奕䜣也作出了种种姿态，还曾多次表演"拒贿"，以显示自身的凛然正气。咸丰十一年（1861），因贪污而被议降二级调用的兵部侍郎庆英，不甘心背负降级的处分，经人指点到奕䜣处行贿乞援。因心情急切，过于露骨，过于张扬，奕䜣不悦。蹊跷的是，庆英行贿之事，恰好被同来的宫使获知，奕䜣为远避瓜田李下之嫌，不仅"厉色拒绝""多方开导"，还断然将此事上奏，从而博得上谕的赞扬。

慈禧对庆英公然贿赂的行径大为恼怒，当即命内阁发出上谕，公布此事的始末，将庆英由降二级改为革职。庆英偷鸡不成蚀把米，充当了慈禧杀鸡儆猴的角色。奕䜣一改贪污索贿的形象，俨然成了廉洁奉公的楷模。在舆论造势影响下，朝野上下打出了一套刷新吏治的组合拳，一时间形成了从严治吏的热潮，为同治中兴作了一番点缀和装扮。

2

浮华之下，满目疮痍。同治朝的吏治腐败，绝非几道谕旨，或者秋后算账处分个别人，以及若干拒贿的表演，就能扭转败局。腐败滋生，官德沦丧，无论大小官员，都在铤而走险，攫取利益。

地方大吏的贪污，更是有过之而无不及。同治七年（1868），四川总督吴棠任职第二年，即被人以"荒谬贪污，物议沸腾"的罪名参劾。据称，吴棠眷属抵川时，需用夫役三千余名，四人轿一百余顶。到任后，收受属员规礼，不下十余万金。随后，又卖缺卖差，甚至还向洋人索贿。他还将提督胡中和的驻防军遣散，委派副将张祖云招募新勇，名为节省，实则用瞒天过海之计，调剂私人、大发横财。又数月以来，云南巡抚岑毓英差官入川谒吴七八次，"每次必有馈遗，为数甚巨"。因收受贿赂太多，以致吴棠"饬造木桶装银"。管中窥豹，可见一斑，奢靡之风蔓延不止，贪污腐败日益炽烈。

自古以来，官场之中就流传这么一句话："任你官清如水，怎敌吏滑如油。"即便是青天如包拯，也难免被属下的小吏所蒙蔽。何况清朝大小官员贪腐成性，吏胥更是蝇贪蚁腐。清代理学家陆陇其曾说："本朝大弊，只三字，曰例、吏、利。"[1]吏胥虽小，长期盘踞一地、专司一职，广泛参与主官的日常政务，渗透到社会生活的方方面面，利用田地、税收、文案、官司等诉讼谋取私利的情况极为普遍。他们坑害一方，成为一些官员仕途上的拦路虎，连主官都要让其三分。御史游百川在《请惩治贪残吏胥疏》中概述了这方面的情况："夫自京畿以及各直省，有不营私之官，而鲜有不营私之吏。"[2]根据他的描述，大的州县吏胥达二三千人，次者七八百人，少者也有三四百人，吏胥人数之众，难以计数。而此类人员多半没合法收入，即使是在册人员也只有少数人有微薄的工食银[3]，大多数人员的收入靠的是案件的办理费用和各种临时开支。

晚清名臣郭嵩焘说："汉唐以来，虽号为君主，然权力实不足，不能不有所分寄。故西汉与宰相、外戚共天下，东汉与太监、名士共天下，唐与后妃、藩镇共天下，北宋与奸臣共天下，南宋与外国共天下，元与奸臣、番僧共天下，明与宰相、太监共天下，本朝则与胥吏共天下耳。"[4]在郭嵩焘看来，清朝吏胥与君主共有天下，足见吏胥之举足轻重。

1　徐珂:《清稗类钞》(第一一册)，中华书局1984年版，第5250页。

2　游百川:《请惩治贪残吏胥疏》，沈云龙主编，陈韬辑《同治中兴京外奏议约编》，《近代中国史料丛刊》(第十三辑)，文海出版社1973年版，第635—636页。

3　地方衙门吏役的工食，一直以来均在地方存留项中支给。工食银除了以正规的存留、耗羡支发以外，还有利息等"开源"所得，也有官长自捐养廉银发给吏役工食的情况。

4　徐珂:《清稗类钞》(第一一册)，中华书局1984年版，第5250页。

有清一代屡禁不止的各税关税吏需索问题，此时亦越发严重，已到了骇人听闻的地步。同治六年（1867）十一月，内阁侍读学士钟佩贤在《请饬禁崇文门税务需索疏》中奏称："若外任及出差回京官员，不论有无税货，亦不论行李多寡，则量其缺分、差使之肥瘠，勒令交银若干，名曰报效。即候补候差之微员进京，亦皆不免。"[1]甚至会试进京的举人，除随身行李外别无余物，并且主动请求查验，税吏"仍每人索银十余两及四五两不等，方准放行，稍不遂意即置之官店"。清政府照例下谕制止，但到了同治九年（1870），形势依然严峻，税吏依然故我。御史刘国光再次奏称，各税关衙门胥吏仍任意需索留难应试士子，致令各士子沿途节节阻滞，贻误场期。[2]

同治朝的胥吏，心无敬畏，手无戒尺，无法无天，无所顾忌，已处于失控状态。清政府所下谕旨，在各处税吏看来，如同废纸不名一文，没人当回事。

3

地方州县官员的腐败或无能，催生大量冤假错案。刑狱紊乱，冤假错案频出，更是触目惊心。推诿扯皮，积压拖延，小事拖大，大事拖炸，成为清朝刑审中的一大顽症。

同治九年（1870），轰动一时的刺马案——刺客张汶祥刺杀两江总督马新贻，上达天听，天下传闻，成为"清末四大奇案"之一。

七月二十六日，马新贻在箭场参加完阅射后步行回官署，刚走到官署

1　钟佩贤：《请饬禁崇文门税务需索疏》，沈云龙主编，陈韬辑《同治中兴京外奏议约编》，《近代中国史料丛刊》（第十三辑），文海出版社1973年版，第260—261页。

2　《清实录·穆宗毅皇帝实录（六）》（卷二九六），第五〇册，中华书局1987年版，第1104页。

后院门口，突然从人群中闪出一人拦路喊冤。喊冤是假，杀人是真，刺客趁隙以匕首刺杀马新贻。马新贻身受重伤，延至隔日不治身亡。刺客得手后并未逃跑，而是坦然处之，束手就擒。在成群亲兵随从的护卫下，堂堂两江总督竟被一个刺客刺杀身亡，实在耸人听闻。慈禧接到奏报后，惊讶地称："马新贻此事岂不甚奇？"[1]真相扑朔迷离，慈禧百思不得其解。

马新贻被刺，清政府上下无不关心，查案力度非常之大。然而，江宁将军魁玉审理刺马案月余，每次奏报几乎不离"一味闪烁""语言颠倒""一味支离"，案件毫无进展。九月一日，漕运总督张之万赴江宁与魁玉会审。张之万久历官场，知道这是出力不讨好的差事，不管怎样审都会两头落埋怨。审不出主使人，马家不满意，朝廷也不愿意。审出主使人，难免会得罪更多的人，而且可能会惹上杀身之祸。于是，他采取拖延战术，慢慢地审，耐心地应付。

由于张之万、魁玉拖延太久，上谕三番五次进行严加训斥，并一针见血地指出："现已五旬之久，尚未据将审出实情具奏，此案关系重大，岂可日久稽延！"[2]案子拖延不结，招致更多非议，朝野也一致抨击张之万、魁玉的拖延政策。给事中刘秉厚奏劾："派审之员以数月之久，尚无端绪，遂藉该犯游供，含混供结。"[3]

张之万和魁玉成了众矢之的，不得不仓促结案。魁玉会同张之万上奏说："凶犯张汶祥曾从发捻，复通海盗，因马新贻前在浙抚任内，剿办南田海盗，戮伊伙党甚多。又因伊妻罗氏为吴炳燮诱逃，曾于马新贻阅边至宁波时，拦舆呈控，未准审理，该犯心怀忿恨。适在逃海盗龙启云等复

1　杨剑利：《同治王朝》，中国青年出版社2014年版，第159页。

2　《上谕：张之万奏张汶祥坚不吐实》，高尚举主编《马新贻文案集录》，中央民族大学出版社2001年版，第319页。

3　《上谕：给事中刘秉厚等奏审出刺马案主使之人》，高尚举主编《马新贻文案集录》，中央民族大学出版社2001年版，第319页。

指使，张汶祥为同伙报仇，即为自己泄恨，张汶祥被激允许。……本年七月二十六日，随从混进督署，突出行凶，再三质讯，矢口不移其供，无另有主使各情，尚属可信。"[1]按照这份供，张汶祥曾加入捻军，且与南田海盗龙启云往来亲密，其杀人动机有三点：一是回家后发现妻子罗氏及钱财被吴炳燮霸占，找时任浙江巡抚马新贻申冤，马未受理。他又到宁波府告状，虽讨回妻子，但钱财尽失。气急之下，逼妻子自尽，最终人财两空；二是其海盗朋友多为马新贻捕杀，为给朋友报仇，同时也泄私愤；三是其"小押"（重利盘剥的典当行）生意被马新贻明令禁止，绝了生路。新仇旧恨加在一起，张汶祥终于动了杀心，一路跟随马新贻至浙江、转福建、到江苏，两年之后终于找到机会将其刺杀。

朝廷对审理结果不满，不信任"尚属可信"的结论，尖锐指出："马新贻以总督重臣，突遭此变，案情重大。张汶祥供挟恨各节，及龙启云等指使情事，恐尚有不实不尽，若遽照魁玉等所拟，即正典刑，不足以成信谳。"[2]不弄个水落石出，坚决不会罢手。朝廷除谕令两江总督曾国藩速回江宁外，再派刑部尚书郑敦谨作为钦差大臣携随员赴江宁复审。

张之万之盼曾国藩，如久旱之盼甘露，见到曾国藩后便急忙交接案件，然后就急匆匆地跑回清江浦，远离了是非之地和是非之人。曾国藩到任后，并不着急审案，每日照例接客聊天，翻看《阅微草堂笔记》。邓之诚《骨董三记》说："国藩不欲深求，必有不能深求者在。"[3]他在坐等郑敦谨的到来，不想一个人深陷案件的泥潭。

1　《上谕：魁玉、张之万奏对张汶祥以比照大逆问拟》，高尚举主编《马新贻文案集录》，中央民族大学出版社2001年版，第321页。

2　《上谕：魁玉、张之万奏对张汶祥以比照大逆问拟》，高尚举主编《马新贻文案集录》，中央民族大学出版社2001年版，第321—322页。

3　《张文祥》，邓之诚著，邓珂点校，赵丕杰整理点校《骨董琐记全编·骨董三记》（卷三），北京出版社1996年版，第463页。

郑敦谨信心满满，执意要拨云见日，把疑案查个水落石出。但连续审问14天，嫌犯一味狡辩，没有丝毫进展。曾国藩对郑敦谨淡淡地说："将来只好仍照魁、张二公原奏之法奏结。"[1] 此时，郑敦谨才恍然大悟，原来这案子是不能深究的。他只好和曾国藩联名上奏："此案张之万等审讯的结果是实！"[2] 张汶祥漏洞百出的供词，白纸黑字，签字画押，竟然成为官方认可的定谳，至今尚存于台北故宫博物院。

同治十年（1871）三月二十六日，朝廷下旨将刺客张汶祥凌迟处死。张汶祥被凌迟处死，并被剖心，其子也被阉割，下场极其惨烈。张汶祥死了，但刺马案依然迷雾重重。当时参与案件审理的孙衣言和袁保庆愤于真相不白，并不认可案件的官方结果。帝师翁同龢这么评价本案："三百年未有之奇事也，嘻，衰征矣！"[3]

刺马案最终得到了解决，却加剧了湘军武装与中央政府之间的矛盾。慈禧加快了对湘军的裁减步伐，加大了对湘军的打压力度，导致依靠湘军建立和维持的东南海防日益废弛。李鸿章晚年曾对心腹幕僚说道："若非马案，则裁兵日紧，终致海防日废，列强日盛，战祸不断，则国运日衰也。"[4] 由于湘军裁员及东南海防虚空，导致东南地区防备力量薄弱，清政府无法抵挡列强侵略，只好以割地赔款来维持安宁，终究让中国陷入半封建半殖民地的深渊。

蝴蝶效应，即初始条件下微小的变化能带动整个系统的长期的巨大的连锁反应。美国气象学家爱德华·罗伦兹1963年在一篇提交纽约科学院

1　《同治十年正月十五日与国潢国荃书》，曾国藩：《曾国藩全集·家书》（下卷），河北人民出版社2016年版，第397页。

2　《马新贻被刺案分别定拟折》，高尚举主编《马新贻文案集录》，中央民族大学出版社2001年版，第298—305页。

3　陈义杰整理《翁同龢日记》（第二册），中华书局1997年版，第793页。

4　清馨：《清宫秘史》（第四册），中国华侨出版社2015年版，第277页。

的论文中分析了这个效应，"如果这个理论被证明正确，一只海鸥扇动翅膀足以永远改变天气变化"。在以后的演讲和论文中，他用了更加有诗意的蝴蝶。任何事物发展均存在着不可测的变数，一个微小的变化就能影响事物的发展。刺马案中的张汶祥，就是这样一只蝴蝶，其不起眼的一次刺杀行为，却能引起一连串的巨大反应，改变了清朝的走向。

关于张汶祥的杀人动机，民间还流传有多种说法。《清稗类钞》就搜罗了另外两种传言。[1]一说马新贻曾被捻军头目张汶祥俘虏，张汶祥久欲投清，就放了马新贻，并和其友曹二虎、石锦标与马新贻结为异姓兄弟。不久，马新贻收编张汶祥的降军为山字营，屡立战功，一再升迁，很快就升迁到了安徽布政使。共同患难容易，一起富贵困难。马新贻位高权重，对三位出生入死的兄弟逐渐冷淡。碰巧曹二虎把妻子接来同住，马新贻见其妻美貌超群，先是设法骗奸并长期霸占，后又诬陷曹二虎通捻，将其赶尽杀绝。张汶祥痛恨马新贻渔色负友，为替曹二虎报仇雪恨，遂将马新贻刺杀。这种传言被编为戏曲，使马新贻"渔色负友"的污名化形象广为人知。时任河东河道总督、曾为马新贻顶头上司的乔松年，在马新贻遇刺、性丑闻戏曲风靡的时候，曾赋诗"群公章奏分明在，不及歌场独写真"，兜头将一盆脏水朝马新贻头上泼去。根据刺马案改编的电影《投名状》，便采信了这个故事的桥段。

另一种说法是，最初，张汶祥与徐弁同是太平军侍王李世贤部的兵丁。李世贤兵败漳州后，徐弁主动选择反水，投奔马新贻并成为其亲兵。张汶祥则回到宁波，开小押店维持生计。一次，张汶祥到杭州探访故友，徐弁密告张汶祥说，马新贻吃里扒外背叛朝廷，正私通甘肃回王密谋反清（马新贻是回民），甘肃回王军队不日将南下。张汶祥痛骂不已，必欲除之而后快。后又因马新贻下令取缔非法营业的小押店，断了张汶祥的生计门

1　徐珂：《清稗类钞》（第三册），中华书局1984年版，第1120—1122页。

路，张汶祥痛不欲生。出于国仇私愤，张汶祥刺杀了马新贻。

多年来一直致力于刺马案研究的高尚举则认为，马新贻死于政治阴谋，凶手来自湘军集团。刺马案发生前后，有"马新贻奉旨接任两江总督后惊恐万状""马新贻赴任前曾对兄长说'断头'话""审讯凶手旷日持久没有定论""曾国藩对刺马案态度暧昧""钦差郑敦谨审案后神秘引退"等数个疑点耐人寻味。所谓政治谋杀，主要是指马新贻被视为慈禧用来制衡曾国藩的利器。慈禧让马新贻做两江总督，但他根基尚浅、治军甚严，因此得罪了湘军一系。这并不致命，要害在于慈禧让马新贻暗中调查太平天国的宝藏一案，将矛头直指曾国藩的九弟曾国荃。曾国荃是湘军中人数最多、战斗力最强的吉字营的大帅，如果曾国荃出事，整个吉字营甚至湘军都难善后。曾国藩为保九弟，不得不在妥协下裁军。所以，马新贻被刺杀，盖因触动了不该触动的湘军集团的利益，最为人接受的理由就是死于政治博弈。[1]

作为朝廷要员，两江总督马新贻尚且死得不明不白，遑论平常百姓的遭遇了。同期发生的"杨乃武与小白菜案"，亦被列入清末四大疑案之一。同治十二年（1873），举人杨乃武被诬告与葛毕氏（小白菜）通奸杀害本夫，被判死刑。后经浙江士绅联名上书，刑部反复查勘，三法司会审，至光绪元年（1875），杨乃武、葛毕氏冤情得雪。此案被撤职查办的官员达上百名，一时举国震动。

其实，吏治腐败，并不能仅仅归咎于清政府的主观努力不够，积重难返的封建制度才是罪魁祸首。作为封建统治阶级的代表，慈禧等人既不会也不能开展一场刀刃向内的自我革命，只是企图通过人治方法来一场自我救赎，进而克服官僚系统的顽瘴痼疾。这些零敲碎打的治理，很难根治吏治问题。

1　高尚举：《刺马案探隐》，北京图书馆出版社2001年版，第136—140页。

整顿吏治，表面上看是在严肃纲纪，实质上却异化为争权夺利的工具。一旦触及深层次矛盾，危及更多人的权位和利益，相关行动都会搁浅、异化、变质，相关人员或沆瀣一气，或握手言和，或偷梁换柱，或无能为力。逝者已矣，来日方长，到此为止，"你好我好大家好"。至于公道人心，无暇顾及，也没人在意。

二、烽火连天

1

所谓文治武功乃为国之本，如果文治不显，武功不扬，自然难以体现治国者的雄韬大略。慈禧心里清楚，要想树立绝对权威，必须先平定太平天国起义。而要敉平叛乱，必须选用得力人员。曾国藩的湘军，是慈禧最为倚重的力量。

咸丰二年（1852），曾国藩因父去世，回乡奔丧丁忧守制。太平天国发展迅猛，清军难以抵挡，清政府屡发奖励团练的命令，这为曾国藩湘军的出现提供了机会。为最大限度地发挥湘军集团的作用，慈禧掌权后，赋予曾国藩无与伦比的权力。同治元年（1862）十月，慈禧命曾国藩督办江、皖、赣、浙四省军务，四省的巡抚、提镇以下官员全部归他节制。随后，在曾国藩等人的举荐下，南至两广，北到直隶，东到两江，西至陕甘，诸多地方的督抚均由与湘军有渊源的人物出任，如左宗棠为浙江巡抚、沈葆桢为江西巡抚、李鸿章为江苏巡抚、刘长佑为广西巡抚、郑元善为河南巡抚、李续宜为安徽巡抚、严树森为湖北巡抚、毛鸿宾为湖南巡抚、江忠义为贵州巡抚，湘军集团势力独大。大批湘军将领担任督抚，既主军又主政，兵政合一，兵饷自筹，督抚专权的局面渐成。长江中下游乃至西南内地的半壁江山，全掌控于曾国藩之手。

湘军集团的崛起反映了满汉势力的消长，到同治四年（1865），当时全国10个总督中，除湖广总督官文外，其余9人全是汉人，而15省的巡抚则清一色全是汉人。慈禧重用曾国藩为首的汉族官僚，满族亲贵屡屡上奏表示不满，提醒慈禧要防止曾国藩权势太重而建议裁军削权。然而，慈禧始终保持着清醒，知道要成大事，必须远离没落的满族亲贵，依赖曾国藩等能干的汉族官僚。事实证明，慈禧重用以曾国藩为首的汉人，既是无奈之举，也是冒险之举，更是神来之笔，为以曾国藩为首的汉人武装集团剿灭太平军、捻军等反叛力量创造了条件，挽救了清朝大厦之将倾的没落命运。

为官数十载，身处波谲云诡的官场，曾国藩深知官场这条路并非坦途："自古高位重权，盖无日不在忧患之中，其成败祸福则天也。"[1]因此，若想在宦海中善始善终，就必须"虽在宦海之中，却时作上岸之计"，悟透"晓得下塘、晓得上岸"的道理。[2]他认为："居高位之道，约有三端：一曰不与，谓若于己毫无交涉也；二曰不终，古人所谓日慎一日，而恐其不终，盖居高履危，而能善终者鲜矣；三曰不胜，古人所谓懔乎若朽索之驭六马，栗栗危惧，若将殒于深渊，盖惟恐不胜任也。"[3]所谓"不与"，即不处处显示自己的存在；"不终"，即担心不得善终；"不胜"，即惟恐自己不能胜任。简而言之，就是在"耐劳忍气"四字上做工夫。正是因为曾国藩的谦逊低调，以及慈禧的信任有加，湘军集团不少书生逐渐成长为封疆大吏，不少中下级军官成长为军事将领，"中兴将帅，什九湖湘"，"名臣能吏，半出其门"。

1　曾国藩：《曾国藩全集·日记之三》修订版，第十八册，岳麓书社2011年版，第36页。

2　《致澄弟温弟沅弟季弟》，曾国藩：《曾国藩全集·家书之一》修订版，第二十册，岳麓书社2011年版，第168页。

3　曾国藩：《曾国藩全集·日记之二》修订版，第十七册，岳麓书社2011年版，第60页。

同曾国藩等中兴名臣相比，洪秀全的战略带有先天局限。就军略而言，太平军只顾向前，不顾后方安危。太平军只顾攻城略地，不顾治地安民。太平军从永安冲出，一路势如破竹，一直北上占据南京，建立根据地，令清廷措手不及。但太平军未能攻破长沙、占领湖南，占领岳州、武昌、九江等地后，并没有留下部队守卫，而是全军撤退，不久即被清军占领。此外，太平军所攻陷之城，皆掳掠一空，呼啸而去，自安庆以上，未尝固守一城，使南京常受上游的威胁。占领南京后，又未能尽快勘定江苏全省，虽先后进行北伐、西征，都以失败告终。太平军只守住南京这个"点"，而没有"面"的支持，后来饱受清廷的江南大营和江北大营的牵制。这种大营虽无攻破南京的能力，却足以震慑太平天国。

太平军所持的神权主义，并不适合时人的观念。并且，洪秀全的神权主义精神是假的，不过是假托神权、利用神权，对神权没有真实的信仰，不过借此来满足个人的野心。洪秀全披着宗教外衣，却是在沿着封建国家的旧有轨道行事。定都天京后，太平天国政权加速异化。太平天国建立了严格的等级制，不同等级享有不同的特权，从反皇权走向了迷恋皇权。洪秀全改两江总督府为天王府，把享受和特权放在首要地位，尽其奢华营造天王府，广选后妃，他的后妃竟达88人之多。洪秀全发布"止行"诏，朝天门外大书曰："大小众臣工，到此止行，有诏方准进，否则雪中云"，强行把自己和文臣武将隔离开来。而在木牌楼上则书有"天子万年""太平一统"，俨然已成为"一人垂拱于上，万民咸归于下"的封建皇帝，严重脱离群众。[1]

洪秀全称帝后，教权演变成了争权夺利的工具。太平天国上层全面腐化，因争权夺利而发生严重内讧，导致天京事变，元气大伤，太平天国由强变弱。天父代言人杨秀清被杀后，无数的追随者迷失了信仰。神话被打

1　苏双碧：《洪秀全》，广东人民出版社1994年版，第330—331页。

破，人们已很难像先前一样虔诚地迷信皇上帝了。尽管洪秀全神化自己为"天生真主，命作君主"，向教徒灌输上帝"无所不在、无所不知、无所不能"的思想，鼓吹凡天下男人皆兄弟、天下女子皆姊妹的平等思想，但这些从西方基督教教义中剽窃的思想并没有付诸实践。正如恩格斯指出的："宗教的第一句话就是谎话；宗教一开头向我们说明某种人的事物的时候，不就把这种事物说成某种超人的、神的事物吗？"[1]

李秀成在反思太平天国失败教训时认为"因东王、北王两家相杀，此是大误"，"翼王与主不和，君臣相忌，翼起猜心，将合朝好文武将兵带去，此误至大"。[2]孙中山曾一针见血地指出，太平天国失败的最大原因就是"他们那一班人到了南京以后，就互争皇帝，闭起城来自相残杀……所以那种失败，完全是由于大家想做皇帝"[3]。经过天京事变，太平天国处于险境，虽经陈玉成、李秀成等名将的努力，军事上稍有起色，但终究难挽失败的颓势。最终结局是，湘军剿杀了太平军。

如果说农民的支持是太平天国政权建立的关键，太平天国政权的衰亡同样与脱离群众有关。随着太平天国高层领导的皇权化，《太平礼制》以等级来规定每个人相匹配的待遇和特权。动员农民的基层组织乡官制也逐步异化，"军帅请当地有身价者充当，师帅以书役及土豪充当"[4]。这些人利

1　恩格斯：《英国状况——评托马斯·卡莱尔的〈过去和现在〉》，中共中央马克思恩格斯列宁斯大林著作编译局编《马克思恩格斯全集》（第一卷），人民出版社1956年版，第648页。

2　《李秀成自述》，中国史学会主编《太平天国》（二），上海人民出版社2000年版，第838页。

3　孙中山：《三民主义》，广东社会科学院历史研究所，中国社会科学院近代史研究所中华民国史研究室，中山大学历史系孙中山研究室合编《孙中山全集》（第九卷），中华书局1986版，268—269页。

4　顾汝钰：《海虞贼乱志》，中国史学会主编《太平天国》（五），上海人民出版社1957年，第370页。

用职权对农民敲诈逼勒、无所不至，非但不能维护农民利益，反而走向农民的对立面。当面临中外敌人的联合围剿时，太平天国再也得不到农民的同情与支持，最终陷入了孤立无援的绝境。太平天国靠农民起家，却不能解决农民问题，最终被农民抛弃，这是太平天国的悲剧，也是农民政权的悲剧。

由于太平天国运动本身的缺点，太平天国没有能够成功，也没有改变中国悲惨的命运。但他们削弱了旧王朝的统治，为新生力量的崛起创造了条件。英国学者柯文楠对太平天国历史的基本看法是：太平天国是一场千百万穷苦农民为了生存，为了追求平等公平，以不惜牺牲性命的精神发起的革命运动，然而由于客观上的局限性，其政权制度并没有能很好地体现这一理想。日本学者山根幸夫指出，在明清鼎革之际，许多下层士绅为了升官发迹以及对上层士绅不满而纷纷投向农民起义军。而无论是同情起义军，还是支持朝廷，都不过是被动的选择。动乱之中的人生际遇和道路选择，无论是被"裹挟"还是"蚁附"，都不过是悲剧命运的不同表现形式而已。

同治三年（1864）六月二十日，湘军攻陷天京，摧毁了与清朝对峙达14年之久的太平天国政权，朝野上下为之欢腾。胜利来之不易，这恰恰验证了慈禧重用汉臣的英明之处。因事用人，用干事之人，以干成之事评价干事之人，不仅意味着"事业留人"，更意味着善于为人才营造用武之地。

洪仁玕在太平天国失败后的供词中说："我朝祸害之源，即洋人助妖之事。但如洋人不助敌军，则吾人断可长久支持。"[1]太平天国未能争取外国支持，但清军却得到洋人支援，形势此消彼长，胜负高下立判。西方国家认为，拜上帝教与基督教相差甚远，实为异端。太平天国又不肯屈服

1　《洪仁玕自述》，中国史学会主编《太平天国》（二），上海人民出版社2000年版，第853页。

于西方国家，不承认清朝与外国订立的不平等条约，损害了西方国家的利益。因此，英、法两国跟清政府签订《北京条约》后，与清政府达成战略联盟，全力支援清军对付太平军。李秀成进攻上海受挫后，战局更为不利，太平天国处境更加困难，逐渐一步步走向失败。

湘军势力到了顶峰，曾国藩也被推到了风口浪尖。满汉有别的观念，三藩之乱的教训，是清朝统治者萦绕在心头的心病，慈禧绝不会容许地方势力的崛起，不容许地方将领手握重兵，尾大不掉。功高震主，功劳太大，会受到帝王的猜忌，古来有之。不管哪朝哪代，统治者对功高震主的大臣总有一份顾忌。"狡兔死，走狗烹；飞鸟尽，良弓藏"，这似乎成了统治者对待功臣惯用的手法。天京被攻破后，清政府利用天京窖藏金银与幼天王下落问题，继续打压曾国藩，给他的爵赏也大打折扣。针对这种情况，曾国藩以退为进，主动迅速裁军，不留人以口实。在不到一年时间里，曾国藩麾下的五万余湘军大部分被裁撤，左宗棠麾下的四万湘军因需征讨太平军余部得以留存。

清政府又试图收回湘军将领的权力。同治五年（1866），陕西巡抚刘蓉、广东巡抚郭嵩焘、陕甘总督杨岳斌相继被迫去职。次年，湖北巡抚曾国荃、直隶总督刘长佑被免职。此时国家战乱频仍，八旗、绿营的力量不堪任用，清政府只得继续依靠地方势力。一方面，清政府持续打压声望卓著的曾国藩等人。另一方面，却不得不将权力授予湘系人物左宗棠，以及后起的淮系人物李鸿章等。

同治七年（1868），曾国藩再次回到北京。当年他离京时，曾国藩向刚登基不久的咸丰帝辞行，而此次回来，早已物是人非，两宫皇太后及还没成年的同治帝主导了朝政。曾国藩名为觐见皇帝，但皇帝还小，慈安又不问政事，全程基本上都是由慈禧主导。此次见面，慈禧最关心的是关于裁撤湘军的事情。因曾国藩此次北上为受任直隶总督之职，慈禧说了句"直隶甚是空虚，你须好好练兵"，便结束了谈话。曾国藩事后在日记中写道："两宫才地平常，见面无一要语。皇上冲龄，亦无从测之。"[1]

曾国藩有着改革的强烈愿望，又有敢作敢为的胆识，以及攻坚克难的才能，建立了中兴的非凡勋业。但是，曾国藩等人的努力并未带来清政府根本上的改革，其命运掌握在慈禧的一喜一怒之间。自此以后，中兴名臣曾国藩开始走向下坡路。

2

太平天国运动失败后，朝廷在江南一带的心腹大患被彻底解除。然而，一股强大的反叛势力捻军正在北方崛起，且有愈演愈烈之势。捻军具有强烈的团结意识，与太平天国遥相呼应。捻军创始人张乐行是安徽涡阳县人，家中略有薄产，一向乐善好施，结交了一大批江湖豪杰。后来，家财散尽做了盐贩子，聚集起一批流民，势力一度扩张，官府称之为"捻匪"。"捻"字在安徽淮北方言中称为一股子或一伙，意思是把人们搓成一团、结成一党。张乐行所领导的捻军，不过是一伙拜把子后相互帮忙的盐贩子，只是后来发展壮大后才与官府正面对抗。

太平天国运动在广西掀起，对于捻党活动产生有利影响。北方捻党的抗争同南方的太平天国运动声气相通、遥相呼应。捻党发展成捻军，在北方举行起义，同太平军北伐紧密相连。咸丰三年（1853）太平天国定都天京后，委派天官副丞相林凤祥、地官正丞相李开芳为主将，率兵两万，由扬州出师北伐。北伐军深入敌后，一路转战江苏、安徽、河南、山西、直隶数省，抗击了大量清军，减轻了捻军的压力。咸丰五年（1855）秋，捻军举行了著名的雉河集会盟，推张乐行为盟主，实行黄、白、黑、红、蓝五旗军制，各股捻军从分散走向集中与统一。天京变乱，翼王石达开率部出走，太平天国力量大为削弱，洪秀全与捻军结成可靠同盟，两军展开深

1　赵烈文纂，廖承良标点整理《能静居日记》(三)，岳麓书社2013年版，第1259页。

度合作。咸丰七年（1857），两军在安徽霍邱、六安交界处会师，捻军在一定程度上接受太平天国的领导，盟主张乐行后被封为征北主将，配合太平军作战。同治元年（1862），捻军在淮河流域与清军作战，张乐行被僧格林沁捕杀。在史学界，张乐行率领的捻军称为前期捻军。

张乐行被杀后，他的侄子张宗禹、赖文光、任化邦等人组织起了后期捻军，进一步与太平军合作，联合对抗清军。同治三年（1864），洪秀全逝世，天京陷落，太平天国运动失败。捻军和西北太平军余部进行整顿与改编，部队沿用太平天国的年号、历法、封号和印信，如原先赖文光为遵王、张宗禹为梁王、任化邦为鲁王等封号依然采用，而且提出复兴太平天国事业的斗争任务。通过整编，捻军同西北太平军余部组成新捻军，在政治、组织、军事等方面都得到提高和壮大。朝廷意识到新捻军同以往捻军相比有了明显变化，但并没有据此制定新的作战计划，无法解决根深蒂固的内乱问题。

新捻军运用流动战术，忽东忽西，时南时北，同清军展开周旋和斗争。他们先在河南邓州击败僧格林沁所部清军，又在河南鲁山再败僧军，阵斩强敌悍将翼长恒龄。接着，又转战河南、山东、苏北等地，拖得僧军疲累已极，终于在山东菏泽全歼穷追不舍的僧军，并击毙僧格林沁，取得了重大胜利。捻军战斗能力强悍，战术风格多变，运动速度极快，惯于流窜劫掠，实力逊于太平天国，但破坏性不小，成为清朝最为头疼的狡顽之敌。

清朝颇为倚重的蒙古铁骑失利后，不得不再次启用以曾国藩为首的汉臣。同治四年（1865）五月，曾国藩连续接到三道谕旨："钦差大臣协办大学士两江总督一等毅勇侯曾国藩，着即前赴山东一带督兵剿贼，两江总督着李鸿章暂行署理（代理）。"[1]曾国藩对于催他北上剿捻的谕旨几度托辞，

1　《附录明谕：曾国藩赴山东督师李鸿章暂署江督刘郇膏暂护苏抚》，曾国藩：《曾国藩全集·奏稿之八》修订版，第八册，岳麓书社2011年版，第333页。

但无济于事。此时，收复天京后，湘军渐渐裁撤，名将星散，人员锐减，曾国藩能动用的湘军资源十分有限。捻军遵王赖文光、梁王张宗禹、鲁王任化邦等号称二十万人马，且马队强大，活动范围达湖北、河南、安徽、山东、江苏五省。湘军骑兵甚少，如果用精兵追击，就会被捻军牵制，陷入被动。曾国藩根据捻军行踪不定、流动作战的特点，提出"聚兵防河"的计策，运用重点设防、设立马队、修筑好寨等攻捻方略，在周口西至漯河建立起"沙河百里防线"，希望借此天堑阻止捻军长窜之势。这个方略以东西南北四条河流为天然长壕，官军在四省十三府的区域集结防线，在四条大型河流旁修筑长堤，困捻军于中原腹地。[1]不过，围堵捻军流窜还要统一步调、统一行动，以当时曾国藩的调动能力，和各省兵马的技术条件，完成起来相当勉强。

一年多时间，曾国藩剿捻不见效果，朝廷接连下旨催促。曾国藩的失败，不在方略，而在人事。当时，湘军已疲弊不堪，不堪大用。虽然朝廷授予曾国藩节制直隶、山东、河南三省旗绿各营及地方文武员弁的大权，但山东的东军、河南的豫军、安徽的皖军及僧格林沁的遗部陈国瑞军，派系纷杂，权属纷争，不能集中统一行动。而捻军行动飘忽不定，有意在苏、鲁、豫、皖等地交界出没，各省兵马地方色彩很浓厚，局限在本省作战，不愿赴援临省，各自为战，很容易被各个击破。即使是脱胎于湘军的淮军，也是自成体系，若没有李鸿章的允准，曾国藩也无力调动。各地驻军的消极避战，门生故吏的相互掣肘，人事之患让曾国藩寒心不已、徒叹奈何。曾国藩率疲敝湘军剿五省流寇，以一己之力应对数股捻军，最终只能无功而返。

同治五年（1866），捻军因内部矛盾，在河南许州（今许昌）分为东

1　《附录廷寄：答曾国藩聚兵防河及剿捻诸议并防捻窜入鄂省腹地》，曾国藩：《曾国藩全集·奏稿之九》修订版，第九册，岳麓书社2011年版，第134—135页。

西两支。东捻军由赖文光、任化邦率领，留在中原地区。西捻军由张宗禹率领，进兵西北。自此，两军各自为战，以为掎角之势，再也没有会合。新捻军奋勇抗战，并接连获胜，突破湘军、淮军的包围，声势愈加壮大。曾国藩"念权位不可久处，亦有忧谗畏讥之心矣"[1]，多次主动请辞告退。朝廷希望速战速决，曾国藩却久战无功，终于被撤免钦差大臣。慈禧放眼望去，满蒙八旗毫无战力，湘军诸将不可大用，左宗棠及其楚军已西调平定西北回乱，只有李鸿章及其淮军锐气十足。

李鸿章被任命为钦差大臣，取代曾国藩肩负起督师剿捻的重任。李鸿章巧妙运用河防之策，实行"扼地兜剿"的战法，力图将捻军"蹙之于山深水复之处，弃地以诱其入，然后各省之军合力，三四面围困之"。[2]在李鸿章的全力围剿下，东捻军虽偶有胜利，但大局逐渐败坏。同治六年（1867），东捻军被淮军各部围堵在黄海、运河、六塘河及大海之间的狭窄地带，首领赖文光被捕杀，东捻军覆灭。西捻军为了救援东捻军，挥师东进，直抵保定，进逼天津，令朝廷大恐。李鸿章采取"就地圈围"之策，在湘、楚、淮各部联军的配合下，大败张宗禹的西捻军。捻军领导目光短浅，在军事上实行流寇主义，前期没有建立稳固的根据地，后期又实行分兵作战，被清军逐个击破，终于全军覆没。

李鸿章用时一年多的时间结束战争，实现了清朝22位将领都未完成的任务，赢得了朝廷的充分信任和赞誉。捻军的覆灭，成就了李鸿章及其淮军，此后淮军成为清朝倚为干城的军事武装。李鸿章因战功，被赏太子太保衔，授湖广总督协办大学士，成为和曾国藩、左宗棠并列的实权汉人

1　赵尔巽等：《清史稿》（卷四百五），《曾国藩传》，第三十九册，中华书局1977年版，第11915页。

2　沈云龙主编，周世澄撰《淮军平捻记》，《近代中国史料丛刊》（第五辑），文海出版社1973年版，第70页。

总督。

同治七年（1868），剿灭捻军的同一年，明治天皇建立新政府，推行近代化政治改革，建立君主立宪政体。明治维新后，日本经过20多年的发展，国力日渐强盛，重新夺回国家主权，迅速进入近代化，最终成长为亚洲强国，乃至世界强国。

社会动乱的形式多种多样，最剧烈的社会震荡当属农民战争。捻军起义历时18年，波及皖、鲁、豫、苏、陕等10个省区，歼灭清军及地方团练十万余人，给清朝统治以沉重打击，也给北方百姓带来了沉重灾难。周谷城在论及中国历史上的民众运动时指出，农民起义虽然基因于"残酷的压迫与繁苛的剥削"，但"尚有许多导火线"，综括起来有"统治阶级内部的冲突""天灾的流行"和"流民的煽动"。[1]由此我们可以说，宗族"裂变"孕育了部分流民，他们在得不到宗族的救济无以谋生时，往往铤而走险，越轨犯禁，成为"人类生活中最不安定者"。[2]捻军起义的发生，毫无疑问，得助于"流民的煽动"，以及清朝统治者"残酷的对待"。

3

鸦片战争以后，中国进一步沦为半殖民地半封建社会，中国经济逐渐被卷入世界资本主义市场，清政府无论财力还是管理上都比较薄弱。巨额赔偿加重了清政府的财政负担，同时转嫁到百姓身上。清政府向各省强行摊派，各省向百姓征收各种苛捐杂税和摊派徭役，百姓生活极端贫苦。

太平天国起义以后，饷源所在的江南地区被太平军占领，捉襟见肘的财力更是雪上加霜。中原地区又有捻军起义，朝廷为了镇压起义不得不加

1　周谷城：《中国社会史论》，湖南教育出版社2009年版，第548页。

2　毛泽东：《中国社会各阶级的分析》，《毛泽东选集》（第1卷），人民出版社1966年版，第8页。

重摊派战争税。为筹集更多经费，清政府加大了北方各省特别是陕西的赋税，当地百姓生活在水深火热之中。这时的陕甘地区，汉族和少数民族混居，随着税负增加，回族和汉族的矛盾也逐渐增加。

同治三年（1864），太平天国政权轰然崩塌，黯然退出了历史舞台。几乎与此同时，在遥远的西北爆发了影响近代中国的内乱——陕甘回民起义，并引发了中、俄、英、浩罕四国在中亚的明争暗斗。同治元年（1862）四月，太平军入陕，地主团练散发"秦不留回"的传单，趁机剿洗回民。为达到以汉制回的目的，陕西官吏蓄意挑拨回汉关系，煽动宗教和民族仇恨，制造民族纠纷，甚至煽动械斗。回民衔冤难告，嫌怨日深。

《秦难见闻记》载："先是渭南刀匪冯元佐与本县赵姓及大荔李姓共相唱和，行传帖，声言奉旨洗杀回民，愚民不知从而信之。于是自潼关以西，凡往来回民非铡即杀，无得免者。"《旧雨集》载："自渭南回变，有练总冯元佐者，飞布'见回不留'之语，以故渭南回子贩土货者，道凤翔留不敢归……"[2] 当真理还在穿鞋的时候，谎言就能走遍半个世界。假借飞帖传单，谣言在陕西不胫而走。不久，谣言和传帖扩散到甘肃等省，从而酿成了大规模的回汉械斗和屠回巨案。

谣言、猜忌、攻讦等交互作用，迫使回民展开自卫斗争。各地回民纷纷揭竿而起，叛乱队伍迅速扩大至二十余万。他们忌恨汉人，将矛头指向汉人百姓，对汉人展开了疯狂大屠杀。从回汉械斗发展到回民与团练冲突，再到回民与清政府的战斗，彼此利害纠葛，关系错综复杂，历史惨剧未能幸免。战事所及之处，断壁残垣、哀鸿遍野，几乎无人可以置身

　　1　东阿居士：《秦难见闻记》，邵宏谟、韩敏合编《陕西回民起义资料》，陕西省地方志编纂委员会1987年版，第121页。

　　2　郑士范：《旧雨集》，邵宏谟、韩敏合编《陕西回民起义资料》，陕西省地方志编纂委员会1987年版，第173页。

事外。战争的残酷性在于，战火波及之处无人可以幸免。对于升斗小民来讲，唯一的选择就是逃命，但又不具备远徙避祸的能力，整个社会都暴露于肉体毁灭和心理创伤的威胁之中。

陕甘回民起义，迅速蔓延到甘宁青新等西北地区，引发了西北的东乡族起义、撒拉族起义和维吾尔族起义等各族大起义，最终酿成了持续20年的社会灾难。

战争是人口数量骤降的主要原因之一，往往因为一场战争，许多人在短时间内意外死亡。陕甘回民起义，以及同时期的太平军、捻军入陕等军事斗争，战死、饿死、病死者百万计。官方文献记载：甘肃庆阳府及泾州各属六城，大乱后除崇信一城"尚有居民，余皆为空城，人烟断绝"；庆阳"衙署仓库屋舍荡然无存"；灵州经回军攻破后，汉人十余万惨被杀戮，汉民存者不过数家。[1]陕西回民七八十万西迁，陕回"其死于兵戈、疾疫、饥饿者盖十之九"，仅存流民六万。[2]

陕甘回民起义，规模逐渐扩大，斗争日渐激烈，乱象也愈加纷呈。陕甘回民起义的领导权多数掌握在回民上层分子和阿訇手里，他们既没有提出明确的政治纲领，也没有放手发动群众，反而把反清斗争引到民族纠纷和宗教教派之争上来，对异教徒进行大肆屠杀。

面对不断扩大的战局，清政府大为震惊，担忧在西北地区的统治权不保。清政府先后派出直隶总督成明、钦差大臣胜保、荆州将军多隆阿等前往陕北平定战乱，收复失地，但均以失败告终。鉴于西北的紧急情况，左宗棠临危受命。同治五年（1866），清政府急忙召回刚刚平定捻军的左宗

1　《同治年间陕甘回民事变中的主要战役》，李恩涵：《近代中国史事研究论集》，商务印书馆1982年，第240页。

2　《收抚回民安插耕垦恩片》，左宗棠撰，刘泱泱等校点《左宗棠集·奏稿四》，岳麓书社2014年版，第359页。

棠，旋改其闽浙总督为陕甘总督。两宫皇太后问左宗棠平定西北需要多长时间，左宗棠称"臣需要五年时间"。两宫皇太后想速战速决，对这个时间很不满意。左宗棠认为，西事非常艰险，"兵疲、饷绌、粮乏、运艰"，急躁冒进不得。[1]

同治六年（1867），阿古柏在新疆自封为王，自立国号为哲德沙尔汗国，宣布脱离清政府。境外势力趁火打劫，俄国、英国虎视眈眈，意图分裂西北。左宗棠奉命为钦差大臣，督办陕甘军务，率军入陕攻剿西捻军和西北反清回民军，镇压陕甘回民起义，对抗境外敌对势力。

在左宗棠之前，朝廷始终在剿与抚之间摇摆不定。左宗棠深得内法外儒、宽猛相济的精髓，提出"规久远亦需法外施仁"的方略。左宗棠认为，回汉偶有摩擦，主要是基于宗教信仰和生活习惯的差异，二者完全可以和睦相处。陕甘回民起义，在于官府不能公正对待回民，"以致仇衅日深"。[2]为此，左宗棠质疑当地官员的说辞和做派，上书朝廷道："惟秦人议论，往往不可尽据。即如汉回争哄，致成浩劫。力主剿洗，万口一声，生心害政，实由吠影吠声致然，虽贤知之士，亦有不免，非兼听并观，折衷至是，不能平其政，祛其弊也。"[3]河州战役结束后，左宗棠专门作出指示："无论汉、回、番民，均是朝廷赤子，一本天地父母之心待之，俾各得其所，各遂其业。"[4]

1　《答广西藩司杨庆伯》，左宗棠撰，刘泱泱等校点《左宗棠集·书信三》，岳麓书社2014年版，第34页。

2　《平定陕甘新疆回匪方略》（卷29），转引邵宏谟、韩敏：《陕西回民起义史》，陕西人民出版社1992年版，第36页。

3　《答吴清卿学使》，左宗棠撰，刘泱泱等校点《左宗棠集·书信二》，岳麓书社2014年版，第390页。

4　《河州知州潘牧效苏禀拟办善后事宜由》，左宗棠撰，刘泱泱等校点《左宗棠集·札件》，岳麓书社2014年版，第299页。

左宗棠剿抚并用，分化回族反动势力。对于投降的回族民众，给予良好对待，将他们分散到各地屯垦，开展大生产运动。对于那些顽固反抗的宗教分子，则痛予剿洗。左宗棠深知，回军和捻军联合后更难对付，他按照先捻后回、先秦后陇、不令捻回合势的战略原则，稳步推进作战方略。他由陕北至陇东，再由陇东至宁夏，再由宁夏到甘肃，再由甘肃到青海，再由青海转甘肃，一路狂奔，锐不可当。

同治七年（1868）底，追击镇压完西捻军以后，左宗棠回到西安，厘定陕西大局。随后，又一鼓作气，于次年底分兵三路向甘肃进军，在兰州接受马占鳌投降。同治十年（1871），左宗棠攻取青海西宁，再由兰州至肃州，历时五年多最终平定了动乱。

战争，如摧枯拉朽，覆盖所及，满目疮痍。军事上的胜利固然重要，但武力只能取得一时安定，战场之外的谋划更为关键。战后重建，如何抚平战争创伤，才是重中之重。左宗棠的功勋，不只是平定内乱，还致力于兴修水利、修路造桥、农垦开荒、人文教化，做了很多民生好事。

左宗棠认为："戡乱虽在武功，而郅治必先文德"[1]，"抚倍难于剿，抚者恩信为主，非宽厚不足以示包荒而安反侧之心，亦非威权不足以示区别而为久远之计"[2]。言下之意，办抚既要以宽厚仁让之心善待良回，还要以威权来防范回民的反侧。大乱初定后，他先将回汉隔离，继而实行编户保甲制，以强化政府对回民的管理。通过赈恤、屯垦、兴商贸等举措，促进经济复苏。通过在陕甘各地开设义塾兴教劝学，并上书朝廷将陕甘分闱，实现了其"枭獍亦化鸾凤，国家数十年之安"的理想。在西北的很多地方，

1　《请旨颁发甘省各属书籍条例折》，左宗棠撰，刘泱泱等校点《左宗棠集·奏稿七》，岳麓书社2014年版，第64页。

2　《遵旨出示晓谕折》，左宗棠撰，刘泱泱等校点《左宗棠集·奏稿七》，岳麓书社2014年版，第306页。

左宗棠都被人亲切地称为左阿訇。

当然，对于血腥杀戮，也有人给左宗棠戴上了左屠夫的帽子。其实，只要有战争，就是你死我活，就是非此即彼，就有浴血奋战，就有流血牺牲。西北问题非一时一战之过，左宗棠的功绩在于平定了西北，为西北民众带来了安宁的生活。至于战争的负面影响，战后清政府剥夺了回民在关中的经济资源与生存空间，抹除了回民在关中的文化痕迹，不过是成王败寇的历史轮回，非左宗棠一己之力所能挽回。

左宗棠的出现，对当时战局有很大积极影响，但并未彻底改变清朝疲敝的颓势。左宗棠之所以孤独，在于他想得太深、走得太快，旁人不理解，也难以企及。在给家人的信中，他抒发了大无畏的气节和抱负："天下事总要有人干，国家不可无陕甘、陕甘不可无总督，一介书生，数年任兼圻，岂可避难就易哉！"[1]

左宗棠临危受命，老骥伏枥，无惧死亡，纵然是万丈深渊，也百折不回。梁启超说他是"五百年来第一人"，足见其人格之伟岸。

三、重修圆明园

1

圆明园被誉为"万园之园"，为皇帝驻跸听政之地。咸丰十年（1860），英法联军入侵北京，圆明园遭到野蛮洗劫和焚毁，成为国人心中挥之不去的隐痛和耻辱。

同治七年（1868），内外承平气象初现，重建圆明园之声渐起。御史德泰奏请重修圆明园"以复旧制"，并代递内务府库守贵祥所拟京外各地按亩按户按村鳞次收捐的筹款章程五条。德泰的奏议立即遭到恭亲王奕诉

1　王林：《左宗棠》，陕西师范大学出版社2017年版，第69页。

等的极力反对，并得到上谕支持。上谕严辞斥责德泰代递贵祥章程是"荒谬离奇，实出情理之外"。上谕认为德泰身为言事之官，既违言官之责，又违"列圣之彝训"，实属"丧心病狂，莫此为甚"。结果是，德泰被革职，贵祥被发往黑龙江给披甲人为奴。[1]

其实，修园的真正动力来自慈禧，德泰等人不过是迎合主子之意的马前卒。首次修园计划虽然夭折，但慈禧的修园意图已昭然若揭。内务府见有机可乘，就千方百计地怂恿修复，想借营造之机发笔横财。内务府堂郎中贵宝、文锡和侍读学士王庆祺等，利用同治帝"不喜读书，狎近宫竖"的弱点，轮番向同治帝进言修园。同治帝知道"修理园籞，出西朝之意"，也想为慈禧安排一处游乐之地，更何况还能方便自己微服冶游及宴乐，于是佯称"自御极以来，未奉两宫皇太后在园居住，于心实有未安"，开始为修园造势。[2]

同治十二年（1873）正月，同治帝亲政。八月二十一日，同治帝以"颐养"太后、以备"燕憩"为名，颁布修园上谕，计划整修建筑三千余间。慈禧早已急不可耐。同治帝发布上谕的当月，她就几次催促主持皇家建筑设计的"样式雷"[3]呈交烫样，并亲自进行修改，对很多建筑作了大幅改动。清朝历史上，建筑世家"样式雷"执掌宫廷样式房200余年，天坛、承德避暑山庄、颐和园等建筑都出自其手。

1　中国第一历史档案馆编《咸丰同治两朝上谕档》（第十八册），广西师范大学出版社1998年版，第297页。

2　李宗侗、刘凤翰：《李鸿藻先生年谱》（上册），台湾商务印书馆1969年版，第191页。

3　样式雷，是对清代200多年间主持皇家建筑设计的雷姓世家的誉称。从雷发达起一共八代，直到清朝末年，主要的皇室建筑如宫殿、皇陵、圆明园、颐和园等都是雷氏负责的，这个世袭的建筑师家族被称为样式雷。在故宫高墙内，保存着中国古代建筑设计的样式雷图档，传说着一个八代家族与清代皇家建筑设计的传奇故事。

　　出乎意料的是，同治帝亲政后主推的第一要务，居然阻力重重。帝师李鸿藻率先谏阻，又多次密谏，认为"粤捻初平，回焰方炽"，不宜"以有用之财，置无用之地"。[1]九月二十八日，同治帝有所让步，发布"择要重修"上谕，望"王公以下京外大小官员量力报效捐修"。[2]不料，上谕遭到御史言官的一致反对，陕西道监察御史沈淮等以帑藏支绌、水旱频仍、军务还没有彻底解决为由，极力谏阻暂缓修园。同治帝大为震怒，即刻召见沈淮，动之以情、晓之以理，"谕以大孝养志之义"。[3]次日，同治帝再颁上谕，强调修园是出于孝道，申明此次"令总管内务府大臣设法捐修"，仅将安佑宫（供奉列圣圣容之所）暨两宫皇太后驻跸之殿，并皇帝办事住居之处略加修葺，其余概不兴修。[4]

　　即便如此，依然招来谏阻。十月七日，福建道监察御史游百川上折，强调修园计划"兴作非时，恐累圣德"。同治帝再次震怒，将游百川召入诘责。同治帝虽然震怒，但并未将其严惩，沈淮、游百川等共同收获了"主圣"而"臣直"的赞誉。

2

　　同治十三年（1874）正月十九日，圆明园修复工程在争议中启动。

　　同年，法国发动第二次法越战争，打开了中国的西南大门，威胁到

　　1　李宗侗、刘凤翰：《李鸿藻先生年谱》，上册，台湾商务印书馆1969年版，第190页。

　　2　《谕择要兴修圆明园》，中国第一历史档案馆编《圆明园》（上），上海古籍出版社1991年版，第627页。

　　3　江畬经选编《历代小说笔记选·清第四册·郎潜纪闻》，广东人民出版社1984年版，第967页。

　　4　中国第一历史档案馆编《咸丰同治两朝上谕档》（第二十四册），广西师范大学出版社1998年版，第219页。

中国的西南边疆。日本开始发动侵略台湾的战争，对台湾人民犯下了严重罪行，并迫使清政府支付50万两白银赔款。新疆又爆发阿古柏叛乱，英、俄借着阿古柏叛乱乘机窥视新疆。左宗棠率军西征，日夜为庞大的军需发愁，并为此借款4000万两白银。自鸦片战争以来，清政府内忧外患，财政危机日益加剧，连军需都无法正常保证。此时重修圆明园，根本没有经费保障。仅靠官员个人报效，只是杯水车薪，无济于事。

同治帝的贪玩无以复加。同治帝有"好玩"和"好奢"两大癖好。因久居深宫，生活甚为枯燥，同治帝便以视察之名，多次微服夜游圆明园，饮宴作乐，流连忘返。皇帝不检点，闹得满城风雨，人人尽知，人言籍籍。五月十二日，彗星出现，时人以此为大不祥之兆。五月二十一日，李鸿藻再次打破缄默，上疏劝谏同治帝"勤求治法，屏无益之游观，轸念时艰，省无名之兴作"。[1]同日，四川总督吴棠上折，以巨木已被回民及太平军起义毁伐、水陆运输极度困难为由，奏请展期办理。

新一轮的谏阻呼之欲出，引发多米诺骨牌效应。六月一日，两江总督李宗羲率先上《星变陈言疏》，借助天象委婉表达了对园工的反对；三日，同治帝第四次巡视圆明园工程并游玩；四日，侍讲学士徐桐、广寿以"星异示警吁请慎起居严禁卫"为请，希望同治帝自今以后"悉行停止似此临幸看视工程之举"；七日，翰林院侍读学士李文田上奏请停园工，成为京中第一个反对园工的大臣。围绕修园引发的争议，一日也不见消停。

屋漏偏逢连夜雨，可供园工调用的经费、原料全部告急，后续饷款没有着落，工程马上就要面临停工危机。后来发生的李光昭案，成了压垮圆明园工程的最后一根稻草。在圆明园工程陷入困顿时，广东籍候补知府李光昭不请自来，自称愿意为重修工程代购优质南洋木材，实际上是想从中赚差价中饱私囊。内务府奏请同治帝批准后，李光昭打着奉旨采办的旗

1　吴相湘：《晚清宫廷实纪》，台北传记文学出版社1979年版，第198页。

号，私刻"奉旨采运圆明园木值李衔"关防，转道香港，他以"圆明园监督李代大清皇帝"的身份，从法国商人处购买了价值五万四千二百五十元的洋木，转头向内务府谎报已购运价值三十万元的洋木。待木材运至天津，他又以木材尺寸与原议不合为由拒付全款，与洋人结讼。法商以李光昭私自废约有意欺诈，要求清政府立即拘留李光昭，并赔偿损失。同治帝令直隶总督李鸿章彻查。李鸿章实事求是，七月七日上《职官报效木植，现在无从验收转解折》。李光昭谎报木价案的消息由此传开，舆情大哗，群情汹涌。官员纷纷借此上疏，纷纷要求停修圆明园工程。

七月十六日，奕䜣偕同御前大臣醇亲王奕譞、惇亲王奕誴等十位王公重臣，联衔上《敬陈先烈请皇上及时定志用济艰危折》，历举诸帝创业之难、守成不易，痛陈修园巨弊，坚请速停园工。他们害怕同治帝不认真对待，极力请求召见，同治帝不许。十八日，经再三奏请，同治帝不耐烦地召见奕䜣等人，双方展开激烈争论，不欢而散。同日，御史陈彝上《内务府大臣办事欺朦，请予处分折》，同治帝谕令将涉案内务府大臣"交部议处，以示惩儆"。二十一日，同治帝毫无收敛，又去圆明园阅视工程。二十二日，吏部议处内务府大臣工部尚书崇纶、左侍郎明善、前任总管内务府大臣镶黄旗汉军都统春佑、总管内务府大臣前署堂郎中贵宝等欺朦入奏李光昭具呈报效木植一事，被革职。

二十三日，同治帝召见军机大臣、御前大臣等再议修园之事，决定停止园工，并拟发上谕。翁同龢等人至军机处拟停修谕旨，递上去后被留中不发。午后，在王公重臣的联合干预下，停止修园诏书发下，又特谕将已革总管内务府大臣崇纶、明善、春佑改为革职留任。二十四日，御史孙凤翔又奏称内务府与李光昭狼狈为奸、中饱私囊，总管内务府大臣贵宝被交部严加议处。

围绕重修圆明园，皇帝与内外臣工，几乎每时每刻都在进行针锋相对的较量。数月来，王公重臣每日都在不厌其烦地上奏，皇帝每日都在苦苦应对王公重臣的纠缠阻挠。为重修圆明园，皇帝劳心劳力，想着各种理由堵塞群臣之口。为阻止重修圆明园，王公重臣费尽心机，想尽各种办法劝谏皇帝改变主意。双方你来我往，唇枪舌剑，费尽心力。

3

一波未平一波又起，冲突总是出乎意料。重修圆明园的风波刚平，新的波澜又起。

同治帝年轻气盛，少未更事，为挽回帝王威严，任性到了极点。七月三十日，同治帝特发一道上谕，命传谕诸王大臣等，革去奕䜣恭亲王世袭罔替爵位，降为郡王，并革去载澄（奕䜣之子）贝勒郡王衔，以示惩儆；八月一日，又以"朋比谋为不轨"为名，尽行革去惇王、恭王、醇王、伯王等十名王公重臣之职。同时，遍召部院大臣，广而告之。君臣矛盾一触即发。

对幕后的慈禧而言，面对王公大臣的谏净、督抚要员的抗议和科道言官的谏言，出于维护皇权及统治的目的，断然不会任由同治帝肆意妄为，更不会将奕䜣及其他王公大臣尽数革职。推恩施惠，才能遇雨有人挡，坐轿有人抬。两宫皇太后闻听此事，急至弘德殿，垂泪抚慰奕䜣，命撤去昨日上谕，又重降谕旨恢复恭王及载澄爵秩，才算平息了风波。据晚清文学家吴汝纶日记记述：召见时"两宫垂涕于上，皇上长跪于下。谓十年以来，无恭邸何以有今日？皇上少未更事，昨谕着即撤销云云"[1]。

慈禧一出手，便知有没有。她三下五除二，纠正了同治帝的错误做法，给足了奕䜣及其他王公大臣面子，成了最后的仲裁者。同治帝亲政后实施的新政，就这样在慈禧的干预下夭折了。

数月内的数十场争斗，两败俱伤。斗争的结果是：双方各退一步、互

1　吴汝纶著，宋开玉整理《桐城吴先生日记·时政六》（上册），河北教育出版社1999年版，第314页。

做妥协，重修圆明园改为修葺三海（北京城内故宫和景山的西侧北海、中海和南海）。至此，耗费了四百八十多万两白银的圆明园重修工程宣告结束。之前，已经动工在建的一百座五百间殿阁亭榭，全部成为烂尾工程，没有一座完工。此后十余年间，清政府再也没有大兴土木。

众王公大臣统一意志、统一行动、步调一致，与内务府斗，与同治帝斗，极力谏阻重修圆明园工程，并非不识时务、目无皇权。恰恰相反，他们意在维护祖训、维护皇权，警惕"急逐乐而缓治国"。年轻气盛的同治帝并不领情，与反对者针锋相对，在很短时间内罢黜数十位意见不合的王公大臣，只是为了可怜的自尊。

治国理政可不是过家家，不能想当然，很多时候，哪怕万般不情愿，也要迎合时势、结合实际，作出理性选择，才不至于引发大的波动。同治帝不理会宫廷政治的套路，便是自寻苦恼、自作自受。

经过修园风波，慈禧的权威进一步加强，而奕䜣的权势则再次遭到削弱。当两个月后同治帝驾崩时，慈禧采取一系列手段强立载湉为光绪帝，从而使她可以再次垂帘听政。曾经权倾一时的奕䜣只能随声附和，日渐成为晚清政坛无足轻重的配角。此后，奕䜣以养病为由，躲在西山戒台寺长达十年之久，不问政事、远离是非，明哲保身、但求无过。当列强环伺、民变四起时，身为皇子、亲王、议政王、军机揆首，奕䜣受命于危难之际，一生五起四落，断断续续执政三十一年，操纵时局，扭转败局，延缓了清朝的覆亡。

同治十三年（1874）十二月五日，同治帝抑郁而死。八日，两宫皇太后再度垂帘听政，诏停三海地方一切工程。十三日，诱导同治帝微行的侍讲王庆祺被革职，永不叙用。二十五日，慈禧颁旨整顿宦寺，革除弊端。二十六日，内务府官员贵宝、文锡被革职，"盖均所以了同治失德之公案，并为亡羊补牢之计也"[1]。

1　吴相湘：《晚清宫廷实纪》，正中书局1988年版，第210页。

四、同治新政

1

咸丰帝在内忧外患的困局中抑郁而终，人们开始猜想这个政权气数已尽。但清政府刻意制造出一个意外，同治帝登基带来了许多新的气象。进入同治朝后，全国范围的战局开始扭转，同治三年（1865）攻占太平天国都城天京，同治六年（1867）镇压东西捻军，同治十一年（1872）扑灭苗民起义，同治十二年（1873）荡平云南、西北回民起义，政权动荡的局面彻底改观，清政府在疾风骤雨的动荡中坚持了下来，在长久积弱之后出现了一段短暂的复振。

辛酉政变后，清政府"清除党援"、重用嫡系，逐步形成以奕䜣为核心的领导班子，采取了缓和土地兼并、减免税收、奖励垦荒、奖励军功、广增学额等一系列休养生息的政策。同时，汉族士大夫曾国藩、左宗棠等，经过镇压各路起义的历练，在朝廷派系斗争中得到信任，成为效忠清王朝的中坚力量。

同治朝非但成功剿灭了国内动乱，重新确立和恢复了传统社会秩序，还奉行姑息的外交政策，于同治元年（1862）二月设立总理各国事务衙门，认可并忠实地履行条约条款，与列强保持着不平等的和平外交。美国学者芮玛丽的《同治中兴：中国保守主义的最后抵抗》记载："与其说是凭借军队和暴力还不如既是凭借辩论和说服，致使种种外国人的权益不仅被证明是相等的，而且明显地通过最佳方式得以提高。武力和暴力只能使最初中国对待外国人的恐惧和仇视永久存在，而辩论说服正在逐渐地消除那些偏见……"[1]反映在对华关系上，与此前和此后的炮舰外交有所不同，西方

1　（美）芮玛丽：《同治中兴：中国保守主义的最后抵抗》，中国社会科学出版社2002年版，第26页。

列强趋向于对华政策的缓和。

国内动荡被逐一平定，外国干涉又日趋弱化，这无疑为清朝的改革提供了时机和空间。面对"两千年未有之变局"，上至慈禧及皇帝，下至工匠卒，都渴望着能习得列强先进技术，重振大清雄风。也正是在这一期间，西方的科学知识开始大量涌入，魏源"师夷长技以制夷"的主张开始部分付诸实践。

作为慈禧发动辛酉政变的得力盟友，奕䜣事后被授予议政王大臣辅佑政务，兼管军机处，同时任总理衙门首席总理大臣，并从此执掌总理衙门长达28年。总理衙门分设英、俄、法、美四股，下设南、北洋通商大臣，最初南、北洋大臣为专职，后来分别由两江总督和直隶总督兼任。总理衙门最初主持外交与通商事务，后来还管理工厂、修铁路、开矿山、办学校、派留学生等，权力越来越大，成为清朝最高的行政机构。咸丰十一年（1861），奕䜣奏请开设洋务学堂同文馆，直属总理衙门，主要培养中外交流外语人才。第二年，同文馆开课，开设英、法、俄三班，随后又设立了上海、广州方言馆。同治五年（1866），奕䜣又奏请在同文馆内添设天文、算学馆，讲习化学、天文、数学等，京师同文馆遂成为一所培养外语和自然科学人才的综合性新式学堂。开设同文馆遭到大学士倭仁等保守势力的强烈反对，他们担心"奉夷为师"的风气一开，人心思变，人心易变，将会失去人心，出现"用夷变夏"的局面。慈禧坚定支持奕䜣的变革之举，否决倭仁的无理要求，强令倭仁立即"酌保数员，另行择地设馆"。[1]

当时，报考同文馆要求非常严格，最初只招八旗子弟，后规定30岁以下的秀才、举人、进士、翰林等科甲正途出身的人，并且有同乡官员具保，才能报考入学。为鼓励入学，奕䜣采取重奖的方法，凡是到同文馆学

---

1 《同治六年三月二十一日倭仁折》，中国史学会主编《洋务运动》（二），上海人民出版社2000年版，第38页。

习者免除学费、住宿费、饭费，规定学员月考、季考、年考均及格者奖白银一百多两，吸引了大批学子入馆就学，培养了一大批近代科技人才和外语人才。

选派留学生出国，是同治新政的新创举。容闳于咸丰四年（1854）毕业于耶鲁大学，是近代第一位赴美留学并取得大学文凭的人，身怀"以西方之学术，灌输于中国，使中国日趋于文明富强之境"的理想，回国后入曾国藩幕僚，招募外洋工匠投身洋务。同治七年（1868），容闳通过江苏巡抚丁日昌向清廷上条陈，建议派遣留学生："政府宜选派颖秀青年，送之出洋留学，以为国家储蓄人材。"[1]容闳的留美教育计划阻力很大，特别是在丁日昌丁忧回籍后再无下文，直到同治九年（1870）天津教案后，容闳再次得到丁日昌的帮助，派遣留美生的计划终于得到了曾国藩的同意。

同治十年（1871）七月初三，曾国藩、李鸿章等联名上奏"拟选聪颖子弟赴泰西各国肄业折"，并酌议"挑选幼童前赴泰西肄业章程"，开启了幼童留美史。[2]容闳任留学事务所监督，主持选派留学生事务。经多方努力，同治十一年（1872）夏第一批幼童选毕，八月十一日起航赴美。容闳率领首批30人留学生到达美国，引起美国新闻界的轰动。这批留学生年龄较小（平均年龄15岁，最小的才8岁），分别被当地的律师、医生、工程师等领到家里共同生活。从1872年到1875年，清政府先后派出四批共120名官费留学生，远涉重洋，外出求学。留学生很自然地接受了西方人的生活习惯，甚至有的学生剪掉辫子，这事很快传到慈禧耳中，光绪七年（1881）年清政府下令召回所有留学生，选派留学生就此结束。后来，这些留学生多半成为中国近代政界、军界及商界的骨干和精英。

1　容闳：《我在中国和美国的生活——容闳回忆录》，东方出版社2006年版，第116页。

2　《拟选聪颖子弟去泰西各国肄业折》，曾国藩：《曾国藩全集·奏稿之十二》修订版，第十二册，岳麓书社2011年版，第402—406页。

洋务运动是同治新政的探索实践，包括对外关系有关的一切事务，如外事交流、签订条约、购买军火、兴办厂矿、建设铁路、办理航运、翻译西方书籍等事项。在奕䜣、文祥、曾国藩、左宗棠、李鸿章等中兴名臣的共同努力下，清政府抱着"师夷长技以自强"的目的，以"自强""求富"之名，兴办了江南制造总局、福州船政局、开平煤矿等一系列近代企业。

在慈禧的支持下，清朝开始了艰难的变革，不仅创办了近代海陆军，还兴建了新式学校，培养新式人才，稳步推进军队的现代化。从同治二年（1863）礼部侍郎薛焕奏准在直隶改编绿营，设镇练军开始，各省督抚纷纷效仿，聘请洋教练接受洋操训练，军队的战斗力增强。同时，朝廷创建了中国最早的近代海军，到甲午战争之前中国已跨入了世界海上强国的行列。但由于历史因素和时代条件的影响，这些变革举措如隔靴搔痒，并没有挽救清朝败落的趋势，没有摆脱日益严重的民族危机。洋务运动虽然没有使中国富强起来，但引进了西方先进的科学技术，使中国出现了第一批近代企业，客观上促进了中国民族资本主义的产生和发展，也从某些方面刺激了中国无产阶级的出现。

以军事胜利为标志，经政治派系的调整、对外关系的维持、洋务新政的实施，中兴气象遍布朝野。纵观同治时期的新政，如派官员出洋考察、培养洋务人才、选派留美学生、洋务运动等措施，无论是在清朝还是在中国历史上都是第一次，这些措施称为新政毫不为过。尽管有的措施雷声大雨点小，如出洋考察；尽管有的措施进一步退两步，如选派留美学生；尽管有的措施事倍功半，如培养洋务人才；尽管有的措施以失败而告结束，如洋务运动。但总的说来，它使封闭的清朝打开了面向世界的缝隙，使黑暗的中国透了一丝亮光，在客观上促进了中国近代化的进程。这也是时人称道，以至有"同光中兴"的原因。

2

任何新政都是对旧政的背离，同治新政同样隐藏着旧政权结构性的危机。同治初年，由于内部和外部压力，各政治派系之间暂时达成妥协，一心一意谋发展。中兴时代的到来，派系斗争死灰复燃，权力斗争更加尖锐。慈禧的地位日渐稳固后，便向辛酉政变的功臣奕䜣夺权，刻意压制奕䜣的权力和声望。洋务派和顽固派各为其主，就处理洋务唇枪舌剑，互不相让。地方实力派为争功、争利、争名互相猜忌，不惜撕破脸皮、大动干戈。派系倾轧，朋党内讧，导致政治涣散，行政低效，各自为政。洋务军工企业虽初具规模，但有着严重的私人属性。企业资金来源不依靠中央拨款，多为地方督抚自行筹拨，谁筹到资金谁就控制了企业的命脉。企业人员的配置，多用地方督抚嫡系。企业厂址的设立，均在督抚衙门所在地，便于督抚控制。企业的兵工产品，主要归该督抚调配使用。以中央政府名义发起的洋务运动，客观上却造成督抚拥权自重的结果。

连年的战争，清政府军政官员锐减，在战争中冲锋陷阵的殉节者、因城池失守被处斩者、因畏葸无能遭处分者等数以千计，对朝廷赖以支撑和运转的政治组织造成极大冲击。为了迅速补充缺员，扩大财政收入，捐纳制度盛行，把科甲正途之士排挤在官僚体系之外，为投机钻营之徒大开方便之门。捐官者为快速收回成本，大肆侵吞公款或搜刮民财，地方官贪污腐化现象严重。随着湘军、淮军等地方军事集团的崛起，被排斥在官僚体系之外的士子文人纷纷投奔督抚门下，因军功而得官者比比皆是，清朝文官行政的政治体制遭到破坏。国家军队走向没落衰败，隶属于中央的八旗、绿营经制兵，由于其"兵皆土著、将皆升转"的组织原则，有着"将不知兵，兵不用命"的弊病，战斗力大大逊于起义军，不得不借助地方武装力量。[1]军权的下移带来政权的下移，地方军事力量迅速崛起。在太平天国期间，清政府为了镇压太平军内乱，大力发展地方武装。地方团练以"兵为将有"的建军原则，依靠由血缘、地缘、业缘等宗族关系建立起来的军队，形成下级对上级绝对的人身依附，致使八旗、绿营军的全面崩溃，国家的军事大权落入曾国藩、胡林翼、左宗棠、李鸿章等中兴名臣手中。以湘军为例，"湘军最显著的特点在于他的私属性质。曾国藩是湘军的创始人和最高统帅，他在创建湘军之初，断然变易八旗绿营之法，改弦更张，制定了一套新的法规制度"[2]。

地方督抚不仅集地方军政财权于一身，而且"朝廷每有军国大计，咨而后行"，成为左右国家走向的重要力量。地方外交名义上归属中央，但地方督抚早已心生异端，在主政的地方自行其是，搞山头主义，拒不执行中央的大政方针，甚至背着中央另搞一套。光绪二十六年（1900），义和团运动风起云涌，在中央政府与各国公开宣战后，两江总督刘坤一、湖广总督张之洞、两广总督李鸿章、闽浙总督许应骙、四川总督奎俊、铁路大臣盛宣怀、山东巡抚袁世凯等拥兵自重，在东南各省违抗支持义和团的命令，秘密与各参战国立东南互保之约，终使黄河以南各省得以保全。中央政府在处理严峻的内忧外患时，不得不让渡军事、行政、财政、外交权力，给地方督抚染指中央权力创造了条件。同治中兴虽然保住了君主专制的政权形式，却弱化了中央集权的政体结构，中央政府的统治实力和治理能力大为削弱。

古代封建王朝都是高度集权，清朝的皇权集权程度更是达到顶峰，中央拥有一切权力，地方政府拥有的权力非常有限。地方政府最重要的职能

1　任尚文：《论"同治中兴"》，任茂棠主编《晚清政治散论》，山西人民出版社2008年版，第89页。

2　杨天宏：《咸同时期清朝权力结构的变化》，《四川师范大学学报》1986年第4期。

就是税收和司法，但在财政管理制度上，中央政府统一规定每个地方的税种和税率，严格规定地方政府不能自行收税，地方政府的财政来源主要依赖中央的预算。地方赋税收入，除按额存留俸工等项外，"一丝一粒，无不陆续解送京城"，归户部管理分配。地方如有额外需要，必先请旨，然后方得经领动用。……直到咸丰同治以后，各省征收厘金，情况才有所改变，但那时，清代的整个财政，已混乱不堪了。[1]地方政府无力支付所有开销，只能通过陋规来获取所需费用。陋规没有既定的税率，地方政府往往暗度陈仓，借征税之机盘剥百姓。地方政府的长随、书吏和衙役地位低下，薪水很少，只有通过收取陋规才能生存。地方政府为了完成税收目标，往往会无所不用其极，想尽办法层层加码，对百姓进行横征暴敛。百姓成为地方政府压制的主要对象，这无疑给清朝的统治带来了隐患和危机。

太平天国时期，连年战事，国库捉襟见肘，储备消耗殆尽。局势较稳定的省份，多为贫瘠之地，无法按时解足饷额。而用兵省份，多为富庶之地，因陷入战争无饷可筹，且糜饷颇多，丁赋钱粮征缴无着。以往的解、协饷制度不能正常运转，文武官员俸禄、军饷均成问题，地方督抚不得不自筹军饷，自行协济军饷，甚至任意截留京饷，造成饷源、征税机关与税款条目多元化。尤其是厘金制的推广，厘金和海关税互设壁垒、相互倾轧，地方与中央争夺财源，使中央失去对盐课的控制，中央财源日趋枯竭。

其时，湘军"江南粮台委员，自苏至宁，公馆八所，帷帐姬妾，不徒而具"[2]，和户部财政支拙的困局形成鲜明对比。为此，中央设立"一部

1　　白钢主编《中国政治制度史》，社会科学出版社2007年版，第727页。

2　　王闿运、郭振墉、朱德裳：《湘军志 湘军志评议 续湘军志》，岳麓书社1988年版，第166页。

三处"（度支部，税务处、清理财政处和督办盐政处），变更人事权和财政权，如对直隶原来练饷局、筹款局、印花税局、赈抚局、水利局、海防支应局等庞杂紊乱的财政机构归并裁撤。各库款项，统存于直隶省银行，各衙门局所应领之款，先由财政处核准，发给支票，向银行领取。因得不到督抚的支持，许多规定成为一纸空文。[1]

　　和财权一样，司法决定权牢牢控制在中央政府之下。地方政府的司法权受到的诸多客观因素的限制，"作为基层法庭的法官，州县官仅仅被授权就民事案件及处刑不过笞杖或枷号的轻微刑事案件作出判决"[2]。而其他案件的处罚，也需要逐级报告，尽管程序繁琐，甚至会影响很多案件的正常处理，但中央政府的本义是希望每个案件都能得到公正处理，杜绝地方官员的不法行为。此外，中央政府把案件处理的成效作为地方官员评价的重要标准，如果地方官员在案件审理时出现失误，会受到严厉处罚和严肃问责。尤其是对盗贼的缉拿，中央政府尤为重视，甚至把缉拿盗贼作为地方官员升迁的标准，导致很多官员在缉拿盗贼上急功近利，制造出很多冤假错案，使得地方政府不得人心，百姓敬而远之。当吏治清明时，还能在一定程度上保持公平公正，而在中央政府腐败无能的情况下，地方政府非但无能，还会变本加厉。所以，当中央权力下移到地方时，作为清朝行政体制中离老百姓最近、同老百姓生活最密切的一级，地方政府并不能替朝廷把好这最后一关，有时反而会助长不幸的发生。

3

　　同治新政，使一个似乎已崩溃了的王朝和文明在19世纪60年代通过

1　周育民：《晚清财政与社会变迁》，上海人民出版社2000年版，第427—428页。

2　瞿同祖：《瞿同祖学术论文集》（第二版），中国政法大学出版社2004年版，第453页。

非凡人物的不寻常努力而得以复兴，以至于又延续了近60年。[1]与此同时，世界各国先后掀起了变革热潮。在西欧，普鲁士的俾斯麦为统一德国，推行"铁血政策"，奏响了改革序曲；在东欧，俄国的沙皇亚历山大二世颁布了废除俄国农奴制的法令，吹响了农奴制改革的号角。在美洲，林肯政府发动南北战争，颁布《解放宣言》，宣布解放黑奴，恢复美国统一。在东亚，日本的明治天皇废除幕府，建立起由天皇操纵、主导政权的封建军国主义国家，日本资本主义革命拉开帷幕。

同治帝登基，并不是传统意义上的父死子继，还带有许多新的气象。清朝不但在疾风骤雨的大动荡中存活了下来，而且创造了同治中兴。同治时期之所以被称为中兴，并不是歌颂这个时代的繁荣盛世，而是相对于之前的内忧外患，出现了短暂的和平稳定。这段时间政治相对安定，经济有所恢复，外交获得突破，军事工业有序发展，文化教育也呈现生机活力。

较之唐代"元和中兴"、宋代"建炎中兴"，同治中兴亦有其超常之处。曾国藩指出，唐朝中兴时期的势力未扩展到黄河以北地区，宋代中兴的势力未扩展到长江以北地区，但同治中兴囊括了整个帝国。

同治中兴，给时人打了一针强心剂，人们重新燃起清朝复兴的信念。美国历史学家斯塔夫里阿诺斯认为，当时的外国人（外国殖民者）对中国兴起的这股潮流感到吃惊、害怕和敬佩，甚至有人认为"中国的大小官员全部行动起来了"。举国上下，都对清朝抱有一种复兴的坚定信念。

近代以来的战争，惊醒了有识之士的天朝梦，越来越多的人开始思考国家积贫积弱的问题。清政府在诸多领域做出了积极努力，迈开了走向近代化的步伐。然而，从根本上看，其视野却是有限的，只是希望通过自强的努力实现富强，有机会和实力退回到以往那个封闭的"天朝上国"。

1　（美）芮玛丽:《同治中兴：中国保守主义的最后抵抗》，中国社会科学出版社2002年版，第3页。

洋务运动的指导方针是"中体西用"，希望利用先进的技术维护封建统治，不敢触动封建政治体制，窒息了现代化的生机，实际上已注定了失败的命运。对新事物，他们有着本能的恐惧，包括曾国藩、李鸿章、左宗棠、张之洞等中兴名臣，他们感兴趣的是恢复传统经济的富强，重建一个稳定的农业社会。他们以恪守封建统治的传统模式为前提，进行不彻底的经济改革和军事变革。对于学习西方先进技术，既没有全面认识，又缺乏通盘考虑，使整个引进西方军事技术、先进科学技术和机器生产等充满盲目性，结果无端耗费了巨量资金，未完成其历史使命，丧失了经济腾飞的机会。

清朝急需的是深刻的革命，不是局部的修修补补。局部的枝节的改革不能救中国。没有全方位的变革，很难改变困局，也不能实现突围。蒋廷黻在总结甲午战败及洋务运动失败的教训时，说过这样一段话："在19世纪以前，与我民族竞争的都是文化不及我，基本势力不及我的外族。到了19世纪，与我们抗衡的是几个以科学、机械及民族主义立国的列强。我们在道光年间虽受了重大的打击，我们仍旧不觉悟，不承认国家及民族的危险，因此不图改革，枉费了民族二十年的光阴。直到受了英、法联军及太平天国的痛苦，然后同治初年由奕诉、文祥、曾国藩、李鸿章、左宗棠领导的自强运动。这个运动就是我国近代史上第一个应付大变局的救国救民族的方案。简单地说，这个方案是要学习运用及制造西洋的军器来对付西洋人。这是一个不彻底的方案，后来又是不彻底的实行。为什么不彻底呢？一则因为提案者对于西洋文化的认识根本有限，二则因为同治、光绪年间的政治制度及时代精神不容许自强运动的领袖们前进。同时代的日本采取了同一路线，但是日本的方案比我们的更彻底。日本不仅接受了西洋的科学和机械，而且接受了西洋的民族精神及政治制度的一部分。"[1]

与中国一衣带水的日本，在美国黑船来袭之后，彻底终结了闭关锁

1　蒋廷黻：《中国近代史》，天津人民出版社2016年版，第77页。

国政策，改变了发展道路，发生了翻天覆地的变化。中国的同治中兴，依然在延续着中国传统文人的处事风格和行为模式，未能摆脱旧有体制的束缚，也没有改变半殖民地半封建社会的性质。同治新政是一幕悲剧，"在胜利的时刻已经预示了崇高希望和巨大努力的最终失败"[1]。而明治维新，则"推翻了幕府的封建统治，搭上了发展资本主义的末班车"[2]。

历史表明，无论哪个阶级进行何种改革，都在不同程度上促进了社会的发展。同治新政，既有积极的、促进社会进步的一面，也有消极的、妨碍社会进步的一面。改革的初衷，无疑是良善的，也在许多方面顺应了时代发展潮流，但囿于主客观条件限制，改革最终归于失败。没有成功，付出再大努力，一切也只是妄谈。

五、失败的结局

1

清朝苟延残喘，皇族泥沙俱下，人丁也没有兴旺发达，皇帝人选更是愈来愈难选。发展到最后，让谁当皇帝，都成了不是问题的问题。

清朝康熙帝的子女最多，曾生育55人（计殇者，下同），成育者达32人。乾隆帝生育27人，此后的嘉庆帝生育14人，道光帝生育19人，比康乾二帝略有减少，但生育情况总体正常。此后，则逐渐萎缩，乃至绝嗣无出。自咸丰帝于咸丰八年（1858）生皇次子悯郡王（出生当天即夭亡）后，至清亡前的五十多年，皇帝再未生育子女，这与清前期皇帝子孙绕膝的情况形成强烈反差。

1　（美）芮玛丽：《同治中兴：中国保守主义的最后抵抗》，中国社会科学出版社2002年版，第3页。

2　宋成有：《新编日本近代史》，北京大学出版社2006年版，第1页。

男子的生育能力，取决于身体机能正常与否，也与精神、情绪等有很大关系。顾真在《清代帝王的生育》中指出，晚清几位皇帝身体虚弱，与国势衰微一致，国力不充，也使皇帝忧虑，心余力绌，健康恶劣。在此情况下，像咸丰帝、同治帝那样不节制性欲，本身只有早亡，遗下弱嗣，甚至没有血胤。[1]

咸丰帝继位时，面对的是大半个中国动乱。其间，又发生英法联军之战，咸丰帝被逼得逃至塞外不敢回京，最后死于避难的行宫。咸丰帝在位期间精神紧张，工作烦累，情绪恶劣，心余日拙，心力交瘁，难以发挥正常的生育机能。

江河日下，皇帝独木难支。同治帝即位后，终身成为其生母慈禧垂帘听政的傀儡。两宫皇太后联合奕䜣发动政变，推翻载垣、端华、肃顺等八人主持的"赞襄政务大臣"体制。两宫皇太后按照御史董元醇的建议，建立起垂帘听政的制度，执掌权柄。奕䜣被任命为议政王大臣、领班军机大臣，辅助处理朝政，成为日常政务的操盘手。至此，君主专制发生了重大变化，帝王权力旁落。

一个六岁的孩子，连衣食住行都难以自理，遑论治国理政。同治帝名为皇帝，实为一个顽皮的学生，在课堂上"无精神则倦，有精神则嬉笑"。他是一个资质平庸的孩子，见书即怕，不爱学习，没有长进。及至十七八岁的时候，折奏未能读，连在内背《大学》皆不能熟。[2]同治帝总是达不到老师和母亲的要求，也很少得到肯定和表扬。在压抑的环境中，他既不能享受正常的童真快乐，也体会不到当皇帝的快感。大小政事，一概由两宫皇太后做主。

上谕明确规定，一切大权操之于两宫皇太后。在拟旨之前，议政王

1　顾真：《清代帝王的生育》，《紫禁城》1988年第6期，第10页。

2　吴相湘：《晚清宫廷实纪》，正中书局1988年版，第196页。

须恭请谕旨，上谕的最终解释权归两宫皇太后。按照咸丰帝遗命，各项拟批、拟旨须钤"御赏""同道堂"图章方具备效力，于是，两宫皇太后可先阅奏折，形成最终处理意见，也就掌握了最后审批权。此外，两宫皇太后还可根据需要，留中、缓发某些奏折而不受外界干扰。

权力的本质在于如何用人。皇权备受觊觎，时刻受到各种威胁和挑战，因此历朝历代均重视选官用人，两宫皇太后将重要职务的最终任命权牢牢握在手中。京、外官员引见、简用，由皇太后于名单内钦定，钤用御印，交议政王等军机大臣传旨发下；除授大员、简放各项差使，由议政王、军机大臣将拟应升、应放名单呈递，恭候钦定，钤印发下。只有经两宫皇太后同意后，议政王、军机大臣方可拟单，提出候选人员，供两宫皇太后参考。[1]

权力看起来诱人，听起来伟大，但真要实施起来，却非易事。两宫皇太后大权在握，拥有两次审核拟批、拟旨的机会，但毕竟年纪较轻，心机不深，经验不足，大多数的政务仍由军机大臣商酌，有赖议政王的经验和智慧去完成。

同治十一年（1872），同治帝即将年满十八岁（虚岁）。按垂帘听政时确定的程序，开始筹备成年、大婚，准备"亲裁大政"。慈禧为人霸道、权欲颇重，喜欢事无巨细，一竿子插到底，事必躬亲。九月十五日，选后时，慈禧喜欢员外郎凤秀的女儿富察氏，不曾想同治帝却顺着慈安的心思选了侍讲学士崇绮之女阿鲁特氏为后。慈禧怨恨慈安，进而怨恨阿鲁特氏，唯独对富察氏处处关照。为此，慈禧不惜过度干预儿子的房帏秘事，常常对其私生活指指点点。

同治帝越大，越叛逆，越不听话。慈禧见慧妃富察氏遭到皇帝的疏远

1　《清实录·穆宗毅皇帝实录（一）》（卷八），第四五册，中华书局1987年版，第228—229页。

和冷落，颇为不满，便将同治帝召来，一番严厉斥责。同治帝不愿按照慈禧的心意去临幸慧妃，故意冷落慧妃，致使慈禧怒上加怒。慈禧还痛斥皇后"狐媚惑主"，时时处处打压皇后的生存空间。同治帝也不敢与皇后同房，经常独宿养心殿，致使皇后独居深宫，形单影只，郁闷不乐。

2

同治十一年（1872）十月二十二日，军机处、内阁拟定皇帝亲政后《归复旧制清单》。根据章程，议政王军机大臣不再代批奏折，改由皇帝直接朱批，一切事务听候皇帝选择，朝政运作恢复到同治朝之前皇帝理政的状态。

千年的大道走成河，多年的媳妇熬成婆。同治帝掌握了奏折处理权、重要人事任命权，施行了11年的垂帘听政制度即将成为历史。与此同时，经咸丰帝授命的"御赏""同道堂"两枚图章被终结，由内阁封固，不再使用。然而，这种正常的旧制仅维持了一年时间。

一年后，受困于君臣意见不一，同治帝频繁违背惯例，拒绝召见递膳牌的衙门堂官，对收到的封奏建议留中不发，并拒绝让军机大臣知晓重要奏折的内容，扰乱了朝政。作为一个青年皇帝，同治帝辜负了朝野上下对他的殷切期望。

同治帝破罐子破摔，不再致力于朝政，转而迷恋于荒淫的生活。他的荒淫程度比咸丰帝还要厉害。他不爱看经书，爱看的是淫书，"小说淫词，秘戏图册，帝益沉迷"。后宫佳丽三千，他不宠幸一人。他经常借考察圆明园之名，深夜微服出宫，到京师南城娼妓区寻花问柳，流连市井繁华，在八大胡同纵情声色。野史记载："伶人小六如、春眉，娼小凤辈，皆邀幸。"[1]他在宫廷之外的女人肉体上放浪形骸，也放纵了帝王的重大责任，

1　崔清北：《大清王朝十二帝》（下册），万卷出版公司2009年版，第112页。

丧失了可能的自救机遇。

出来混，迟早是要还的。同治帝的报应呼之欲出，其身体也很快出现了病症。同治十三年（1874）十月三十日，即亲政一年半后，同治帝重病卧床，不能正常理政，即命帝师李鸿藻以朱笔代批奏折。满文奏折，则由议政王奕䜣代批，并"随时候旨办理"。十一月九日，同治帝病重，御前大臣、军机大臣等再上奏折，吁恳两宫皇太后垂帘听政。

翁同龢在日记里详细描述了同治帝的病症："十一月二十三日，腰间肿处，两孔皆流脓，亦流腥水，而根盘甚大，渐流向背，外溃则口甚大，内溃则不可言，意甚为难；二十八日，腰间溃如碗，其口在边上，揭膏药则汁如箭激，丑刻如此，卯刻复揭，又流半盅；二十九日，御医为他揭膏药挤脓，脓已半盅，色白而气腥，漫肿一片，腰以下皆平，色微紫，看上去病已深。"[1]这样的描述，让人感受到了症势重险，也让人体悟到一个王朝的溃烂。

同治帝终于病倒了，且不治身亡。官方公布同治的死因为天花后，一时之间，天花和种痘的基本知识成为热议的话题。而天花之外，亦有人认为同治帝少年风流，私生活不够检点，沾染了性病。至于谁该对同治帝的放荡至死负责，众口一词的是，慈禧乃罪魁祸首。慈禧给了同治帝生命及皇位，却剥夺了他的喜怒哀乐，无情地摧残了他的生命。

单从大婚之日算起，同治帝与众多后妃佳丽生活了两年零三个月，居然没有留下骨肉。他纵欲无度，经常流连忘返于风月场所，在民间也没有留下骨肉。在慈禧决定立同治帝的堂弟载湉为君之后，皇后的父亲崇绮曾试探地请示慈禧，如何安置同治帝的皇后。慈禧给出的回答是"殉葬"，惊得崇绮目瞪口呆，虽不愿意也不得不照办。光绪元年（1875）二月二十日，皇后绝食而亡，时年22岁。皇后死亡当天，两宫皇太后谕内阁："嘉

1 陈义杰整理《翁同龢日记》（第二册），中华书局1989年版，第1081—1083页。

顺皇后于同治十一年作配大行皇帝，正位中宫，淑慎柔嘉，壶仪足式。侍奉两宫皇太后，承颜顺志，孝敬无违，上年十二月痛经大行皇帝龙驭上宾，毁伤过甚，遂抱沉疴，遽于本日寅刻崩逝，哀痛实深。"[1]这是官方公布的死因，说得含糊不清，难以让人信服。

同治帝在凄风苦雨、内忧外患的困局中抑郁而终。清朝举步维艰，人们已经在急不可待地预测这个疲敝的政权倒计时。1860年11月30日的《北华捷报》评论说，"任何条约或者是修修补补都不能使它有任何改善，它的垮台仅仅是个时间问题"[2]，越来越多的人开始深信清朝气数已尽。

3

同治六年（1867）六月二十日晚，时任两江总督曾国藩与心腹幕僚赵烈文夜聊时说："京中来人云，都门气象甚恶，明火执仗之案时出，而市肆乞丐成群，甚至妇女亦裸身无裤。民穷财尽，恐有异变，奈何？"赵烈文回答说："天下治安一统久矣，势必驯至分剖。然主威素重，风气未开，若非抽心一烂，则土崩瓦解之局不成。以烈度之，异日之祸，必先根本颠仆，而后方州无主，人自为政，殆不出五十年矣。"[3]言下之意，天下统一久了势必会渐渐分裂，不过由于皇帝一直很有权威，而且中央政府没有烂掉，所以现在不会出现分崩离析的局面。但今后的大祸是中央政府会先垮台，然后出现各自为政、割据分裂的局面。他大胆预言，大概不出五十年就会发生这种灾祸。然而，朝中既没有力挽狂澜之人，又没有让优秀人才脱颖而出的制度，加速了清朝的衰败。不过，曾国藩对这样的论断仍无法

1　《清实录·德宗景皇帝实录（一）》（卷四），第五二册，中华书局1987年版，第133页。

2　《北华捷报》，转引何文贤：《文明的冲突与整合——"同治中兴"时期中外关系重建》，厦门大学出版社2006年版，第37页。

3　赵烈文纂，廖承良标点整理《能静居日记》（二），岳麓书社2013年版，第1068页。

或不愿完全相信，他坚信朝廷还有一线生机，最起码可以像东晋、南宋那样长期偏安。

同治八年（1869）五月二十八日晚，曾国藩再次与赵烈文秉烛夜谈，对慈禧、慈安、奕訢、文祥、宝鋆、倭仁等最高统治者们作了逐一盘点，认为他们皆非能担当王朝中兴重任之人，其余的人更加庸碌无为。曾国藩坦承对时局、朝政的失望，不得不同意赵烈文两年前的论断，清朝已经病入膏肓，难以救药。历史惊人地应验了赵烈文的预言，44年后清政府土崩瓦解，接踵而来的是"方州无主，人自为政"，中国陷入军阀割据的混乱局面。

通常，在有德行的天子和有能力的臣子的共同努力下，一次中兴会在朝代周期中持续一个世纪或更长时间，但同治中兴是个例外。严格说来，所谓同治中兴，与同治帝没有很大的关系，同治帝是作为象征意义的帝制角色在发挥作用。当时的实际统治者，是其生母慈禧和皇叔奕訢。

同治中兴的功劳，是属于慈禧及一批洋务大臣的，没有同治帝这个小孩子的事。清史专家萧一山认为："文宗、穆宗，巽懦童呆，曷能当此大局？然亦无显著之失德。"[1]意思是说，同治帝乃童稚之辈，无力担当大任，也没有明显失德之举，庸人而已。同治帝年少，只是读书学习，或者吃喝玩乐，很少参与军政大事。冠之以同治中兴，不过是以皇帝年号命名的历史事件。无论国家发生好事坏事，都得算到皇帝年号头上，与皇帝本身是否作为没有太大关联。

在奕訢的辅助下，慈禧审时度势，左右开弓，对外妥协交好，与西方国家达成友好协议；对内敉平内乱，重用曾国藩等湘军头目镇压农民起义，造就了同治中兴。《清史稿》对同治中兴评价甚高："穆宗冲龄即阼，母后垂帘。国运中兴，十年之间，盗贼划平，中外乂安。非夫宫府一体，

1　萧一山：《清史·序言》，华冈出版有限公司1980年版，第2页。

将相协和，何以臻兹？"同时，又十分惋惜同治英年早逝："藉使蕲至中寿，
日新而光大之，庸讵不与前古媲隆。顾乃奄弃臣民，未竟所施，惜哉！"[1]
这样的褒奖和惋惜，多半可视作对逝者的溢美之词，并不具备完全的公
信力。

同治中兴，是一次失败的中兴，也是一种基本的生存追求，不过是延
续了清朝的寿命，暂时性地遏制住了衰落的步伐。同治中兴不可避免地归
于失败的结局，不仅没有恢复并保持兴盛的态势，反而一步步走向崩溃的
边缘。清朝已病入膏肓，巍峨的皇宫开始摇摇欲坠。一个王朝的开始，总
是群英荟萃，意气风发，颇有作为。到后来，承平日久，远离征战，耽于
享乐，暮气沉沉。

两宫皇太后垂帘听政，同治帝想有所作为，却难有所作为，不过是在
苟延残喘地活着。终其一生，同治帝幼年时是个少不更事的顽童，亲政后
也辜负了朝野上下对他的期望。同治帝困于后宫，年少无知，一副弱骨，
志短才薄，既谈不上雄才大略，也没什么文治武功。

中兴期间的军事地方化，削弱了中央集权，致使地方实力派做大，这
恰恰是压垮清朝的最后一根稻草。各地督抚拥兵自重，地方势力割据尾大
不掉。光绪二十六年（1900），八国联军侵华，各地俱不勤王，慈禧不得
不借助义和团与列强作殊死一搏。失败后，又不得不放弃北京、狼狈逃
窜，如丧家之犬惶惶不可终日。

毕竟，同治帝是慈禧的亲生儿子。同治帝之死，使得慈禧变得更加冷
酷无情，更缺乏安全感，权力欲望更强。自此以后，慈禧患上了"权力依
赖症"。慈禧少年丧父，青年丧夫，中年丧子，权力成为了她唯一的依靠。

1　赵尔巽等：《清史稿》（卷二十二），《穆宗本纪二》，第四册，中华书局1976年版，第
848—849页。

同治帝没有留下子嗣，慈禧在选嗣君时，将醇亲王奕譞次子载湉过继于咸丰帝。光绪元年（1875）正月二十日，不谙人事、年仅四岁的载湉即皇帝位于太和殿，成为1875—1908年间名义上的统治者。光绪，即继道光先帝之绪也。一国之君，再度从一名成人变成一个幼童。

光绪帝是清朝第一位非皇子而入继大统的皇帝。他四岁登基，活了三十八年，在位三十四年。在他短暂的一生中，生活不自由，婚姻不自主，政事不遂意，始终像个提线木偶被慈禧操纵。他也曾有过挣扎和抗争，也曾抓住过时机和节点，吹响了改革号角，掀起了变法运动，大刀阔斧地破旧立新。无奈，时运不佳，经验太少，实权太小，措施太急，急于求成，下场凄凉。面对慈禧及保守派的反对和反扑，光绪帝毫无还手之力，最终被幽禁瀛台，成了阶下囚，莫名死去。

一、谁来接班

1

同治十三年（1874），正值青年的同治帝病亡，膝下无子，无人继承皇位。在此之前，清朝先后出现过汗位推选制、嫡长子继承制和秘密建储制，需从皇帝子嗣外寻找继承人的情况还是首次。

按照清朝家法，皇帝驾崩无子，须从晚一辈中择一贤者为皇帝的嗣子继承大位，也就是从"溥"字辈选择继承人。曾任慈禧女官的德龄在《瀛台泣血记》中记载："清朝入关以后，不知道是由哪一位皇上订下一个规矩，严禁兄弟禅位。一个皇帝升天之后，必须让他小一辈的人——不是子便是侄来接位，同辈的人是断乎不许染指的。"[1]慈禧却并未从"溥"字辈中寻觅继承人，而是把目标锁定在醇亲王之子载湉身上。

慈禧甘冒天下之大不韪，自然有其考虑。一般认为，慈禧确立嗣君主要基于以下考虑：光绪帝年幼，四岁小儿，便于控制。此外，光绪帝系咸丰帝的弟弟奕譞和慈禧的妹妹叶赫那拉氏所生，既是其侄子又是其外甥，与慈禧关系密切、亲上加亲。尤为重要的一条，光绪帝与同治帝同属"载"字辈，慈禧仍是皇太后，仍能垂帘听政，仍能执掌皇权。

帝嗣的选立，貌似帝王家事，实则天下大事，不仅攸关皇脉延续，更关乎国家前途命运。慈禧立嗣，打破成例，实行兄终弟及，而非父死子继，违背了常规，顿使宫廷中的各种关系充满变数，也为接下来无休止的

---

[1] 德龄：《瀛台泣血记：光绪毕生血泪史》，文化艺术出版社2004年版，第11页。

猜疑和论争埋下了伏笔。

宗祧继承的原则是，"有子立嫡，无子立后"，无子时立同宗辈分相当的他人之子为嗣，俗称"过继"或"过房"。康熙十年规定："如无子嗣，准将近族之子，过继为子。"[1]慈禧刻意回避在同治帝下辈中寻找继承人，妄称光绪帝的帝位得自十三年前就已经去世的咸丰帝，以保留自己皇太后的称谓，置同治帝的孝哲毅皇后于皇嫂的尴尬地位。虽言之凿凿，但让人难以信服。果不其然，光绪帝即位未几，反对风潮便席卷全国。

翁同龢对选嗣过程有亲历记述："戌正，摘缨青褂。太后召诸臣入，谕云此后垂帘如何？枢臣中有言宗社为重，请择贤而立，然后恳乞垂帘。谕曰，文宗无次子，今遭此变，若承嗣年长者实不愿，须幼者乃可教育，现在一语即定，永无更移，我二人同一心，汝等敬听。则宣布曰某。维时醇郡王惊遽敬唯，碰头痛哭，昏迷伏地，掖之不能起。"[2]与此同时，两宫也完成了再次垂帘听政的例行手续。《清实录·德宗景皇帝实录》载："请吁恳两宫皇太后垂帘听政一折。朕恭呈慈览。钦奉慈安端裕康庆皇太后、慈禧端佑康颐皇太后懿旨。览王大臣所奏，更觉悲痛莫释。垂帘之举本属一时权宜，唯念嗣皇帝此时尚在冲龄，且时事多艰，王大臣等不能无所秉承，不得已姑如所请。"[3]这一连串的动作，都是在同治帝去世当天完成的，反映出慈禧的权欲之重、心机之深、速度之快、手段之狠。

事有不平，必生怨怼。先是内阁侍读学士广安为同治帝鸣不平，建议皇上将来生有皇子，承继大行皇帝同治帝为嗣，接承皇室世系。慈禧大为

1　《宗人府则例》(卷三)，转引郭卫东：《论光绪朝的继统之争》，《清史研究》2009年第1期。

2　陈义杰整理《翁同龢日记》(第二册)，中华书局1989年版，第1086—1087页。

3　《清实录·德宗景皇帝实录(一)》(卷一)，第五二册，中华书局1987年版，第77页。

光火，认为广安"冒昧渎陈，殊堪诧异"，着传旨申饬。[1]嘉顺皇后因同治帝早逝，伤心欲绝，复因慈禧强立光绪帝，不为同治帝立嗣，又多次被慈禧训斥，竟绝食而死。不久，御使潘敦俨又挺身发难，被罢官免职。为了维护祖宗传下来的惯例，士大夫自古即有规谏的传统，严惩高压之下，挺身赴义者仍络绎不绝。

所谓"武死战，文死谏"，这是报国忠君者的至高境界。就在故交同僚纷纷挺身谏言之时，吏部主事吴可读愤然以尸谏明心志。在同治帝和嘉顺皇后的大葬典礼上，吴可读以死劝谏，要求将来光绪帝生了儿子后，仍旧承继为穆宗之子，使"大统有归"。他的尸谏虽然没有挡住慈禧的垂帘听政，却开创了晚清京官不避权贵、直言敢谏的风气。吴可读能以生死为轻，不愧为行无所掩的狂狷之士。

吴可读事件，从京师到直隶，又到外省，由朝及野蔓延全国。尸谏带来的舆情，如同泄洪之水一般不可阻遏，为处理困扰朝局数年的大统之争提供了突破口。天下至理，愈辩愈明，此前模糊不清的继统立嗣问题，终以集思广益的方式得以基本解决。迫于舆论压力，慈禧重启了有关光绪帝承嗣大统的讨论。慈禧当即批复："着王大臣、大学士、六部九卿、翰詹科道将吴可读原折会同妥议具奏。"[2]

在臣僚和民众的双重裹挟下，慈禧不得不做出妥协，颁旨了结此案："皇帝受穆宗毅皇帝托付之重，将来诞生皇子，自能慎选元良缵承统绪，其继大统者为穆宗毅皇帝嗣子，守祖宗之成宪，示天下以无私，皇帝必能善体此意也。所有吴可读原奏及王大臣等会议折，徐桐、翁同龢、潘祖荫衔折，宝廷、张之洞各一折，并闰三月十七日及本日谕旨，均着另录一份

1　朱寿鹏编《光绪朝东华录》（第一册），中华书局1958年版，第22页。

2　朱寿鹏编《光绪朝东华录》（第一册），中华书局1958年版，第727页。

存毓庆宫。至吴可读以死建言，孤忠可悯，着交部照五品官例议恤。"[1]光绪帝的继统没有问题，慈禧可以继续垂帘听政，吴可读的意见得到采纳，朝野官绅的愤懑情绪得到舒缓，结局皆大欢喜。然而，帝位继承制的威胁仍在，垂帘听政的隐患并未排除。

东汉刘陶说过："帝非人不立，人非帝不宁。"[2]自此以后，皇嗣继承生出诸多变故，帝后党争，戊戌政变，己亥建储，其来有自。

2

痛失爱子的慈禧，把光绪帝视作自己的亲生儿子。从血缘关系看，光绪帝是慈禧最近的宗亲。从政治关系看，慈禧不但把皇位给了光绪帝，并为其选配了所谓国之栋梁。在慈禧看来，她已经尽到了该尽的责任，光绪帝也要对得起自己，好好地做个儿皇帝。

可悲的是，慈禧是个不合格的母亲。她先前对同治帝管得太松，为避免悲剧重演，如今又对光绪帝管得太严。慈禧词严厉色，把孩童光绪帝吓得胆战心惊，金梁辑《四朝佚闻》中有"帝慑于积威，见太后则战栗"的记述。[3]据梁启超的《戊戌政变记》记载："积威既久，皇上见西后如对狮虎，战战兢兢，因此胆为之破。"[4]

一般来说，家庭教育管得太多、太严，孩子是很难有大出息的。据信修明的《老太监的回忆》记载，刚入宫的光绪帝，小病不断，大病常有，连慈禧都担心这孩子能否健康长大。他胆子特别小，害怕打雷闪电，尤

1　朱寿鹏编《光绪朝东华录》（第一册），中华书局1958年版，第749页。

2　［宋］范晔撰，［唐］李贤等注《后汉书》（卷五十七），《刘陶传》，第七册，中华书局1977年版，第1843页。

3　金梁：《道咸同光四朝佚闻》（上卷），《德宗》，广文书局1978年版，第10页。

4　梁启超：《戊戌政变记：外一种》，上海古籍出版社2014年版，第56页。

其是狂风暴雨时的闪电惊雷，常常为此会吓得大哭大喊。[1]随着时间推移，他渐渐养成了孤僻的性格，沉默寡言，意志消沉。每天最大的乐趣，就是躲在屋子里摆弄西洋玩具。据一些太监回忆，拆得多了，他竟能将拆下的八音盒再组装起来，而且能改变八音盒的音阶。

和所有父母一样，慈禧望子成龙，希望光绪帝能为一代明君。同治十三年十二月二十四日（1875年1月18日），慈禧发布懿旨说："皇帝尚在冲龄，养正之功，端宜讲求。所有左右近侍，止宜老成质朴数人，凡年少轻佻者概不准其服役。"[2]光绪元年（1875）十二月二日，慈禧又发布懿旨，要钦天监于明年四月内选择吉期，让光绪帝在毓庆宫入学读书。派署侍郎、内阁学士翁同龢，侍郎夏同善充当师父。她要为光绪帝请来最好的老师，让光绪帝接受最好的教育，进而成为天下最优秀的人。

光绪帝的课程及毓庆宫一切事宜，由他的父亲醇亲王奕譞妥为照料。国语清文、蒙古语言文字及骑射等事，派御前大臣随时教习，亦由奕譞一体照料。此前，翁同龢曾担任同治帝的老师，但没有取得应有的教育成就，所以对帝师一职心有余悸。无奈，慈禧坚持，翁同龢不得不担负起教导光绪帝的重任。

光绪二年（1876），光绪帝开始在毓庆宫读书，开始重复同治帝的成长悲剧。翁同龢第一次见到光绪帝，就觉得其面色晦暗，神情萎靡，目光呆滞，意识朦胧，尤其是身材比同龄的孩子矮一大截，一看就是发育不良的状态，不禁一阵心酸。[3]翁同龢为光绪帝制定了严格的学规，对他的管束十分严格。慈禧对光绪帝的管教更加严厉，隔三岔五检查他的学习成效。据《宫中日记》记载，慈禧对待光绪帝一贯是疾声厉色，在光绪帝小

1　信修名著，方彪等点校《老太监的回忆》，北京燕山出版社1992年版，第32页。

2　朱寿鹏编《光绪朝东华录》，第一册，中华书局1958年版，第12页。

3　喻大华：《囚徒天子光绪皇帝》，商务印书馆2011年版，第22页。

的时候，每天总是呵斥之声不绝，稍不如意，常加鞭挞，或罚长跪。到后来，光绪帝被责罚得经常饿肚子，饥饿难耐之时，竟然发展到偷窃太监食物的程度。[1]光绪帝年幼时就被心理变态的姨妈出于私心带离家庭，过着暗无天日的生活，最终造成他一生的悲剧。

翁同龢对光绪帝的悲惨生活深有体悟并深表同情，此后对光绪帝渐趋宽容和蔼，给他以父爱般的温暖。不仅如此，翁同龢还对太监的服侍不周严加斥责，处处维护光绪的地位和尊严。久而久之，翁同龢成为光绪依赖的靠山，"每事必问同龢，眷倚尤重"[2]。

紫禁城是帝国权力的中枢，却不是适合孩子成长的乐园，宫廷生活索然乏味，既无亲生父母的骨肉之爱，又无与邻里孩子的玩耍之乐。光绪帝的学习生活相当繁重刻苦。年复一年，除了两宫皇太后的生日，光绪帝的生日、端午、中秋等各放假一天，以及新年放假五天，光绪帝没有丝毫空闲。日复一日，每天除了向两宫皇太后问安，陪两宫皇太后上朝，其他时间都要在书房度过。

长期孤独的宫廷生活，时时身不由己，事事遭遇掣肘，给光绪帝的成长带来了巨大的负面影响。对于光绪帝的成长，当时在宫中服役的太监寇连材在《宫中日记》中说："中国四百兆人中，境遇最苦者莫如我皇上。盖凡人当孩童时，无不有父母以亲爱之，顾复其人，料理其饮食，体慰其寒暖，虽在孤儿，亦必有亲友以抚之也。独皇上五岁（实为不足四岁）登基，登基后无人敢亲爱之，虽醇邸之福晋（即光绪的生母），亦不许亲近，盖限于名分也。名分可以亲爱皇上者，惟西后（慈禧）一人。然西后骄侈

1　信修名著，方彪等点校《老太监的回忆》，北京燕山出版社1992年版，第9页。

2　赵尔巽等：《清史稿》（卷四百三十六），《翁同龢传》，第四十一册，中华书局1977年版，第12369页。

淫佚，绝不以为念。故皇上伶仃异常，醇邸福晋每言辄涕泣云。"[1]入宫后的光绪帝，没有母爱，在孤独无依中成长，体悟不到童年的欢乐，感受到的只是凄凉寡情。

就学问而言，光绪帝在历代帝王中并不逊色。满文、汉文，中学、西学，军政、时政，内政、外交，儒家经典、佛道典籍等，在翁同龢的引导下，光绪帝无不涉猎。光绪帝愈学习愈发现自己无知，逐渐感知时局的艰辛和国运的艰难，立志要像圣祖康熙帝那样成为一代明君。

3

光绪帝即位之初，慈禧曾许下"一俟嗣皇帝典学有成，即行归政"[2]的诺言。光绪十二年（1886），光绪帝即将年满十五岁。六月十日，慈禧面谕醇亲王奕譞及军机大臣世铎等，称皇帝学业有成，也到了亲政的年龄，自本年冬至大祀圜丘（天坛）为始，皇帝亲诣行礼，于明年正月举行亲政典礼。光绪帝长跪恳辞，奕譞、世铎等也恳请继续垂帘，暂缓亲政。慈禧坚持己见，严词拒绝。六月十五日，慈禧发布懿旨："皇帝亲政典礼，于明年正月十五日举行。所有应行事宜，着各该衙门敬谨预备。"[3]接着，王公大臣又纷纷上书，合词呼恳皇太后训政。光绪和王大臣的再三请求深合慈禧心思，慈禧终于同意于皇帝亲政后再行训政数年。

在慈禧授意下，礼亲王世铎等王公大臣拟定了《训政细则》，将训政以制度的形式固定下来。细则规定，祭祀和问安等礼仪一切照旧；一切召见，皇太后皆可升座训政，设纱屏为障；中外臣工呈递请安折和奏折的形

1　梁启超：《戊戌政变记：外一种》，上海古籍出版社2014年版，第54页。

2　《清实录·德宗景皇帝实录（一）》（卷一），第五二册，中华书局1987年版，第77页。

3　朱寿朋编《光绪朝东华录》（第二册），中华书局1958年版，第2123—2125页。

式照旧；各衙门照旧例接受引见，需要恭候懿旨遵行；乡试会试及各项考试题目需遵照成例，恭候皇太后过目，择定篇章页数再请皇帝亲自命题，呈皇太后过目后发下；应行批复的奏折依照旧制请朱笔批示，呈皇太后过目后发下。[1]按照细则规定，光绪帝虽然可以独自亲政，但最终决策权仍牢牢掌握在慈禧手中。

不出意外的话，光绪帝大婚之后，慈禧应宣布结束训政，让光绪帝亲裁大政。世铎等王公大臣明白慈禧所想，又拟订一个《归政条目》，作为光绪帝亲裁大政后的永久法规。《归政条目》实质上是《训政细则》的翻版，明确规定了慈禧的权力，其中关键是两条：其一，中外臣工的奏折，仍一式两份，即太后与皇帝各一，这样慈禧仍可在奏折上批示懿旨，决断一切；其二，各衙门引见人员，仍照旧章（《训政细则》）恭候懿旨遵行，用人权仍在慈禧掌控之中。[2]慈禧对《归政条目》非常满意，批示"如所议行"。慈禧名义上归政，实质上仍把持朝政大权，光绪帝依然是个傀儡皇帝。

在婚姻大事上，光绪帝也没有发言权，他的皇后及两个妃子都是慈禧做的主。光绪十四年（1888）十月五日，慈禧效仿当年的孝庄太后，将自己的胞弟、副都统桂祥之女叶赫那拉氏指立为光绪帝的皇后，侍郎长叙的两个女儿他他拉氏同时入选，封为瑾嫔、珍嫔。光绪帝是慈禧的侄子加外甥，皇后又是慈禧的侄女，亲上加亲。表面上看，把桂祥之女立为皇后是亲上加亲，而慈禧的真正目的则是在光绪帝身边安插心腹，更加严密地控制光绪帝。正如濮兰德在《慈禧外纪》中所言："此次为光绪选后，其意重在为自己心，以监察皇帝之行为，而报告之。"[3]

1　朱寿鹏编《光绪朝东华录》（第二册），中华书局1958年版，第2180—2181页。

2　朱寿鹏编《光绪朝东华录》（第二册），中华书局1958年版，第2542页。

3　（英）濮兰德、（英）白克好司：《慈禧外纪》，辽沈书社1994年版，第89页。

光绪十五年（1889）正月二十七日，光绪帝在紫禁城举办婚礼。年轻气盛的光绪帝，并不认同这种违背其意愿的政治婚姻。在人生的大喜时刻，他并没有显得喜气洋洋，只是按部就班地完成了规定礼仪。婚后，光绪帝故意疏远皇后，与皇后的感情越来越疏远，"自从婚礼举行过之后，……他们只像同处在宫里的两个陌生人而已。除非逢到什么令节，或是参加什么典礼，使他们实在不能不开口之外，平时简直绝对没攀谈过一次"[1]。

光绪最宠爱的人是珍妃。据胡思敬的《国闻备乘》记载，珍妃"工翰墨，善棋，德宗尤宠爱之"[2]。珍妃对朝政大事颇有自己的见解，往往与光绪帝不谋而合。光绪帝越来越宠爱珍妃，"后来却完全忘了顾忌，他几乎每隔三四天工夫就要亲自上珍妃宫里去走一次，这和他每夜非召幸珍妃不可的事同样都成了宫中的绝妙谈助"[3]。这导致皇后醋意大发，经常在慈禧面前告状。

光绪帝在婚姻上缺少谋略性，加剧了皇后的反感，也引起了慈禧的不满。珍妃非但不知收敛，还锋芒毕露，居然"陪伴光绪时扮作男装，黑亮的头发，后垂大辫子，戴上头品顶戴，三眼花翎，身穿袍子马褂，足登朝靴，腰系丝带，居然是一位美少年似的差官"[4]，把自己扮成男人和光绪一起讨论朝政。光绪二十六年（1900），八国联军入侵北京，慈禧带着光绪帝逃往西安，临行前派人将珍妃推入宫里的枯井里，将其残忍杀害。是年，珍妃年仅24岁。

1　德龄：《瀛台泣血记：光绪毕生血泪史》，文化艺术出版社2004年版，第182页。

2　胡思敬：《国闻备乘》（卷一），《母子夫妇不和》，上海书店出版社1997年版，第11页。

3　德龄：《瀛台泣血记：光绪毕生血泪史》，文化艺术出版社2004年版，第200页。

4　商衍瀛：《珍妃其人》，《文史资料选辑》编辑部编《文史资料精选》（第一册），中国文史出版社1990年版，第158页。

光绪帝被慈禧牢牢抓在手里，成为慈禧显示威严的权杖，争夺权力的利器，任意玩弄的木偶。光绪帝自幼在慈禧的淫威之下，事事不由己，致使从小就心情抑郁，精神不快，身体积弱，养成了敏感、偏激和暗弱的性格，也留下了难以治愈的生理病根。在清宫档案馆所藏的档案中，光绪帝自书的《病原》记载道："遗精之病将二十年，前数年每月必发十数次，近数年每月不过二三次，且有无梦不举即自遗泄之时，冬天较甚。近数年遗泄较少者，并非渐愈，乃系肾经亏损太甚，无力发泄之故。"[1]光绪帝幼年身体病弱，长大以后身体一直多病，最后连个子嗣都没有。

二、年轻气盛

1

光绪帝即位后，在慈禧的经营下，清政府先后经历了南北两场局部战争的考验，成绩是一胜一平。

同治四年（1865），阿古柏入侵新疆，后建立哲德沙尔汗国，盘踞新疆大部。同治十年（1871），沙俄复侵占新疆伊犁，英国也虎视眈眈，意图瓜分西北。时任陕甘总督左宗棠力主收复新疆。按照左宗棠的逻辑，新疆之所以重要，是因为新疆守卫蒙古，进而守卫首都。光绪元年（1875），63岁高龄的左宗棠被朝廷任命为钦差大臣，督办新疆军务。左宗棠提出"缓进急战""先北后南"的作战方针，不久收复古牧地、乌鲁木齐、玛纳斯等地。光绪三年（1877），左宗棠分三路进击南疆，连下达坂城、托克逊、吐鲁番三城，南疆门户洞开。阿古柏败逃自杀后，清军先收复南疆东四城，又趁敌内乱挥兵急进西四城，驱赶阿古柏之子伯克·胡里逃入俄

1　朱金甫、周文泉:《从清宫医案论光绪帝载湉之死》,《故宫博物院院刊》1982年第3期。

境。光绪四年（1878），克复和田，取得收复新疆的胜利，粉碎了英、俄吞并新疆的阴谋。光绪六年（1880），根据左宗棠的意见，清政府派曾国藩之子、一等毅勇侯大理寺少卿曾纪泽为钦差大臣，赴俄国彼得堡谈判。曾纪泽坚持原则、据理力争，巧妙运用武力威胁与外交策略，利用英、法与沙俄的矛盾对俄国施加影响，经过半年多50余轮的谈判，光绪七年（1881），与沙俄签订《中俄伊犁条约》，成功收回伊犁和特克斯河地区。这是鸦片战争以来，清政府第一次取得外交胜利。《中国近代史上的关键人物》一书写道："一部清朝晚年的历史，几乎都是吃败仗，割地赔款，丧权辱国的记载，读来令人气沮。唯有左宗棠的经略西北是个例外，确实值得我们兴奋。"[1]这几句话，能够加深人们对左宗棠收复新疆重大意义的理解。左宗棠抬棺出征，为祖国的统一和领土完整而战，这是晚清历史最扬眉吐气的大事，也是中国近代史最浓墨重彩的一笔。[2]

光绪九年至十一年（1883—1885），清帝国与法国爆发战争。光绪九年（1883），法国为在清朝藩属国越南建立军事基地，悍然进攻由清军防守的越南山西、北宁，挑起中法战争。清政府忍气吞声，被迫承认法国对越南的保护权。接着，法国把进攻矛头直指中国，叫嚣"征服那个巨大的中华帝国"。光绪十年（1884），法国舰队从海路进攻中国，攻陷台湾基隆，全歼停泊在马尾军港的福建水师。海战的意外成功，大大刺激了法国的侵略野心。光绪十一年（1885），法国陆军及越南伪军攻击驻防谅山、镇南关的清军，广西巡抚潘鼎新不战而逃，烧掉谅山城，丢弃镇南关，途中丢光了粮饷、军火等辎重，广西为之震动。危急关头，新任两广总督张之洞奏请起用老将冯子材率旧部援桂。《清稗类钞》记载：行前，张之洞与冯子材结为兄弟，张之洞"以金卮三，跽（长跪）而酹子材"，说："公

1　苏同炳：《中国近代史上的关键人物》，百花文艺出版社2013年版，第94页。

2　美国人史密斯在1890年出版的《中国人的气质》一书中，高度赞扬左宗棠的功绩。

饮此，以祝公胜利，努力杀敌！不然，无相见期。"言外之意，就算是兄弟，你打了败仗，我也要执行军法。冯子材一饮而尽，说："此行不胜，无面目见公！"[1]面对来势凶猛的法军，冯子材不畏生死、身先士卒，统率各部取得镇南关大捷，不仅打败了法军主力，致使法军统帅尼格里身受重伤，而且直接导致了法国茹费理内阁倒台。

清政府无心恋战，李鸿章等人主张乘胜即收，把镇南关大捷视作谈判的砝码，最终与法国签订《中法新约》。中国承认法国吞并越南，法国成了越南的保护国。但法国未获得清政府的战争赔款、割地抵押，其号称"世界第二"的国际声誉一落千丈，而中国的国际地位和声誉却得到提高。总体看，这场战争，中国没有失败，法国也没有失败，双方势均力敌。换一个角度看，中国没有失败，结局尚且如此，败了又当如何？可以说，清朝军事获胜，外交失败。从中法战争到中日甲午战争的十年间，再没有大规模侵华战事发生，这无疑是镇南关大捷使列强看到了清朝顽强而巨大的力量。

光绪十三年（1887），光绪帝亲政，慈禧退居二线。不过，慈禧并未放权，凡大事要事，光绪帝并不能随心所欲，仍需事前请示、事后汇报。除此之外，许多官吏依然习惯于向慈禧献媚，并力图用阿谀奉承来刺激慈禧的喜好，以骗取慈禧的关注和恩宠。而对于光绪帝，则只求面子上过得去而已。

年轻气盛的少年天子，意气风发，踌躇满志，急切希望通过一件大事，来确立自己的权威，证明自己的能力。光绪二十年（1894），光绪帝亲政的第七个年头。这一年，朝鲜爆发东学党起义，朝鲜政府向宗主国清政府乞援。日本狼子野心，也乘机派兵到朝鲜，蓄意挑起战争。对于光绪帝而言，插手朝鲜事务，以战事树权威，这是一个难得的机遇。

---

1 徐珂：《清稗类钞》（第二册），中华书局1984年版，第908页。

有了之前平定新疆叛乱的胜利，以及镇南关大捷的战果，朝堂上处处洋溢着乐观主义的情绪。中日战争爆发时，主战派沉浸在骄傲自满的幻想中。户部主事裕绂上奏："日本偏僻处于东洋，全境不过中国一二省之大小，夜郎自大，辄欲奋螳臂以抗王师，此其自速灭亡。"[1] 御史叶应增上奏："此次用兵，彼逆我顺，彼曲我直，彼吞噬小邦，以残暴逞，我救属国，由仁义行。"[2] 礼部侍郎志锐认为："此次日本不知自量，抗兵相加，中国果能因此振刷精神，以图自强，亦未始非靖边强国之一转机也。"[3] 翰林院编修曾广钧以为："中国可以趁此机会，一意主战，剿灭日本，建立奇功。"[4]

也许因为年轻的缘故，皇帝凡事都倾向于强硬，当然不能容忍日本在藩属国朝鲜的猖獗。光绪帝被主战派的情绪感染，对中日战争抱着必胜心态和必胜信念。他的小算盘是，如果打败了日本，慈禧肯定会刮目相看，王公大臣自然会俯首帖耳。到那时，必能大权在握，自己将成为一个彪炳史册的中兴之主。

2

叫嚷着的主战派一厢情愿地以为，清国大，日本小；清国人多，日本人少，对中日之间的力量对比一无所知。事实恰恰相反，清朝的人力、财力、物力，以及光绪帝本人的政治资源、政治人脉和政治能力，都不具备赢得一场战争的实力。

1　戚其章主编《中日战争》，《中国近代史料丛刊续编》（第一册），中华书局1989年版，第141页。

2　戚其章主编《中日战争》，《中国近代史料丛刊续编》（第一册），中华书局1989年版，第65页。

3　戚其章主编《中日战争》，《中国近代史料丛刊续编》（第一册），中华书局1989年版，第42页。

4　戚其章主编《中日战争》，《中国近代史料丛刊续编》（第一册），中华书局1989年版，第15页。

中国拥有漫长的海岸线和广阔的管辖海域，列强入侵中国，都是从海上而来。一定程度上讲，一部中国近代史，就是列强侵略中国的历史，也是列强从海上进犯中国并频频得手的历史。据不完全统计，自1840年鸦片战争开始的百余年间，英、法、俄、美、德、日等列强从海上入侵中国达84次，入侵舰艇达1860多艘，入侵兵力达47万人。[1]第一次鸦片战争，英国仅用47艘木质加装火炮的舰船，就轰开了中国的大门。第一次鸦片战争后的30年间，除魏源等少数有识之士的无力呼吁外，中国从未在海军方面有所建树，海军建设步履艰难。

同治十三年（1874），日本侵入台湾，次年入侵朝鲜，迫使朝鲜签订《江华条约》脱离中国藩属，中国丢尽颜面。时任直隶总督兼北洋大臣的李鸿章联合驻英公使薛福成，建议加强海防兵事，朝廷接受发展海军的建议，决定建立北洋、南洋、闽洋、粤洋四支海军，但终究是雷声大雨点小，进展缓慢。光绪十年（1884），中法战争马江一役，福建水师[2]全军覆灭，中国东南沿海与台湾海峡海权拱手让给法军。战后，光绪帝开始重视沿海海防，郑重颁布了"惩前毖后，自以大治水师为主"的上谕。光绪十一年（1885），总理海军事务衙门成立，着力建设海军，同时筹组当时亚洲最大的舰队北洋水师。

光绪十四年（1888），北洋海军正式宣告成立，并于同日颁布施行《北洋海军章程》。北洋水师取代了昔日福建水师中国第一的位置，同时也是清朝建立的四支近代海军中实力最强、规模最大的一支。按照当年《美

1　张峰：《马克思恩格斯的海权理论与海洋强国建设》，上海人民出版社2018年版，第24页。

2　福建水师又称福建海军，是中国第一支近代化海军舰队，也是当时装备国产化程度最高的一支近代化舰队。1884年中法战争之前，福建水师的规模、实力均为国内之首。1909年，清政府将福建水师与广东水师、北洋水师、湖北水师以及南洋水师，合并重编为巡洋舰队和长江舰队，独立的福建水师就此解散。

国海军年鉴》排名，北洋水师拥有铁甲巨舰2艘、巡洋舰8艘和炮舰等10余艘，总吨位超过4万吨，舰队实力是亚洲第一，世界第九。[1]光绪十七年（1891），由于军费被挪用修建颐和园，户部上奏停止购买海军军械三年。至甲午战争爆发时，北洋海军多年未添一船，原有的战舰已开始落伍，无论航速、射速皆落后于日本。清军的构成和武器装备，看似强大，实则外强中干。

反观日本，一直低调务实，埋头苦干。日本连年扩充军费，甲午战前一年，已完成扩军计划，拥有7个陆军师团，23万兵力，装备大炮294门，全部配备国产及进口洋枪，枪械装备率100%。日本大力发展近代海军，在连年增加海军军费预算的同时，还举国捐献海防金支援海防。从1874年起，明治天皇每年压缩宫中费用3.6万日元充当陆海军军费。日本举全国之力增加军费，到1892年军费预算占到全国预算的40%以上。1893年，由于庞大的造舰计划带来巨大的财政压力，内阁会议压缩或者否决了多次造舰计划。明治天皇当即提出6年内将每年从内库拨出皇室经费的十分之一（30万日元）全部用于造舰，并要求文武官员减薪一成为造舰筹集经费。此举引起举国震动，众议院再次审议并修订了预算案，决定六年内拨付1808万日元的造舰经费。

甲午战争爆发时，日本海军在世界排名第11位，虽然总吨位不及清朝舰队，但舰龄较短，占据火器主动，军舰性能远超中国军舰。此外，日本海军不断学习西方，完善海军制度，甲午战争爆发前夕已编成具有日本海军象征意义的联合舰队，完成了向近代军国主义强国的转变。在这样不利的条件下，李鸿章避而不战也并非没有道理，这也许是当时的最好选择了。更何况，陆海军都是李鸿章的北洋军队，都是李鸿章一人负责，其他人很少合作。清国的舰队分属各省，指挥系统各一，与日本的一元化指挥

1　（英）布兰德：《李鸿章传》，山西人民出版社2018年版，第143页。

系统相差甚远。李鸿章预言"海上交战必负",千方百计避开正面决战。

战争不仅是武器的较量,人的斗志往往左右着战争的走向。科技虽然对战争走向起着重要作用,但科技从来不会孤立地发挥作用,往往依附于特定的人及社会组织系统。一场战争的成败,固然可以归因于装备技术的落后,但其深层次原因,则取决于战略战术的高下,以及对人和制度的拷问。

打仗就是打经济,战争的经济代价往往超出人们的想象。打仗要消耗国力,兵种建设、武器装备、营房构筑、粮草消耗等都需要强大的经济基础来保障。没有强大的物质基础,没有充足的后勤供给,没有先进的制度保障,很难应付一场战争,遑论打赢一场战争。所以,日军在这场海战中的胜利,可以说在预料之中。

清朝之败局,开战前便已注定。后来的战争走向,不过是印证了失败的惨重程度而已。

3

光绪十年(1884),日本试图在朝鲜建立亲日政权的政变失败,史称甲申政变。日本在甲申政变后,以清国为假想敌,积极扩军备战。十年里,清政府没有从外国订购一艘军舰,而日本则在疯狂订购速度快、装备新的新式军舰。日本在甲午战前就完成了对中国侦探、考察的准备,由对华情报工作汇总而成的《日清贸易全书》达到2300多页,条分缕析、面面俱到。日本的扩张战略,并未引起清政府的重视。以慈禧为中心的政治势力更重视眼前的利益和危机,而不会从长远的战略角度来考虑应对措施。有备未必无患,无备必定有患。若不作战争准备,忘记战争危险,则一定会遇到灾祸。

李鸿章被洋人捧为领航员,他则自嘲为裱糊匠。李鸿章的资源是淮系,以及围绕淮军建立起的近代化军工体系、交通体系、工业体系等。淮军是他赖以生存的基础，名震天下的北洋水师，更是被其视为宝贝疙瘩，那是支撑李鸿章政治地位的重要筹码。李鸿章深知清朝不过是一座纸片糊裱的破屋，没有条件和能力战胜日本。退一步讲，即便足以打败日本，他还是不愿意打这一仗，不愿意在战争中消耗自己的实力。

当时，李鸿章已经是人生赢家，有着直隶总督、北洋大臣、武英殿大学士、一等肃毅伯等一大串的头衔，位极人臣。无论胜败，都不如平局。败了，颜面扫地，告老还乡，遗憾终生。胜了，获得不赏之功，功高震主，下场更难预料。因此，两军还没开战，李鸿章就想着怎么调停、和谈。在李鸿章看来，和谈才是最佳选择。实质上，李鸿章错误的根源在于"外须和戎，内须变法"的主张，坐失了战争时机，导致了甲午战争的惨败。

战争前夕，恭亲王奕䜣在时隔十年后被任命为总理各国事务衙门的总署大臣，负责试探与各国之间的调解。但日本始终坚持以战胜国对战败国的姿态进行谈判，且不希望在谈判之前达成休战协议。李鸿章分别与英使、俄使面商，希望借助英、俄的势力遏制日本的行动。在得到两国使者的承诺后，李鸿章急不可耐地电告总署"素稔日忌英不如畏俄，有此夹攻，或易就范"[1]，以为从此可以高枕无忧了。其实，尽管英、俄两国口头上督促日本从朝鲜撤兵，但并不愿意据理力争，更不会撕破脸皮，也不可能冒卷入战争的风险援助清朝。对于列强而言，与其充当清朝的同盟者，不如充当调停者。英、俄等国趁火打劫，乐享其成，根本不理会清朝的诉求及得失。

为充分利用战争带来的机遇，美国决定出面单独调停中日战争。在既得利益面前，宣告中立的美国，表面响应清政府的调停请求，却暗中纵容

1　李鸿章：《寄译署》，顾廷龙、叶亚廉主编《李鸿章全集》(二)，《电稿》二，上海人民出版社1986年版，第713页。

甚至支持日本，实际上是借助日本之手进一步削弱清朝，进而打开中国的大门。美国单独调停，也在客观上减轻了日本来自俄、英等列强的外交压力，日本也乐观其成。

诚如蒋廷黻所言：在中日战争进行的时候，李鸿章虽千方百计地请求他们（列强）的援助，他们总是抱隔岸观火的态度，他们觉得中国愈败，愈需要他们的援助，而且愈愿意出代价。[1]俄、英、法、德、美等国在对日本发动战争问题上，尽管相互之间诉求不一，但最终达成了一致意见，为攫取更多在华利益，支持日本，牺牲中国。

战争是国家成败的试金石，更是皇帝优劣的赛马场。大敌当前，光绪帝所凭借的，是初生牛犊不怕虎的锐气，以及不知者不畏的勇气。光绪帝求胜心切，但缺乏治国理政经验，对战争指挥更是一窍不通。战争一触即发，战况千变万化，光绪帝心急火燎，除下发上谕，催促李鸿章不可游移不前、快速出兵决战之外，对战局一无所知，昏招迭出，举措失当。

权位渐崇而庸碌无为的庆亲王奕劻，耐不住寂寞，上书光绪帝，要求亲率劲旅，出关剿敌，被光绪帝婉拒。此时，光绪的岳父、慈禧的胞弟、神机营统领桂祥，也不甘落后，上书光绪帝，愿领神机营马步各队赴山海关驻守，光绪帝欣然同意。光绪帝打心眼里不喜欢慈禧强加的这门亲事，也不太喜欢岳父桂祥的做派，想让桂祥在战场上丧失颜面。光绪帝深知，桂祥有勇无谋，难成大事，企图以此为难桂祥，以解心头之恨。光绪帝公开的理由是，国难当头，作为朝廷精锐，神机营上前线义不容辞。

对战事而言，桂祥既没有作战经验，也没有作战谋略，神机营也是一群"提鸟笼，斗蟋蟀"的散兵游勇，压根儿就没把战争当回事。桂祥所带的神机营驻扎山海关期间，贪图享乐，骚扰百姓，却没有对日军放过一枪一炮，导致战局日趋恶化。光绪帝大失所望，接二连三地对桂祥点名批

1　蒋廷黻：《中国近代史》，天津人民出版社2016年版，第67页。

评，丝毫不留情面，也不顾及慈禧的脸面。其实，慈禧只是希望桂祥加官晋爵，担任要职，荣宗耀祖，捞取财富，而不是承担责任，亲临前敌。光绪帝居然把桂祥派往前线，以身犯险，实在是犯了大忌。

光绪二十年（1894），正值慈禧的六十大寿。清政府准备拨出三千万两银子的专款，为慈禧举办盛大的庆寿典礼。光绪帝提前两年颁发上谕，为慈禧的大寿作准备，并下令成立庆典处，专门办理庆典事宜。甲午战争一触即发，有人建议停止万寿庆典，慈禧大怒，咬着牙说："今日令吾不欢者，吾亦将令彼终身不欢。"[1]按慈禧的想法，她想给自己办一个风风光光的寿诞。当时，满朝文武也是把寿诞当成首要大事来办的，可前线失利的消息不断传来，坏了慈禧的好事。朝野议论纷纷，在舆论压力下，慈禧不得不对庆典规模进行压缩。

中日突然开战，经费紧张，形势严峻，原本计划好的盛大场面，不得不大打折扣，经数年精心筹备的六十庆典变了味。内心层面，慈禧并非心甘情愿，可谓"哑巴吃黄连"。想当年，四十寿庆时，亲生儿子同治帝病危，没有心思搞庆典；五十寿庆时，赶上中法战争，没有余力搞庆典；如今六十寿庆了，又赶上中日战争，庆典又被搅了。加之光绪帝不经商议，就将自己的弟弟、皇后的父亲派往前线去打仗，彻底惹怒了慈禧。慈禧愤愤不平，对光绪帝的能力产生了极大怀疑，对光绪帝主战的主张极为反感。

隆裕看到自己的父亲受辱，加之自己在宫中倍受冷落，气愤难平，向慈禧告状，诉说苦衷。慈禧大怒，决定从光绪帝的身边人下手，将他们逐一剪除。她以卖官鬻爵的罪名，把珍妃姐妹"褫衣廷杖"，从贵妃降为贵人。珍妃的家庭教师文廷式和珍妃的堂兄志锐，此前意图通过珍妃影响光

1　王芸生：《六十年来中国与日本》（第二卷），生活·读书·新知三联书店2005年版，第196页。

绪帝，采纳主战派意见，对日宣战，亦引起主和派的忌恨，被反奏"文廷式企图支持珍妃夺嫡，取代隆裕皇后；反对慈禧听政，支持光绪皇帝自主朝纲"。这正中慈禧下怀，慈禧遂以"交通宫闱，扰乱朝纲"的罪名，将文廷式革职，志锐也从礼部侍郎被贬职。[1]

慈禧大动干戈，光绪帝后悔莫及，急忙补救，低头服软。军机处迅疾电召桂祥回京，并重新安排部署，派副都统英廉前往接防。不过，时机已逝，为时已晚，败局已定，清政府将要输掉整个战争。

4

甲午海战，清海陆军在极其不利的条件下奋勇反击，战况惨烈。北洋海军提督丁汝昌、刘步蟾等多位高级将领殉国，出身于福州船政学堂一期、担任各主要舰艇舰长（管带）的十四位海军军官有一半以上殉难，其大无畏的英雄气概令人动容。但是，战争甫一结束，清政府却将失败的责任推到一线官兵的身上，丁汝昌等将领被冠之以通敌投降的罪名，令人唏嘘不已。

有人认为，甲午战争实质上是日本与李鸿章之间的战争。李鸿章生前亦有类似表述：称甲午战败，"以北洋一隅之力，搏倭人全国之师，自知不逮"。李鸿章"以一人敌一国"的说法，最早出于梁启超在《李鸿章传》中论及甲午战争："日本非与中国战，实与李鸿章一人战耳。"这种无奈的表述，认为李鸿章外战日本强敌，内战国内牵涉力量，实在是"以一人敌两国"。其实，李鸿章"以一人敌一国"的说法，在一定程度上是种意气之语。有学者也考证，李鸿章苦心孤诣是真，但当时北洋军并非孤军作战，两江总督兼南洋通商大臣刘坤一在兵力、装备、财政等方面全力援助

1　唐海炘：《我的两位姑母——珍妃、谨妃》，全国政协文史资料委员会编《从辛亥革命到北伐战争》，安徽人民出版社2000年版，第22页。

北洋军。南洋的援助，打通了南北联系，挫败了日军入侵北京的图谋。

甲午战争，北洋海军全军覆没，中国又一次一败涂地，清政府失去了与日本讨价还价的最后筹码。威海卫失陷，北洋舰队尽归日本，7335吨的镇远舰成为日军战利品。长期以来，日本一直视定远舰（在海战中引爆自沉）、镇远舰为最大威胁。光绪帝在战争中的表现乏善可陈，急功近利，浮躁盲动，结果断送了慈禧的信任，也损失了政治资源。

干事业要有一番激情，但光靠激情还远远不够，更要有担当的谋略和本领。领导者的一个根本责任，就是善于分析和研判形势的变化，从中找出有利的条件和因素，抓住机遇，顺势而为。光绪帝年轻气盛，极力主战，反对妥协，但终因国力不济，制度落后，朝廷腐败，实力不足，打了败仗。

在甲午战败、被革职留任并拔去三眼花翎、褫去黄马褂之后，因日方指名要他赴日谈判，李鸿章才又被"赏还翎顶，开复革留处分，并赏还黄马褂，作为头等全权大臣，与日本商议和约"[1]。北洋舰队覆灭的第二天，李鸿章率李经方等100多名随员，以美国前任国务卿科士达为顾问，前往日本马关（今下关），与日本首相伊藤博文、外务大臣陆奥宗光进行谈判。李经方本为李鸿章的六弟李昭庆之子，后过继给李鸿章为长子。他曾担任过驻日公使，日语流利。他职务也很高，虽是参议，实际上处在仅次于全权代表的第二把手兼秘书长的地位。

谈判双方费尽心机和口舌，经多轮谈判终究未能达成协议。第三轮谈判后，李鸿章回接引寺住所的途中突然遭日本人小山丰太郎枪击，被击中左眼下颊骨。其后在日本的要求下，清廷改命李经方为全权大臣，随李鸿章一起议约。经过艰难的六轮谈判，李鸿章代表清政府与日本在马关春帆楼签订丧权辱国的《马关条约》。根据条约规定，中国割让辽东半岛（后

1　朱寿鹏编《光绪朝东华录》(第四册)，中华书局1958年版，第3540页。

因三国干涉还辽而未能得逞）、台湾岛及其附属各岛屿、澎湖列岛给日本，赔偿日本2亿两白银。中国还增开沙市、重庆、苏州、杭州为商埠，并允许日本在中国的通商口岸投资办厂。《马关条约》使日本获得巨大利益，刺激其侵略野心，也使中国半殖民地化程度大大加深。

《马关条约》是中日实力历史性转折的纪念碑，是历史上中国丧权最多、损失最大的不平等条约之一，使中国陷入了空前的经济危机、社会危机、政治危机和瓜分危机。中国岌岌可危，陷入亡国灭种的危险。《马关条约》签订后，朝野震惊，李鸿章作为签订条约的全权代表，成为人人唾骂的卖国贼，当时便有"杨三已死无苏丑，李二先生是汉奸"的对联。康有为、梁启超联合举人士子发起的公车上书，首先便是反对《马关条约》的签订。

李鸿章拖着风烛残年的老弱之躯，与日本签订丧权辱国的条约，难免令人产生怜悯之心。签约仪式一结束，李鸿章就上船准备回国。他已经做好回国后成为"众矢之的，万谤交集"的思想准备。回国后，李鸿章因战败问责，解除直隶总督、北洋大臣的职务，成为一个徒有虚名的重臣。不过，历史给予他登上政治舞台的重任。第二年，李鸿章前往俄国，参加尼古拉二世的加冕典礼，签订《中俄密约》。之后，李鸿章从欧洲经由美国回国，环球旅行一周，所到之处受到热烈欢迎，风光一时。

弱国无外交，李鸿章所处时代是中国历史上极弱的时代之一，这是人们据以评价李鸿章无可奈何的论据，并为他卖国开脱的理由。从签约的历史境遇及艰难的谈判历程看，李鸿章主观上并不想卖国，极尽所能地维护国家利益，只是力有不逮、无力回天，只好在割地赔款的条约上签字。然而，李鸿章即使在主观上没有卖国，但在客观行为上却做了卖国贼。因此，从民族大义着眼，从历史后果出发，李鸿章的卖国行径毋庸置疑。对于李鸿章的评价，邓小平1982年9月会见英国首相撒切尔夫人时的严正声明更能说明问题："如果中国在一九九七年，也就是中华人民共和国成立四十八年后还不把香港收回，任何一个中国领导人和政府都不能向中国人民交代，甚至也不能向世界人民交代。如果不收回，就意味着中国政府是晚清政府，中国领导人是李鸿章！"[1]

甲午战争对中国而言是一场深重的灾难。从此，中国彻底门户洞开，领土遭侵略，工商被掠夺，金融被控制，文化被摧毁，以至于生灵涂炭。国家面临着被瓜分的危机，日本侵占台湾，英国控制了长江中上游，德国把山东半岛据为己有，法国控制了云南、广西，沙俄进一步将东北和辽东半岛纳入其势力范围。此外，英国通过印度和中亚深入西藏、新疆，美国、日本纷纷登陆福建，日本也逐渐加强对东北和朝鲜半岛的渗透。

嘉庆二十二年（1817），被囚禁在圣赫勒拿岛的法兰西第一帝国的缔造者拿破仑，对访华归来的英国使臣阿美士德勋爵说："要同这个幅员广大、物产丰富的帝国作战将是世界上最大的蠢事。可能你们开始会成功，你们会夺去他们的船只，破坏他们的商业。但你们也会让他们明白自己的力量。然后建造船只，用火炮把他们装备起来，然后把你们战败。中国是一只沉睡的狮子，当他觉醒时，世界也将为之震撼。"[2]拿破仑以深刻的洞察，得出精辟的结论，这段话被誉为经典名言。只是，在腐朽而没落的统治集团操控下，中国这头雄狮睡过了头，已没有丝毫威慑力。待到睡狮醒来，还要经历一番阵痛和磨难。

晚清政府英国雇员——中国海关的总税务司赫德做过一个形象的比喻："这个硕大无比的巨人有时忽然跳起，哈欠伸腰，我们以为他醒了，准备看他做一番伟大事业，但是过了一阵，却看见他又坐了下来，喝一口

1　邓小平：《我们对香港问题的基本立场》，《邓小平文选》（第三卷），人民出版社1993年版，第12页。

2　（法）佩雷菲特：《停滞的帝国——两个世界的撞击》，生活·读书·新知三联书店1995年版，第595—596页。

茶，燃起烟袋，打个哈欠，又朦胧地睡着了。"[1]

光绪帝百思不得其解，为何会败得如此惨重？光绪帝询问帝师翁同龢、重臣李鸿章等，也没有得到想要的答案。直到光绪二十五年（1899），前日本首相伊藤博文来华访问，光绪帝终于找到了问题的答案。伊藤博文的回答是，中日之间并无多大差别，唯贵国大贤魏源老先生的《海国图志》而已。明治维新期间，《海国图志》被奉为日本的镇国利器，几乎人手一册。遗憾的是，《海国图志》在中国却迎来了截然相反的命运，受尽冷遇，如一堆废纸。朝廷高层并没有汲取鸦片战争的惨痛教训，一味苟延残喘、昏昏度日，不思改弦更张、变革图强。

甲午战争的失败，不仅标志着清朝洋务运动的失败，而且宣告了清朝"中体西用"指导思想的破产，也对战后东亚乃至整个亚太地区的格局造成了深远影响。

三、戊戌变法

1

第一次鸦片战争以后，中国被迫打开了尘封的大门。一大批以开明封建士大夫为主体的有识之士开始睁眼看世界，提出"师夷之长技以制夷"，要拜洋人为师，学习他们的优秀之处。其中比较著名的有林则徐、龚自珍、魏源等，他们清醒地认识到西方先进技术的优势，主张学习西方的文化、教育及政治制度。

第二次鸦片战争后，天朝上国的迷梦被彻底惊醒。面对当时严重的内外危机，以奕䜣、曾国藩、李鸿章、左宗棠、张之洞等为代表的新兴官僚

---

[1]　中国近代经济史资料丛刊编辑委员会主编《中国海关与中日战争》，《帝国主义与中国海关资料丛编之四》，中华书局1983年版，第82页。

发起了洋务运动，主张学习西方的科学技术，通过兴办工厂、创建学堂、派遣留学生、建立新式海军等增强国力，以维护清朝的封建统治。他们只是试图挽救封建统治，主要是学习西方的科技，并未对政治制度作任何改革。

伴随着中国民族资本主义的产生与发展，冯桂芬、王韬、薛福成、郑观应等早期维新派应运而生。他们主张用和缓渐进的方法对中国的政治、经济、文化等作全方位的改革。光绪十四年（1888），痛感于中法战争中清朝不战自败，康有为第一次上书光绪帝，痛陈国家危亡，批判因循守旧，要求变法维新，提出"变成法，通下情，慎左右"三条纲领性的主张。[1]这次上书，非但没有任何结果，反而遭到时人讥讽。当时他还未及第进士，不能直接上书，只能找关系上呈，无果而终。

光绪十七年（1891），康有为在广州长兴里创建万木草堂，聚徒讲学，宣传维新变法思想和培养变法人才。同年，康有为第一部关于变法维新的理论著作《新学伪经考》问世，此书对"祖宗之法，莫敢言变"的传统守旧思想提出挑战，把封建社会历来认为神圣不可侵犯的"古文"经典宣布为伪造的文献，在知识界引发了强烈的震动和反响。不仅顽固派坚决反对，而且不少维新派人物也难以接受，帝党领袖翁同龢斥之为"说经家一野狐也"。

光绪二十年（1894），康有为开始编著《人类公理》一书，几经修改后以《大同书》发表，提出大同社会将是无私产、无阶级、人人相亲、人人平等的人间乐园。康有为在《大同书》中提出了心目中的理想社会，这种思想否定了社会的客观矛盾性，脱离了社会现实，没有科学揭示社会发展规律，但它反映了当时知识分子要求打破旧制度、建立新社会的愿望，

1　康有为：《上清帝第一书》，汤志钧编《康有为政论集》（上册），中华书局1981年版，第57页。

具有一定的进步意义，为戊戌变法奠定了理论基础。

光绪二十一年（1895），甲午战争，中国战败，清政府与日本签订了丧权辱国的《马关条约》，割让台湾及辽东半岛，赔款白银二亿两。消息传到北京，立即引发全国人民声讨与反对，在京应试的举人群情激愤，有识之士发出了救亡图存的呼声。台湾著名诗人丘逢甲写下抗倭守土的血书，并带头联名致电清政府，表示"桑梓之地，义与存亡"，愿意与驻台清军誓死守御。康有为及其弟子梁启超，联合全国十八行省在京举人，聚集达智桥松筠庵，讨论上书请愿。事后，康有为连夜写成一万八千字的《上今上皇帝书》，提出反对签约、迁都再战、变法图强等建议，十八省举人响应，一千二百多人连署。随后，康有为率千名举人与数千名市民到都察院门前集会，请都察院代为上奏，都察院拒绝代呈。[1]上书被都察院拒绝，理由是民间人士不得干预政治。但此举在社会上产生了巨大影响，康有为等开始在北京、上海等地宣传维新思想，严复、谭嗣同等亦在其他地方宣传维新思想。这就是震惊全国的公车上书[2]，标志着资产阶级维新变法思潮已发展为爱国救亡的政治活动，康有为从此取得了维新运动的领袖地位。

甲午战败，当时最现代化的北洋舰队几乎全军覆没。朝野上下始如大梦初醒，甲午战败并非器械不精、资源不多、人才不足，而是败在颟顸落伍的封建制度。公车上书，被视为维新变法运动的起点，是维新派登上历史舞台的标志，也是中国群众政治运动的开端。

戊戌变法在历史上被认为是一次改良主义的政治改革运动。历史学家马勇认为，戊戌变法有广义与狭义之别。狭义的戊戌变法是指，光绪

1　梁启超：《戊戌政变记：外一种》，上海古籍出版社2014年版，第107页。

2　汉制，吏民上书言事，均由公车令接待。公车是将下面的上书转呈上面的官署名称。根据清制，都察院相当于公车。参加会试的举人，还没有进入仕途，没有上书资格，需要都察院代呈。

二十四年（1898），以光绪帝为主导，由康有为、梁启超等人积极参与的政治运动，意在建立新的政治运行机制，以挽救民族危机。而广义的戊戌变法，又称戊戌维新运动，是指自《马关条约》签订后至戊戌变法宣告失败而中止的一个历史过程。此段时间内，政治变革并非主要任务，维新是努力的方向。"周虽旧邦，其命维新"，希望在旧有国家形态上进行体制机制创新。

假如从康有为第一次上书算起，变法思想和政治酝酿实际上长达十年之久。康有为乃一介书生，始终为民族图存而奔走呼号，早已在全国上下掀起变法思潮。公车上书实乃水到渠成，这既是一次大规模知识分子政治请愿，也是知识分子有组织的政治示威，打破了"庶人不准议政"的陈腐教条。

2

公车上书失败后，维新派并没有因此意志消沉，而是积极进行著书立说、宣传动员，积极创办报刊、学会、学堂，为维新运动制造舆论、培养人才。

光绪二十三年（1897）冬，德国突然出兵占领胶州湾，激起全国愤慨。全国上下合力反对，维新运动迅速高涨。康有为第五次上书光绪帝，陈述民族危机的严重和维新变法的重要。康有为的上书遭到扣压，但在京师内外广为传播。翁同龢在光绪帝面前陈述了康有为变法图强的内容，并说："康有为之才过臣百倍，请举国以听。"[1] 这次上书，提出的建议更加具体，得到了翁同龢的认同。后来，翁同龢悄悄向光绪帝引荐康有为，主动充当牵线搭桥的角色。

光绪二十四年（1898）初，康有为上《应诏统筹全局折》（第六次上

1　康同家：《康有为与戊戌变法》，香港环球文化服务社1959年版，第64页。

书），指出"能变则全，不变则亡，全变则强，小变仍亡"，请求光绪帝
厉行变法。[1]光绪帝深受感动，认为既然明治天皇、彼得大帝能做到，自
己也应该能做到。四月二十三日，光绪帝颁布"明定国是"诏书，正式宣
布变法维新。四月二十五日，内阁学士、署理礼部侍郎徐致靖向皇帝举
荐了康有为、张元济、黄遵宪、谭嗣同及梁启超，认定他们是"维新救时
之才"，恳请皇帝"破格委任，以行新政而图自强"。光绪帝召见康有为，
特许康有为专折奏事，并任以总理衙门章京上行走之职。此后不久，光绪
帝委任梁启超办理大学堂和译书局事务，擢升（破格提拔）谭嗣同、刘光
第、杨锐、林旭等为军机章京，参预新政，负责起草变法的诏令。章京作
为大臣的辅佐，虽然品级不高，但作为处理文书、档案等具体事务的官
员，其实权相当大。

　　光绪帝作为一国之君，国家名义上的最高统治者，自然不愿"弃祖
宗之民，弃祖宗之地"，试图以摧枯拉朽的改革来树立自己的权威。康有
为等维新派企图利用光绪帝"重新天地，再造日月"，借此分享权力。帝
师翁同龢、湖广总督张之洞、湖南巡抚陈宝箴等也主张变法，希望变法图
强。慈禧也不排斥变法，《明定国是诏》是奉慈禧懿旨颁发的。朝野上下
达成变法共识，资产阶级维新运动蓬勃开展起来。

　　戊戌时期，光绪帝是变法的领袖人物，但慈禧在其中的作用也不能低
估，更不容忽视。可以说，正是慈禧的默许，戊戌变法才有发生的可能。
戊戌变法的重要参与者王照在《方家园杂咏纪事》中记载："戊戌之变，
外人或误会为慈禧反对变法，其实慈禧但知权力，绝无政见，纯为家务
之争。故以余个人之见，若奉之以主张变法之名，使得公然出头，则皇上之
志可由屈而得伸，久而顽固大臣皆无能为也。"王照进一步分析道："此策

　　1　康有为：《上清帝第六书》，汤志钧编《康有为政论集》（上册），中华书局1981年版，
第211页。

曾于余之第一奏折显揭之，亦展向南海劝以此旨。而南海为张荫桓所蔽，坚执扶此抑彼之策，以那拉氏为万不可造就之物。"[1]在王照看来，当时慈禧至少不反对变法。变法期间，每日的奏折都要专呈慈禧，变法诏令大多是征得慈禧默认或支持的。光绪帝每隔两三天还要去颐和园汇报，慈禧如果认为光绪帝处理不当，就会令其立即改正。

朝野上下都认为仅靠自强运动不能挽救民族危亡，都想开展进一步的改革。不过，不管如何改革，都会面临众口难调的问题。各人主张的改革内涵并不相同，对如何进行政治改革的主张也是言人人殊。《贞观政要》曾记载这样一个片段。唐时，太宗问许敬宗曰："朕观群臣之中，惟卿最贤，有言非者，何也？"敬宗对曰："春雨如膏，农夫喜其润泽，行人恶其泥泞；秋月如镜，佳人喜其玩赏，盗贼恨其光辉。天地之大，人皆有叹，何况臣乎！臣无肥羊美酒以调众人之口；且是非不可听，听之不可说。君听臣遭株，父听子遭戮，夫妻听之离，朋友听之别，乡邻听之疏，亲戚听之绝。人生七尺躯，谨防三寸舌；舌上有龙泉，杀人不见血。"帝曰："卿言甚善，朕当识之。"[2]唐太宗认为许敬宗是百官中最为贤良的一个，然而，在群臣中，仍有人说许敬宗的坏话。于是，君臣之间便有了这样一番有趣的对话。面对太宗的疑问，许敬宗的回答可谓妙极。许敬宗并没有直接辩解，而是用"春雨"和"秋月"来作比，从而使太宗明白了其中的道理。可见，不同的人处在不同的位置，对同一个人或同一件事往往会得出截然不同的结论。

康有为对慈禧有许多成见。他走的是一条争取皇帝、依靠皇帝来推行政治改革的路子。虽然在第一次上书中他将皇太后与皇上并提，并特

1　王照：《方家园杂咏纪事 附吟草四种》，沈云龙主编《近代中国史料丛刊》（第二十七辑），文海出版社1973年版，第538—539页。

2　来新夏编《林则徐年谱长编》（上），上海交通大学出版社2011年版，第81页。

意吹捧慈禧"聪明神武，临政二十年，用人如不及，从善如流水，当同治初年，励精图治……开诚心，布大度，孜孜求治，用能芟夷大盗而致中兴"[1]，极尽吹捧讨好之能事。但从第二次上书，即公车上书开始，便避开了慈禧，单独上给光绪帝了。表面看来，这与光绪帝亲政有关，实际上仍反映了康有为对慈禧临朝的敌对情绪。

康有为反复鼓动光绪帝"大誓群臣""明定国是""乾纲独断"等，就是要协助光绪帝执掌皇权，改变傀偶的地位。梁启超对老师十分崇拜，言听计从，亦步亦趋。他在《论中国积弱由于防弊》中认为，大清积弱是由于皇帝没有独立处理国家大事的实权，防弊就要使治人者有权，而受治者无权，收人人自主之权，而归诸一人。[2]

二十八日，光绪帝召见康有为，并根据康有为等人的建议，密集颁布了几十道新政诏令。光绪帝想奋发图强，但空有决心和抱负，可用之人多半是康有为、梁启超等新进书生，经验不足。康有为等维新志士认为，以皇上之明，定能举而行之。他们企图利用皇帝权威，立宪法、设议院、废科举、办学校、建工厂、练新军，来一场彻底的大变革。

康有为在第六次上书时提出："泰西政论，皆言三权，有议政之官，有行政之官，有司法之官，三权立，然后政体备。"[3]维新派想以西方近代三权分立制度为参考，"维"资本主义之"新"，"变"封建主义之"旧"。梁启超指出："盖支那维新之起点，在于斯举，而新旧党之相争，亦起于斯矣。"[4]表面看来，改革是温和的，不会发生新旧势力你死我活的激烈斗

1　康有为：《上清帝第一书》，汤志钧编《康有为政论集》（上册），中华书局1981年版，第57页。

2　《论中国积弱由于防弊》，梁启超：《梁启超全集》，北京出版社1999年版，第64页。

3　康有为：《上清帝第六书》，汤志钧编《康有为政论集》（上册），中华书局1981年版，第214页。

4　梁启超：《戊戌政变记：外一种》，上海古籍出版社2014年版，第122页。

争。然而，一旦触及具体的利益争夺，斗争便在所难免。维新派与守旧派的争端，光绪帝与慈禧的矛盾，主要症结便在于政治体制的变革，以及权威间权力的争夺。

慈禧同意变法，但并非照单全收，而是停留在一定的范围之内。她倾向于缓进变革，一切以服从和服务于她的专制统治需要为前提。光绪帝毕竟非慈禧亲生，慈禧对光绪帝主导的变法运动并不放心。慈禧是一个历经宫廷斗争、饱尝人世险恶、权力欲望超强的女人，不容许任何人以任何方式分割她的权柄。正是因为看到了维新派的鼓动和光绪帝的揽权，慈禧深恐在改革中大权旁落，在维新变法开始第五天，就接连下发四道懿旨：新任的高级官吏必须在向皇帝谢恩后再去向太后谢恩；只要光绪在颐和园办公，所有事务都应告诉太后；罢免翁同龢；让荣禄担任直隶总督。[1]光绪帝身为皇帝，权力却受到慈禧的严密制约。慈禧收回一二品官员任免权和京畿防务，埋下了政变的伏笔。

慈禧逼迫光绪帝下谕旨："协办大学士户部尚书翁同龢，近来办事多未允协，以致众论不服，屡经有人参奏。且每于召对时咨询事件，任意可否，喜怒见于词色，渐露揽权狂悖情状，断难胜机之任，本应查明究办，予以重惩。翁同龢着即开缺回籍，以示保全。"[2]当朝帝师、协办大学士兼户部尚书翁同龢，其政治生涯在68岁生日这天戛然而止。像赫德所描述的那样，权重位尊的翁同龢，终于在一场闪电中被击倒。

革去翁同龢的官职，斩断光绪帝的臂膀，慈禧毫不迟疑，异常坚决果敢。通过撤职翁同龢，慈禧明确表态反对出格的变法，也没有打算将政权移交给光绪帝。翁同龢突遭革职，难堪的是光绪帝。翁同龢是光绪帝最

1　刘永祥：《世相：变革中的晚清》，北京铁道出版社2017年版，第107页。

2　《清实录·德宗景皇帝实录（六）》（卷四一八），第五七册，中华书局1987年版，第484页。

亲近之人，维新变法的得力助手。翁同龢的去职，使光绪帝处在"上扼于西后，下扼于顽臣"的孤立地位。[1]光绪帝救不了自己的老师，因为二品以上官吏的任免权牢牢掌控在慈禧手中。守旧派见状，额手相庆，奔走告状，得理不饶人，肆意攻击改革。

3

光绪帝另行设立议政机构制度局（或称懋勤殿），超出了慈禧所能承受的范围，这捅破了光绪帝和慈禧的最后一层窗户纸。

清朝设有专门的议政机构，前期叫议政王大臣会议，后期改为军机处。为减少变法的阻力，康有为等人想效仿雍正设立军机处架空内阁的做法，以制度局来架空军机处。光绪帝还作出决定："令复生（谭嗣同）拟旨，并云康熙、乾隆、咸丰三朝故事，饬内监捧三朝圣训出，令复生查检，盖上欲有可据以请于西后也。"[2]但光绪帝的权力与手腕，显然不能与当年的雍正帝同日而语。

慈禧是何等霸道，任何想要染指最高权力的举动，都不可能蒙混过关。任何非分之想，都是慈禧无法容忍的。因此，当光绪帝向慈禧请旨设置懋勤殿时，慈禧当即恼羞成怒，严词拒绝。面对光绪帝可能夺权的威胁，慈禧断然不会让"废我军机"的企图得逞。

设懋勤殿是光绪帝筹划维新变法的核心问题，光绪帝竭尽全力希图付诸实行。康有为对权力有着急切的期待，当获悉光绪帝考虑在内廷设立懋勤殿时，非但没有制止，反而欣喜若狂，大肆开展活动，连哄带劝让礼部

1　康有为：《康南海自编年谱》，中国史学会主编《戊戌变法》（四），上海人民出版社2000年版，第148页。

2　康有为：《康南海自编年谱》，中国史学会主编《戊戌变法》（四），上海人民出版社2000年版，第159页。

主事王照、礼部右侍郎徐致靖分别按照他的意图写了两份举荐奏折，企图让自己及维新派来执掌大权。康有为毛遂自荐并没有错，希望掌握权柄推动改革也是可接受的结果，但搞"量身定做"就有点自欺欺人了，注定会激化矛盾、自断臂膀。

改革需要充分考虑各阶级、各集团所能接受的内容及其所能承受的后果，不能自说自话，自己好处占尽，别人生死难料，否则就会寸步难行。康有为没有意识到这一点，没有提醒光绪帝注意争取实权派的支持，反倒盲目支持光绪帝学习俄国彼得大帝乾纲独断，甚至秘密建议光绪帝在军事将领中培植亲信，企图用武装手段来实行变法，野心太大，步子太急，力有不逮。最终，懋勤殿胎死腹中，很多改革方案未能按预期推出。

唐德刚在《晚清七十年》中说："康有为不自量力，引学术入政治，也就从'迂儒'逐渐蜕变成'学阀官僚'，这把支持他变法改制最热心、最有力的张之洞、翁同龢等都摈之门外。以他这个六品主事的小官，来独力抵抗那红顶如云的顽固派，那就是螳臂当车了。"[1]康有为的发展历程，和他的思想行为，无不写满了一个"急"字——急于成名、急于升官、急于变法。急是弱者追求上进的体现，但急过了头，就要付出惨重的代价。

戊戌变法最终走向失败，与康有为及维新派缺乏政治经验有关。在短短的103天里，光绪帝共计发布包括政治、经济、文化教育等各个方面的变法诏令184条，平均每天颁发1.7条，七月二十七日一天中居然颁发了11条变法谕旨。对此，赫德指出："他们把足够的东西不顾它的胃量和消化能力，在三个月之内，都填塞给它吃了。"[2]政策措施再多再好，不落地，终是一场空。皇帝颁布诏书，当然不会有人公开反对，但各地总督、巡抚等具体执行者只是冷眼旁观，并不照章执行。除了湖南巡抚陈宝箴、湖北

---

1 唐德刚：《晚清七十年》，岳麓书社1999年版，第310—311页。

2 丁晓良：《社会发展70问》，中国金融出版社2014年版，第278页。

巡抚曾鉌比较热心外，其他各省督抚都在观望敷衍，甚至阳奉阴违。他们心中有数，在看慈禧的颜色行事。较之关心民族危亡，他们更关注的是自身利益的得失，如两广总督谭钟麟对光绪帝发布的诏令因循玩懈，"于本年（光绪二十四年）五六月间谕令筹办之事，无一字复奏"[1]。

戊戌变法，牵扯面广，触动利益深，各方势力你来我往、明争暗斗，举步维艰。非但帝党中有后党，后党中亦有帝党，新旧之争、帝后之争、母子之争和婆媳之争错综复杂。帝党与后党的矛盾、满族特权阶层与汉族官僚势力的矛盾、汉族高官实力派李鸿章集团与张之洞集团的矛盾、联英日与联俄的矛盾、维新派内部激进与稳健的矛盾等，纷纷扰扰，恰似一团乱麻。倘若没有极高的政治智慧和政治才能，很难妥善应对，遑论局面改观。

光绪帝在没有掌握最高领导权的情况下，急不可耐地连续罢免礼部六堂官、撤销闲散机构，搞得官僚阶层人人自危。其结果是，维新派捅了一个天大的马蜂窝，读书人反对，官僚阶级反对，满洲贵族集团反对，为自己树立了太多对立面，维新运动陷入孤立境地，处于众叛亲离的边缘。为了反驳改革派的理论，顽固派指责维新派的保国主张是"保中国不保大清"，保中国四万万人，而置我大清国于度外。[2]

4

慈禧隐居颐和园，表面上远离政治，悄无声息，其实对变法的态度异常明确。慈禧不再醉心于改革，官僚阶层及知识分子亦对改革避而远之。维新派被妖魔化，彻底变成了光杆司令，维新运动的公信力和影响力基本丧失。鲁迅有过这样的记录："我生得太早一点，连康有为们'公车上书'

1　朱寿鹏编《光绪朝东华录》（第四册），中华书局1958年版，第4164页。

2　陆勇：《清代"中国"观念研究》，陕西人民教育出版社2015年版，第159页。

的时候，已经颇有些年纪了。政变之后，有族中的所谓长辈也者教诲我，说：康有为是想篡位，所以他的名字叫有为；有者，'富有天下'，为者，'贵为天子'也。非谋图不轨而何？"[1]在世人眼中，康有为及维新派是乱臣贼子，罪不可恕。保守派人物更是视康有为的变法为异端邪说，批判康有为试图成为"民之主"。

以慈禧为代表的守旧顽固派，与以光绪帝为代表的维新派，双方壁垒森严，形同水火，刀光剑影，一触即发。慈禧和荣禄等人密谋借光绪帝天津阅兵之机，废掉光绪帝，另立新君。光绪帝不甘失败，更不愿坐以待毙。感受到威胁的光绪帝做出大胆之举，接受康有为"结袁以备不测"的建议，八月初一和初二，连续两次召见在天津小站练兵的袁世凯，授予袁世凯候补兵部侍郎之职。[2]

八月初三，康有为等人得到光绪帝"朕位且不能保"的密诏，深感局势紧迫，决定铤而走险，欲围园劫太后，包围颐和园控制慈禧，并杀死慈禧宠臣荣禄。欲发动政变，必须拥有军队，掌握兵权，但这是维新派的弱项。当晚，谭嗣同到法华寺游说袁世凯"锢后杀禄"，希望他救驾逼宫，起兵勤王，逼慈禧彻底交权。经谭嗣同游说，袁世凯"反复筹思，如痴如病"，为投靠帝党还是后党而摇摆不定。袁世凯是李鸿章的党羽，而李鸿章是慈禧最信任的人物。维新派试图在政变中利用袁世凯的新军，实在是异想天开，但也是无奈之举。袁世凯常驻朝鲜，思想开明进步，曾向京师强学会捐赠五百元，这也是维新派对他抱有幻想的原因所在。

八月初四，光绪帝去颐和园给慈禧请安，慈禧已由间道入西直门，光绪帝仓皇返宫。慈禧到光绪帝寝宫，召光绪帝骂道："我抚养汝二十余年，

1　鲁迅：《忽然想到》，鲁迅文集全编委员会编《鲁迅文集全编》（一），国际文化出版公司1995年版，第432页。

2　冯元魁：《光绪帝》，吉林文史出版社1993年版，第329页。

乃听小人直言谋我乎?"光绪帝惶恐不发一言,良久才嗫嚅道:"我无此语。"慈禧唾骂:"痴儿,今日无我,明日安有汝乎?"[1]慈禧传懿旨说,皇上病重不能理政,太后临朝训政。凡皇上变法变革,悉数反之。

八月初五,光绪帝第三次召见袁世凯,后接见日本前首相伊藤博文。但光绪帝在宫中的一切活动,都在慈禧的严密掌控之中。对于光绪帝接见袁世凯,时人用举朝惊骇来形容事态的严重性。此举引起后党的极大警惕,直隶总督荣禄颇觉骇异,急忙调兵遣将,调直隶提督聂士成率武毅军一万七千人进驻天津陈家沟,截断北京和小站之间的交通,防止袁世凯的新建陆军西行。调甘肃提督董福祥率所部一万二千人进驻宛平、长辛店,专供皇差弹压之用,命令袁世凯立即返回天津听候调遣。同时,授意御史杨崇伊至颐和园上奏慈禧,请太后训政。

京津一带风声鹤唳,气氛日益紧张。大为恐慌的袁世凯从御史杨崇伊处获悉太后即将重新训政的消息,为保全自己,出卖了维新派,倒向了慈禧,将谭嗣同的计划向荣禄和盘托出。荣禄急赴颐和园报告,慈禧闻之勃然大怒。这为政变提供了口实。虽然维新派在策划政变,但最先动手的是保守派。八月初六,慈禧发动政变,幽禁光绪帝,下令逮捕康有为诸人,把方兴未艾的维新运动扼杀在摇篮之中。

温和的改革,最终演变成血腥的政变,这一事件发生在农历戊戌年,史称戊戌政变。慈禧与光绪帝同属于清朝统治者,都在为巩固封建统治而努力,仅仅是治国策略稍有不同而已。历经同治、光绪、宣统三朝的晚清重臣陈夔龙称:"光绪戊戌政变,言人人殊,实则孝钦并无仇视新法之意,

---

1　恽毓鼎:《崇陵传信录》,中国史学会主编《戊戌变法》(一),上海人民出版社2000年版,第476页。

徒以利害切身，一闻警告，即刻由园返京。"[1]

变法素非易事。历代变法，鲜有全身而退者。正如毛泽东所言："在旧中国，讲改革是要犯罪的，要杀头，要坐班房。"[2]秦朝商鞅变法，遭旧势力无情报复，被处以车裂之刑。宋朝王安石变法，声名狼藉，忧郁而死。明朝张居正变法，遭满门抄斩，被开棺戮尸。触动利益比触动灵魂更难。变法失败，惨遭清算，几乎是封建社会改革者的共同命运。因此，人们往往谈变法而色变，噤若寒蝉，缄默不语。

一切都恢复旧态。皇帝被幽禁，而维新派的骨干们却没有这般幸运。慈禧绝对不会善罢甘休，而是要斩草除根，下令缉拿参与变法的主要人物。康有为、梁启超得以离京，逃亡日本和香港。慈禧将康有为的同乡、赞成变法的张荫桓逮捕下狱，准备处死。由于外国列强干预，使张荫桓得免死，"发往新疆，交该巡抚严加管束"。与康有为关系密切的黄遵宪，也受到迫害，被遣返老家。湖南巡抚陈宝箴及其子陈三立也受到"革职永不叙用"的处罚。

梁启超曾劝谭嗣同一起逃跑，谭嗣同无畏地说："不有行者，无以图将来，不有死者，无以酬圣主。今南海之生死未卜，程婴杵臼，月照西乡，吾与足下分任之。"之后，他又对日本使馆的人说："各国变法无不从流血而成，今日中国未闻有因变法而流血者，此国之所以不昌也。有之，请自嗣同始。"[3]侠之大者，快意恩仇。在谭嗣同看来，人总有一死，何必纠结什么命长命短呢，他操心的是死得其所。因为一个人总会死去，一些事总会过去，人们看到的只是肉体的灭亡，但人格精神的光芒永不破灭。

1　陈夔龙：《梦蕉亭杂记》，中国史学会主编《戊戌变法》（一），上海人民出版社2000年版，第481页。

2　毛泽东：《在中国共产党全国宣传工作会议上的讲话》，《毛泽东选集》（第五卷），人民出版社1977年版，第411页。

3　梁启超：《戊戌政变记：外一种》，上海古籍出版社2014年版，第103页。

革命者流血牺牲的决心，正是由于清政府的拒绝改革倒逼出来的。自从谭嗣同牺牲于菜市口的那天起，流血革命被视为社会进步的必由之路。后世学者在评价这段历史时说："此时此刻，唯最激进者最有吸引力，暴力肯定不断升级，愈演愈烈，最终火焱昆岗，玉石俱焚，然势已至此，奈何者谁？"[1]

八月十三日，谭嗣同、康广仁、林旭、杨深秀、杨锐、刘光第六人喋血刑场。被处刑的除了四个军机章京外，康有为的弟弟康广仁、御史杨深秀也受到牵连。他们虽是国事犯，但人们依然称其为"六君子"。他们在政变前刚刚被任命为军机章京，慈禧甚至没有见过他们，对他们一无所知。其实，慈禧憎恨的不是变革，而是企图夺权的阴谋。她处死六个卑微的小人物，不过是在震慑更高职务的人。

百日维新以政变的形式收场，以慈禧举起屠刀、光绪帝被囚、康梁外逃而结束。有勇少谋的维新派，将光绪帝推向无路可退的绝境。光绪帝从此被幽禁在西苑瀛台，成为无枷之囚。

史载，戊戌变法失败一月后，日本媒体即认为这次变法失败的原因是维新派太激进。半年后，澳门《知新报》载文认为，戊戌变法是一件"惊天动地、千百年未有之事，波涌云连，忽起忽落"[2]。之所以会"忽起忽落"，是康有为不恰当地介入光绪帝和慈禧的争斗。康有为扶光绪帝以抑慈禧的策略，迎合了光绪帝的需要，故变法"忽起"。而所谓的"尊帝讨逆"，直接威胁了慈禧的地位，故遭残酷镇压，故变法"忽落"。

1　雷颐：《走向革命：细说晚清七十年》，山西人民出版社2011年版，第290—291页。

2　《论政变后可疑之事》，中国史学会主编《戊戌变法》（三），上海人民出版社1957年版，第312页。

5

幼稚的维新派策划武装政变，试图以暴力手段推动变法。无奈，既不掌握政权，也不掌握兵权，最后一败涂地。明乎此，也就知道了变法并非靠满腔热情就能解决问题的。纸上谈兵，心血来潮，装腔作势，既不能为政，更不能为战。

变法突破的是总量守恒中此消彼长的利益格局。变法方案可以纸上谈兵，而变法实施则需要真刀真枪。能够把握变革目标和现实力量的合理匹配关系，以及扩大战果和承受能力之间的合理匹配关系，是决定变法成败的关键所在。维新派手中只有理论而没有"武器"，也没有娴熟使用"武器"的高明人物，自然不是那些经验老到的守旧派的对手。维新派忽视了目的和力量之间的平衡，"知小而谋大，力小而任重"，失败在所难免。在没有蓄积起强大力量的情况下，贸然出台一系列改革举措，"就好像一个用双手抱着一堆鸡蛋的人一样，鸡蛋堆得满满的，可是一动都动不得，稍一动鸡蛋就掉下来了"[1]。

何以日本明治维新，几十年内就风生水起，而中国似乎越做越糟。不能否认，袁世凯告密行为与政变有密切关系，但袁世凯并非罪魁祸首。戊戌政变的发生，是反改革势力群体长期谋划的结果，而非某一个人的某一个行为所能左右。戊戌变法失败，顽固派难辞其咎，但维新派操之过急，亦有莫大关系。

改革是个系统工程，从理论上讲是进步之举，但也会损害一部分人的既得利益，如果没有周密设计和周全行为，势必会遭到顽固派的强力反对。譬如：科考改试策论，废八股、兴新学，断送了大部分士子的前程；裁汰冗官、合并衙门，害得一些官员丢了生计，也必然遭到广泛的反对。

1　中共中央文献研究室编《毛泽东年谱（1946—1976）》（第六卷），中央文献出版社2013年版，第218页。

戊戌变法以失败告终，固然值得惋惜，但从历史唯物主义的观点看，变法失败的深层次原因在于它缺乏成功的先天条件。一项政策能否付诸实施，实施后的成败得失，全靠参与其中的官吏能否相安无扰，否则理论上再完美，仍不过是空中楼阁。如果得不到多数官员的认可与合作，办任何事情都将举步维艰。国家为实现统治而设立官僚机构及各级官吏，而国家最大的问题也在于积重难返的文官制度。

理想与现实常常不能相符。戊戌变法虽然应时而生，但理想与事实脱节，终究不能善始善终。每个国家的发展，都有其先天的条件，落后的清朝以封建专制作为行政基础，很难在短期内对社会治理进行彻底的改造。其时，资产阶级维新派力量弱小，中国民族资产阶级还没有成为政治舞台的主角，以近代资本主义制度为基本诉求的戊戌变法超越了发展阶段。

光绪帝是力主改革的，但是他没有实权。没有皇权的支持，变法注定失败。其中，变法遇到的最大阻力是制度性障碍。对任何制度的变革，都必须依靠强有力的资源来获得强大力量的支持，才有成功的希望。凡是君主懦弱无力、力小任重，必定吏治紊乱、尾大不掉，甚至武装割据、各霸一方。在《论中国积弱由于防弊》中，梁启超指出，为了防止别人争权而把他应有的权力收掉，必然导致大家讳忌争权而遇事推诿，其恶果是因噎而废食者必死，防弊而废事者必亡。[1]

"维新"仅"百日"，历时虽短，但影响深远。列宁曾经指出，造成革命时机到来有两方面因素，其一是下层群众不能也不愿意照旧生活下去了，其二是上层统治者不能够也不愿意照旧统治下去了。列宁强调："统治阶级不可能照旧不变地维持自己的统治；'上层'的这种或那种危机，统治阶级在政治上的危机，给被压迫阶级不满和愤慨的迸发造成突破口。要使革命到来，单是'下层不愿'照旧生活下去通常是不够的，还需要

1　《论中国积弱由于防弊》，梁启超：《梁启超全集》，北京出版社1999年版，第65页。

'上层不能'照旧生活下去。被压迫阶级的贫困和苦难超乎寻常地加剧。由于上述原因，群众积极性大大提高，这些群众在'和平'时期忍气吞声地受人掠夺，而在风暴时期，无论整个危机的环境，还是'上层'本身，都促使他们投身于独立的历史性行动。没有这些不仅不以各个集团和政党的意志、而且也不以各个阶级的意志为转移的客观变化，革命通常是不可能的。这些客观变化的总和就叫作革命形势。"[1]

戊戌变法意义重大，其失败为后来的中国革命提供了新的可能。以后发生的历次革命，都延续了戊戌变法的路径，无不以实现政治制度的现代变革为目的。正是基于此，史学界把戊戌变法视作中国政治现代化进程的起点。从这个意义上说，在浩荡的天下大势面前，任何人都不能逆潮流而动。死守成法，反对变革，开历史的倒车，只能是死路一条。当一个政权不能继续下去的时候，自然会实行某种变革。区别在于，是主动求变，还是被动应变。

就戊戌变法而言，改革者的个人命运无疑是失败的，但其作出的努力不容妄议。托尔斯泰说："你不是我，怎知我走过的路？"人，不能凭蛛丝马迹就去评判事情的成败，也不能凭只言片语就去评价人生的得失。在你看不到的地方，多的是不为人知的难处和苦楚。无论是逃脱的康梁，还是苟且的光绪帝，都情有可原。他们在民族危亡的紧要关头，不顾个人成败得失，献身变法事业，揭开了民主政治的序幕，从根本上瓦解了清朝的政治合法性。

"维新变法难成功，改革志士无善终"[2]，这是国人对封建社会变法史的

1　《第二国际的破产》，中共中央马克思恩格斯列宁斯大林著作编译局编《列宁选集》（第二卷），人民出版社1995年版，第460—461页。

2　杨忠民、贺培育、李晖：《全面深化改革与弘扬雷锋精神》，湘潭大学出版社2015年版，第16页。

总结。但正因难能，所以可贵。戊戌变法以失败告终，但动摇和改变了封建制度的某些方面，为中国近代化开辟了道路。戊戌变法成就了光绪帝的英名，让他在漫长的傀儡生涯中吹响了变革的号角。

四、独尝苦果

1

戊戌政变发生后，慈禧幽禁光绪帝于瀛台，限制其人身自由，剥夺其处理国家大事的权力，"以帝疾作，宣示中外"[1]。瀛台是位于中南海南海中的一个小岛，四面临水，仅一座石桥与岸上相连。光绪帝独处于形如监狱的小岛，只能看"闲云入窗户"，听"清露滴梧桐"，处在"欲飞无羽翼，欲渡无舟楫"的苦境之中，整日郁郁寡欢。从此，光绪帝开始足不出户的囚禁生活，在此含恨十年而终。

被幽禁的光绪帝，孤立无援，徒呼奈何。甲午战争，国力不逮，准备不足，指挥失措，一败涂地，割地赔款。戊戌变法，不顾实际，一意孤行，操之过急，草草收场，众叛亲离。甲午战败，变法失败，光绪帝都是始作俑者，已成众矢之的。

慈禧第三次垂帘听政，水到渠成，得到了朝中重臣的支持。无论慈禧做什么，朝野上下都深以为然，没有人为光绪帝辩白，更没有人为光绪帝力争，光绪帝只能任人摆布。

慈禧一直谋划着废黜光绪帝。经过慎重挑选，慈禧选中了端郡王载漪的次子溥儁。因为溥儁的母亲是慈禧的弟弟桂祥之女，慈禧觉得还是自家人更好说话，也更容易控制。慈禧召集王公大臣会议，"以端郡王载漪之

1　　沃丘仲子：《慈禧传信录》（卷中），崇文书局1918年版，第102页。

子溥儁为穆宗嗣，封皇子”[1]，预定次年元旦迫使光绪帝行让位礼，改元“保庆”，史称“己亥建储”。依荣禄建议，慈禧以光绪帝名义颁诏，称其不能诞育子嗣，立溥儁为大阿哥。

废黜光绪帝，另立新君，朝野震动，天下哗然。三日后，上海电报局总办经元善领衔1231人通电，认为立大阿哥违反祖制，要求慈禧收回成命，力谏光绪“力疾临御，勿存退位之思”[2]。同时，发表《布告各省公启》，要求各省共同力争，“如朝廷不理，则请我诸工商通行罢市集议”[3]，借以要挟朝廷就范。

地方实力派两江总督刘坤一得到建储谕旨后，“愤甚，继以痛哭，言当即日入京，面见太后陈奏”[4]。各国公使也纷纷提出警告，不承认光绪帝以外的皇帝，并拒绝入贺。英国公使明确表示：“遇有交涉，我英使认定光绪二字，他非所知。”[5]经此一闹，慈禧迫于内外压力，只得打消废黜光绪帝的念头，但溥儁依然成了皇位的接班人。作为光绪帝名义上的继承人，溥儁开始入居宫中并在弘德殿读书。光绪二十六年（1900）正月初一，他恭代光绪帝到大高殿、奉先殿行礼，俨然以皇帝自居。

尽管溥儁遭到朝廷内外的反对，但爱子心切的载漪并不甘心。载漪剑走偏锋，想有所作为，转而利用义和团来壮大自己的声威。他笃信义和团并非“乱民”，而是“义民”，不断向慈禧举荐义和团。

1　赵尔巽等：《清史稿》（卷二十四），《德宗本纪二》，第四册，中华书局1977年版，第931页。

2　《废立要闻汇录》，中国史学会主编《戊戌变法》（三），上海人民出版社2000年版，第473—474页。

3　经元善著，虞和平编《经元善集·前言》，华中师范大学1988年版，第26页。

4　《废立要闻汇录》，中国史学会主编《戊戌变法》（三），上海人民出版社2000年版，第473页。

5　胡思敬：《国闻备乘》（卷四），《孝钦仇恨外人》，上海书店出版社1997年版，第81页。

义和团"刀枪不入""神灵附体"的表演，深深折服了慈禧。害怕失去权柄的慈禧，也想借义和团的势力来对抗洋人，以纾解洋人干预清朝内政的苦闷之情。拳民终于成了慈禧叫板洋人的筹码，一场轰轰烈烈的闹剧就此拉开帷幕。

2

光绪二十四年（1898），黄河决堤引发水灾，造成洪水泛滥，淹没了山东、江苏和安徽等省大片土地，患及数百万人。光绪二十六年（1900），华北大部遭遇严重旱灾，赤地千里，饿殍遍野。自然灾害受害者和迷信的官吏把不幸归咎于外国人。他们坚持认为：洋人造铁路破了龙脉，洋人开矿坏了风水，洋人的邪教触怒了神灵，认为只有将洋人驱逐出境才能保天下太平。加之洋教有恃无恐，洋人及中国教徒仗势横行，官府趋炎附势、羽翼洋人、肆虐同群，激起民众的敌对情绪。一时间，全国各地教案四起，反抗洋教的斗争迅速发展起来。

正是在封建迷信、经济凋敝、民生艰难、灾害频现、列强横行的氛围中，一场大规模的排外运动呼之欲出。而连年发生洪水、干旱等自然灾害，人民生活更加困苦，流民因此大幅增加，遍布各地的结社也不断扩张。山东原本侠义之风甚炽，反体制的《水浒传》便是以山东为主要舞台，而且白莲教在山东十分活跃。虽然白莲教被镇压，但大刀会、八卦教、义和门、山东老团等秘密结社，名目繁多，异常活跃。其中，兼具护身与健身功能的义和拳（又名梅花拳）是广为流传的拳术。白莲教首领之一冯克善、义和拳首领赵三多均为梅花拳的传人。而赵三多所领导的一支义和团团民又多为梅花拳的门人，所以有的历史资料讲义和拳即是梅花拳。

名字取自义和拳的义和团，并非一开始就是很大的结社团体。义和团前身与清朝初期山东地区流传的八卦教有关，他们最能吸引人的法宝是巫术，可以运用符表、咒语和仪式来祈求超越自然的力量，自称神灵附身、刀枪不入。19世纪70年代，他们在大刀会的名号下特别活跃，并得到山东巡抚李秉衡的暗中支持。李秉衡排外心切，采用和解而不是镇压的政策，利用拳民制造排外事端，终因镇压不力被清政府解除职务。继任者毓贤是正黄旗满族官员，与李秉衡一样有着强烈的排外情绪，不惜动用国帑支持拳民设坛练兵。他认为，与其镇压拳民，不如收编为团练。义和团这个名称就是从这个时候开始叫响的，他们高举"扶清灭洋"的旗号，摇身变为政府御用的武装团体。拳民深受鼓舞，加大了对洋教及皈依者的攻击力度。毓贤继续笼络拳民，遭到外国势力的强烈反对。在外国的干涉下，毓贤被罢黜山东巡抚职务，改任山西巡抚。

继任者袁世凯，不关心义和团的排外运动，更热心于培植自己的私人武装。他拒绝使用劝说与安抚的政策，率武卫右军（新建陆军）对义和团进行残酷镇压。他试图以镇压义和团来换取外国的援助，进一步加强新建陆军。义和团被袁世凯赶出山东，进入直隶境内，并在涞水大破官军，大肆摧毁铁道、桥梁、车站、电杆等带"洋"字的东西。袁世凯善于玩弄平衡术，一方面拒不执行安抚义和团的命令，另一方面又备好重礼讨好慈禧，做得滴水不漏。但慈禧及其身边人十分讨厌外国，对外国干涉清朝内政耿耿于怀，因此倾向于认同排外的义和团的存在。

义和团运动风起云涌，慈禧却不慌不忙，反而派协办大学士刚毅前去义和团探营，一探真假。刚毅出于极端排外心理，主张招抚义和团，利用义和团的仙术达到"扶清灭洋"的效果。刚毅见了义和团首领，并与其烧香磕头，结成了异姓兄弟。刚毅不辱使命，回朝后报告其术可用。端郡王载漪借机鼓动慈禧，利用义和团对付外国。慈禧大喜，允许义和团进京。于是，义和团打着护驾的旗号，浩浩荡荡地开进了京城，蒙受了慈禧的检阅，接受了慈禧的赏赐。

光绪二十六年（1900），义和团开始由乡村向城市发展，北京、天津迅速成为运动的中心，义和团运动开始形成高潮。义和团在山东是叛军，在慈禧看来却是义军。慈禧素来畏惧民众造反，如今却大开城门欢迎义和团进京。她不是不怕乱，而是想借刀杀人，借义和团的刀除掉心头之恨。她要废黜光绪帝，洋人不许。她要缉拿康有为，洋人庇护。洋人处处与她作对，慈禧焉能置之不理："彼族竟敢干预我家事，此能忍，孰不能忍！外人无礼至此，予誓必报之。"[1]在慈禧看来，有了神勇无比的义和团，便有了洗刷半个世纪以来国耻的法宝。义和团声势一时无两，在京城到处设坛建厂，各方人士纷纷入团，许多王公大臣也成了团员。

无权者一旦掌权，往往更加疯狂，容易使用极端恐怖政策。原先并无实权的端郡王载漪、庄亲王载勋、怡亲王溥静等皇族成员，吏部尚书刚毅、刑部尚书赵舒翘、左都御史英年等衙门要员，声嘶力竭地叫喊"排外"。他们利用义和团镇压反对派，无论是谁只要贴上"教民"标签，义和团就会格杀勿论。义和团兵强马壮，火烧教堂，围攻使馆，打砸洋铺，焚毁西药房，凡是沾"洋"字的一概不留，忙得不亦乐乎。官军也趁火打劫，烧杀抢掠，不甘落后。一时间，京城混乱一团，局势失控。

慈禧疯狂排斥洋教，鼓励义和团毁教堂、杀传教士等，全国各地大小教案接连不断。困在使馆里的洋人惶惶如丧家之犬，不可终日。疯狂代替了理智，到处都在鼓励杀洋人："杀一男夷者，赏银五十两；杀一女夷者，赏银四十两；杀一稚子者，赏银二十两。"虽有武装保护，但势单力薄，朝不保夕，人人自危。情急之下，英国公使窦纳德拍电报向驻守在天津的英国海军司令西摩尔求救，西摩尔连夜召集各国海军将领商讨，决定立即采取军事行动，并迅速拼凑英、俄、德、法、美、日、意、奥八国军队两千余人，另有以俄军为主的援军两千余人待命。光绪二十六年（1900）五月十四日，英国东亚舰队司令西摩尔指挥的英、俄、德、法、美、日、意、奥联军强行从天津租界向北京开进。

1　黄鸿寿：《清史纪事本末》（卷六十七），上海书店出版社1986年版，第497页。

清军跟着义和团杀外国人杀红了眼，德国公使克林德赶赴总理衙门要求保护，途中被清军神机营军官恩海伏击杀死，这酿成开战的导火线。各国纷纷以此为借口对中国进行威胁，清政府连续召开四次御前会议，商讨应对之策。五月二十五日，杀害德国公使克林德第二天，慈禧毅然决定发布宣战诏书，正式向西方列强宣战，义和团和清军猛烈围攻东交民巷公使馆。慈禧在《对万国宣战诏书》中说："与其苟且图存，贻羞万古；孰若大张挞伐，一决雌雄。"[1]慈禧向万国宣战，实质上是与中国建立外交关系的11个国家宣战，不仅包括英国、俄国、德国、法国、美国、日本、意大利、奥地利，还包括西班牙、荷兰和比利时。尽管当时这三个国家已经比较羸弱，但勉强称得上西方列强。实际上，西班牙、荷兰和比利时自始至终都没有出兵参战，只是战后派代表参加了条约签订。

清朝在毫无取胜把握的情况下悍然开战，主要是出于政治需要。慈禧被迫采取行动，主要是为了转移国内视线，化内乱为外患，借助国内反叛力量抵御列强侵略。据唐德刚考察，慈禧慌慌张张地与西方开战，关键是收到了一个假情报：西方各国要慈禧退位，光绪帝亲政。这个情报传到慈禧那里，慈禧决定向西方开战。其实，这个情报根本不存在。[2]慈禧草率用兵是为了证明一个理想主义的理论，天朝由于拥有道统力量和拳民神功，能克服一切不利条件。

清政府传檄各省，要求各省召集义和团参战，但各地长官置若罔闻。李鸿章时任两广总督，他在给盛宣怀的电报里说："廿五矫诏，粤断不奉，所谓乱命也。"[3]李鸿章联合两江总督刘坤一、湖广总督张之洞和山东巡抚

1　《上谕》，国家档案局明清档案馆编《义和团档案史料》（上册），中华书局1959年版，第163页。

2　唐德刚：《晚清七十年》，岳麓书社1999年版，第409—415页。

3　李鸿章：《寄盛京堂》，顾廷龙、叶亚廉主编《李鸿章全集》（三），《电稿》三，上海人民出版社1987年版，第955页。

袁世凯等封疆大吏，实行东南互保。他们称皇室诏令是义和团胁持下的"矫诏""乱命"，一致拒绝执行义和团的诏令，并与各国驻沪领事商定《东南保护约款》《保护上海租界城厢内外章程》《东南互保章程》等，规定上海租界归各国共同保护，长江及苏杭内地均归各省督抚保护。封疆大吏纷纷宣称东南互保，严格来说是一种分裂行动，却因此使东南免于战火之害，取得了意想不到的效果。

历史学者雷颐认为，地方大臣竟敢而且能够联手抗衡朝廷，如此怪象充分说明清政府中央控制力的迅速减弱。[1] 学者戴玄之认为，庚子拳乱，实近代史上一大奇迹，由于东南互保，始使风雨飘摇的中国，幸免瓜分之祸。糜烂仅限于大河以北，东南半壁未睹烽烟。[2] 学者王树增认为，一半的朝廷命官居然公开指责朝廷的圣旨是错误的，并且明确表示坚决不予执行，这是帝国历史上无前例的一次大意外。它标志着在封建帝国内具有近代政治意识的官员第一次在国家政治事务中显示出鲜明的独立性和抗争性。[3]

义和团勇气可嘉、士气可用，但实力不逮、运气不佳。他们奋勇抗击，先后在廊坊和天津紫竹林、老龙头火车站等地与侵略军激战，但刀枪棍棒、气功神术挡不住洋枪洋炮，一再溃败。为收拾残局，六月十二日，清政府再度授李鸿章为直隶总督兼北洋大臣，并连续电催其北上，全权与各国协商议和。七月十三日，八国联军逼近北京，清政府正式任命李鸿章为全权议和大臣，与列强谈判。但李鸿章并不想北上，八国联军也没有停止进攻。七月二十日，北京沦陷。八国联军以征服者的姿态，完全接手了北京城。此后，京城百姓经历了一年的亡国岁月。

1　刘永祥：《世相：变革中的晚清》，中国铁道出版社2017年版，第168页。

2　戴玄之：《盛宣怀与东南互保》，《中国近现代史论集（13）·庚子拳乱》，台湾商务印书馆1986年版，第177页。

3　王树增：《1901：一个帝国的背影》，海南出版社2004年版，第442页。

3

危难之际，为避开八国联军锋芒，慈禧带着光绪帝西逃，美其名曰"西狩"。张恩荫的《圆明园大事年表》中提到："光绪二十六年七月二十日，八国联军攻入北京。翌晨，慈禧西逃。兵匪抢掠数月，圆明园幸存及同、光时修盖的百余座园林建筑均彻底毁灭。"[1]慈禧和光绪帝一起逃离紫禁城，北京成为无主之地，由八国联军共同管理。

落后就要挨打，北京惨遭浩劫。以德国为首的八国联军，横冲直撞，烧杀抢掠，登峰造极，尸体堆积如山。圆明园再次遭受劫难，残存的皇家宫殿建筑被付之一炬。这次抢劫较上一次范围更广，著名的十二生肖兽首铜像，就是在这次劫难中被掠走的。在进行可怕的洗劫的同时，这群疯狂的胜利者对残留下来的艺术品疯狂破坏，那些珍贵的绘画被烧毁了，最杰出的雕塑被敲碎了，凝聚着几千年智慧的书籍被焚毁了，从此永远消失。难以想象，中国遭受了什么样的灾难，又为此失去了多少财富。瞬间的错误，铸成千古之恨，一时的战败用千年时间也难以赎回。

义和团运动期间，《中外日报》一篇文章说："夫中国外交之起，出于不得已而成互市（对外通商）。其间丧师辱国，赔款割地，盖无约不损，无战不败。故其时通国臣民上下，以复仇为雪耻，以积愤思抱怨，以下令逐客为最快意，以闭关绝市为复见太平。其处势应变，虽曰非宜，其抗志负气，殆非无取。"[2]清朝灭亡后，1914年上演的文明戏《清太后》，广告的第一句便是"拳匪一乱几亡中国"。

史学家对义和团运动众说纷纭。义和团运动确实具有反抗外来侵略的正当性，他们不仅向列强展示出中国人民不是俯首帖耳、甘做俘虏的顺

1　王道成主编《圆明园：历史·现状·论争》下，北京出版社1999年版，第1204页。

2　《论近日致祸之由》，路遥主编《义和团运动文献资料汇编》中文卷（上），山东大学出版社2012年版，第280页。

民，同时也表现出不怕牺牲、英勇斗争的大无畏精神，使得列强放弃了瓜分中国的野心。西方列强原本有瓜分中国的打算，但不屈不挠的义和团的反抗，让列强心有余悸，直接导致对中国分而治之的计划流产。八国联军统帅瓦德西说，"无论欧美、日本各国，皆无此脑力与兵力，可以统治此天下生灵之四分之一。故瓜分一事，实属下策。"[1]英国最权威的中国通、清朝海关总税务司赫德认为，"五十年以后，就将有千百万团民排成密集队形，穿戴全副盔甲，听候中国政府的号召，这一点是不用怀疑的！"[2]此后，不到五十年，中国的爱国者便团结一起，共同投身于抗日战争。

慈禧一路风餐露宿，狼狈不堪，开始向生活低头，能够吃顿饱饭就已经心满意足。在见到怀来县令吴永后，慈禧不顾威严，伤心地嚎啕大哭。据《庚子西狩丛谈》记载：慈禧"忽放声大哭，……声甚哀恻，予亦不觉随之痛哭。太后哭罢，复自诉沿途苦况，……途中口渴，……采秫秸秆与皇帝共嚼，略得浆汁，即以解渴。'昨夜我与皇帝仅得一板凳，相与贴背共坐，仰望达旦。……尔试看我已完全成一乡姥姥，即皇帝亦甚辛苦。'"[3]但随后的一段时间，她又开始奢靡浪费了。

据估计，西逃人数规模大概在1300人左右，随后其规模逐渐增大，到达西安时已经有万人之多。为了维持慈禧一行的奢靡生活，各省不断搜刮民脂民膏，进贡银子，大兴土木，兴师动众，耗资无数。自光绪二十六年（1900）七月二十日，至光绪二十七年（1901）十二月二十九日，慈禧一行从京城一路向西，奔太原、到西安，回銮又绕道开封后回到北京，历

1　《瓦德西拳乱笔记》，中国史学会主编《义和团运动》（三），上海人民出版社2000年版，第86页。

2　（英）赫德：《这些从秦国来——中国问题论集》，天津古籍出版社2005年中译本，第35页。

3　吴永口述，刘治襄记，鄢琨标点《庚子西狩丛谈》（卷三），岳麓书社1985年版，第50—51页。

时十六个月耗费了约四千万两白银，耗尽了清朝一半的财政收入（当时清政府一年的财政收入约为八千万两），加重了各地百姓的负担和痛苦。

逃跑途中，慈禧命荣禄、徐桐、崇绮留京乞和，随后再派庆亲王奕劻与李鸿章共同协商议和事宜。八国联军向清政府提出，要以严惩发动战争的责任人作为先决条件，清政府没有讨价的余地，表示可以监禁皇族成员，降职、撤职、流放排外人员，但八国联军认为此举没有诚意，一口回绝。为取得各国宽恕，慈禧紧急发布惩处肇祸诸臣的上谕，并将战争责任归于义和团，发布对义和团"从严剿办"的命令。吏部尚书刚毅在前往西安途中病逝，逃脱问责。载勋、英年、赵舒翘等命其自尽，毓贤、启秀等判处死刑，就连病死的刚毅也受到了剥夺荣誉的处分。各国以载漪纵容义和团攻打教堂、杀害教民为由，要求对他加以严惩。抵达西安后，面对列强的持续讨伐，慈禧又将庚子事变的责任都推到了载漪身上，将载漪爵位革去。载漪系慈禧亲戚，因"议贵"而得免一死，被流放到新疆。在慈禧回銮驻留开封期间，慈禧又废黜溥儁大阿哥的名号，改封为宗室显贵公爵中最低等级的不入八分辅国公衔[1]，将其赶出行宫。从此，溥儁流落街头，孤苦无依，靠每月发放的稍许俸禄为生。

经过喋喋不休的争辩，联军于光绪二十六年（1900）十一月三日合议出十二条款和约，达成了最终的解决办法。光绪二十七年（1901）七月二十五日，奕劻、李鸿章代表清政府在北京与英、美、德、法、俄、日、

---

[1]　不入八分辅国公是清朝爵位，与入八分辅国公不同，在不入八分镇国公以下，镇国将军以上，为第八等爵。八分是爱新觉罗家庭内对分配与待遇的规定。清朝宗室爵位分：和硕亲王、亲王世子、多罗郡王、郡王长子、多罗贝勒、固山贝子、奉恩镇国公、奉恩辅国公。终清之世，宗室之待遇，有所谓八分。恩礼所被，以八分为最优。据宗人府事例封爵载：努尔哈赤天命年间，立八和硕贝勒，共事议政，各置官属。凡朝会、燕飨，皆异其礼，赐赉必均及，是为八分。皇太极天聪以后，宗室内有特恩封公及亲王余子授封公者，皆不入八分。其有功加至贝子，准入八分。如有过降至公，仍不入八分。

意、奥、西、荷、比等11国公使在《最后议定书》上签字。同日，联军撤离北京。因条约签订于光绪二十七年为辛丑年，故名《辛丑条约》。条约签订日为阳历九月七日，因此有"九七国耻"一说。

据史料记载，作为首席谈判代表和主要签订者之一的李鸿章签订完条约后，大口吐血，医生诊断为胃血管破裂。这位历经道光、咸丰、同治、光绪四朝的老臣，再也没有精力与洋人论短长了，两个月后便猝然离世，还是在官复原职的直隶总督任上。此前，李鸿章先后与法国签订《天津条约》，与日本签订《马关条约》，这种条约的签订似乎成了他的专利。

义和团事变，使袁世凯声望陡涨，从此飞黄腾达。袁世凯的新建陆军，是军队现代化的榜样，是清朝引以为重的依靠力量。李鸿章死后，袁世凯由山东巡抚改任代理直隶总督，不久去掉"代理"二字，成为名副其实的直隶总督兼北洋大臣，他的地位越高，说明清政府对他的依赖越强。新建陆军也吸收北洋军，成为"北洋常备军"，袁世凯的军权甚至超过了以前的李鸿章。李鸿章的凄然离世，袁世凯的脱颖而出，标志着一个新时代的到来。

《辛丑条约》是中国近代史上赔款数目最庞大、主权丧失最严重的不平等条约。作为侮辱性惩罚，列强提出，四万万五千万中国人每人需赔付白银一两，即4.5亿两白银。当然，清政府不可能一次性拿出这么多银子，于是约定39年付清（年息4厘），本息合计9.8亿两，以常关税、盐税作为担保。有论者认为，中国被这笔巨债压得喘不过气，只能怪慈禧，因为她当时很不明智地向列强宣战。该条约标志着清政府完全成为帝国主义统治中国的工具，外国公使从此组成一个强有力的外交使团，成为清朝的太上皇。清朝的威望跌至谷底，中国彻底沦为半殖民地半封建社会，中国人的自信和自尊荡然无存。

慈禧不顾大局，利用义和团泄愤，置国家利益于不顾，罪莫大焉。慈禧在西狩途中曾说："我总是当家负责的人，现在闹到如此，总是我的错头，上对不起祖宗，下对不起人民。满腔心思，更向何处诉说呢？"[1]慈禧还坦言："近日衅起，团练不和，变生仓猝，竟敢震惊九庙。慈舆播迁，自顾藐躬，负罪实甚。"[2]

义和团运动也好，八国联军侵华也罢，光绪帝充耳不闻，不管不问。光绪帝被软禁后，精神状态一直不佳，萎靡不振，除了必要的朝会，他很少抛头露面，即便是朝会，也不再过问政事，通常是一言不发。慈禧问及，光绪帝只是敷衍配合，说些"外间安静否""年岁丰熟否"等无关痛痒的话。

《庚子西狩丛谈》记载，西狩期间，光绪帝呆若木鸡："见臣下尤不能发语，每次宴见，必与太后同坐一炕。炕多靠南窗下，太后在左，上在右，即向中间跪起。先相对数分钟，均不发一言。太后徐徐开口曰：'皇帝，你可问话。'乃始问：'外间安静否？年岁丰熟否？'凡历数百次，只此两语，即一日数见亦如之。二语以外，更不加一字。其声音极细，几如蝇蚊，非久习不可闻。……德宗如此巽懦，宜其帖耳受制，不能有所舒展也。或言德宗养晦为之，则非小臣之所敢知也。"[3]

4

国史馆总纂恽毓鼎的《恽毓鼎澄斋日记》记载："庚子之事，上雅不欲以乱民横挑强敌，而迫于朝局，驯致播迁。五月间，臣与廷臣同对殿中，见上审顾迟回，形于辞色。事权不属，无可如何。终其身，处于艰虞

1　吴永口述，刘治襄记，鄢琨标点《庚子西狩丛谈》卷三，岳麓书社1985年版，第89页。

2　王彦威、王亮辑编；李育民、刘利民、李传斌、伍成泉点校整理《清季外交史料9》，湖南师范大学出版社2015年版，第4653页。

3　吴永口述，刘治襄记，鄢琨标点《庚子西狩丛谈》(卷三)，岳麓书社1985年版，第74—75页。

之中。竟以忧郁，永弃朝野。"[1]世事维艰，寸步难行。虽然心怀不同政见，但在慈禧明确宣布训政的情况下，光绪帝还是要努力配合慈禧的意图。直到此时，光绪帝始知能屈能伸的可贵，只是悔之晚矣。

慈禧对光绪帝的态度经常发生变化，有时也会感到有愧于光绪帝。晚清御史胡思敬曾言："庚子西巡以后，孝钦深自引咎，内惭其子。"[2]字里行间，满含着慈禧对自己施政失败的懊丧和忏悔。回銮北京后，慈禧再未重提立储之事，只到光绪帝临终的前一天才宣布立溥仪为阿哥，任命载沣为监国摄政王。

西狩途中，慈禧从《辛丑条约》内容中，认识到清朝的弊政及战争带来的危害，希望能在某种程度上开展补救。光绪二十六年（1901）十二月初十，慈禧在西安以光绪帝的名义发布了一道改革上谕，明确表示要更法令、破锢习、求振作、议更张，实行新政。为了更好地推行新政，光绪二十七年（1901）三月初三，清政府设立督办政务处，作为推行新政的机构。随后张之洞、刘坤一联合上奏《江楚会奏变法三折》，新政的各项举措在各地陆续实施。表面看来，慈禧依然大权在握，光绪帝不过是一个提线木偶。变法举措有条不紊地实施，似乎在延续戊戌变法的节奏，但毫无当初变法时的激昂奋进，所谓变革不过是被动应付而已。

光绪三十年（1904），即慈禧七十大寿的前一年，科举考试主持官员，便开始绞尽脑汁留意"吉庆之兆"。清政府派往各省的主考、副主考，都是经过严格推演后筛选出来的。头两批放的是云贵两广，八人的名字是：李哲明、刘彭年、张兴吉、吴庆坻、达寿、景方昶、钱能训、骆成骧，将

1　恽毓鼎著，史晓风整理《恽毓鼎澄斋日记》（第一册），浙江古籍出版社2004年版，第405页。

2　沈云龙主编，胡思敬撰《退庐全集·驴背集》，《近代中国史料丛刊》（第四十五辑），文海出版社1973年版，第1269页。

其名字连缀起来就成了"明年吉庆，寿景能成"，大吉大利，心想事成。[1]慈禧也以万寿的名义，下诏赦免戊戌获罪人员，诏曰："从前获罪人员，除谋逆立会之康有为、梁启超、孙文三犯，实属罪大恶极，无可赦免外，其余戊戌案内各员，均着免其既往，予以自新。曾经革职者俱着开复原衔，其通饬缉拿，并现在监禁，及交地方管束者，一体开释。"[2]

慈禧就是个妇孺皆知的腐败者，追求奢靡享受。短暂的和平，给了清朝喘息的机会，也给了慈禧贪图享乐的空间。光绪三十年（1904），即八国联军攻打北京后的第四年，慈禧的七十寿庆来临时，她表面上宣称停止庆祝活动，来人一概不见，寿礼一律拒收，暗中则来者不拒、照收不误。京师内外，"相率以进，两宫深为嘉纳。始而督抚中不过袁、岑、端三帅，旋即有周玉帅、陆春帅、如吕大臣，莫不争先恐后"。内监也不甘示弱，照例向进献者索要好处，"为上所闻，严饬禁止，并传谕各贡均由内务府大臣呈进"，满朝混乱不堪、乌烟瘴气。[3]吏部尚书世续挖空心思寻找机会，"于正贡之外加贡……据说，写了一万两零星银票，约数百张，用黄封封呈。奏云：此乃奴才代爷预备零赏之需"，因而"颇得慈欢"，进而得到庇护和关照。[4]同时期的瑞典国王奥斯卡二世，与慈禧的做法恰恰相反，他说："我宁愿让我的人民嘲笑我的小气，也不愿让他们为我的挥霍而哭泣。"[5]究竟孰是孰非，二者高下立判。

1　禅心初：《北洋觉梦录·袁世凯卷》（上），广西师范大学出版社2016年版，第124页。

2　章开沅主编《清通鉴 同治朝 光绪朝 宣统朝》，岳麓书社2000年版，第991—992页。

3　《陶湘致盛宣怀函》，陈旭麓、顾廷龙、汪熙主编《盛宣怀档案资料：辛亥革命前后》（第三卷），上海人民出版社2016年版，第14页。

4　《陶湘致盛宣怀函》，陈旭麓、顾廷龙、汪熙主编《盛宣怀档案资料：辛亥革命前后》，第三卷，上海人民出版社2016年版，第19页。

5　刘素娜：《名人名言·生活卷》，长春出版社2007年版，第34页。

上梁不正下梁歪。慈禧一边反腐一边腐败，致使全国腐败横行，官场无序混乱。颟顸的庆亲王奕劻，收受贿赂、卖官鬻爵、徇私枉法，更是朝野咸知的秘密。奕劻虽屡遭参劾，却因慈禧的无原则庇护，俨然如不倒翁。能干的袁世凯，疯狂敛财、上下打点，一半孝敬慈禧与奕劻等，一半则自留他用。时任吏部考功司主事的胡思敬，对袁世凯等的奢侈无度深恶痛绝："大抵国愈穷则愈奢，愈奢则官常愈败。传闻袁世凯侍姬甚众，每幸一姬，辄赏赐金珠多品。吃余烟卷抛弃在地，仆人拾之，转鬻洋行改造，获利不下数千。端方移任时，所蓄玩好书画碑帖数十车，运之不尽。前云南矿务大臣唐炯、今外务部侍郎唐绍仪，肴馔之丰，每膳必杀双鸡双鹜，具鲜肉多筋，金华腿一具，取其汁以供烹调，骨肉尽弃去，亦暴殄甚矣。"[1]

由于先后签订《马关条约》和《辛丑条约》两份赔款条约，清朝的财政几近破产。1903年，清政府的岁入已由八千万猛增到一万零四百九十二万两。[2]诚如梁启超1910年在"上载涛书"中所言："夫使其弊徒在新政之不能举办，犹可言也，而最危险者，乃在假新政之名，而日日朘人民之脂膏以自肥。数年以来，各省所兴种种杂捐，名目猥繁，为古今中外所未闻，人民之直接间接受其荼毒者，至于不可纪极。"[3]

曾奉张之洞之命出任湖北留日学生监督的钱恂面对庚子之变后的东北危机，函告好友汪康年："以此数千里之地，数百万蠢悍之民，委之于数十百满洲极贪虐之官之手，试问能三年无事乎？此三年后，俄力愈增，我力愈微（必每年输数十百万金于满洲地）。彼时，俄再索地，将何以处之？总之，新政必无望，要此东三省何用？"他甚至认为："目下所谓上谕

1　胡思敬：《国闻备乘》（卷二），《督抚奢俭》，上海书店出版社1997年版，第34页。

2　周育民：《晚清财政与社会变迁》，上海人民出版社2002年版，第362页。

3　丁文江、赵丰田：《梁启超年谱长编》，上海人民出版社2009年版，第329页。

者，仍是狗屁大话。"[1]有了钱恂"狗屁大话"的断语，清朝的威信可想而知，可谓荡然无存。

光绪三十年（1904），孙中山在美国圣路易写成英文著作《中国问题的真解决》，在封面题有中文"革命潮"三字。该文一开头就指出，"中国终究要成为那些争夺亚洲霸权的国家之间的主要斗争场所"，其根源在于满清政府的衰弱与腐败。他指出，全国革命的时机现已成熟，中国正处在一场伟大的民族运动的前夕，清王朝的统治正在迅速地走向死亡……只要星星之火，就能在政治上造成燎原之势。[2]

武昌起义的爆发及清朝的垮台，固然同清朝的倒行逆施有关，实质上则是慈禧带头腐败的必然结局。民心思变，许多有识之士希望通过整饬朝纲来振兴中华，以摆脱中国半殖民地半封建社会的现状。无奈，清朝统治者既没有反腐的能力，也没有防腐的自觉，势必被时代所抛弃。

作为新政的实际领导者，慈禧也并非冥顽不化，她开启了改革的闸门。光绪二十九年（1903），以张之洞、袁世凯的《奏请递减科举折》为发端，次年以张百熙、荣庆、张之洞的《奏请递减科举注重学堂折》为衔接，第三年以袁世凯、赵尔巽、张之洞等的《会奏请立停科举推广学校折暨清帝谕立停科举以广学校》为标志，停止科举渐成现实。经慈禧诏准，即"着即自丙午科为始，所有乡会试一律停止，各省岁科考试亦即停止"，自1906年开始废除科举制。[3]至此，在中国历史上延续了1300多年

1　《钱恂四十八通·二十九》，上海图书馆编《汪康年师友书札》（第三册），第2755—2756页。

2　孙中山：《中国问题的真解决》，广东省社会科学院历史研究室、中国社会科学院近代史研究所中华民国史研究室、中山大学历史系孙中山研究室编《孙中山全集》（第一卷），中华书局1981年版，第248—255页。

3　《清帝谕令停科举以广学校》，舒新城编《中国近代教育史资料》（上册），人民教育出版社1961年版，第66页。

的科举制度被废除，学校教育实现了与科举取士彻底脱钩。美国学者吉尔伯特·罗兹曼在《中国的现代化》一书中直言说："1905年是新旧中国的分水岭。它标志着一个时代的结束和另一个时代的开始。它比1911年革命更具转折点的意义，因为它开启了一系列的变革，这些变革引发了制度的结构性的变化……"[1]

废除科举制是中国近代历史上的一件大事，是中国近代非常重要的历史拐点。科举制不仅仅是选官的考试制度，还是连接教育和政治、中央政权与基层组织的桥梁和纽带，是"政必须教、由教及政"中国传统政治理念的具体实践。废除科举后，作为意识形态的儒教一步步走向崩塌，而新的意识形态还未建立，清政府失去了向心力和生命力。科举制度的废除，打破了挽救垂死挣扎的清政府的最后一丝希望，更始料未及的是，它导致了无数为科举而"十年寒窗"的学子梦想破灭。[2]科举废除之后，使得熟悉四书五经的士子们无所适从。科举是他们走向权力中枢的阶梯，废除科举等于断绝了他们赖以生存的通道。这些民间知识和财富的拥有者，一旦成为一支独立的政治力量，其破坏性往往超出想象。

有人认为，如果没有废除科举，就不可能有随后的辛亥革命，以及划时代的五四运动。这些教育精英在旧体制内没有用武之地，便毫不犹豫地加入革命的行列。真正为大清帝国釜底抽薪的，不是新军的造反，而是广大士绅阶层在政治上的转身。帝国的昏庸与顽固把他们逼向革命，武昌枪响之后，许多省份的独立未费一枪一弹，如果没有各省谘议局的声援革命，武昌起义很可能像以往的起义那样，来得快，去得也快。[3]

1　（美）吉尔伯特·罗兹曼：《中国的现代化》，江苏人民出版社2018年版，第261页。

2　（美）熊玠：《大国复兴：中国道路为什么如此成功》，湖北教育出版社2016年版，第61页。

3　祝勇：《最后的皇朝：革命前夜的大清王朝》，人民文学出版社2019年版，第299—300页。

19世纪末，日俄两国都急欲在中国东北扩张。甲午战争后，沙俄导演了"三国干涉还辽"的闹剧，日俄矛盾由此激化。光绪二十二年（1896），清政府与沙俄签订《中俄御敌互相援助条约》（简称《中俄密约》），允许俄国在中国东北修筑西伯利亚铁路的支线东清铁路。义和团运动期间，俄国派遣大批军队进驻中国东三省，在八国联军放弃瓜分中国的政策后，只有俄国还在强行瓜分中国领土，不肯撤离中国东三省，并把朝鲜纳入自己的势力范围。光绪二十九年（1903），俄国修建的"东清铁路"及"南满铁路支线"相继完工通车，日俄两国矛盾进一步激化。日本在英、美等支持下，与俄国进行交涉，俄国拒不撤军，日本蓄谋对俄开战。光绪三十年（1904），日本不宣而战，偷袭旅顺口，为时一年零四个月的日俄战争爆发。光绪三十一年（1905），日俄战争以日本陆军惨胜、沙俄海军惨败的结局告终，双方均无力将对方逐出中国东北。在美国调停下，双方均承认了清政府对中国东北的主权，沙俄保留了满洲里—绥芬河（中东铁路）的铁路支线，日本得到了大连租借地和长春—大连的铁路支线（南满铁路），双方各自从中国东北撤军。这意味着对中国东三省的侵略者由俄国变成了日本。日俄战争是帝国主义为争夺势力范围而在中国东北进行的一场强盗战争，腐败无能的清政府听任日俄两国践踏中国锦绣河山。

鲁迅在《藤野先生》里稍稍提到过日俄战争："一段落已完而还没有到下课的时候，便影几片时事的片子，自然都是日本战胜俄国的情形。但偏有中国人夹在里边：给俄国人做侦探，被日本军捕获，要枪毙了，围着看的也是一群中国人；在讲堂里的还有一个我。"另外，《〈呐喊〉自序》也谈到如上情节："其时正当日俄战争的时候，关于战事的画片自然也就比较的多了，我在这一个讲堂中，便须常常随喜我那同学们的拍手和喝彩。有一回，我竟在画片上忽然会见我久违的许多中国人了，一个绑在中间，许多站在左右，一样是强壮的体格，而显出麻木的神情。据解说，则绑着的是替俄国做了军事上的侦探，正要被日军砍下头颅来示众，而围着的便是来赏鉴这示众的盛举的人们。"日俄战争持续了近一年半时间，当时鲁迅正好在日本的仙台医学专门学校学医。正因为幻灯片事件的刺激，鲁迅离开仙台后开始了弃医从文之路。日本在日俄战争中胜利，直接影响了日本后来的历史。假若没有这场战争，或是日本被俄国打败了，或许中国后来不会遭受日本侵略的伤痛与荼毒吧。

日俄战争是帝国主义初期的一场大战，岛国日本最终能打败陆上强国俄国，朝野上下普遍认为是"立宪"对"专制"的胜利。清政府迫于日益高涨的舆论压力，决定派五大臣出洋考察宪政。七月，清政府派镇国公载泽和户部侍郎戴鸿慈、兵部侍郎徐世昌、湖南巡抚端方、商部右丞绍英出国考察政治，是为"五大臣出洋"。但在出发当天，遭到革命党人吴樾的袭击。载泽、徐世昌受轻伤，绍英受重伤，出洋考察只得推迟。

考察大臣中，绍英伤势较重，不得不长期养伤。有人讥讽绍英，说他借口养伤，其实是不准备去了。绍英愤然说道："如果我死了，而宪法确立，则死而荣生；死我何惜，各国立宪，莫不流血，然后才有和平。"[1]此番慷慨陈词，像极了当初为变法而流血牺牲的谭嗣同，为国家大事，死不足惜。是年底，五大臣出洋考察宪政。

光绪三十二年（1906），五大臣先后回国，上书分析道："国势不振，由上下相暌，内外隔阂。官不知所以保民，民不知所以卫国。而各国所由富强，在实行宪法，取决公论。时处今日，惟有仿行宪政，大权统于朝廷，庶政公诸舆论。"他们进而指出，立宪有三大利，"一曰皇位永固，二曰外患渐轻，三曰内乱可弭"，建议进行立宪。[2]但他们认为，今日宣布立

1　余世存主编《常言道——近代以来最重要的话语录》，新世界出版社2007年版，第129—130页。

2　赵尔巽等：《清史稿》（卷二十四），《德宗本纪二》，第四册，中华书局1977年版，第955—956页；《出使各国考察政治大臣载泽奏请宣布立宪密折》，故宫博物院明清档案部编《清末筹备立宪档案史料》（上），中华书局1979年版，第174—175页。

宪，不过明示宗旨为立宪预备，至于实行之期，原可宽立年限。日本于明治十四年宣布宪政，二十二年始开国会，已然之效，可仿而行也，俟数年后规模粗具，参用各国成法，再定期限实行。同年七月十三日，清政府颁布《宣示预备立宪谕》，实行预备立宪。可惜，立宪徒有其名，反而让人倍加失望。

清末新政是一场经济和政治体制改革运动。新政内容与此前的戊戌变法近似，但比戊戌变法更广更深，涉及军事、官制、法律、商业、教育和社会等方面，还涉及废除千年仕宦之道的科举制度。新政并非一无是处，也取得了一定成效。经济上，促进了中国民族资本主义发展；政治上，外务部、商部、巡警部等新式机构的设立有利于政治现代化；思想文化上，西方资产阶级思想给封建专制思想体系投进了民主的霞光。然而，由于政策的"支离""拖沓"，以及一些官员的"敷衍""疲敝"，新政并没有使清朝走出困境，反而激化了矛盾，加速了清朝的灭亡。

列强屡次入侵，清朝屡战屡败，有国无防，中国陷入了"两千年未有之大乱局"。清朝的最高领导集团，以慈禧为代表的满洲贵族集团，以及李鸿章、张之洞等部分汉族官僚，肯定不希望清朝垮台。问题是，八国联军侵华以后，洋务派官僚占据了主导地位，这些人考虑更多的是如何通过改革谋取权位和利益。

事实上，以慈禧为首的保守派，并没有意识到因循守旧的危害，还在幻想着从容地进行改革。为维护清朝统治，慈禧虽称不上改革派，也并非守旧派，总体上说，她是倾向于缓进变革的务实派。从预备立宪来说，慈禧宣布了九年的预备立宪期，显然，这样的立宪制并不能令人信服。保守派认为，立宪妨碍君主独揽大权，利于汉人不利于满人。革命派则认为，预备立宪是虚假的承诺，是为了麻痹国人意志而进行的欺骗宣传。

从洋务运动到维新变法，再到清末新政，以及预备立宪，这些短暂改革仅是历史潮流的泡沫，激不起社会涟漪。洋务运动对清朝军队进行了改装升级，但多是皮毛之变，清军战斗力并无明显改变，甲午一战便戳破了洋务画皮，当即宣告了洋务运动的破产。甲午战争后，民族危机空前加深，以康有为、梁启超为主导的维新运动，幻想支持一个没有实权的皇帝进行自上而下的彻底改革，但因目光短浅，缺乏经验，步子太快，幅度太大，触及慈禧的底线，引起保守派的反扑，最终失利。屡遭挫折后，维新派不得不痛苦地承认，中华守旧者阻力过大，积成痿痹，商之不理，吓之不动。[1]

此时，距离大清亡国不远了。诚如《剑桥中国晚清史》所说："经过近十年的改良，北京已经陷入难以自拔的困境。它在1908年设法重新取得的主动权又从手中失掉了。……它的军队是虚弱的，而新军又不可靠。它的官僚机器中一批干练和献身效忠的人正在失势而让位于谨小慎微和腐败堕落的人。中国受过教育而最有才能的人都致力于新事业，把旧的一套都留给最贪婪的人去干。"[2]

历史潮流浩浩荡荡，个人在历史进程中犹如沧海一粟，总是那么渺小，即使像慈禧那样的铁腕人物，也不能例外。新政无可非议，慈禧承诺预备立宪也非一无是处，但慈禧的所作所为仍逃避不了历史的遣责。因为她的顽固保守，丧失了改革的大好时机。好在，通过新政，越来越多的人认识到，不打破旧体制便不足以挽救覆亡，不足以刷新政治，不足以走向富强。

1　杨深秀:《时局艰危，拼瓦合以救瓦裂折代》，国家档案局明清档案馆编《戊戌变法档案史料》，中华书局1958年版，第15页。

2　（美）费正清、刘广京编《剑桥中国晚清史1800—1911》(下卷)，中国社会科学出版社1993年版，第593页。

五、光绪之死

1

世人常常以成败论英雄，从结果论成败。须知，结果往往需要漫长的等待，而世间万物皆有生命周期，绝大多数人却在长久的等待中老去。无论伟大的人，闪耀的明星，还是凡夫俗子，都会被评价和议论所干扰。

从古至今，光绪帝给人的印象是唯唯诺诺，软弱无能，没有魄力。史料所记载的，光绪帝也是一个反应迟钝、不爱说话的帝王形象。尤其是在慈禧面前，光绪帝往往一副寡言、怯弱的形象，恰似一个任人摆布的木偶。事实上，表象不能代表真实。

光绪帝有着自己的谋划，并不总是生活在别人的阴影中。澳大利亚女学者叶晓青在中国第一历史档案馆查资料时，偶然查到光绪帝朱笔所列的书单，时间为光绪三十三年（1908）十二月二十六日，书单所列图书计有《日本宪法说明书》《孟德斯鸠法意》《政治讲义》《法学通论》《万国国力比较》《英国宪法论》《万国舆图》《欧美政教纪原》等西方政治体系和日本变法的书籍。据叶晓青考证，光绪帝读书很勤奋，也很认真，甚至注意到了书中目录的错误，并且熟悉当时商务印书馆的出版情况。[1]从这份书单，大致可以洞悉光绪帝的微妙内心。他并非软弱无能，而是在卧薪尝胆，一直在寻求自强之道。

据说，光绪帝一直在自学英语，从档案里可以发现，光绪的英语自学资料有《华英音韵字典集成》《英华大辞典》《华英进阶全集》等材料。后来留过洋的德龄跟光绪见面时发现，光绪帝的词汇量不错，可以与人进行

1　杨志:《光绪帝最后的书单》,《视野》2013年第17期。

短暂的交谈和简单的交流。[1]

光绪帝还对修理钟表产生了兴趣。无聊的时候，就研究怎么修理钟表，并且技术提高很快，俨然一个高明的钟表匠。有一天慈禧在皇宫里遛弯，想顺便去看看光绪帝的境况。当看到光绪守着一屋子的钟表，听到钟表滴滴答答的声音，慈禧莫名地感到害怕了。岁月不饶人，她已经老了，但光绪帝还年轻，她熬不过光绪帝。百年之后，一旦光绪帝掌握了大权，后果不堪设想。光绪帝也是这样认为的，坚信自己会活得比慈禧长。可惜，光绪帝最终还是没有机会实现抱负，比慈禧早一天去世了。

光绪三十四年（1908）十月二十一日酉时，光绪帝驾崩。次日未时，慈禧在仪鸾殿病逝，距离光绪帝死亡不到20个小时。光绪帝比慈禧早死一天，死亡时间的诡异与巧合，终成历史悬案。

噩耗公布，天下震动，时人不能理解，年轻的光绪帝反而死在了年迈的慈禧之前。据说，慈禧听闻光绪帝死讯时，似有如释重负之意。在光绪帝逝世的前一天，慈禧授予光绪帝同父异母弟弟醇亲王载沣摄政王的职位，将他的长子溥仪接到宫中教养。光绪帝死后，慈禧立即宣布：溥仪继承同治皇帝，兼祧光绪皇帝，为清朝新一代君主。又规定："嗣皇帝尚在冲龄，正宜专心典学。着摄政王载沣为监国，所有军国政事，悉秉承予之训示裁度施行。"[2]溥仪为帝，载沣摄政，实际上都是慈禧的傀儡。直到此时，哪怕年老体衰，生命垂危，慈禧对权力的欲望丝毫没有衰减。

1　德龄：《清宫二年记——清宫中的生活写照》，云南人民出版社1981年版，第62、194页。

2　《清实录·德宗景皇帝实录（八）》(卷五九七)，第五九册，中华书局1986年版，第892页。

2

光绪帝之死，历来众说纷纭，是清末重大疑案之一。

二十世纪八十年代初，光绪帝的死因被学者们定论为正常死亡。专家们认为，光绪帝体弱多病，久治不愈。详考清宫医案，光绪帝有着多系统的疾病，深受肺结核、肝病、心脏病、风湿等慢性病的长期折磨，身体免疫力极端低下，最终造成心肺功能衰竭而亡。1980年，有关部门清理并重新封闭了崇陵，对光绪帝的遗骨做过简单检测，没有发现外伤痕迹，也没有发现中毒症状，以脉案分析后得出光绪帝正常死亡的结论。

为解开光绪帝之死谜案，2003年，中央电视台清史纪录片摄制组到易县清西陵采访，征得文物部门同意，提取多根光绪帝头发送至中国原子能科学研究院反应堆工程研究室设计所进行测试。此后，中央电视台清史纪录片摄制组、清西陵文物管理处、中国原子能科学院反应堆工程研究设计所和北京市公安局法医检验鉴定中心四个单位开始共同合作，组成"清光绪帝死因"专题研究课题组，对西陵保存的光绪头发、衣物、遗骨进行检测和研究。2008年，在光绪帝去世一百年之际，国家清史编纂委员会主任戴逸教授等十三位专家联合提交了《清光绪帝死因研讨作业报告》。根据相关研讨，常人口服砒霜六十至二百毫克就会中毒身亡，光绪帝摄入体内的砒霜总量显著大于致死量。根据分析，其胃腹部衣物上的砷是其含毒尸身糜烂后直接腐蚀所造成的，而其衣领部位及头发上的很多砷，则由其糜烂尸身溢流腐蚀所造成的，进一步断定了光绪帝属急性胃肠性砒霜中毒而亡这一定论。[1]

据当年挨近宫殿的人回想，光绪帝本身病症不至于病亡，疑被慈禧、袁世凯或李莲英等所谋杀。名医屈桂庭的《诊治光绪帝秘记》记载，光绪帝死前三天"在床上乱滚"，"向我大叫肚子痛得了不起"，"此系与前病绝

---

1 戴逸:《光绪之死》,《清史研究》2008年第4期。

少关系"。[1]

有人认为，光绪帝是被慈禧毒杀身亡。戴逸以为，慈禧只怕自己先死，光绪复出掌权，尽翻旧案，故而大造光绪病重言论，并屡次面向全国求医问药，期望借此除去光绪帝。但适得其反，偏偏自己先罹沉疴，故令心腹在自己临终前毒死光绪。[2]光绪帝称慈禧为"亲爸爸"，但比任何人都要憎恨慈禧。当年维新变法失败，光绪帝被慈禧囚禁。庚子之变，光绪帝劝告慈禧不要向西方列强宣战，慈禧执意宣战，战败后逼光绪帝承担责任。尤为甚者，慈禧将光绪帝最爱的珍妃打入冷宫后，又将其投进井里，予以杀害。光绪帝与慈禧这对"母子"，可谓有着深仇大恨。光绪帝死于其毒杀，也不意外。

还有人认为，光绪帝是死于宦官李莲英之手。《瀛台泣血记》中载："万恶的李莲英眼看太后的寿命已经不久，快要发生问题了，便暗自着急起来。他想与其待光绪帝掌了权来和自己算账，还不如让自己先下手为好。经过了几度的筹思，他的毒计便决定了。"[3]原来，光绪帝有记日记的习惯，曾写到慈禧死后一定会处死袁世凯和李莲英。李莲英得知后，心中惧怕，告诉了慈禧，慈禧此时已经病危，犹豫如何处置光绪帝，便让李莲英试探光绪帝，透露慈禧病危，将不久于人世。李莲英后来回复慈禧，谎称"帝曾微露喜色"，慈禧怒言"我不能先尔死"。[4]雍正九世孙启功说："我曾祖父看到一个太监端着一个盖碗从乐寿堂里出来，谨慎起见，就问太监端着的是什么，回答是'老佛爷赏给万岁爷的塌喇（酸奶）'。"[5]试想，

1　屈桂庭：《诊治光绪皇帝秘记》，《逸经》1937年第29期。

2　戴逸：《光绪之死》，《清史研究》2008年第4期。

3　德龄：《瀛台泣血记：光绪毕生血泪史》，文化艺术出版社2004年版，第362页。

4　恽毓鼎著，史晓风整理《恽毓鼎澄斋日记》（第二册），浙江古籍出版社2004年版，第792页。

5　启功：《启功口述历史》，北京师范大学出版社2004年版，第25页。

当时李莲英也在现场，以他的能力肯定知道事情原委。因此，除了慈禧外，李莲英就成了第二嫌疑人。

还有人说，袁世凯出卖过光绪帝，怕遭到光绪帝报复，所以贿赂宦官下毒。光绪帝去世之前，嘱托自己的弟弟载沣，一定要诛杀袁世凯，并用手在虚空之中写下"斩袁"两字。[1]溥仪的回忆录《我的前半生》中也记载，当溥仪还在紫禁城生活的时候，曾听一个名叫李长安的老太监讲，在光绪帝去世的前一天，他整个人精神还好好的，而且还有人曾亲眼看到光绪帝站着和人说话。但在喝了一碗由袁世凯进献的药方熬的药后，很快就传出了光绪帝病危的消息，两个时辰后光绪帝就驾崩了。[2]

时隔百年，光绪帝究竟是如何死掉的，至今没有定论，还有待进一步研究论证。

3

针对光绪帝与慈禧的矛盾，晚清御史胡思敬沉痛地说："自古国家之败多起于伦理，家齐而后国治。"[3]这句话道出了母子矛盾对王朝命运的影响。光绪帝与慈禧的矛盾，不是平常的家务之争，而是国家的最高权力分配问题。

光绪帝自小居于深宫，娇生惯养，个性张扬，不甘心被操纵，一直在争权。加之朝野不少人不满慈禧专制，转而对光绪帝寄予厚望，光绪帝被推到了与慈禧相对立的前台。过刚者易折，善柔者不败。图大事者，当以刚柔相济，不可意气用事。光绪帝手中无权，又急于求成，结果是一败

1　李岚：《光绪王朝》，中国青年出版社2014年版，第270页。

2　爱新觉罗·溥仪：《我的前半生》，东方出版社2007年版，第18页。

3　胡思敬：《国闻备乘》(卷一),《母子夫妇不和》，上海书店出版社1997年版，第11页。

涂地。

光绪帝也很想干出一番事业，无奈现实残酷，多有掣肘，屡遭慈禧呵斥，简直丢尽了颜面。但他明知不可为而为之，在没有必胜把握的情况下毅然迈出了变革自强的步伐，体现了大无畏的献身精神和顽强的奋斗品格，虽败犹荣。他主导的维新运动，远远超越了封建帝王的局限，成为矢志推进现代化的先驱者和献身者。戊戌变法是一场国人的自强运动和自救运动，是中国近代历史上第一次思想启蒙运动。有历史学家认为，戊戌变法、辛亥革命、五四运动接连发生，层次分明地连在一起，形成一场政治上专制向民主转变的总运动。

光绪帝名为亲政，实际上大权仍掌握在慈禧手中，举朝尽是慈禧听政与训政时期的重臣，朝中大事都需向她"禀白而后行"。光绪帝当政期间，虽然经历了洋务运动、中法战争、中日战争、戊戌变法、义和团运动、清末新政、预备立宪等晚清重大的政治事件，但前期年纪尚小，后期被软禁瀛台，实际参与并主持的只有中日战争和戊戌变法。至百日维新败北，满打满算，光绪帝亲政不过五年而已。

光绪帝的悲剧，不是个人悲剧，而是时代悲剧。光绪帝命运多舛，4岁就君临天下，一生38岁，在位34年，但始终生活在慈禧的淫威之下，不仅没有体验到君主权威，也没过几天舒心日子，反而备受摧残和折磨。戊戌政变后，他被长期幽禁，又在壮年撒手人寰。光绪帝英年早逝，无子无女，命运之悲惨令人扼腕叹息。

光绪帝去世的第二天，《纽约时报》以《光绪皇帝驾崩，曾推动改革功不可没》刊发长篇新闻专稿，表达了对这位晚清王朝改革的失败者、英年早逝皇帝的惋惜与同情，以及对中国局势的关注。报道在所附的《光绪皇帝生平》一文中介绍说："清国人对他们这位君王的形容，说他像神一样的孤独。没有其它提法比这更准确了。没有一位清国皇帝比这位刚刚去世的皇帝更孤独。"文章还说："他虽然居住在紫禁城的宫殿之内，但到目前为止，以外部世界的眼光看，他不过是一名囚徒。"文章还对光绪当年领导的戊戌变法给予了高度赞扬："1898年，当人们得知光绪皇帝表现出了鼓励改革运动的愿望时，世界被震惊了。在维新派改革家康有为的影响下，光绪皇帝下达了一系列令人瞩目的法令，这些法令的内容归结为国家信贷、契税、鸦片税、军制改革、教育改革、组建农务部、实施版权法和专利法、建立新式学校和大学等等……"[1]西方媒体认为，这位晚清的改革失败者，是不堪慈禧对他精神、身体的长期折磨，饮恨长辞的。

历史不容扭曲。一个人，一生干了一件好事，便足以让后人铭记。人们倾向于认为，光绪帝的历史功绩不可埋没，不愧为在特定环境中出现的开明皇帝。史学家范文澜认为，光绪是满洲皇族中比较能够接受新思想的青年皇帝，颇有所作为。[2]史学家陈旭麓也认为，光绪帝是"向西方学习的青年皇帝"，力图做一个资产阶级的维新皇帝。[3]

《清史稿》哀叹光绪帝一生的际遇，惋惜王朝的国运："德宗亲政之时，春秋方富，抱大有为之志，欲张挞伐，以湔国耻。已而师徒挠败，割地输平，遂引新进小臣，锐意更张，为发奋自强之计。然功名之士，险躁自矜，忘投鼠之忌，而弗恤其罔济，言之可为于邑。洎垂帘再出，韬晦瀛台。外侮之来，衅自内作。卒使八国连兵，六龙西狩。庚子以后，怫郁摧伤，奄致殂落，而国运亦因此而倾矣。呜呼，岂非天哉。"[4]光绪帝亲政之时，正当洋务运动取得显著成效，是以"春秋方富"；但好事不常有，"已

1　《光绪皇帝驾崩，曾推动改革功不可没》，郑曦原、李方惠、胡书源编译《帝国的回忆：〈纽约时报〉晚清观察记》，生活·读书·新知三联书店2001年版，第150—151页。

2　范文澜：《中国近代史》（上册），《范文澜文集》第九卷，河北教育出版社2002年版，第208页。

3　《光绪略论》，陈旭麓：《陈旭麓学术文存》，上海人民出版社1990年版，第808页。

4　赵尔巽等：《清史稿》（卷二十四），《德宗本纪二》，第四册，中华书局1977年版，第965页。

而师徒挠败，割地输平"，光绪帝和帝师翁同龢盲目主战，在甲午战争中惨败；知耻而近乎勇，"引新进小臣，锐志更张，为发奋自强之计"，光绪帝重用维新派人士，变法图强。至于后来被迫"西狩"，被迫圈禁，英年早逝，国运衰微，实属不幸。

光绪帝面对延续数千年的封建制度，面对重权在握、限制改革的慈禧，没有退缩，没有妥协，而是挺身而出，矢志不渝，让人肃然起敬。以光绪帝为领袖的戊戌变法虽然失败了，但它毕竟触动了传统的中国政治体制，为现代化国家的建立作出了有益探索。光绪帝虽是一位失败的皇帝，却不愧是改革的英雄。

　　清朝末代皇帝爱新觉罗·溥仪，是道光的曾孙，醇亲王奕譞的孙子、监国摄政王载沣的长子，是中国历史上最后一位皇帝，史称宣统帝或清废帝。溥仪以宣统为年号，寓意"宣告天下王朝大统"，表示他承继宣宗（道光）正统，有为王朝统治的正统性辩护之意。近代以来，人们所熟知的是溥仪的名号，而对宣统的年号较为陌生。言及末代皇帝，多以溥仪指代，鲜用宣统帝称之。

　　溥仪三次登基，三次退位，三次逃亡。他先后在1909—1912年、1917年7月1日—12日、1934—1945年三次在皇帝位上，成为中国历史上做过皇帝次数最多的人。作为一位亚洲政治人物，溥仪两次登上《时代周刊》杂志。后世学者评价溥仪时，认为溥仪是一位非常重要的历史人物，是人类历史上拥有非凡经历和传奇命运的特殊人物。

一、懵懂的小皇帝

1

光绪三十四年（1908），光绪帝病重，因没有子嗣，慈禧将两岁的溥仪养在宫中，以便光绪帝去世后继承大统。溥仪的嫡祖母叶赫那拉氏是慈禧的妹妹，母亲苏完瓜尔佳氏是慈禧的养女（慈禧心腹权臣荣禄的亲生女）。慈禧选中溥仪为皇位继承人，看中的是其同叶赫那拉氏有密切关系。慈禧挑选不满三岁的孩童，不过是找了一个傀儡而已。

据说，大臣世续、张之洞曾建议慈禧直接立载沣为帝，但慈禧以"不为穆宗（同治）立后，终无以对死者"为名严词拒绝了。[1]在慈禧看来，立溥仪为帝，方便自己继续把控朝政大权。正如溥仪在《我的前半生》所说："她（慈禧）在确定光绪的最后命运之后，从宗室中单单挑选了这样一个摄政王和这样一个嗣皇帝，也正是由于当时她还不认为自己会死得这么快。在她来说当了太皇太后固然不便再替皇帝听政，但是在她与小皇帝之间有个听话的摄政王，一样可以为所欲为。"[2]

光绪帝病危前后，慈禧又连下三道懿旨，安排后事。光绪三十四年（1908）十月二十日，光绪帝病危时，颁发第一道懿旨，"醇亲王载沣着授为摄政王"，"醇亲王载沣之子溥仪着在宫内教养，在上书房读书"，要求

1　胡思敬：《国闻备乘》（卷三），《孝钦临危定策》，上海书店出版社1997年版，第68页。

2　爱新觉罗·溥仪：《我的前半生》，东方出版社2007年版，第18页。

载沣速将溥仪送进皇宫。[1]次日，光绪帝去世当天，颁发第二道懿旨，"摄政王载沣之子溥仪着入承大统为嗣皇帝"，立溥仪为帝。[2]第三日，慈禧病危时，颁发第三道懿旨："特命摄政王载沣为监国，所有军国政事，悉秉予之训示裁度施行。现予病势危笃，恐将不起，嗣后军国政事，均由摄政王裁定。遇有重大事件，有必须请皇太后（指光绪帝的皇后隆裕）懿旨者，由摄政王随时面请施行。"[3]

慈禧的设想是，采用当年多尔衮摄政的方式，由摄政王监国，辅佐幼帝执政。然而，载沣作为摄政王在前台辅政，隆裕却在背后遥控指挥。隆裕没有垂帘听政之名，却有垂帘听政之实。在重大事项上，载沣必须早请示晚汇报，而不能一个人拍板负责。

从当时的历史背景看，清朝末年，内忧外患，国家摇摇欲坠，政权岌岌可危，当皇帝不是个好差事，一不小心就会成为亡国之君。得知溥仪入宫的消息，不仅溥仪的祖母昏死过去，整个醇亲王府都是哭声一片，不想让溥仪入宫。年幼的溥仪尚处于懵懂时期，对世界的认识和宫廷的理解还非常模糊，他并不知道皇宫将是改变他一生命运的地方。

从入宫开始，溥仪的一生就注定坎坷曲折。天生富贵，万人之上，可对于一个不满三岁的孩童来讲，并非好事。入宫后，其生母苏完瓜尔佳氏便被隔绝在外。据溥仪后来回忆说，他进宫之后的八年时间都没有见过母亲，直到他十一岁时，其生母才被允许每年可以进宫两到三次，看望自己的亲生儿子。[4]同治帝、光绪帝留下的后妃成为溥仪的额娘，但多个额娘

1　《清实录·德宗景皇帝实录（八）》（卷五九七），第五九册，中华书局1986年版，第891页。

2　《清实录·德宗景皇帝实录（八）》（卷五九七），第五九册，中华书局1986年版，第892页。

3　爱新觉罗·载沣：《醇亲王载沣日记》，群众出版社2014年版，第444页。

4　爱新觉罗·溥仪：《我的前半生》，东方出版社2007年版，第41页。

并没有让他获得多重的母爱，溥仪实际上只由太监看护。

　　宫廷生活，彻底改变了溥仪。从小开始，他就出现了人格不健全和心理扭曲。溥仪在《我的前半生》中曾隐讳地说，他的几个妻子都是摆设。奇怪的心理和很差的身体，使他对女人没兴趣，所以根本不可能有子女。往前追溯，光绪帝和同治帝的男女生活也不正常，都是身体极差均无后代。[1]"清宫四十年不闻婴儿啼"，清朝皇帝子嗣越来越少，最后三个皇帝都没有子嗣。

　　溥仪年幼无知，身居深宫，几乎与世隔绝。他名义上富有四海之财，吃穿用度等都是那个时代最好的，但这较之四海之财毕竟太有限了。皇帝只是个牌位，溥仪只是活在一个程式化的世界中。

　　根据钦天监所选定的吉日良辰，光绪三十四年（1908）十一月初九，溥仪的登基典礼在大内太和殿举行。根据大典程序，皇帝首先要在中和殿接受御前大臣及各执事大臣朝贺。溥仪年幼不更事，面对朝堂上的大阵势，见到文武百官不断地磕头，高呼"万岁、万岁、万岁岁"，以及锣声、鼓声、钟声震耳欲聋，吓得哇哇直哭。据亲历者恽毓鼎在《恽毓鼎澄斋日记》中记载，臣于"太和殿内第三柱前侍班，监国抱上步行，自殿后门入，升宝座"，监国（溥仪生父载沣）不得不抱着溥仪坐上龙椅。后来，溥仪回忆起当日的情景时写道："加上那天天气奇冷，因此当他们把我抬到太和殿，放到又高又大的宝座上的时候，早超过了我的耐性限度。我父亲跪在宝座下面，双手扶我，不叫我乱动，我却挣扎着哭喊：'我不挨这个。我要回家。'父亲急得满头是汗。文武百官的三跪九叩没完没了，我的哭喊也越来越响。我的父亲只好哄我说：'别哭别哭，快完了。'他说这话意在安慰我，却给文武百官留下了惨淡的印象，他们把这看作是不祥之

1　木华:《溥仪是怎样三次称帝的?》,《档案时空》2003年第3期。

兆。"[1] 载沣一语成谶。宣统三年（1911）十二月二十五日，随着辛亥革命爆发，在袁世凯逼迫下，隆裕代溥仪签订退位诏书，自此清朝退出历史舞台。

溥仪名为皇帝，实权则掌握在监国摄政王载沣和皇太后隆裕的手中。溥仪临朝，载沣摄政，隆裕幕后指挥。做了皇太后的隆裕，也想仿效慈禧把持国政。作为摄政王的载沣，也想像多尔衮一样大展宏图。但是，当时国家内忧外患、满目疮痍，隆裕和载沣都缺乏政治智慧和手腕，无力应付危局。

光绪二十年（1894），德国公使克林德被义和团杀死，载沣被任命为特使出使德国进行道歉，回国后任军机大臣，参与治国理政。任摄政王的时候，载沣只有二十五岁，在治国方面缺少经验。在他成为摄政王之后，周围的阿谀奉承使其固执己见，而这又几乎总是错误的判断。后来做了溥仪英文老师的英国人庄士敦曾说：他（载沣）真挚，力图以无力和无效的方式愉悦每个人，却难以达意。办事畏手畏脚，全无条理，完全缺乏能力、意志和勇气。有理由说明，他身心俱萎靡不振，对危急的局势无能为力。既无基本计划，又被琐事缠绕。庄士敦说，令我记忆尤深的是，在与醇亲王密切联系的几年当中，他那危及帝国和儿皇帝利益的办错事、走错路的致命脾性，给我留下了深刻的印象。[2]

权力来得太突然，载沣很懵然，也很任性。载沣与军机大臣袁世凯积怨较深，一直在寻机报复。光绪帝的维新变法之所以失败，跟袁世凯的临阵倒戈有着直接的关系。所以载沣执政之后，首先就先闲置了袁世凯，进而准备杀掉他。只不过，袁世凯党羽众多，尾大不掉，张之洞等害怕激起兵变，并不赞同杀袁。溥仪登基一个月后，载沣便以"现患足疾、步履维

1　爱新觉罗·溥仪：《我的前半生》，东方出版社2007年版，第33页。

2　（加）陈志让：《乱世枭雄袁世凯》，湖南人民出版社1988年版，第96—97页。

艰、难胜职任"为名，令其开缺回籍养病，果断地剥夺了袁世凯的职务。[1]
袁世凯被免去直隶总督的职务，成为军机大臣，明升暗降，兵权丧失。不
过，北洋常备军虽然形式上归后任直隶总督杨士骧指挥，其实深受袁世凯
的影响。杨士骧是袁世凯母亲的侄子，他的弟弟杨士琦是袁世凯的智囊。
杨士骧与袁世凯沾亲带故，之前就关系密切。袁世凯出事后，杨士骧表面
上迅速与其划清界限，实际上是袁世凯的亲信。袁世凯时年45岁，他始
终相信自己会东山再起。袁世凯掌握着新建陆军，这是一支比同时期军队
都更加优秀的新式军队。与李鸿章依靠淮军（后来的北洋军）攫取权力一
样，袁世凯也是依靠新建陆军作为政治资本呼风唤雨。

　　袁世凯的时代暂告结束，载沣开始着手培养皇室力量，把载洵、载
涛、载泽等皇家贵胄安排在实权部门。载沣还自封"代为统率陆海军大元
帅"，成立了陆海军联合机构——军谘处，两个弟弟载洵、载涛分管海军
和军谘处，形成弟兄三人分揽军政大权的局面。醇王府一门三王，风头一
时无两。但载沣三兄弟无论年龄、学识、见识等皆不足当此重任，不仅引
起汉族官僚不满，皇族亲贵也牢骚满腹。实事求是地说，载沣疯狂揽权，
实乃头脑发昏、丧失理智的愚蠢之举。

　　祸兮福所倚，福兮祸所伏，很难说清这些理不清的道理。主持《袁世
凯全集》编纂与整理的研究员骆宝善分析说："罢官固然是仕途一大坎坷，
但恰恰是他的这次闲居，坐养了民望。一旦武昌起义爆发，举国上下，各
派政治力量，都把收拾局势的希望寄托在袁世凯身上，即所谓'非袁莫
属'。如果不被放逐朝堂，而成为皇族内阁的汉臣权相，武昌起义发生后，
至少不会被革命党人视作合作取代清室的理想对象。"[2]据了解，在袁世凯

1　《清实录·宣统政纪》（卷四），第六〇册，中华书局1987年版，第74页。

2　李鸿谷：《国家的中国开始：一场革命》，生活·读书·新知三联书店2012年版，第
140页。

隐居的两年八个月时间里，前来拜访的人络绎不绝，袁世凯以不存在的方式证明了他存在的价值。

权力再分配斗争中，统治集团各方势力水火不容，几乎到了剑拔弩张的程度。隆裕权欲炽盛，与载沣各遵慈禧懿旨，各行其是，各搞一套，争权夺利。庆亲王奕劻为牟取私利，拉拢军机大臣那桐、徐世昌等，组建新的执政联盟。肃亲王善耆也与载沣貌合神离，企图另立山头，取而代之。这导致君权式微、政出多门，"亲贵尽出专政，收蓄猖狂少年，造谋生事，内外声气大通"[1]。载沣才疏学浅，隆裕心胸狭隘，奕劻贪婪成性，善耆已是暮年，他们根本无力应对纷繁复杂的局面。

满族的掌权者，只有一群二三十岁的皇族后裔，既无经验，更无实力。这些自幼生长于深宫，锦衣玉食，从未经历过血与火的历练，更不懂民生疾苦的帝国子孙，早已不复当年努尔哈赤的骁勇，更无多尔衮的谋略，除了恐惧与无奈，他们丝毫无力掌握帝国的政治走向。[2]这个时候，龙种变跳蚤，满族人的优良传统早已消失殆尽，彪悍的血性急剧枯萎，迷失在鸦片烟中醉生梦死，面对迫在眉睫的危机麻木不仁。

2

频繁的战乱和赔款，已使得国家民不聊生、动荡不安。自1840年鸦片战争后，清政府陆续签订了500多个不平等条约。仅《南京条约》《马关条约》《辛丑条约》等8个不平等条约就被勒索白银近20亿两，相当于清政府1901年财政收入的16倍，随时有被"开除球籍"的危险。后世研究者指出："十几年时间，国家财政收支竟剧增四倍左右。这当然不是生产发

1　胡思敬：《国闻备乘》（卷四），《政出多门》，上海书店出版社1997年版，第83页。

2　祝勇：《最后的皇朝：革命前夜的大清王朝》，人民文学出版社2019年版，126—127页。

展的结果，种种巧立名目的新税，已使人民无可忍受。国家与民众对立，已至空前。"[1]

国事如麻，官逼民反，民不得不反，于是纷争四起。资产阶级革命派领导发动的反清武装起义屡扑屡起，遍及大江南北，呈现愈演愈烈之势。此时主少国疑，王朝末路，各路人马为了自己的政治利益，还掀起了声势浩荡的请愿运动。资产阶级立宪派对清政府拖延成立责任内阁愈益不满，于宣统二年（1910）一年内连续发动三次政治大请愿，要求速开国会及组织责任内阁。清政府一筹莫展，不得不作出重大让步，宣布将九年预备期限缩短为五年，同意在宣统五年（1913）召开国会之前成立责任内阁。清政府试图利用曾经否定的变法，苟延残喘。然而，清朝早已病入膏肓，自欺欺人的变革于事无补。

宣统三年（1911）四月十日，清政府宣布废除军机处，实行内阁制，任命内阁总理大臣和诸大臣。然而，内阁总共十三人，满族占九人，其中皇族又占七人，而汉族只有四人。由于内阁成员中皇族过多，且由庆亲王奕劻担任内阁总理大臣，时人讥之为"皇族内阁"。清政府过于看重皇族自身的利益，对任何人都不相信，只能依靠家族亲戚，实际上是在自掘坟墓。如英国《泰晤士报》所说，"这个'皇族内阁'不过是军机处的一个化名而已"，它固守着"朕即国家"的传统思维，将渴望分权的地方和民众拒之门外，完全背离了立宪精神，无法见容于社会。《剑桥晚清中国史》指出："清政府所持的决不妥协的态度正在把各地立宪派团结起来。它们虽然不能领导革命，但差不多都能马上准备接受革命。"[3]宪政的外表，显

1　李鸿谷：《国家的中国开始：一场革命》，生活·读书·新知三联书店2012年版，第134页。

2　祝勇：《辛亥年》，生活·读书·新知三联书店2011年版，第119页。

3　（美）费正清、刘广京编《剑桥晚清中国史1800—1911》（下卷），中国社会科学出版社1993年版，第591页。

然无法掩盖"皇族内阁"的专制本质。清政府企图借立宪集权于皇族亲贵，以抵制、削弱汉族督抚大员和新派人物，这彻底击碎了立宪党人的幻想。从这个意义上说，愚昧的朝廷恰恰是革命事业的隐形支持者。主张君主立宪的梁启超，对帝国的前景满怀忧虑，悲观预言"宣统五年"将成为一个永远不会到来的年号。[1]

武昌起义之所以能够迅速波及周边地区，是因为具有反铁路国有化的基础。中国的铁路几乎都是依靠向外国贷款修建的，随着民族资本的发展，中国开始掀起收复利权运动。所谓收复利权运动，就是回购卖给外国的铁路铺设权及所有权。粤汉川铁路（广东—武汉—四川）的利权已收回，但清政府缺乏修建铁路的资金，不得已寻求新的贷款，这引起国内舆论的反对。宣统二年（1910），英法德美四国银行团逼清政府订立借款修路合同。宣统三年（1911），清政府"皇族内阁"成立的第二天，为了向四国银行团借款镇压革命，在邮传大臣盛宣怀的策动下，清政府迫不及待地将已归商办的川汉、粤汉铁路收归国有，向列强抵押贷款，民族资本强烈抵制。实施铁路国有政策，侵害了修筑铁路的士绅、商人、地主、农民等股东的利益，招致了各阶层尤其是城乡劳动人民的反对，把民众推向了革命阵营，激起了民变和起义。

保路运动首先在湖南兴起，遍及四川、广东、湖北等省，而尤以四川最为壮烈。川汉铁路公司在成都召集股东和各团体成立四川保路同志会，各州县纷纷成立保路同志协会或分会，从开始罢市罢课，发展到抗粮抗捐，有些地区已有零星的起义，声势越来越大。清政府对护理四川总督王人文懦弱胆怯的工作不满，撤了同情保路斗争的王人文的职务。清政府把铁路国有化视为起死回生之策，任命赵尔丰继任四川总督，并强令赵尔丰平息保路风潮，否则治罪。赵尔丰诱捕了保路同志会的领导人蒲殿俊、罗

1　祝勇：《辛亥年》，生活·读书·新知三联书店2011年版，第120页。

纶、张澜等人，枪杀了数十名手无寸铁的请愿民众，制造了骇人听闻的成都血案。血案发生后，全川人民浴血奋战，保路同志军风起云涌，反清斗争势如燎原，造成四川独立的有利形势。

清政府的强硬政策不仅没有平复暴乱，反而加剧了暴动的形势。赵尔丰急电求援，清政府任命岑春煊为四川总督，但他与湖广总督瑞澂会面后，得知四川斗争形势严峻，称病不前。赵尔丰对新总督的任命深感不安，害怕因四川骚乱受到弹劾，便急忙向朝廷报告说四川暴乱已经平息，朝廷便同意称病的岑春煊回上海，不再赴四川就职。当然，四川暴乱并未平息，反而愈演愈烈。迫于压力，清政府急调端方率湖北新军入川镇压保路运动。正是由于清政府急调鄂军入川，导致武昌兵力空虚，革命党人才得以乘机武装起义。

社会上到处充斥着各种各样的政治传言。早在宣统二年（1910），汪精卫等人在北京以炸弹暗杀摄政王载沣事泄，案破之前流传的说法是清政府内部斗争，"有谓系溥伦贝子谋篡位者；有谓庆王因与肃王有隙，故为此以害之者；又有谓（炸弹）系载洵、载涛两贝勒，自英国带回者，以包药之纸，有伦敦字样也"[1]。宣统三年（1911），在陕西就流传着"不用掐，不用算，宣统不过二年半"的民谣。传言四起，人心惶惶，侵蚀着清政府统治的合法性，也助长了人们对清政府的不满与敌意。

加之自然灾难频仍，清政府不知爱民恤民，更是加剧了清朝的信任危机。著名传教士、美国远东问题专家布朗在《中国革命1911：一位传教士眼中的辛亥镜像》中指出，辛亥革命爆发前夕，中国遭遇了接踵而至的灾难，肆虐的洪水致使安徽、江苏等七个省份约60万个家庭受灾，大约300万人陷于饥馑。清政府却依然故我，依旧生活奢华，不顾人民死活，让百姓陷入绝望。有迷信的人传言：上天将会发怒，清政府应该受到惩罚。

1　黄斗寅：《庚戌年谋炸载沣别纪》，《建国月刊》1933年第9卷第3期。

在没有活路的情况下，愤怒之火一触即发。[1]满人的骄横跋扈，养尊处优，让汉人忍无可忍，终至无需再忍。在鲁迅的笔下，中国的觉醒者们"肩住了黑暗的闸门，放他们到宽阔光明的地方去"[2]。

武昌起义的炮声，使原本貌合神离的统治集团陷于一片混乱。不少人难以置信，不可一世的皇权竟然轰塌于仓促引发的枪炮。宣统三年八月十九日（1911年10月10日），武昌新军工兵营骤然响起起义的枪声，革命爆发。经过数十次挫折，革命军终于占领一座城，十八星旗第一次在武昌上空飘扬。后来这一天作为民国诞生的纪念日。因为1911年是旧历辛亥年，所以这次革命被称为辛亥革命。

当真理还在穿鞋的时候，谎言就能走遍半个世界。那时，各种各样的小道消息层出不穷，没有人知道它的来源，也没有人知道它的走向，但每个人似乎都隐约感觉到，帝国将有大事发生。当清政府的权威丧失殆尽的时候，有利于革命党人的传言便不胫而走。当有更多的人赞同，他们就会觉得自己的认识是确定性的，这样便会形成一种大众认同。占国民大多数的汉人，对革命党人表现出巨大的同情与支持，自然不会忠于腐朽的清朝。

为整饬谣言，拯救"内乱叠生"的现状，御史陈善同给朝廷上了八条对策，明确提出"禁流言"。[3]河南巡抚宝棻上奏，"遇有寄交各处学堂、军队、会社公函悉心检查。"[4]当时，电报、报纸等已经在中国流行开来，理论上讲清政府能够更好控制舆论，但由于粗心大意和漫不经意，这种理论上的优势并没有转化为现实中的优势。清政府对舆论的封杀，非但没有

1　（美）阿瑟·贾德森·布朗：《中国革命1911：一位传教士眼中的辛亥镜像》，重庆出版社2018年版，第6—7页。

2　鲁迅：《文学与出汗》，四川人民出版社2017年版，第17页。

3　陈淑媛：《清朝十二帝》（第四卷），中国言实出版社2014年版，第1136页。

4　《清实录·宣统政纪》（卷四），第六〇册，中华书局1987年版，第1121页。

禁绝四起的流言，反而加剧了民众的不安，助长了谣言的传播，恶化了舆论环境。加之同情甚至支持革命的人众多，有利于革命的言论具有流行开来的条件，清政府的话语权丧失，两相对比，清政府的崩溃也就是顺理成章了。

美国神经系统学家罗伯特·伯顿提出的"确定性偏见"认为，在群体中容易产生一种偏见，即"人们倾向于寻求能够确认自己现有信念与态度的信息，而可能忽视甚至歪曲与之相左的信息"[1]。正如美国历史学家周锡瑞所言："有必要从我们的关于革命阴谋的故事，转入革命政党存在的经济、社会和政治环境中去。只有在那种情况下，才能理解辛亥革命运动突飞猛进的原因，以及当革命于1911年10月10日爆发时，人民的其余部分愿意接受革命的事实。"[2]清政府在舆论上逐渐失去人心，在民间越来越不得人心。

3

武昌起义看上去很仓促，又是那样的轻描淡写，但重要性和必要性不容忽视。武昌起义是中国走向民主共和的开端，在近代中国历史中具有里程碑的意义。

革命从来不会随随便便发生，也不会无缘无故发展。拉长历史的视野，辛亥革命并非孤立的事件，而是一连串的动作。任何偶然的背后，都隐藏着必然的历史逻辑。破窗理论认为：如果有人打坏了一个建筑物的窗户玻璃，而这扇窗户又得不到及时的维修，别人就可能受到某些暗示性的纵容去打烂更多的窗户玻璃。清政府对细微的灾祸不注意，没有及时落实

1　程瑛、顾佳赟、张欣：《周记1911》，中国长安出版社2011年版，第256页。

2　（美）周锡瑞：《改良与革命：辛亥革命在两湖》，江苏人民出版社2007年版，第199页。

修正，终致不可挽回，为自己挖掘了一个深深的坟墓。

光绪二十年（1894）五月，孙中山曾上书直隶总督兼北洋大臣李鸿章，陈述"治国之大经，强国之大本"，建议学习西方资本主义国家，发展工商业，改革教育和选拔人才等举措，使国家富强，未获得李鸿章的接见。上书以失败告终，促使孙中山"知和平之法无可复施"，转而明白"积渐而知和平之手段不得不稍易强迫"。[1]不久，孙中山在檀香山成立革命团体兴中会，投身革命之路。第二年，在香港建立兴中会总部，提出"驱除鞑虏，恢复中华，建立合众政府"的誓词，制定中国资产阶级民主革命的第一个纲领。其后不久，华兴会、光复会等革命团体相继成立。

光绪三十一年（1905），孙中山、黄兴、陈天华等70余人在东京集会，统一兴中会、华兴会、光复会等革命团体，成立中国同盟会，孙中山被推为总理，黄兴被推为执行部庶务。辛亥革命之前，同盟会总部派往各地的核心骨干，先后在江西、湖南、广东、广西、四川、云南、安徽等地，先后组织发动了乙未广州之役（1895年10月）、庚子惠州之役（1900年10月）、丁未黄冈之役（1907年5月）、辛亥黄花岗之役（1911年4月）等十次武装起义。然历次武装起义，因准备不足、势单力薄，均被清政府迅速扑灭。起义中有人流血牺牲，其他人不为所惧，踏着烈士的足迹，东奔西走，前赴后继，促进革命向前发展。虽然起义都失败了，但其战况之惨烈惊天地、泣鬼神，扩大了革命影响，有力冲击了清朝的统治。

革命运动风起云涌，从来不会一帆风顺。人们喜欢浓墨重彩地记述某人如何成功，而对成功之前探索出"此路不通"的失败者着墨甚少。成功

1　孙中山：《伦敦被难记》，广东省社会科学院历史研究室、中国社会科学院近代史研究所中华民国史研究室、中山大学历史系孙中山研究室编《孙中山全集》（第一卷），中华书局1981年版，第52页。

者凤毛麟角，固然值得称道，但失败者同样值得赞赏。即便屡战屡败，但只要屡败屡战，哪怕一败涂地，也为后来人积累了宝贵财富——失败是成功之母。反清革命运动在国内兴起时，孙中山及时告诫革命党人："革命是一定要成功的，我辈应有这种坚强信心，又要有不怕失败、百折不挠的勇气，还得有舍生取义、成功不必在我的精神。"[1]后来的《黄飞鸿》系列电影曾经刻画过革命的场面，"但愿朝阳常照我土，莫忘烈士鲜血满地"，至今听来依旧让人热血澎湃。

辛亥革命中，革命先烈以觉醒的姿态，以其青春、热血与生命，照亮了黎明前最黑暗的时刻。革命一经发动，便迅速蔓延开来，掀起革命狂潮。武昌起义胜利的消息传出，中国大地风雷震动。武昌起义的胜利在四川产生巨大反响，率兵进发到资州的端方被自己所指挥的军队部属所杀，四川总督府遭到新军攻打，赵尔丰也未能幸免于难。各省的革命火山一个一个地爆发，湖南、陕西、山西等17省先后宣布独立，这表明地方已不再臣服清政府，清朝的统治面临着土崩瓦解之势。

此起彼伏的反清浪潮，让统治者坐卧不宁。亲贵政权几乎没有任何执政经验，除了无休止的开会，很难拿出应对之策。有人认为，内阁完全是一个摆设，载沣的弟弟海军部大臣载洵刚二十出头，被日本人视为"如武士偶人"。在御前会议上，隆裕抱着溥仪大哭说："我恨不随先帝早死，免遭这般惨局。"[2]当时的朝廷可谓乱成了一锅粥，此时溥仪还不到五岁，迫不得已下了《罪己诏》。好事都是别人做的，利益都让别人瓜分了，责任却要溥仪自己来承担。

1　熊克武：《辛亥前我参加的四川几次武装起义》，政协全国委员会文史资料研究委员会编《辛亥革命回忆录》（第三集），中华书局1962年版，第3页。

2　哈恩忠：《清朝最后一位皇后的宫廷生活》，冯伯群、屈春梅主编《清宫档案探秘》，华中科技大学出版社2018年版，第92页。

　　面对来势迅猛的武昌起义，清政府迅派陆军大臣荫昌和海军部副大臣萨镇冰南下督师镇压，湖北军及援军悉听节制。[1]但北洋将士多为袁世凯旧部，颟顸无能的荫昌指挥不动南下北洋军。荫昌来到信阳一带，便怯于革命形势，止步不前。清政府再次意识到北洋军是袁世凯的军队，袁世凯不出山，军队就不肯打仗。载沣不得已，只得重新起用袁世凯。八月二十三日，清政府重新起用袁世凯为湖广总督，督办"剿抚"事宜，予以袁世凯"会同调遣"之权。[2]八月二十四日，袁世凯为寻求更大的权力，以"衰病侵寻，入秋尤剧"，力主"另简贤明"，不为所动。[3]八月二十八日，清政府扩大袁世凯的权限，谕令"所有长江一带水路各军，均着暂归该督节制调遣，会同沿江各该督抚，妥筹办理"，袁世凯按兵不动。[4]治大国如烹小鲜，对火候的把握至关重要，袁世凯之所以不为所动，是在寻求更大的利益。

　　八月二十九日，奕劻派徐世昌赴彰德劝驾，袁世凯提出明年召开国会，组织责任内阁，宽容武昌事变有关党人，解除党禁，给予指挥军队全权，供给充足军费等六项条件。[5]清政府别无选择，只能迅速允准，但袁世凯仍迟迟不动。九月初六，清政府颁布"统一事权"上谕，授予袁世凯钦差大臣，"所有赴援之海陆各军，并长江水师，暨此次派出各项军队，均归该大臣节制调遣"，并以"部务繁重，势难在外久留"为由，将荫昌

　　1　赵尔巽等:《清史稿》(卷二十五),《宣统帝本纪》,第四册,中华书局1977年版,第997页。

　　2　《清实录·宣统政纪》(卷六一),第六〇册,中华书局1987年版,第1118页。

　　3　《愚斋存稿》(卷八十),《彰德袁宫保来电》,转引夏东元:《盛宣怀传》,南开大学出版社1998年版,第387页。

　　4　中国第一历史档案馆编《光绪宣统两朝上谕档》(第三十七册),广西师范大学出版社1996年版,第257页。

　　5　李剑农:《戊戌以后三十年中国政治史》,中华书局1965年版,第110页。

调回，并于九月十一日授予袁世凯内阁总理大臣之职。[1]庆亲王奕劻内阁总理的职权，交到了袁世凯手中。同一天，载沣被解除摄政监国的职务。以袁世凯为内阁总理大臣的责任内阁，是清朝第二届也是最后一届责任内阁。袁世凯心满意足，"足疾"也迅速痊愈，光鲜复出。

处于内外矛盾中心的载沣，面对袁世凯的进逼，无力应对战局，在一番手忙脚乱的无谓抵抗后，终于认输。九月十一日，载沣解散皇族内阁，并颁布《宪法信条》，交出全部军政大权。十月十六日，载沣"奏皇太后，缴监国摄政王章，退归藩邸"[2]。在革命力量的打击和袁世凯挟制下，载沣最终辞去监国摄政王，放弃权柄，退归藩邸。辞职后的载沣，如释重负，赋闲在家。从载沣书房中其自书的"有书真富贵，无事小神仙"对联，可以看出他对监国理政的消极心态，也足见其早有退隐之志。

由于袁世凯的复出，清皇室贵族、袁世凯、立宪派、地方督抚实力派以及革命党等国内各种政治集团重新分化组合。皇室贵族集团、立宪派集团、地方督抚实力派把戡乱的希望寄托在袁世凯身上，南方革命党也把逼迫清帝退位、早日结束战争、早定共和大局的希望寄托在袁世凯身上，列强在华势力也由支持清室转而扶植袁世凯，袁世凯成了各方势力竞相争取的香饽饽，成为可以决定时局走向的关键人物。

政治较量之外，军事斗争仍如火如荼。战事瞬息万变，血雨腥风，你死我活。十月七日，清军开赴湖北，袁世凯直系的冯国璋进据汉阳城，持续了41天的阳夏战争宣告结束。阳夏战争让革命精英折损大半，给所有人都上了惨痛的第一课：革命成功来不得侥幸偶然，流血牺牲不可避免。

1　《清政府起用袁世凯为湖广总督钦差大臣》，张国淦编《辛亥革命史料》，大东图书公司1980年版，第107—108页。

2　赵尔巽等：《清史稿》（卷二十五），《宣统帝本纪》，第四册，中华书局1977年版，第1001—1002页。

然而，阳夏战争由于革命党人浴血奋战，推动了全国革命形势快速发展。正如国民党元老冯自由所强调的那样："坚守汉阳，与清军坚持者一月，各省遂得乘机大举，先后响应……清廷知大势已去，指派使南下，而革命之基础，因之日固，卒以开创中华民国之新局。"[1]

袁世凯是比老狐狸更狡猾的人。一方面，他表现出一副朝廷忠臣的样子，稳住清室。另一方面，他又摆出积极的姿态与革命党人讨价还价，蛊惑人心。经阳夏战争，袁世凯既利用革命政权，也利用清政府，上下其手，左右逢源，夺取国家最高权力。他借助军事行动，在胜券在握之时，暂时停止对武昌的进攻，转而要挟清政府，获取更多军政大权。

历来战争是烧钱的机器，而南北双方都在遭遇着财政上的困难，让战争难以为继。清政府的财政处境捉襟见肘，袁世凯在给朝廷的一道奏折上写道："库空如洗，军饷无着，请将盛京大内、热河行宫旧存瓷器发出，变价充饷，以救目前之急。"[2]于是，袁世凯发动了一场朝廷募捐运动，号召王公贵族捐款以支援前线。然而，那些富可敌国的王公大臣们，比铁公鸡还吝啬，没有人愿意"毁家纾难"。正如历史学者唐德刚所言，"纾难虽人人之所欲，毁家就人人之所不欲了"。除了隆裕带头发库银八万两，奕劻捐献白银十万两以外，其他人都是象征性地拿出一些零花钱敷衍了事。他们无所顾忌地收受贿赂以肥私，把财富看得比国家还重要，从根本上失去了维系政权的道德人心。从这个意义上说，财政破产只是表象，人心堕落才是核心。

既然没有钱，仗打不下去，议和就成了务实的选择。所有战场上无法解决的问题，可以在谈判桌上寻求破解之道。十月十二日，南北双方达成

1　《武昌起义与黄克强》，冯自由：《革命逸史》（上），新星出版社2016年版，第176—177页。

2　《清实录·宣统政纪》（卷六七），第六〇册，中华书局1987年版，第1242页。

停战协议，举行和议。清政府授予袁世凯为全权大臣，袁世凯又委托自己的莫逆之交唐绍仪为全权代表。南方11省革命军政府公推伍廷芳为民国全权代表，汪精卫与温宗尧、王宠惠等人为参赞，参与南北和谈。南北的代表，都曾是李鸿章的门下，而且都是广东人，都曾留学美国，彼此之间私交甚笃。

南北和谈期间，独立各省代表齐集南京，准备选出一个领袖来应对袁世凯。但领袖人选颇受争议，章太炎甚至认为"总统之属，功则黄兴，才则宋教仁，德则汪精卫"，言下之意三人都不合适，大唱"革命军兴，革命党消的论调"，主张袁世凯是中国未来唯一适宜的统治者。[1]在袁世凯和平橄榄枝的诱惑下，南方甚至做出暂时不选举临时大总统的承诺，独立各省代表干脆秘密议定由袁世凯来充当临时大总统。黄兴曾致电袁世凯：若能赞成共和，中国共和大总统，断是项城无疑。[2]一时间，袁世凯出任共和国总统，成为当时大多数革命党人、海内外立宪派、旧官僚以及新闻界共同的心声，形成"非袁不可"的局面。

领袖一职，已成鸡肋，无论谁来担任都不过是个过渡人物，最终好像非袁世凯莫属。但革命者需要自己的代言人，不能没有自己的主心骨。十一月二日，中外闻名的革命领袖孙中山抵达香港，四日后在胡汉民等革命党人的陪同下来到上海。孙中山的到来，令各省革命党为之头痛的领袖人选问题迎刃而解。此时，也只有孙中山具备出任临时领袖的资格与威望。武昌起义时，孙中山不在现场，但他并没有缺席。实际上，武昌起义是在同盟会影响下由湖北新军中的革命党发起的。

十一月八日，孙中山在上海接见各省代表时说："本月（农历十一月）

1　胡汉民：《胡汉民自传》，传记文学出版社1987年版，第62—63页。

2　《时报》1911年12月8日，转引纪能文：《袁世凯家族》，金城出版社2000年版，第117页。

十三日为阳历1月1日，如诸君举我为大总统，我就打算在那天就职，同时宣布中国改用阳历，是日为中华民国元旦。"[1]十一月十日，各省代表在南京正式举行选举临时大总统会议，17省代表45人参加会议，规定每省拥有1票投票权，孙中山以16票毫无悬念地当选为临时大总统。十一月十二日，各省代表议决年号改元，定旧历辛亥十一月十三日，即1912年1月1日为中华民国元年元旦。一个新的时代拉开帷幕，民国纪年登上中国历史的舞台。为叙述方便，后面章节的日期，将使用阳历纪年，不再使用阴历纪年。

4

1912年1月1日，孙中山在南京宣誓就任中华民国临时大总统，中华民国正式建国。从当时情形看，各省相继独立，清政府的合法性大半丧失，但清政府还有相当一部分军队，拥有相当的权势，南北继续僵持，互相之间都不可轻视。

袁世凯及清政府显然不会轻易认同南京临时政府。在谈判尚未达成协议的情况下，孙中山就任中华民国临时大总统，袁世凯认为这样做是对北方的挑衅，更是对和谈本身的轻视。1月3日，袁世凯致电孙中山："君主、共和问题现方付之国民公决，所决如何，无从预揣，临时政府之说，未敢与闻。"[2]双方都不愿意妥协，南北议和也没有头绪，未来的中国究竟走向何处，应该采纳君主立宪，还是选择民主共和，南北之间短期内很难达成一致认识。世事如棋，但现实中的博弈远比棋盘上的争夺更加诡秘复杂。南北双方不是彼此体谅、和平相处，而是猜疑不断、防范不断，南北和解

1　孙中山：《与马君武等的谈话》，陈旭麓、郝盛潮主编，王耿雄等编《孙中山集外集》，上海人民出版社1990年版，第156页。

2　陈锡祺主编《孙中山年谱长编》（上册），中华书局1991年版，第619页。

几近中断。

经南北双方持续努力、反复磋商，最终达成幕后交易，由袁世凯迫使清帝退位，在全国归于共和后，孙中山让位于袁世凯，由袁世凯出面组织民国政府。吴玉章在回忆录中说："孙中山先生这个总统，实际上只不过是一个主持和议的总统罢了。"[1]孙中山承诺："如清帝实行退位，宣布共和，则临时政府决不食言，文即可正式宣布解职，以功以能，首推袁氏。"[2]有了孙中山的许诺，袁世凯的态度慢慢转变，新军将领的态度逐渐改变，满洲贵族的态度也产生变化。

袁世凯身处列强、皇族、枢臣、督抚、议员、北军、革命党、民军以及朝野立宪派等各方势力之间，既想大权独揽，又要想方设法借力打力，以求局势朝着预想的轨道发展。袁世凯的逼宫，有情非得已的考量。南北和谈的前提，便涉及如何处置清帝的问题。承认共和，赞成共和，必然绕不开清帝逊位问题。有鉴于此，有报刊评论道："袁世凯与伍廷芳直接议和以来，条件纷陈，实以清帝逊位为主要。袁世凯以此说进，伍廷芳以此说进，内外臣僚亦以此说进。清太后为保全皇室安妥生灵起见，已有允许之意。奈不明大局者尚一再抗阻。此议和结果之所以迟迟也。"[3]乱局之中，何去何从，纷纷扰扰，莫衷一是。

皇族们忧心忡忡，已无力支撑王朝基业。皇族溥伦首先提出，清帝"自行逊位"而让袁世凯为总统的主张，以获得共和后优待皇族的承诺。良弼坚决反对，他一直致力于推翻袁世凯和他的势力。良弼成立宗社党，

1　吴玉章:《辛亥革命》，人民出版社1974年版，第154页。

2　孙中山:《复伍廷芳电》，广东省社会科学院历史研究室，中国社会科学院近代史研究所中华民国史研究室，中山大学历史系孙中山研究室编《孙中山全集》(第二卷)，中华书局1982年版，第23页。

3　(英)埃德温·J.丁格尔:《议和记》，时事新报馆编《中国革命记》，第24册，时事新报馆1911年版，第1页。

并担任首领，反对革命，反对南北议和，并拉拢一帮八旗军，妄图对抗南方的革命军。良弼是皇亲国戚中的主战派，官衔为"军谘使"，颇有军事才能。京津同盟会视其为眼中钉，革命党人彭家珍实行人体炸弹，欲与良弼同归于尽。良弼当场被炸断左腿，两日后因伤重而亡。良弼临死前感叹道："炸我者，英雄也。我死，大清遂亡！"良弼死后，宗社党群龙无首，就此悄无声息。

清朝只剩下一个"孤儿"溥仪，以及一个"寡母"隆裕，成了事实上的孤家寡人。与袁世凯相比，他们徒有专权之心，而无治理能力，均不是袁世凯的对手，只能任其摆布。2月12日，在袁世凯威逼利诱下，由隆裕做主，接受《优待清室条件》，在紫禁城养心殿颁布《退位诏书》，宣布宣统皇帝退位，"暂居宫禁，日后移居颐和园"，并授权袁世凯组织临时共和政府。[1]所谓"宫禁"，即紫禁城的内廷部分，其政治权力限于内廷。与帝国时代相比，小朝廷的活动被挤压在颐和园、太庙、帝陵、沈阳故宫、热河山庄等内廷，一切公开的社会活动都在民国政府的控制之中。

象征帝王权力的宫殿，从此成为囚禁皇帝的牢笼，束缚了溥仪的自由和梦想。诚如唐德刚所言："三百年来的孽，不是他们母子做的，但是三百年来的怨，却要他们母子独当之。"[2]正如《清史稿》所评："帝冲龄嗣服，监国摄政，军国机务，悉由处分，大事并白太后取进止。大变既起，遽谢政权。"[3]

稀里糊涂当上皇帝的溥仪，又稀里糊涂地结束了皇帝的生涯。溥仪年幼，对外界事物比较好奇，对宫廷政治缺乏认同，不过是受人摆布操控的

1　《清帝退位》，张国淦编《辛亥革命史料》，《中国近代史资料丛编》，大东图书公司1980年版，第316页。

2　唐德刚：《袁氏当国》，广西师范大学出版社2004年版，第29页。

3　赵尔巽等：《清史稿》（卷二十五），《宣统帝本纪》，第四册，中华书局1977年版，第1006页。

木偶。他夹杂在风起云涌的政治斗争中无能为力，既没有太多自主权，也没有更多的想法，一切国家大事皆由隆裕及一干大臣处理。溥仪的生活并没有因此发生太多改变，他依旧以皇帝的名义向隆裕问安，依旧重复着自己在紫禁城的童年生活。

就在隆裕颁布退位诏书第三天，《顺天时报》报头所用的时间就改为大中华辛亥年十二月二十七日。当时报纸形容这种新旧交替时说：那是一个"共和政体成，专制政体灭；中华民国成，清朝灭；总统成，皇帝灭；新内阁成，旧内阁灭；新官职成，旧官职灭；新教育兴，旧教育灭；枪炮兴，弓矢灭；新礼服兴，翎顶补服灭；剪发兴，辫子灭……阳历兴，阴历灭；鞠躬礼兴，拜跪礼灭；卡片兴，大名刺灭……"[1]的世界，也是小皇帝逐渐被人遗忘的时代。

清帝逊位，注定有人欢喜有人忧。袁世凯心想事成，喜出望外，于当天迫不及待地致电孙中山、参议院及黎元洪，承认"共和为最良国体，世界之公认"。袁世凯大声宣称："大清皇帝既明诏辞位，业经世凯署名，则宣布之日为帝政之终局，即民国之始基，从此努力进行，务令达到圆满地位，永不使君主政体再行于中国。"[2]在中外压力下，孙中山被迫妥协让步，在清帝退位后辞去了临时大总统职务，革命果实落入了以袁世凯为首的北洋集团手中。2月15日，袁世凯当选临时大总统，副总统依然是黎元洪。

其实，面对清帝即将退位，权力即将移交，孙中山及南京临时政府并没有做好准备。他们普遍缺乏与袁世凯直接打交道的经验，加之舆论不断渲染袁世凯谲诈百端、心术不测的性格，孙中山和南方革命党人忧虑重重。所谓害人之心不可有，防人之心不可无。在此后的日子里，孙中山时

1　吴冰心：《新陈代谢》，《时报》1912年3月5日。

2　《电告南京临时政府清帝辞位》，中国史学会、中国社会科学院近代史研究所编《北洋军阀1912—1928（第二卷）：袁世凯的独裁统治》，武汉出版社1990年版，第1350页。

刻保持高度警惕，坠入疑邻偷斧的烦恼。为限制袁世凯的权力，孙中山将临时大总统让给袁世凯之后，参议院对《中华民国临时约法》作了进一步修改，将总统制改为内阁制。时人说："约法用总统制，孙中山当时可适用；袁世凯的专制行为，则非内阁不可，而且非组织国民党的责任内阁不可。"[1]当袁世凯如愿以偿当上大总统，这样的制度设计必将成为掣肘的绊脚石。袁世凯当然不会听之任之，视其为一纸空文。孙中山在1917年7月至1918年5月掀起护法运动，所护之法就是《中华民国临时约法》。

无论外界如何喧闹纷争，帝师陈宝琛始终对溥仪不离不弃。一天晚上，陈宝琛给袁世凯卜上一卦，卦上显示为凶卦。陈宝琛暗喜，急不可耐地与溥仪分享这一重大喜讯。次日，趁周围没人的时候，陈宝琛便偷偷将测卦的纸条交给了溥仪："臣昨天卜得的易卦，皇上看看。"卦词为："我仇有疾，不我能疾，吉！"陈宝琛对溥仪解释道，这是说皇上的仇人袁世凯穷凶极恶，前途凶恶，不能危害于皇上，是个吉卦。为了增加可信度，陈宝琛还烧了龟背，弄过蓍草，都是吉兆，宽慰皇上大可放心。陈宝琛志得意满地说："天作孽，犹可违，自作孽，不可活。元凶大憝的袁世凯作孽如此，必不得善终；不我能疾，不我能疾，优待条件载在盟府，为各国所公，凯焉能为疾于我乎？"[2]

出于制约袁世凯的目的，孙中山、黄兴等人坚持让袁世凯到革命党势力范围内的南京宣誓就职，派蔡元培、宋教仁等人为迎袁专使，赴北京促袁世凯南下就职。袁世凯深知"虎不可离山，鱼不可脱渊"，坚决不愿离开北洋军阀的大本营北京，指使北洋军在北京、天津、保定等地制造兵乱，作为借口拒绝南下。南京临时政府被迫妥协，临时政府参议院就此问

1　袁希洛：《我在辛亥革命时的一些经历和见闻》，政协全国委员会文史资料研究委员会编《辛亥革命回忆录》（第六卷），文史资料出版社1963年版，第289页。

2　爱新觉罗·溥仪：《我的前半生》，东方出版社2007年版，第80—81页。

题进行表决，"经过激烈辩论，竟以多数票通过临时政府设于北京"。孙中山、黄兴等人大为震怒，却又无可奈何。黄兴痛心疾首地说："政府绝不为此委屈之手续，议院自动翻案，尽于今日；否则吾将派宪兵入院，缚所有同盟会员去！"[1]虽然定都南京，袁世凯却在北京就任，将北京作为政权中心。国名改为中华民国，政体变为共和制，议会制看似成真，其实不过是幻想。

辛亥革命是在胜利欢呼声中失败的。革命有两张面孔，也体现了两种不相容的哲学。一方面，革命取得了胜利，终结了封建帝制。另一方面，革命最终失败了，革命果实被窃取。有一种观点认为，袁世凯窃取革命果实，是革命派的资产阶级妥协性造成的。其实，实力决定一切，拳头大才是硬道理。试想，如果孙中山不让位，南北不议和，革命军是北洋军的对手吗？从民意上看，当时最得人心的是袁世凯，而非孙中山。袁世凯全票当选临时大总统，比此前的孙中山还多一票。后来袁世凯称帝、张勋复辟帝制固然可恶，但绝非当时的妥协之错，而是保守势力强大、民主力量弱小之故。后来孙中山谈到当时的心境，实事求是地表示当时自己的力量不如袁世凯。更何况，谁也不能预知后事，谁也不知若干年后的时势变化。

我们常说辛亥革命是一场"不彻底的革命"，但辛亥革命开启了20世纪的革命历史，革命从此被视为改变中国的法宝，革命情结深深扎根于民众的心里。打破旧世界的束缚，进行更加彻底的革命，成为仁人志士的心声，如邹容在《革命军》中表达的："革命！革命！得之则生，不得则死！毋退步，毋中立，毋徘徊，此其时也！此其时也！"[2]毛泽东以极其通俗的语言，道破了辛亥革命所带来的历史成就："辛亥革命以后，谁要再想做

1　毛注青：《黄兴年谱长编》，中华书局1991年版，第273页。

2　邹容：《革命军》，民智书局1928年版，第4页。

皇帝，就做不成了。所以我们说它有伟大的历史意义。"[1]

秦汉以来的政权更迭，皆以改朝换代为目标，君主专制一仍其旧。纵观古代历史，改朝换代是天经地义的事。近亿字的皇皇巨著"二十四史"，通篇都是宫廷政变、起义造反、你死我亡的故事。秦末农民起义，陈胜、吴广发出了"王侯将相，宁有种乎"的呼声，争王位不再是贵族的专享。出身草莽的刘邦，当过和尚的朱元璋，都建立了帝国成了皇帝。民国取代帝国，打破了历代王朝的更迭机制。辛亥革命不是为了争皇权，而是为了民主共和，标志着资产阶级民主革命的新纪元。

辛亥革命一声枪响，把戴了几千年的皇冠打落在地，敲响了封建制度的丧钟。人们第一次发现，原来国家不再是皇帝的私产，而是属于全体国人。

二、再温"皇帝梦"

1

清帝逊位，是以民国政府与清政府达成的逊位诏书及三份优待条件为前提的。隆裕虽然同意了清帝退位，但也尽最大努力争取一切必要的权益。在谈到"退位"字眼时，隆裕强烈要求用"辞政"二字，最后双方妥协用了"辞位"二字，并写入《中华民国约法》。

《中华民国约法》第65条规定："中华民国元年二月十二日所宣布之大清皇帝辞位之后优待条件、清皇族待遇条件、满蒙回藏各族待遇条件，永不变更其效力。"[2]按照优待条件，"大清皇帝辞位之后，尊号仍存不废，中

1　毛泽东:《关于辛亥革命的评价》,《毛泽东文集》(第六卷),人民出版社1999年版,第346页。

2　商务印书馆编译所编辑《中华民国法令大全》,上海商务印书馆1913年版,第5页。

华民国以待各外国君主之礼相待。"[1]年仅六岁的溥仪在隆裕的主持下宣布退位，但仍居住在紫禁城，仍享受民国政府承诺的皇室优待。民国政府对小朝廷的优待，使溥仪和隆裕依附于民国政府，在客观上避免了一些遗老遗少对抗民国政府的可能，一定程度上避免了诸多混乱与悲剧。

清朝失去了皇权，退出了政治舞台，但紫禁城的小朝廷仍然承担着传统的君位神圣性。在外界看来，清政府只是把权力让渡给民国政府而已，溥仪还是皇帝，宫中的基本礼仪依然如常。庄士敦记载道："民国政府成立后，中国实际上存在着两个政府，相比外面而言，紫禁城里面的这个肯定是小朝廷了。"[2]

出身于清末官宦世家的周君适曾这样记道："根据优待条件，遗老们一致认为，清政府虽已交出政权，但帝号仍然存在，不可与历代亡国之君相提并论。如汉献帝封山阳公，刘后主封安乐公，晋恭帝封零陵侯，都不能保留帝号。而'大清宣统皇帝'的尊号'载在盟府'，不仅为全国臣民所共知，也为世界各国所公认。"[3]在遗老遗少看来，既然皇帝尊号仍然保留，溥仪便依然是皇帝，只不过把政权交给臣子代理罢了。他们更愿意将这种格局理解为中国式的君主立宪，在紫禁城内仍然维系着宫廷运作的旧制。

袁世凯对溥仪保留了应有的尊重，每逢传统节日及清室庆典，他都会派人前去致贺。1913年，袁世凯顺利当选中华民国第一任正式大总统后，第一时间给溥仪写了一份报告。这份报告的抬头写着"中华民国大总统谨致书大清皇帝陛下"，结尾处写着"用特报告，并祝万福"。[4]从称呼来看，

1　《清帝退位》，张国淦编《辛亥革命史料》，大东图书公司1980年版，第316页。

2　（英）庄士敦：《紫禁城的黄昏》，译林出版社2016年版，第98页。

3　周君适：《悲剧皇帝溥仪——伪满宫廷秘史》，四川人民出版社1998年版，第56页。

4　爱新觉罗·溥仪：《我的前半生》，东方出版社2007年版，第77页。

袁世凯和溥仪的关系是平等的。据说，溥仪看完报告后百感交集，急派清前大臣、贝勒衔固山贝子溥伦率领禁卫军军官四员，带着《大清皇帝致大总统函稿》前往致贺。在贺函中，溥仪以皇帝的口吻夸耀袁世凯"付托之得人"，对袁的当选"朕深慰之余，尤乐企盼深"[1]，赞誉之情溢于言表。

溥仪依旧生活在紫禁城，在乾清门以北直到神武门的这个区域里，过着与世隔绝的生活。溥仪依旧黄袍加身，依然高高在上，安然接受着臣民的膜拜，依然是各方争相援引的政治资源，甚至成为各类政治人物竞相争夺的砝码。他们怀着各自目的，竭力争取接近紫禁城与皇帝的机会。1917年3月，广东督军陆荣廷到北京晤见段祺瑞时，特地入宫给溥仪请安。溥仪喜出望外，赏赐其无量寿金佛1龛、镶玉如意1柄、玉陈设2件、尺头4件，还赐其穿黄马褂和在紫禁城骑马的荣耀。陆荣廷因此成为第一个被赏赐在紫禁城骑马的民国将领，倍感荣耀。

清初，紫禁城骑马是一种很高的礼遇，只有年高德劭的老臣宿将才能享此殊荣。按照礼法要求，"国朝定制，王、贝勒、贝子皆乘马入禁门，至景运门下骑，诸大臣一仍明制"[2]。仅有少数近支王公准许骑马进入紫禁城的外城部分，其他大臣只能循明朝旧制徒步入朝。晚清时期，礼崩乐坏，赐紫禁城骑马之制渐为稀松平常，甚至沦为慈禧笼络朝臣的主要手段。如光绪年间，礼部右侍郎刚毅因护送慈禧西逃"有功"等，"加恩"在紫禁城内骑马。[3]至溥仪时期，能有人念及旧情，溥仪便投桃报李，慷慨地以"赏紫禁城骑马"作回报。

本性难移，难在习惯。近代小说翻译大家林纾就是其中一位，他是光

1　刘江华：《末代皇帝与袁世凯交往轶事》，《凤凰周刊》2014年总第513期。

2　《赐朝马》，昭梿：《啸亭杂录·续录》(卷一)，《清代史料笔记》，中华书局2006年版，第381页。

3　关精明：《什么人能在紫禁城内骑马》，冯伯群、屈春海主编《清代档案探秘》，华中科技大学出版社2018年版，第84页。

绪八年（1882）举人，任京师大学堂教习，自称"清处士"，忠于清朝。
林纾曾在清亡后，数十次远赴河北易县的清陵伏地磕头，失声痛哭，感动
得守陵人也跟着垂泪。溥仪为褒奖林纾对朝廷的忠心，曾赐题字"烟云供
养"和"贞不绝俗"。林纾九顿伏地，泪如雨下，过后还写诗抒怀："从来
无语不轻赐，自问布衣无此荣。"[1]

　　社会上的一般权贵，也多恭顺地称呼溥仪为皇上，并以得到其赏赐
为荣。溥仪回忆道，为了一件黄马褂，为了死后一个谥法，那时每天都有
人往紫禁城跑。绰号叫梁疯子的梁济[2]，不惜投到北京积水潭的水坑里，用
一条性命和泡过水的遗折，换了一个"贞端"的谥法。梁济写下了数千言
的《警告世人书》，痛言"吾今竭诚致敬以告世人曰，梁济之死，系殉清
而死也"。他留下遗言称："国性不存，国将不国。必自我一人殉之，而后
让国人共知国性乃立国之必要。"[3]如果说梁济是为清朝殉节，倒不如说是
为封建文化殉节更准确，革命暴动毁灭了传统士人所赖以修身养性的精神
空间。然而，在溥仪看来，梁济的死，却只是为了一个谥号的极端求名之
举。愚忠之可悲，可见一斑。

　　除了自杀求谥号，更多的人是花钱求黄马褂、求顶戴花翎。溥仪曾经
说过，"有个叫王九成的商人，给直系军队做军装发了财，他为了想得到
一个穿黄马褂的赏赐，曾花过不少工夫，费了不少钞票。"[4]为了一件黄马
褂，王九成在紫禁城内四处撒钱，被太监称为"散财童子"。

　　文人也好面子。连新文化运动领袖胡适也不能免俗，见了溥仪之后兴

　　1　汪兆骞：《民国清流——那些远去的大师们》，现代出版社2015年版，第69页。

　　2　梁济系著名学者、国学大师梁漱溟父亲。梁漱溟参加了革命党，父亲梁济却选择了
投河殉清。

　　3　张晨怡：《近代中国知识分子的民族主义思想研究》，中央民族大学出版社2012年
版，第154页。

　　4　曹万春主编《清西陵史话》，方志出版社2002年版，第165页。

奋得给庄士敦写信说,"我不得不承认,我很为这次召见所感动。我当时竟能在我国最末一代皇帝——历代伟大的君主的最后一位代表的面前,占一席位!"[1]

小朝廷尽管在政治上难有作为,但紫禁城内部的遗老奏陈,依然往来不绝。紫禁城依然是各种礼制搬演的舞台,皇帝各种礼仪性的交际依然不少,日复一日的仪式生活占据了溥仪的大部分时间。除了与民国政府礼仪上的往来,以及向某些特定人物施与恩赏外,定期接见来访者也是溥仪日常生活的重要组成部分。在这个想象的中央周围,依然存在着遗老旧臣,他们把入宫觐见视为无上荣光,使得小朝廷的象征意义凸显出来。溥仪在回忆录中这样写道:"中华号称为民国,人类进入了二十世纪,而我仍然过着原封未动的帝王生活,呼吸着十九世纪遗下的灰尘。"[2]

对于前朝的认同,成为一些遗老旧臣安身立命的根本。清末参事官兼京师大学堂农科监督罗振玉这样记载入宫觐见后的激动之情:"予自返津后,每岁正月十三日,皆入都祝贺万寿圣节。及大婚礼成,乃蒙召见于养心殿东暖阁,奉对颇久,温谕周至。甲子夏五月,奉旨着在紫禁城骑马。八月又奉命入直南书房。疏远小臣,骤擢近侍,圣恩稠叠,至今无以报称,念之惶愧汗下。"[3]在遗老旧臣看来,皇帝的恩宠历来是一种稀缺资源,能够得到赏赐,无疑是种难得的特权。

小朝廷拒绝使用民国纪年,坚持在紫禁城内使用宣统年,并以种种方式表达对民国政府的抗拒。民国时期的陈曾寿,中进士后入职刑部、学部,亦入张之洞幕府,与陈三立和陈衍在诗界有"海内三陈"之名,为

1　(英)庄士敦:《紫禁城的黄昏》,译林出版社2016年版,第157页。

2　爱新觉罗·溥仪:《我的前半生》,东方出版社2007年版,第41页。

3　李帆主编,罗振玉述,(日)松崎鹤雄、穆传金译注,李帆、黄海燕编校《清朝学术源流概略》,《学术史研究丛书》,商务印书馆2018年版,第183页。

"同光体"代表诗人。陈曾寿对旧朝情深依旧，在杭州居所的大门上所贴门联，是杜甫诗"北极朝廷终不改，西山寇盗莫相侵"，以古喻今，以诗言志。[1]他作书画必然避"圣讳""祖讳"，比如写"仪"字，因为是末代皇帝溥仪的名讳，敬缺"仪"字末笔。他作诗论道时，从不提当时已经通行的"前清"和"满清"之类词语，而是称"本朝"，清朝永远活在他的心中。

赵世骏在醇王府给溥仪的御弟溥杰讲解"周虽旧邦，其命维新"一段时，便联系到"清室逊政"和军阀的混战说，我国是因"群龙无首"，所以内忧外患才相逼而来。溥杰提到："后来我陪溥仪在毓庆宫读书，陈宝琛老师在教《御批通鉴辑览》讲到少康的八旬老臣靡奔有鬲氏借外援中兴夏王朝的那一段时，也意味深长地说：'臣就是皇上的臣靡。'诸如此类的熏陶教育，都使我滋长了一种要振兴清室必须借助外援的思想。"[2]遗老旧臣心向旧朝，仇视民国，并非没有根由。一个软弱无能的民国政府，既无法消弭国家裂痕，有效抵御外侮，又不能整合各种力量，造福黎民百姓，自然难以让人信服。

2

慈禧死后，隆裕顺理成章成为皇太后。溥仪依然是个摆设，真正执掌政权的，都是慈禧生前指定的接班人。溥仪的生父，隆裕的小叔子，载沣以监国摄政王身份组织了皇室内阁，最终未能经得起辛亥革命的实战考验，一败涂地。袁世凯临危受命，成功收拾南北局势，窃取军国大权。时人评价那时的袁世凯："一方挟满族以难民党，一方则张民党以迫清政府，

1　周君适：《悲剧皇帝溥仪——伪满宫廷秘史》，四川人民出版社1998年版，第1—7页。

2　爱新觉罗·溥杰：《溥杰自传》，中国文史出版社1994年版，第20页。

时人谓之新式曹操。"[1]

载沣辞职后，隆裕走向前台，担负起为清朝平安善后的责任。但隆裕并没有太多选择的机会，一切只能"全权授予"袁世凯。她所能做的，就是尽最大努力争取一个较为优待的条件。在南北双方谈判拉锯战中，优待条件的每一次更改都"入奏"隆裕过目，"太后逐字讨论，见解明快"，表现得体。[2] 1912年2月12日，隆裕颁布了退位诏书。一纸退位诏书，让隆裕成为社会转型中的关键人物，成为当之无愧的年度最受关注人物，也让她获得了死后的哀荣。

隆裕的这一举动，不仅实现了全国政权的和平交接，也推进了制度转型与社会变革，客观上避免了爆发大规模战争的危机。放眼全球，溥仪退位不久，1914年7月28日，历时4年多的第一次世界大战爆发，先后卷入战争的有30多个国家、15亿人口，导致沙俄、奥匈帝国、德国和土耳其等国土崩瓦解，残酷报复和反报复轮番上演，这些帝国的末代皇帝或遭杀戮，或四处流亡，没有人能够独善其身而善终。隆裕主导下的清帝主动退位，以及民国政府对清政府的优待，使得武昌起义后各地的满汉仇杀及政治报复戛然而止，较顺利地开启了民国时代，可谓世界范围内政权和平更替的范例。黎元洪曾称赞隆裕赞成共和，交出皇权，为"女中尧舜"。

时人盛赞隆裕顾全大局，隆裕心里却抱有"断送大清国"的罪恶感，始终难以释怀。她常以愧对列祖列宗自叹，终日寝食难安，终于忧郁成疾。据说，颁布退位诏书后，隆裕开始变得心灰意冷，晚上睡觉时时常惊醒，然后就睁眼到天亮。隆裕在很短的一段时间内，身体变得更加消瘦了。在宽大的衣服下面，隆裕的身体显得只剩了几根支架，走起路来，甚

1　　胡汉民：《胡汉民自传》，传记文学出版社1987年版，第68页。

2　　岑学吕编《三水梁燕孙（士诒）先生年谱》（上），见沈云龙主编《近代中国史料丛刊》，第七十五辑，文海出版社1973年版，第110页。

至让人感觉衣服在随风飘一样。自己的自责，加上瑾妃、瑜妃、珣妃的冷言冷语，甚至有时候是当面指责，隆裕的精神也迅速崩溃了。[1]

1913年2月26日，隆裕迎来了自己46岁的寿辰。在接见民国大员及外国使节时，隆裕抚今追昔，不禁悲从中来，为此一病不起，不足一周便在极度抑郁中死去。隆裕死前曾对内务府大臣世续说："孤儿寡母，千古伤心，睹宫宇之荒凉，不知魂归何所。"又对溥仪说："汝生帝王家，一事未喻，而国亡，而母死，茫然不知。吾别汝之期至矣，沟渎道途，听汝自为而已。"[2]

隆裕中年而亡，虽算不上喜丧，却为小朝廷提供了博取社会同情的契机。小朝廷通过丧葬仪典来向社会宣示自己的合法性，按典制为隆裕定谥号为"孝定隆裕宽惠慎哲协天保圣"，庙号为"景皇后"。[3]袁世凯为了强调自己的正统，并暗中否定孙中山及国民党的合法性，有意把隆裕描绘成一个顾全大局的人物，甚至把促成共和的功绩也归功于她："敬维大清隆裕皇太后，外观大势，内审舆情，以大公无我之心，成亘古共和之局！"[4]

隆裕病逝后，民国政府马上作出了反应，将隆裕视为共和之功臣、宇内之福音，极为重视葬礼的规格，要求普天同悼。此外，袁世凯下令"以外国君主最优礼遇"举办隆裕丧事，要求各级官署下半旗二十七日，官员缠黑纱致哀。不唯如此，袁世凯还亲自臂戴黑纱，举哀致祭。3月19日，民国政府于太和殿召开了国民哀悼大会，灵堂上方悬挂着"女中尧舜"的

1　叶赫那拉·根正、郝晓辉：《我所知道的末代皇后隆裕》，中国书店2008年版，第186—187页。

2　张明林：《千年一叹：宣统帝溥仪》，西苑出版社2011年版，第247页。

3　赵尔巽等：《清史稿》（卷二百十四），《德宗孝定景皇后传》，第三十册，中华书局1977年版，第8932页。

4　中华民国史事纪要编辑委员会编《中华民国史事纪要》，中华民国史料研究中心1980年版，第174页。

白色横幅，殿堂内摆满了挽联、花圈，穿着清式丧服和现代军服的仪仗队在灵堂前左右站立。[1]这些规模宏大的祭奠活动，再次强化了社会对于小朝廷的认可和同情。

儒家伦理讲究名正言顺，名分就是"君君、臣臣、父父、子子"。有了道统名分，就有了规则，才能行讨伐废立之事。隆裕葬礼是仪式性的，而仪式中的人则通过仪式表达着各自的政治诉求。民国官员力倡共和，遗老旧臣心系旧主，外交使节各怀心思，他们在隆裕葬礼上都扮演了各自的角色。民国政府试图将隆裕纳入民国英雄谱，以隆裕功绩的认定为新政权寻找法理依据。遗老旧臣在宏大的葬礼上赢尽了脸面，出尽了风头，更坚定了信念：小朝廷存在天经地义，皇帝重登宝座指日可待。

小朝廷存在的意义，既给复辟带来了希望，也为那些靠小朝廷谋生的人带来了指望。事实上，如同溥仪所说，紫禁城复辟的努力从来就没停止过。作为小朝廷的掌舵者，溥仪对遗老旧臣的动机看得非常清楚："只要我留在紫禁城，保住这个小朝廷，对恢复祖业未绝望的人固然很重要，对于已绝望的人也还可以保留饭碗和既得的地位，这种地位的价值不说死后的恤典，单看看给人点主、写墓志铭的那些生荣也就够了。"[2]

3

清帝逊位后，南北议和，袁世凯就任临时大总统，民国暂时形成了统一。然而，天下并未因共和而太平，反而陷入更加混乱的局面。

1912年7月，宋教仁接替汪精卫出任同盟会总务部主任干事，掌握了党务实权。他深信，只要组成强有力的政党，通过选举夺取议会中的多数席位，就可以按照法律程序组成责任内阁，进而实现民主政治。他积极推

---

1   秦国经：《逊清皇室秘闻》，紫禁城出版社2014年版，第173—174页。

2   爱新觉罗·溥仪：《我的前半生》，东方出版社2007年版，第117页。

进同盟会与统一共和党、国民共进会、国民公党、共和实进会等合并成立国民党。1912年8月，中国同盟会改组为国民党，孙中山被推为国民党理事长，宋教仁担任代理理事长。由于孙中山几乎不问具体党事，宋教仁总揽一切大权。

宋教仁真诚争取实现民主政治，但他对国情缺乏深入的了解。处在旁观地位的著名记者黄远庸认为："其新者以法律为万能，但能全本抄录外国法科全书，吾国便不难立时变成黄金世界。其旧派则任有何种法律，然我曹自有我曹之窟穴，自有我曹之本领及伎俩，一切国法，弁髦视之。此二派水火之不相容。"[1]如果不掌握实际权力，不能触动袁世凯所代表的旧社会势力，单靠搬用西方民主政治根本解决不了现实问题。

为了给组阁造势，宋教仁积极到安徽、上海、浙江、江苏等地巡回演讲，希望国民党在国会选举中能争取多数席位。1913年2月，国会选举接近尾声，宋教仁如愿以偿，国民党取得重大胜利。在此过程中，他猛烈抨击袁世凯政府，言必称袁世凯政府"自取灭亡"，号召民众"再起革命"。宋教仁锋芒太露，引来灾祸。1913年3月20日，宋教仁被杀手刺死于上海北站。一般认为，宋教仁被刺杀，中国民主宪政的梦想彻底破灭。

宋案发生时，正在访日的孙中山立即中止访问，于3月25日返抵上海。当晚，他便在黄兴家主持召开国民党高级干部会议，痛言"若有两师兵力，当亲率问罪"[2]，发誓要为宋报仇雪恨。10年后，孙中山回忆当时情景时说："于是一般同志问我有何办法。我谓事已至此只有起兵。因为袁世凯是总统，总统指使暗杀，则断非法律所能解决，所能解决者只有武

1　《遁甲术专门之袁总统》，黄远庸：《远生遗著》（卷一），第一册，商务印书馆1924年版，第6页。

2　马长虹：《民国国父孙逸仙》，九州出版社2012年版，第198页。

力。"[1]

案发第二天，袁世凯即发布命令，严厉缉拿凶手。两日后，嫌疑人武士英被抓获，但到案后突然在狱中莫名死亡。舆论一时大哗，认为这是袁世凯和赵秉钧杀人灭口。当时种种证据，都指向袁世凯是暗杀背后的策动者。孙中山一开始就对司法程序解决问题持怀疑态度，一直在暗中活动准备搞二次革命，武力讨袁。1913年7月，二次革命爆发，江西李烈钧、江苏程德全、安徽柏文蔚、上海陈其美、湖南谭延闿、福建许崇智和孙道仁、四川熊克武、广东陈炯明等纷纷宣布独立。但以孙中山为代表的革命派力量非常薄弱，又没有得到国内众多实权派的拥护，不是袁世凯北洋军的对手。两个月后，二次革命以失败告终，袁世凯的北洋集团大获全胜，孙中山、黄兴、陈其美等被通缉，相继逃亡日本。

二次革命的失败，是中国近现代史上一个不幸的开端。1913年11月4日，袁世凯以叛乱罪名下令解散国民党，剥夺国民党员的议员资格，并驱逐国会内国民党籍议员。1914年1月10日，袁世凯宣布解散国会，并下令解散各省议会，将议员资遣回籍。1914年8月，第一次世界大战爆发，日本趁机占领德国在中国的租借地山东半岛的青岛一带。1914年12月29日，参政院通过《修正大总统选举法》，不仅使总统职位终身制，而且可以代代相传。袁世凯将临时大总统中刺眼的"临时"二字抹掉，不再把总统职位视为孙中山让渡的结果，而是自己努力争取的结果。

1915年1月18日，日本趁着世界大战的混乱期，提出"二十一条要求"，袁世凯与日本展开多轮谈判，不得不于5月9日接受日本的要求。由于袁世凯接受日本的"二十一条"，各地掀起汹涌澎湃的排日运动，但袁

1　　孙中山:《在广州大本营对国民党员的演说》，广东省社会科学院历史研究室、中国社会科学院近代史研究所中华民国史研究室、中山大学历史系孙中山研究室编《孙中山全集》（第八卷），中华书局1986年版，第433页。

世凯不为所动。袁世凯甚至将日本的"二十一条"作为称帝的手段，一方面寻求日本的支持和帮助，另一方面则是将日本的无理要求视作加剧中国危机的借口，以此造谣称如果没有一个强权者，各国列强的欺凌会越来越多。8月14日，杨度串联孙毓筠、李燮和、胡瑛、刘师培及严复，联名发起成立"筹安会"，他们打着"学术团体"的招牌为袁世凯复辟帝制造势。梁士诒、杨度等人还收买各请愿团，组成"全国请愿联合会"，推动各地进行所谓国体投票和推戴袁世凯为皇帝。12月11日，参政院举行所谓解决国体总投票，"完全一致""恭戴今大总统袁世凯为中华帝国皇帝"，并以"国民代表大会总代表"名义劝进。12月12日，袁世凯发布命令，以全国拥戴的形式欣然承受帝位。12月13日，接受百官朝贺，大加封赏。12月31日，袁世凯下令第二年（1916）改为"中华帝国洪宪元年"，定于1月1日即皇帝位。袁世凯帝制自为，遭到多方势力讨伐。很多年后，陈伯达在《窃国大盗袁世凯》一书中，将袁世凯定性为"窃国大盗"[1]，坐实了袁世凯的罪状。给清朝末代皇帝下最后通牒的人，竟然自己要当皇帝，舆论哗然，众人愤慨。甚至连袁世凯身边的人，也反对袁世凯称帝。

　　1914年7月，孙中山在日本东京建立中华革命党，主持制定《中华革命党方略》，决定组建中华革命军，自任大元帅，实行武力推翻袁世凯专制政府，建设完全民国。1915年夏末，孙中山多次召集本部军事会议，决定组建国内四大中华革命军，举兵讨袁。1915年12月25日，唐继尧、蔡锷、李烈钧等向全国发出通电，宣布云南独立，反对帝制，武力讨袁。全国掀起声势浩大的反对运动，这就是三次革命。因为是拥护共和国的军队，称为护国军，从云南、贵州、四川三方讨袁。这期间广东和广西宣布独立，波及浙江、陕西、江西、湖南、新疆。在全国反袁浪潮下，袁世凯称帝83天后被迫宣告退位，但还保留着总统职位，妄想死灰复燃。不过，

---

[1]　陈伯达：《窃国大盗袁世凯》，新华书店1949年版，第1页。

这个梦想终究成了泡影，1916年6月6日袁世凯抑郁而死。胡适听闻袁世凯死讯后，在日记中写道：南北统一时，袁世凯内揽大权，外得列强之赞助，倘彼果能善用此千载一时之机会，以致吾国于治安之域，则身荣死哀，固意中事耳。然而，袁氏昧于国中人心思想之趋向，力图私利，排异己，甚至用种种罪恶的手段以行其志，驯致一败涂地，不可收拾。[1]

袁世凯称帝失败后，军队国家化、民选议会、以法治国等均告破产，代之而起的是军队干政、民间起义、军阀混战，兵祸连连、民不聊生。及至袁世凯死后，皖系军阀段祺瑞出任国务总理，执政北洋政府，但北洋派内部分裂为直皖两大系，同时奉系在东北崛起。除了以冯国璋为首的直系军阀、以段祺瑞为首的皖系军阀和以张作霖为首的奉系军阀，还有桂系军阀（包括以陆荣廷为首的旧桂和以李宗仁、白崇禧为首的新桂系）、晋系军阀（以阎锡山为首）、川系军阀（以刘湘为首）等，以及自成一个派系的张勋。北洋派与其他派别以及北洋派内部矛盾重重，依靠护国战争形成的新兴势力此消彼长，军阀割据导致天下大乱。各路军阀有着各自的背景，段祺瑞的背后是日本，冯国璋的背后是英美，张勋的背后是德国，张作霖的背后是日本。尽管段祺瑞和张作霖的背后都是日本，但二者并非铁板一块，常常因为利益问题大打出手。

国家纷纷扰扰，试办共和不力，连年军阀混战、外交屈辱、民生艰难等严酷现实，为小朝廷提供了复辟的机遇，溥仪便又从人们的记忆中浮现出来，人们一厢情愿地期盼"真龙天子"重登宝座、重整山河。民间记忆中，也一直存在一个想象中的"中央"。一有风吹草动，部分百姓亦便开始怀念旧时的好处来，当时全国各地都在谈论："宣统皇帝怎么样了？现在坐朝廷的是谁？真龙天子坐上了宝座，天下就该太平了吧？"[2]

1　唐德刚、夏志清等：《我们的朋友胡适之》，岳麓书社2015年版，第246页。

2　曹万春主编《清西陵史话》，方志出版社2002年版，第164页。

在这个拥有漫长帝制的国度里，纵使皇帝退位了，民众依旧保有对皇帝的留恋。王树增认为："对最高统治者至尊地位的仰慕，对帝国专制权威的畏惧，对宫廷私密生活的猜想以及对皇帝生老病死的调侃，所有这些敬与不敬都融合在中国特有的文化氛围里，经过数千年的侵染，如同一种生命的基因，构成了中国人肉体和精神生活必需的组成部分。"[1]这些被传统文化侵染的子民，身上的奴性一时还难以根除。南京临时政府时期，"人们通常谈到孙文博士是新皇帝"，各地发给孙中山的贺电"或称大总统陛下或书恭请圣安等字样"。[2]

退位后的溥仪慢慢懂了事，在遗老旧臣包围下，满脑子都是复辟的妄想。小朝廷时刻在观察民国政治的演变，等待时机恢复清朝。出乎意料的是，复辟的机会竟会自己找上门来。1917年6月，张勋利用大总统黎元洪与国务总理段祺瑞的矛盾，以调停府院之争为名，率领五千辫子军入京。入京后，张勋急电各地清朝遗老进京，"襄赞复辟大业"。

张勋生于江西奉新的贫苦农家，年幼父母相继去世，光绪初年参军入伍，靠屡立战功在清军中得到越级提拔，清末时曾担任过江苏巡抚、署两江总督、南洋大臣等要职，民国成立后历任江苏督军、长江巡阅使、安徽督军。张勋笃念旧好，感念清朝大恩大德，在清朝覆灭六年后仍拖着辫子，一意孤行拥立溥仪复辟。尽管张勋顽固而反动，但较之那些朝秦暮楚的军阀政客来说，其可恨的愚忠也透着几分可爱。但辅助溥仪重登帝位，他的偏执终究沦为了历史的笑柄。

对于复辟之事，溥仪并不了解详情。直到第二次见到张勋时，他才知道自己梦想成真了。7月1日，12岁的溥仪在瑾、瑜两太妃和太保世续、

1　王树增：《1901年》，海南出版社2004年版，第14页。

2　朱英主编《辛亥革命与近代中国社会变迁》，华中师范大学出版社2001年版，第75页。

师傅陈宝琛等人的护导下，在养心殿召见张勋。张勋奏请复辟说："臣等反复密商，公同盟誓，仅代表二十二省军民真意，恭请我皇上收回政体，复御宸极，为五族子臣之主，定宇内一统之规。"[1]言下之意，共和不合国情，只有皇上复位，万民才能得救。溥仪谦让道："我年龄太小，无才无德，当不了如此大任。"张勋立即称颂道："皇上睿圣，天下皆知，过去圣祖皇帝（指康熙）也是冲龄践祚嘛。"溥仪借坡下驴说："既然如此，我就勉为其难吧！"[2]

张勋的一时得手，使得溥仪及小朝廷兴高采烈。随后，小朝廷通电全国，改民国六年为宣统九年，北京城街头重新挂起了黄龙旗。张勋通电各省，宣布已"奏请皇上复辟"，要求各省应即遵用正朔，悬挂龙旗。康有为兴冲冲地从上海赶来共襄盛举，为张勋复辟摇旗呐喊。

受张勋委派，清室旧臣梁鼎芬等人带着溥仪赐封黎元洪一等公的诏书和康有为预先代写的"黎元洪奏请归还国政"的奏折，逼迫大总统黎元洪在奏折上签字。黎元洪拒不受命，严辞拒绝说："总统的职位，乃出国民委托，不敢不勉任所难。若复辟一事，乃是张少轩（张勋字）一人主张，恐中外未必承认，我奈何敢私自允诺呢？"梁鼎芬恐吓说："先朝旧物，理当归还。公若不肯赞成，恐致后悔。"[3]黎元洪不予理睬，梁鼎芬落寞离去。黎元洪逃到东交民巷日本使馆区避难，并通电坐镇南京的副总统兼江苏督军冯国璋代行总统职权，电令各省出师讨伐。

张勋拥戴溥仪重登大宝，史称张勋复辟，又称丁巳复辟、溥仪复辟。复辟当天，溥仪便迫不及待地连发九道诏谕，宣布收回国家政权，采用君

1　《张勋等奏请复辟折》，转引莫建来：《皖系军阀统治史稿》，天津古籍出版社2004年版，第104—105页。

2　刘啸虎：《叱咤北洋》，团结出版社2016年版，第127页。

3　蔡东藩：《民国演义》，湖北人民出版社1996年版，第390页。

主立宪政体，实行满汉融合的民族政策，赦免政治犯，取消苛捐杂税等。同时，大肆封官授爵，封黎元洪为一等公，授张勋、王士珍、陈宝琛、梁敦彦、刘廷琛、袁大化、张镇芳等为内阁议政大臣，并由功劳最大的张勋担任北洋大臣兼直隶总督、皇朝内阁政务总长兼议政大臣，其他复辟有功人员也都有了新的头衔。[1]

天下大乱，纷纷扰扰，溥仪的皇位也不安稳。溥仪重新登上了帝位，使得小朝廷和旗人贵族家庭兴高采烈，但遭到了全国人民的强烈反对。孙中山闻讯后立即发表讨逆宣言，计划到广州组织武力讨伐张勋。手握重兵的北洋将领段祺瑞，发表讨张的通电和檄文，组织起讨逆军攻占北京城。全国各地召开万人大会，一致声讨张勋。段祺瑞组织起规模为3万人的讨逆军向京师开拔，势如破竹，锐不可当。

辫子军外强中干，溃不成军，纷纷倒戈。7月12日，讨逆军攻入北京，张勋兵败逃到荷兰公使馆，其复辟附庸迅速作鸟兽散，只做了12天"北京皇帝"的溥仪再次退位。原本，溥仪期待看到所有中国人都支持他重登皇位，到头来方知这只是一场春秋大梦。好在，当政的冯国璋、段祺瑞等并未追究溥仪复辟的责任，把罪魁祸首的帽子扣在了张勋头上，溥仪最终逃过了一劫。

军阀混战之时，1919年巴黎和会上中国外交的失败，引发了伟大的五四运动。1919年5月4日，在北京爆发了一场以青年学生为主，广大群众、市民、工商人士等阶层共同参与的爱国运动，又称"五四风雷"。五四运动不向任何外国势力妥协，是一场完全依靠自身力量、不抱任何幻想的爱国运动。五四运动只是作为反对日本侵略的游行运动的象征性名称，五四运动并不止于5月4日这一天。从5月4日开始，北京的学生纷纷

1　赵尔巽等：《清史稿》（卷四百七十三），《张勋传》，第四十二册，中华书局1977年版，第12829—12830页。

罢课，组织演讲、宣传，随后天津、上海、广州、南京、杭州、武汉、济南的学生、工人也给予支持。五四运动直接促进了中国共产党的诞生和发展，中国共产党党史一般将其定义为"反帝反封建的爱国运动"，并以此运动作为旧民主主义革命和新民主主义革命的分水岭。五四运动恢复了中国人民的自信，促进了思想的大解放和民族的大团结。同年10月10日，孙中山改组国民党为中华革命党。1921年7月，中国共产党宣布成立。

张勋有志于匡扶旧朝，但因违背时代潮流，终被时代所遗弃。小朝廷的前途更加渺茫，溥仪的未来更加扑朔迷离。但溥仪并未就此死心，妄想借助外援实现复辟。由于难以在国内寻求援助，小朝廷开始求助于国外势力，希望能够重演夏朝的"少康复国"的故事。庄士敦讲授的欧洲主要国家的历史故事，为溥仪兄弟带来了新的希望。小朝廷也曾寄望于欧美列强，但欧美列强为保护自己的利益不受侵犯，更希望维持民国政府现状，反对溥仪的复辟行为。溥仪兄弟不死心，把荷兰视为可靠的求援对象，请求荷兰政府提供便利，协助溥仪前往英国留学，但终因太监泄露机密导致出走失败。[1]

常规套路不行，小朝廷开始尝试曲线救国。有些遗老旧臣企图利用姻亲关系来换取外国势力的支持，遗老劳乃宣建议溥仪以"德皇驸马"的身份取得德国对复辟的支持。由于一战期间德国败局渐显，势利的四宫太妃千般阻挠，并没有付诸实施。但清朝的外国驸马之梦并未破灭，后来在日本关东军策划下实现了。1937年，溥杰和日本嵯峨实胜侯爵的长女嵯峨浩结婚，在日本东京九段军人会馆举行了盛大婚礼。[2]

充满复辟意识的小朝廷，完全被日本的"善意"所迷惑，一步步堕入

1　爱新觉罗·溥仪：《我的前半生》，东方出版社2007年版，第118页、121—124页。

2　刘平、孙昉：《溥仪小朝廷的政治史研究》，《吉林大学社会科学学报》，2015年第2期。

日本人营造的温柔乡中。肃亲王善耆等一些寓居日占旅大租借地的遗老遗少，把日本视为支持复辟的可靠后盾。善耆与日本人川岛浪速结为异姓兄弟，其女儿金璧辉更是成为川岛浪速的养女兼情妇，起名川岛芳子，成为叱咤一时的间谍。溥仪被驱逐出宫后不久，便被与日本人往来密切的郑孝胥安排进日本公使馆，最终沦为日本人操控的筹码。张勋复辟乃至后来的伪满洲国，都向人们提示了皇帝存在的价值。

4

政治不仅是武力的较量，而且是道统的争夺。对于脱离了现实政治权力的皇室来说，小朝廷存在的价值便在于选择依附，通过借助外部力量来体现皇帝尊号的政治价值。

复辟一时无望，小朝廷便试图通过公开的社交活动改善自身形象，博取社会同情和支持。1921年，溥仪年满16岁，宫中大臣建言"皇帝中秋已盛，宜早定中宫"。社会上层集团非常关注溥仪的婚礼，很多人都试图利用与退位皇帝联姻，自抬身价。早在1915年，袁世凯帝制自为时，就曾托步兵统领江朝宗提亲，想让他的女儿当溥仪的皇后。张勋复辟时，也想把女儿嫁给溥仪。后来，奉系军阀张作霖等也派人提过亲。不过，清室始终恪守着"满汉不通婚"的祖训，这些人的想法未能如愿以偿。

经过一番甄别比对，蒙古王公阳仓扎布之女、满洲都统衡永之女、内廷大臣荣源之女和内务府主事端恭之女进入溥仪的视野。年龄渐长的溥仪，选择自己的配偶，有着自己的想法。溥仪起初中意额尔德特氏的文绣，敬懿太妃也很中意，但端康太妃不乐意，向溥仪推荐来自郭布罗氏的婉容。溥仪听从劝告，重选与溥仪同岁的婉容为皇后，却又惹得敬懿、荣惠两太妃不满。帝师陈宝琛在溥仪身边不满地说："身为太妃，专擅未免过甚。"[1]太妃、王公们争执不下，溥仪左右为难，最后分别将婉容和文绣封为皇后和淑妃。[2]自己的婚姻，由别人做主，溥仪的心情可想而知。

小朝廷借溥仪大婚重温了所谓的皇家气派。尽管民国政府对溥仪大婚加以种种限制，只允准新婚皇后及其仪仗自东华门入紫禁城，而不是按照大清典制规定"通过前朝诸门"，但溥仪的大婚典礼还是轰动了整个北京城，"小皇帝娶娘娘"一度成为舆论热议的话题。对平民百姓而言，溥仪大婚典礼不仅提供了一种怀旧的机会，也强化了人们帝王时代的记忆。1922年12月1日，溥仪在紫禁城和婉容举行结婚大礼。载涛担任大婚筹备处总理，名公显贵、满蒙王公、遗老旧臣、民国政要等纷纷呈送贺礼，古玩字画等奇珍异宝数不胜数。溥仪也处处摆谱，乱行封赏，风头一时无两。

小朝廷铺张筹办溥仪大婚典礼，不仅是为了募集资财，还有政治深意，意在向社会再度宣示皇权的合法性，以及暗示未来复辟的合理性。复辟思想在溥仪大脑里生了根，在大婚那天晚上，他想的也是恢复帝王之位。在大婚当夜，溥仪并没有和皇后同房，而是去了养心殿。还有一种说法，溥仪有难言之隐。溥仪曾向多年的同事沈醉透漏，自己之所以无法过夫妻生活，主要是自己在十几岁的时候，有些太监让宫女诱惑他，通过一些挑逗和药物让他和宫女发生性关系，最后导致自己性无能。[3]从此之后，溥仪就再也无法行男欢女爱之事。溥仪的皇后和妃子，都过着独居的生活。

溥仪时刻在为复辟积蓄武装力量，专门派皇弟溥杰去日本学习军事。他在溥杰东渡日本后写了一首题为《寄秉藩》的诗："浩浩去千里，悠悠

1　爱新觉罗・溥仪:《我的前半生》，东方出版社2007年版，第53页。

2　爱新觉罗・溥仪:《我的前半生》，东方出版社2007年版，第111—114页。

3　赵继敏、王文锋主编《末代皇帝在紫禁城》，吉林大学出版社2013年版，第139页。

岁华长。念子增寥寥，夙夜常哀伤。目击四海沸，坐视邦家亡。久欲奋双翼，继游于东方，奈为俗营牵，日夜交彷徨，勾践志报吴，薪卧兴胆尝。"[1]溥仪自比勾践，企图东山再起。为了复辟，他积极寻找武力后盾，广泛联络奉系张作霖、直系吴佩孚、皖系段祺瑞等各路军阀，争取一切可依靠的力量，选择有利时机谋求东山再起。

溥仪大婚，不仅淡化了社会对小朝廷的反感，也消减了民众对张勋复辟带来的痛苦记忆。然而，即使如此盛大的婚礼，也挽不回清朝衰退的迹象。尽管人们对小朝廷多少怀有恻隐之情，但随着时间流逝，政治斗争激化，对小朝廷的感情也日渐淡漠。继任大总统徐世昌，也不再对小朝廷热心，只是和小朝廷保持若即若离的关系。

三、不甘心的傀儡

1

张勋复辟失败，相关利益集团并没有随着张勋的身败名裂而受损，反而在张勋的闹剧中获得了更大受益，并最终为利益再分配而大打出手。复辟的重要参与者康有为曾有诗曰："围城惨淡睹龙争，蝉嗲声中听炮声。诸帅射王敢传檄，群僚卖友竟称兵，晋阳兴甲何名义？张柬无谋召丧倾。信义云亡人道绝，龙衮收影涕沾缨。"[2]该诗简练交待了复杂曲折的复辟经历，刻画了复辟失败后的军阀混战和军阀割据。

1920年7月，直皖战争爆发，皖系被直、奉联手击败，北京政府由直系控制。随后，爆发了两次直奉战争，当时直系是名义上的中央政府，奉系是地方军阀。第二次直奉战争时，1924年10月23日，冯玉祥率军返回

1　赵雅丽：《宣统王朝》，中国青年出版社2014年版，第253页。

2　丁中江：《北洋军阀史话》（二），商务印书馆2012年版，第459页。

北京，发动北京政变，囚禁总统曹锟，推翻直系曹锟政府。冯玉祥是新建陆军出身，认为军队属于全体国民，把自己的军队称为国民军。此后不久，溥仪的好日子就到头了。11月5日，冯玉祥包围了紫禁城，修改了《清室优待条件》，废除溥仪的帝号，把溥仪等人赶出皇宫，并对每年的补助金作出大幅缩减。冯玉祥对奉命驱逐溥仪的鹿钟麟说："留溥仪在故宫，就等于给中华民国还留着一条辫子，这是多么令人耻辱的事啊！"[1]

实际上，冯玉祥早就对溥仪等人"混吃混喝"问题心存不满。早在七年前以讨逆军旅长身份讨伐张勋辫子军时，他就强烈主张消除帝孽，停止优待清室，贬溥仪为平民，征收其所有宫殿朝房，尽归国家公共之用。北京警备总司令鹿钟麟按照冯玉祥的指示，将皇宫团团围住。溥仪无计可施，别无选择，领着婉容和文绣，仓皇逃至他的出生地醇王府。溥仪到达醇王府后，鹿钟麟问他："溥仪，今后你还打算称皇帝吗？还是以平民自居呢？"溥仪回答说："我既已接受修正清室优待条件，当然废去帝号，愿意作一个中华民国平民。"[2]至此，紫禁城终于告别了皇帝。

溥仪被驱逐出紫禁城是个颇具讽刺意味的悲剧，表明清室已经彻底沦为政客掌中的玩物，只剩下一个任人摆布的名头。但对溥仪来说，也算是一件"得远大于失"的善事，他终于卸下了重担，可以拥有做回一个普通人的自由。溥仪接受天津《大公报》采访时说："余极愿为一自由人，长此困守深宫，举动胥为礼法束缚，余甚难堪。此次出宫，为余夙愿，今始克偿，故并无其他不便之感。"[3]然而，说归说，做归做。一旦时机成熟，

1　鹿钟麟：《驱逐溥仪出宫始末》，中国人民政治协商会议天津市委员会文史资料研究委员会编《天津文史资料选辑》（第四辑），天津人民出版社1979年版，第101页。

2　鹿钟麟：《驱逐溥仪出宫始末》，中国人民政治协商会议天津市委员会文史资料研究委员会编《天津文史资料选辑》（第四辑），天津人民出版社1979年版，第104—106页。

3　《逊帝溥仪之谈话》，《大公报》1924年11月14日，转引江沛等主编《老新闻1921—1930》，天津人民出版社2003年版，第96页。

溥仪内心深处还是想着复辟和复仇。

溥仪年少时把紫禁城视为想逃离的牢笼，但当他真正离开紫禁城时，又对紫禁城充满了怀念和向往。溥仪被驱逐出宫不久，骑车来到紫禁城外的筒子河边上，想起了紫禁城光怪陆离的生活，复辟的欲火便再次燃烧起来。他记载道："复辟和复仇的欲望一齐涌到了我的心头，不由得心如火烧，我眼里噙着泪水，心里发下誓愿将来必以一个胜利君王的姿态就像第一代祖先那样重新回到这里来。"[1]

紫禁城终于告别了皇帝，小朝廷也消失在公众视野之外，但这并不意味着小朝廷与政治隔绝了。小朝廷一旦与现实的政治力量结合，就会立刻从幕后走向前台。冯玉祥通过驱逐溥仪出宫，结束了小朝廷在紫禁城的合法存在，铲除了帝制的残余，也迫使怀抱复辟之心的溥仪走上了反叛之路，把溥仪送进了日本人的网罗之中。

2

溥仪回到醇亲王府，一度受到国民军的监视，害怕人身安全不保，安排罗振玉出面请求日本司令部出面保护。日本积极回应、乐意效劳，于是溥仪对日本产生了好感。1925年，在日本的策动下，溥仪移居天津日租界，与清朝遗老遗少谋划复号还宫，企图再次复辟。虽然在租界的溥仪很受列强尊重，但提供的真正支持不多。素有"东方劳伦斯"之称的土肥原贤二的出现，为溥仪带来了新的希望。土肥原贤二投其所好，每逢溥仪生日和新年，都会派人特意赶去张园向溥仪表示祝贺和慰问，给溥仪以极大的精神满足。当军阀混战危及天津安全时，日本驻津屯军司令官小泉六一中将特意来到张园，向溥仪报告情况并请溥仪放心。溥仪大为得意，视日本为最诚挚的朋友，安心投入日本的怀抱。

1　　爱新觉罗·溥仪：《我的前半生》，东方出版社2007年版，第164页。

国民大革命后，蒋介石也在为挽留溥仪而努力，他授意高友唐专程到天津进行劝阻，承诺愿意恢复《清室优待条件》，恢复溥仪帝号，但曾深受民国欺凌的溥仪丝毫不为所动。说到溥仪对国民政府的仇恨，不得不提到东陵事件。1928年，孙殿英盗掘了遵化的清东陵，溥仪得知东陵被盗时所受到的刺激"比自己被驱逐出宫还严重"。可国民政府竟漠然置之，案件最后不了了之。有传言称，孙殿英给蒋介石新婚夫人宋美龄送去了一批赃品，可谓官官相卫，无人为溥仪主持公道。溥仪羞愤难当，心里燃起了仇恨的怒火，发出了"不报此仇，便不是爱新觉罗的子孙"的誓言。溥仪觉得蒋介石根本不讲信义，他宁愿相信日本人的诺言，决定回到祖宗发祥的地方复辟大清。

九一八事变后，日本侵占沈阳，又陆续侵占东北三省，开始筹划建立以溥仪为元首的"满洲国"，建立傀儡政权，实行殖民统治。土肥原贤二到天津日租界向溥仪展开了情感攻势，谎称日本对满洲绝无领土野心，只是诚心诚意地帮满洲人民建立新国家，诚挚邀请溥仪前往东北出任国家元首。为了使溥仪尽快赶赴东北，日本还蓄意制造了天津事件。日本制造租界里有革命党的谣言，派日本浪人往静园开枪，送炸弹恐吓溥仪，进而威胁溥仪离开。日本使馆向溥仪提出，如果再不赶赴东北，日本使馆"将不能保证宣统帝的安全"。为此，关东军参谋部致电天津日军司令部，委托保护溥仪，协助溥仪秘密离津出关。1931年11月10日，在天津事变的烟幕下，溥仪从白河偷渡后前往长春。

一旦进入日本的势力范围，溥仪就彻底丧失了话语权，失去了讨价还价的余地。日本一改此前承诺的帝制，改行共和制，请溥仪出任执政。溥仪心里不快，坚决不答应，与日本据理力争，威胁说如不实行帝制就回天津。接待溥仪的板垣征四郎强硬表示，军部的要求再不能有所更改，如不接受，只能被看作是敌对态度，只有用对待敌人的手段作答复。跟随溥仪的郑孝胥顺势提醒，无论如何不能伤了和气，重蹈张作霖的悲剧。威逼利诱之下，溥仪别无选择，被迫屈服，答应充当执政，要求暂定一年为期，如逾期仍不实行帝制即行退位。1932年3月9日，伪满洲国成立，溥仪就任执政，走上叛国之路，成为民族罪人。

3

1934年3月1日，溥仪又从伪满执政跃升为满洲帝国的皇帝，改年号为康德。第三次登基成为伪满皇帝后，溥仪踌躇满志，一心要在龙兴之地图谋天下。不过，理想很丰满，现实很残酷，他不过是日本的傀儡罢了。皇室的神圣性在于它的独立性，一旦开始依附于日本侵略者，便不得不仰日本人鼻息、看日本人脸色。面对傀儡政权的身份界定，面对风雨飘摇的政局，小朝廷彻底断送了自己的出路，最终丧失了神圣性的意义。

溥仪在任伪满洲国执政和重新登基做皇帝时，都颁布了由他签署的《组织法》，似乎确立了溥仪的国家最高元首和行政首脑地位，满系官员也都居于各部门的关键位置。但是，以溥仪为代表的满系官员一直处于有职无权的尴尬境地，真正掌握大权的是关东军司令官指挥下的各级日本官吏。正如溥仪所说："法律是法律，事实是事实。法律等于空文，一切操纵在关东军的手里，不让我们做事。"[1]

关东军司令官以"内部指导"的名义统揽了伪满全局，"帝室御用挂"[2]吉冈安直时刻监视着溥仪的一举一动。国务院下属的各部部长虽由满系官员担任，但各部部长都是摆设，最高决策机关是由担任各部次长的日本官员组成的"火曜会议"。日本在伪满还设立极具特色的总务厅，总务厅长

1　《溥仪在东京远东国际法庭的证词》，中央档案馆编《日本帝国主义侵华档案资料选编——伪满傀儡政权》，中华书局1994年版，第237页。

2　帝室御用挂全称"满洲国"帝室御用挂，"御用挂"是日语名词，御用是"事情"的敬语，指皇帝的事情，"挂"是从事办理的意思，帝室御用挂就是从事办理"满洲国"帝室和皇帝的事情。

官是日本人，直接听命于关东军司令部。总务厅掌握着伪满的核心权力，是伪满国务院的"院中之院"，与次长制一起架空了溥仪的皇权。这样，伪满洲国完全沦为日本的殖民地，日本据此得到了比"二十一条要求"更多的权益。

伪满官僚古海忠之在日本侵华史料中写道："在满洲国，对元首执政负责的所谓国务大臣，只有国务总理一人。各部总长只不过是奉国务总理之命，主持其分管事务的行政长官而已。即有关国家行政的全部责任和全部权力都集中于国务总理一人，采取彻底的中央集权主义。而且，国务总理为了亲自处理内部机密、人事、会计及有关的必要事项，设总务厅处理上述工作。"[1]也就是说，国家机密和人、财、物由国务总理、实际上由总务长官掌管，日本官吏牢固地掌握一切要害，外界无权染指。伪满政权中的中国官吏，为日本主子效力，得到认可的就能官运亨通，否则就会被扫地出门，甚至招来杀身之祸。1935年，伪满总理大臣郑孝胥只干了不到两年，由于发过不满的牢骚，"满洲国已经不是小孩子了，就该让他自己走走，不该总是处处不放手"[2]，便因言获罪遭免职，换上一个忠顺的时任参议府议长张景惠。

1936年，伪满兴安省省长凌升由于在省长联席会上抱怨日本关东军干预太多，当即遭到逮捕，以"勾结外国图谋叛变，反对日本"的罪名被斩首。同时被枪毙的，还有他的胞弟福龄（伪兴安省警备军上校参谋长）、妹夫春德（伪警务厅长）和他的秘书官华霖泰。溥仪在《我的前半生》中说："日本关东军在决定帝制时正式告诉我不是恢复清朝，在'登基'时不准我穿龙袍，在决定'总理大臣'人选时根本不理睬我的意见，我就该

1　《古海忠之口供》，中央档案馆编《日本帝国主义侵华档案资料选编——伪满傀儡政权》，中华书局1994年版，第309页。

2　王庆祥：《伪满帝国内幕》，吉林文史出版社1984年版，第40页。

明白了我的'尊严'的虚假性，但是我却由于过分'陶醉'，竟没有因此而清醒过来。使我开始感到幻灭滋味的，还是'凌升事件'。"[1]

溥仪成为完全受日本人控制的"儿皇帝"。伪满洲国的满系官员，更是对日本人唯命是从、任由驱使。他们存在的价值，便是为日本殖民统治推波助澜、摇旗呐喊。

1940年，遵照日本关东军的旨意，溥仪第二次出访日本。这次出访，完全没有了1935年第一次出访日本时的规格待遇。访日期间，溥仪参拜了日本的伊势神宫，祭祀了日本的开国元神"天照大神"，并将代表"天照大神"的神器接到了伪满洲国，供奉于伪满皇宫的建国神庙内。溥仪愤怒地称其是"拿天照大神给我当祖宗"。愤怒归愤怒，溥仪还是颁布了《国本奠定诏书》，将以前的盟邦日本改为亲邦日本，确立"天照大神"为伪满洲国的新祖宗，把"天照大神"作为伪满洲国的建国元神加以供奉。紧接着，伪满洲国又发布了《建国神庙祭祀令》《对于建国神庙及其摄庙不敬罪处罚法》，规定溥仪亲祭制度，以向日本显示一德一心至高至纯之真精神。

溥仪深知抗争无望，更加沉迷于封建迷信之中，"唯一就是求神佛保佑，每天做功课还不够，在书上看见有个堂子，天天就磕起头来"，借神佛打发苦闷的日子。[2]溥仪看透了世事，但无力改变现状，唯有逆来顺受，苟且偷生。因此，溥仪甘当傀儡，在每日的公文上机械地签字画"可"。

更让溥仪感到忧心的是关东军炮制的《帝位继承法》，规定了"父死子继""长孙继任""兄终弟及"的继位原则。溥仪没有子嗣，需由其弟溥杰继任，但溥杰已娶日本华族女子嵯峨浩，溥仪认为嵯峨浩是关东军的爪

1　爱新觉罗·溥仪：《我的前半生》，东方出版社2007年版，第309页。

2　爱新觉罗·毓嶦：《爱新觉罗·毓嶦回忆录》，华文出版社2005年版，第38页。

牙，是带着关东军秘密使命而来篡夺帝位的。[1]

4

名义上，伪满的军事统帅由溥仪担任，但日本当局的权力渗透无处不在。日本的顾问参议制度，几乎控制了伪满的军政大权。1932年9月15日，关东军司令官，兼任关东厅长官和驻伪满洲国全权大使武藤信义与伪满洲国国务院总理郑孝胥签订了《日满议定书》，将伪满洲国的军事权和国防权置于日本的操控之下。

溥仪尽管是傀儡，但长期处于实权者身边，也逐渐懂得培植自己的势力。枪杆子里面出政权。溥仪梦想恢复祖宗基业，就不能失去军事的控制权。但是，他又不能从关东军手中分一杯羹，只能就地取材，设法从伪满宫廷内部培植自己的军事权力，组建和扩充自己的护军队伍。组建伊始，护军就担负着特殊使命。溥仪的想法很朴素，想借此培养自己的军事骨干，为建立军队作准备。

溥仪护军的雏形，是在天津时期的护卫队，当时规模很小，属单纯的警卫性质。1934年，溥仪称帝后，护卫队改称禁卫步兵团，作为宫内府的下属机构，统率护军和翊卫军，负责伪帝宫的警卫工作。1936年，禁卫步兵团改称禁卫队，挂靠在警卫处。

禁卫队及护军是溥仪的私人军事武装，兵源主要来自原天津静园护卫、八旗子弟及招募的蒙古和汉族青年，其领导成员大都是溥仪亲信。除了通常要求的过硬的身体素质外，护军必须绝对地效忠溥仪。溥仪也不遗余力地抬爱这支队伍，在财政困难的情形下，自己出资来提高护军的规格和待遇。溥仪为护军配备了精良的武器，除了每人携带一把大刀，配备三八大盖枪外，每队还配备有一挺轻机枪，大大提升了护军的战斗力。除

1　　爱新觉罗·浩著，于泾等译《流浪的王妃》，《吉林文史资料》(第八辑)，第71页。

了武器现代化，溥仪还设置了军事教练班，聘请武术大家霍殿阁做武术教官，逐步把护军队员培养成武术运动员。

卧榻之侧岂容他人鼾睡。日本当局不是睁眼瞎，绝不容许溥仪保有私人武装。日本关东军认为自己的尊严受到侵犯，为了彻底断绝溥仪的念想，先后策划实施了满铁附属地事件、凌升事件、大同公园事件等对护军进行数次打压。

其一是满铁附属地事件。1934年7月，溥仪生父载沣一行来长春探望溥仪，溥仪便让护军的警卫处处长佟济煦率领一队护军到车站迎接。这违反了伪满军队或任何武装人员不能进入满铁附属地的协议。当天晚上，日本关东军便派人向溥仪提出交涉，溥仪向日本关东军道歉。但日本关东军司令部并不满意，责令伪满军政部削减护军装备，先是收缴了护军随身佩带的大刀，后来又把三八大盖枪和机枪也给缴了。此外，关东军还从溥仪的亲信入手，剥夺溥仪调配护军成员的权力，将护军骨干成员分流到日本控制下的军事机关进行严密监视。经此事件，护军遭到重创。

其二是凌升事件。溥仪并不甘心失败，在护军受挫之前，便积极寻求外界军事支持，凌升便是深得器重的重要人选。凌升是内蒙古呼伦贝尔盟索伦右翼正黄旗（今内蒙古鄂温克族自治旗）人，呼伦贝尔副都统贵福之子，曾积极参与劝驾和伪满洲国的建国活动，是"满洲建国元勋"之一，出任兴安北省省长。凌升嫉恶如仇，公然反对日本对伪满洲国的国策，深得溥仪赏识。为拉拢凌升为其所用，溥仪下诏将四妹韫娴许配给凌升之子色布精太。凌升成为日本推行殖民政策的绊脚石，让关东军怒不可遏。1936年3月29日，日本宪兵以"通苏通蒙被疑者"名义，悍然将凌升逮捕，并将其残忍杀害。日本关东军借处决凌升威慑溥仪，关东军司令官植田谦吉告知溥仪"这是杀一儆百"，溥仪为护军寻找外援的计划落空。此时，护军的命运危在旦夕。

其三是大同公园事件。凌升事件后，护军的地位危如累卵。1937年6

月 27 日，护军第一、二两队放假，其中有二十余人相约到大同公园游玩，在雇船时与管船的朝鲜人发生争执。那天关东军和伪民生部的日系官员 200 余人在公园里野餐，路过事发地的几名日本醉汉不问青红皂白就对护军大打出手。起先护军们受制于规矩不敢还手，反而惹来了更多日本人的群殴，后来又遭到了日本宪兵队的截击。护军仗着武术基础，与日本人展开混战，打倒日本人后趁乱而逃。溥仪当天就接到宪兵队的电话，要求将事发的护军士兵送到宪兵队进行盘问。溥仪小心谨慎地与日本当局交涉，一心想大事化小，幻想在宫内府内部解决，即便要用法律途径解决，也希望给予宽大处理。之后，当溥仪在会谈中提及宫内府人事调动问题时，植田谦吉直言不讳地表示，日本当局对宫内府的人事改革具有特权，溥仪只能按照日方的预先安排进行照办。溥仪做了最大让步，屈辱地接受了日伪当局提出的所有条件。至此，大同公园事件落下帷幕，护军迅速走向衰落。

此后，护军改称皇宫近卫，编制也遭到大幅缩减，装备由长枪换为短枪。同时，关东军安排伪治安部警务司长长尾吉五郎担任伪警卫处处长，将护军的控制权牢牢把握在手中。1939 年，警卫处被撤销，改设近卫处，撤掉了护军的内廷岗位，日本人出入内廷如入无人之境，溥仪也只能听之任之，不能干涉一二。原护军士兵在日本当局打压下逐渐消沉，时常有士兵逃亡。直到伪满覆灭前，皇宫近卫又改称皇宫警卫，建制人数少得可怜，及至伪满垮台，"树倒猢狲散"，护军烟消云散。

四、安然谢幕

1

1945 年 8 月 9 日，苏联对日宣战。8 月 15 日，日本宣布无条件投降。8 月 17 日，伪满洲国总务厅长官武部六藏在大栗子沟矿业所职工食堂召开会议，通过了溥仪的《退位诏书》。溥仪在此举行了退位仪式，宣布《退位诏书》，历时13年零5个月的伪满洲国消亡，日本移民东北的梦想也宣告失败。从此，溥仪成为平民。

8月17日，日本关东军高级参谋吉冈安直通知溥仪即刻动身去沈阳，第二天飞赴日本。次日，溥仪挑选了弟弟溥杰，两个妹夫润麒和万嘉熙，三个侄子毓山詹、毓品山和毓塘，医生王子正和随侍李国雄，扔下皇后婉容、福贵人李玉琴以及弟妹嵯峨浩和几个妹妹，乘火车逃离大栗子沟，到通化县后转乘飞机赶赴沈阳。飞机降临沈阳机场后，溥仪一行在等待换乘大飞机逃往日本时，被苏军不期而俘送往苏联。在苏联，溥仪度过了5年特殊的囚徒时光。

溥仪被带到了赤塔市，也就是今天的后贝加尔边疆区的首府。在苏联拘留期间，溥仪一直享受优待，过着如同疗养院般的生活。最初进入莫洛可夫卡监狱时，苏联还专门为他举行了一场小型的欢迎宴会。在饭食方面，溥仪一天可以享用四餐，不仅菜式花样繁多，而且分量足，根本吃不完。在起居方面，苏方给溥仪安排了单间住房，并安装上无线收音机，生活起居都由三个侄儿和原随侍照料。平常时候，溥仪不仅不需要像其他俘虏那样劳动，甚至还可以随便聊天和散步。他每天花费大把时间诵佛念经，摆弄占卜，预测自己的命运。苏联还为溥仪配备了医生和护士，定期为他体检。

溥仪还是以皇帝自居，一同前来的人还得照例请安。对溥仪而言，与其说是囚禁，不如说是软禁。苏联优待溥仪，因为溥仪是日本扶植的傀儡，也是身份特殊的知情人，能够在日后的对日交涉中发挥作用。1946年8月，苏联当局让溥仪到东京远东国际军事法庭去作证，揭露日本帝国主义的罪行。溥仪共计出庭8天作证8次，打破了这个法庭中作证时间最长的纪录。那段时间的法庭新闻，成了舆论热议的话题，为维护苏联战胜国的地位和权利提供了无可辩驳的铁证。

溥仪害怕被引渡回国接受人民的审讯，便生出在苏联苟且偷生的幻想，曾三次上书苏联当局，申请永远留在苏联。溥仪等了很久，却一直没有音讯。急不可耐的溥仪便直接向"苏维埃联邦共和国克里穆林宫莫斯科内阁总理斯大林大元帅阁下"写信，但几次写给斯大林的信都石沉大海。直到他被引渡回国之前，溥仪仍顽固地向苏联提出申请，但苏联方面一直没有应允。1950年8月1日，溥仪与伪满洲国其他200多名战犯，被苏联政府交还给了中国。

新中国并不是旧政府，不以杀戮为乐事，更愿意治病救人。溥仪这个亡国之君和叛国罪人，最后成了新中国改恶从善的典型。溥仪是可悲的，同时又是幸运的。作为末代皇帝，他没有像历朝大多数末代皇帝那样惨遭杀身之祸，而是被改造成为拥护共产党和新中国的公民。1967年秋，溥仪因病逝世，最终身份是中国人民政治协商会议全国委员会委员。毛泽东、周恩来等对溥仪非常关心。溥仪与新中国处于最高地位领袖人物交往的故事，至今仍为世人津津乐道。可以说，溥仪从皇帝到公民的转变，不仅仅是一个人的转变，更是一项政策的成功和胜利，从一个重要侧面展示了新中国的生机和活力。

2

末代皇帝溥仪，无疑是个重要的历史人物。但因"末代"二字，他又注定是个悲剧人物。因为体弱，因为乱局，溥仪一生命运多舛。他的一生跌宕起伏，经历了无数次的社会更替，经历了大清皇帝、伪满洲国皇帝、汉奸、俘虏、战犯、公民等身份变迁。没有人能像溥仪一样，一个人的历史就是一个时代的缩影。

溥仪的一生是写尽离别的一生，身若浮萍逐水流。溥仪感叹地说，他度过了人世间最荒谬的少年时代。他从小没有母爱，没有友情，缺乏父爱，受着帝王制度的约束和限制。僵化的宫廷教育，年老迂腐的帝师，无所不在的管教，完全违背了教育的规律，脱离了真实的社会，拂逆了儿童的天性，致使他养成了畸形的心理和扭曲的人格。溥仪及其周边的皇族亲贵，眼高手低、志大才疏，心比天高、命比纸薄，跟不上时代的步伐。

溥仪登基时，清朝已腐朽没落，不堪一击，无可救药。溥仪没有强大的皇权做后盾，加之体弱多病、性格懦弱、志大才疏，只能任人操控和宰割。溥仪被人尊为皇上，却不过是别有用心者达成目标的道具而已。以他的心智和才华，很难独立作出判断和决策，时常受到周边人的愚弄和操弄。当面临复杂局面的时候，郑孝胥和罗振玉的口气是这样的："皇上天威，不宜出头露面，一切宜由臣子们去办，待为臣子的办好，到时候皇上自然就会顺理成章地面南受贺。"[1]在伪满洲国，溥仪更是遭到日本的直接控制。在日本人的暴力控制下，他时时为生命安全恐惧，为此患上了严重的神经官能症。

溥仪一生都背负着末代皇帝的名号，拥有一个华而不实的皇帝的帽子，一心想要兴复大清江山，但空有满腔抱负却时运不济，一生都没有实权，也没有扭转乾坤的能力。贵为皇帝却沦为傀儡，这就是溥仪的宿命。在没有条件的情况下，溥仪被迫成为领袖人物，注定了只能是悲剧人物。生于乱世，他只能成为鱼肉，而不能成为刀俎。当他没有理政能力时，他被立为帝。在他想要治国理政时，他却被剥夺了权力。可以说，他既生不逢时，又生不逢人。

传记电影《末代皇帝》导演贝尔纳多·贝尔托卢奇在被问及溥仪最吸引他的是什么时，他这样回答："溥仪身上的那种超人的生存能力。他知道获得至高无上的权力必定要失去自由，每次他想像皇帝那样行动，都会被幽禁，他的一生都在寻求两者间的平衡。"[2]

1　爱新觉罗·溥仪：《我的前半生》，东方出版社2007年版，第262页。

2　刘永宁：《经典重读：在历史的底色中重复童年——影片〈末代皇帝〉读解》，《电影评价》2009年第23期。

3

溥仪是清朝的亡国之君，也是秦始皇确立皇帝制度以来的最后一位君主。再次回顾溥仪所处的时代，或许会对其人生命运的走向有更多同情。

年幼的时候，溥仪懵懂无知，被推上了帝王的宝座，却时刻想着逃离紫禁城。及至年长之后，又无比怀念帝王的生活，不识时务地做了张勋复辟的短命皇帝。被赶出紫禁城后，又幻想着复辟王朝大业，投靠日本做了卖国贼，成了任人拿捏的傀儡。直至新中国成立，他的人生才焕发了生机。不难看出，他的矛盾与抉择，在浩荡的潮流面前，实在是不堪一击。

溥仪做儿皇帝时，时至清末，风起云涌，烽火四起。面对内忧外患，清末新政也进行了一些主动或被动的改革，但就最终结果看，还是以失败收场。变法所及的新政中，一些政策措施未享其利，弊病却是广泛流布，新政的动力在逐渐衰减。那时的情况是，无论是参与操办新政的京师官员，还从海外游学归来的留学生，乃至举国之人，没有不痛骂清政府的。

辛亥革命废除了延续两千多年的封建帝制，创立了中华民国。袁世凯帝制自为，一败涂地。张勋复辟，昙花一现。军阀混战中，冯玉祥发动北京政变，撕毁清室优待条件，把溥仪赶出紫禁城。无依无靠之际，溥仪投靠日本，幻想去东北做皇帝，走向了一条背叛国家、出卖民族利益的不归之路。令溥仪没想到的是，他的第三次登基竟吸引了全世界的关注，遭到主流舆论的一致反对。国民政府在南京发布通告：伪组织改称帝制，群情愤激，环请声讨，惟政府始终认定，此等傀儡初无独立人格，不成为讨伐之对象，而迹其卖国行为，自应以危害民国同科！[1] 英国《每日电讯报》在溥仪登基当日发表评论文章称："伪满洲国之命运仍在东京当局掌握中，其久远之政策纯系按照日本之利益形成，溥仪改制并无国际意义。所谓天

1　《申报月刊》三卷第四号，转引张同新：《蒋汪合作的国民政府》，黑龙江人民出版社1988年版，第292页。

命云云，系对内作用，具有真正之力量者乃日本之意愿。"[1]

溥仪处于政治的漩涡中，却没有掌握实权，没有发挥关键作用，连自己的命运都不能做主。他一生做过三次皇帝，每一次选择都身不由己，都是被人牵着鼻子走，从没有按照自己的意愿活过。

中国积贫积弱，屡遭外来侵略。日本侵略军以14年时间侵占中国大片国土。战争给中国人民带来极为深重的灾难，日军所到之处，房屋工厂被破坏，资源财富被掠夺，人民生命惨遭杀戮，打断了中国的现代化进程。

人类社会是在矛盾运动中不断发展进步的。但历史并没有表明，社会发展正处于一个道德不断提高、文明不断提升的过程，而更像是一个在治世与乱世之间不停摇晃的钟摆，始终围绕着中心点左右摆动。正如马克思预言的那样：中华民族总在惨遭劫难之后，才省悟奋起。

知耻而后勇，置之死地而后生。有了戊戌变法、辛亥革命等无数次的探索及失败，就可以保证冲突既开，盖子就再也捂不住了，恢复故态绝无可能，重走老路绝不可行。一项事业的成功，从来都是由经验和教训两方面组成。惨痛的历史，给了中国一个改天换地的机缘。

中国的衰落始于列强的入侵，以及无休止的内战。所有这些矛盾，由于列强的全面入侵（日本侵华战争）而升级，中国陷入亡国灭种的危机，为新生势力的崛起提供了条件。中国共产党成立，中国革命的面貌才焕然一新。中华人民共和国成立，古老的中国终于开始了历史的新纪元。

溥仪成为新中国的普通公民，于1967年因肾癌在北京逝世，享年61岁。

1　《国闻周报》第十一卷第九期，转引陈瑞云、周玉和主编《抗战争史论文集》，吉林文史出版社1991年版，第292—293页。